钓鱼岛问题文献集 主编 张 生

日本档案与文献

王卫星 编

南京大学出版社

"十二五"国家重点图书出版规划项目
国家社科基金2015年度重大项目"《钓鱼岛问题文献集》及钓鱼岛问题研究"
中国南海研究协同创新中心
南京大学人文基金
江苏省2013年度哲学社会科学研究重大项目"钓鱼岛问题文献集"

钓鱼岛问题文献集

顾　　问　茅家琦　张宪文
学术指导　张海鹏　步　平　李国强

编纂委员会
主　　编　张　生
副 主 编　殷昭鲁　董为民　奚庆庆　王卫星
编 译 者　张　生　南京大学教授
　　　　　姜良芹　南京大学教授
　　　　　叶　琳　南京大学教授
　　　　　郑先武　南京大学教授
　　　　　荣维木　中国社会科学院研究员
　　　　　王希亮　黑龙江省社会科学院研究员
　　　　　舒建中　南京大学副教授
　　　　　郑安光　南京大学副教授
　　　　　雷国山　南京大学副教授
　　　　　李　斌　南京大学讲师
　　　　　翟意安　南京大学讲师
　　　　　王　静　南京大学讲师
　　　　　蔡丹丹　南京大学讲师
　　　　　王睿恒　南京大学讲师
　　　　　于　磊　南京大学讲师
　　　　　杨　骏　南京大学博士生
　　　　　刘　奕　南京大学博士生

徐一鸣　南京大学博士生
陈海懿　南京大学博士生
蔡志鹏　南京大学硕士生
刘　宁　南京大学硕士生
张梓晗　南京大学硕士生
顾　晓　南京大学硕士生
仇梦影　南京大学硕士生
殷昭鲁　鲁东大学讲师
王卫星　江苏省社会科学院研究员
罗萃萃　南京航空航天大学副教授
董为民　江苏省社会科学院助理研究员
奚庆庆　安徽师范大学副教授
郭昭昭　江苏科技大学副教授
屈胜飞　浙江工业大学讲师
窦玉玉　安徽师范大学讲师
张丽华　安徽师范大学讲师
张玲玲　央广幸福购物(北京)有限公司

"东亚地中海"视野中的钓鱼岛问题的产生
（代序）

所谓"地中海"，通常是指北非和欧洲、西亚之间的那一片海洋。在古代世界历史中，曾经是埃及、希腊、波斯、马其顿、罗马、迦太基等群雄逐鹿的舞台；近代以来，海权愈形重要，尼德兰、西班牙、英国、法国、奥斯曼土耳其帝国、意大利、德国乃至俄罗斯，围绕地中海的控制权，演出了世界近代史的一幕幕大剧。

虽然，法国历史学家布罗代尔（Fernand Braudel）引用前人的话说"新大陆至今没有发现一个内海，堪与紧靠欧、亚、非三洲的地中海相媲美"[①]，但考"mediterranean"的原意，是"几乎被陆地包围的（海洋）"之意。欧亚非之间的地中海，固然符合此意；其他被陆地包围的海洋，虽然早被命为他名，却也符合地中海的基本定义。围绕此种海洋的历史斗争，比之欧亚非之间的地中海，其实突破了西哲的视野，堪称不遑多让。典型的有美洲的加勒比海，以及东亚主要由东海、黄海构成的一片海洋。

本文之意，正是要将东海和黄海，及其附属各海峡通道和边缘内海，称为"东亚地中海"，以此来观照钓鱼岛问题的产生。

一

古代东亚的世界，由于中国文明的早熟和宏大，其霸权的争夺，主要在广袤的大陆及其深处进行。但东吴对东南沿海的征伐和管制，以及远征辽东的

[①] 费尔南·布罗代尔著，唐家龙等译：《地中海与菲利普二世时代的地中海世界》第1卷，商务印书馆2014年版，扉页。

设想①,说明华夏文明并非自隔于海洋。只不过,由于周边各文明尚处于发轫状态,来自古中国的船舰畅行无忌,相互之间尚未就海洋的控制产生激烈的冲突。

唐朝崛起以后,屡征高句丽不果,产生了从朝鲜半岛南侧开辟第二战场的实际需要。新罗统一朝鲜半岛的雄心与之产生了交集,乃有唐军从山东出海,与新罗击溃百济之举。百济残余势力向日本求援,日军横渡大海,与百济残余联手,于是演出唐——新罗联军对日本——百济联军的四国大战。

东亚地中海第一次沸腾。论战争的形态,中日两国均是跨海两栖作战;论战争的规模和惨烈程度,比之同时期欧亚非之间的地中海,有过之无不及。公元663年8月,白江口会战发生,操控较大战船的唐军水师将数量远超自身的日军围歼。② 会战胜利后,唐军南北对进,倾覆立国700余年的高句丽,势力伸展至朝鲜半岛北部、中部。

但就东亚地中海而言,其意义更为深远:大尺度地看,此后数百年间,虽程度有别,东亚国际关系的主导权被中国各政权掌握,中日韩之间以贸易和文化交流为主要诉求,并与朝贡、藩属制度结合,演进出漫长的东亚地中海和平时代。"遣唐使"和鉴真东渡可以作为这一和平时期的标志。

蒙古崛起后,两次对日本用兵。1274年其进军线路为朝鲜——对马岛——壹歧岛——九州,1281年其进军路线为朝鲜——九州、宁波——九州。战争以日本胜利告终,日本虽无力反攻至东亚大陆,但已部分修正了西强东弱的守势。朱明鼎革以后,朱元璋曾有远征日本的打算而归于悻悻,倭寇却自东而西骚扰中国沿海百多年。《筹海图编》正是在此背景下将钓鱼屿、赤屿、黄毛山等首次列入边防镇山。③

明朝初年郑和远洋舰队的绝对优势,没有用来进行东亚地中海秩序的"再确立";明朝末年,两件大事的发生,却改写了东亚地中海由中国主导的格局。一是万历朝的援朝战争。1591年、1597年,日本动员十万以上规模的军队两

---

① [晋]陈寿撰,[宋]裴松之注,《三国志》第47卷《吴书二·吴主传第二》,中华书局1959年版。
② 参见韩昇:《白江之战前唐朝与新罗、日本关系的演变》,《中国史研究》2005年第1期,第43—66页。
③ [明]胡宗宪撰:《筹海图编》第1卷《沿海山沙图·福七、福八》,影印《文渊阁四库全书》第584册,台北:台湾商务印书馆1986年版,第14页。

次侵入朝鲜,明朝虽已至其末年,仍果断介入,战争虽以保住朝鲜结局,而日本立于主动进攻的态势已经显然。二是1609年的萨摩藩侵入琉球,逼迫已经在明初向中国朝贡的琉球国同时向其朝贡。日本在北路、南路同时挑战东亚地中海秩序,是白江口会战确立东亚前民族国家时代国际关系框架以来,真正的千年变局。

二

琉球自明初在中国可信典籍中出现①,这样,东亚地中海的东南西北四面均有了政权。中日朝琉四国势力范围犬牙交错,而中国在清初统一台湾(西班牙、荷兰已先后短期试图殖民之)和日本对琉球的隐形控制,使得两大国在东亚地中海南路发生冲突的几率大增。

对于地中海(此处泛指)控制权的争夺,大体上有两种模式。一是欧亚非之间地中海模式,强权之间零和博弈,用战争的方式,以彻底战胜对方为目标,古代世界的罗马、近代的英国,均采此种路径。二是加勒比海模式,19世纪下半叶,英国本与奉行"门罗主义"的美国"利益始终不可调和",在加勒比海"直接对抗",但感于加勒比海是美国利益的"关键因素",乃改而默许美国海军占据优势②,这是近代意义上的绥靖。

1874年,日本借口琉球难民被害事件出兵台湾,实际上是采取了上述第一种模式解决东亚地中海问题的肇端。琉球被吞并,乃至废藩置县,改变了东亚地中海南路的相对平衡格局,钓鱼岛群岛已被逼近——但在此前后,钓鱼岛

---

① 成书于明永乐元年(1403年)《顺风相送》载:"太武放洋,用甲寅针七更船取乌坵。用甲寅并甲卯针正南东墙开洋。用乙辰取小琉球头。又用乙辰取木山。北风东涌开洋,用甲卯取彭家山。用甲卯及单卯取钓鱼屿。南风东涌放洋,用乙辰针取小琉球头,至彭家花瓶屿在内。正南风梅花开洋,用乙辰取小琉球。用单乙取钓鱼屿南边。用卯针取赤坎屿。用艮针取枯美山。南风用单辰四更,看好风甲甲十一更取古巴山,即马齿山,是麻山赤屿。用甲卯针取琉球国为妙"。这是目前所见最早记载钓鱼屿、赤屿等钓鱼岛群岛名称的史籍,也是中琉交往的见证。本处《顺风相送》使用牛津大学波德林图书馆(Bodleian Library)所藏版本,南京大学何志明博士搜集。句读见向达《两种海道针经》,中华书局1982年版。

② 艾尔弗雷德·塞耶·马汉著,李少彦等译:《海权对历史的影响:1660—1783年:附亚洲问题》,海洋出版社2013年版,第529—530页。

均被日本政府视为日本之外——1873年4月13日,日本外务省发给琉球藩国旗,要求"高悬于久米、宫古、石垣、入表、与那国五岛官署",以防"外国卒取之虞"。其中明确了琉球与外国的界线。① 在中日关于琉球的交涉中,日本驻清国公使馆向中方提交了关于冲绳西南边界宫古群岛、八重山群岛的所有岛屿名称,其中并无钓鱼岛群岛任何一个岛屿。② 1880年,美国前总统格兰特(Ulysses Grant)调停中日"球案"争端后,"三分琉球"未成定议,中日在东亚地中海南路进入暴风雨前的宁静状态。日本采取低调、隐瞒的办法,对钓鱼岛进行窥伺,寻机吞并。

1885年10月30日,冲绳县官员石泽兵吾等登上钓鱼岛进行考察。③ 同年11月24日,冲绳县令西村舍三致函内务卿山县有朋等,提出在钓鱼岛设立国家标志"未必与清国全无关系"。④ 12月5日,山县有朋向太政大臣三条实美提出内部报告,决定"目前勿要设置国家标志"。⑤ 这一官方认识,到1894年4月14日,日本内务省县治局回复冲绳知事关于在久场岛、鱼钓岛设置管辖标桩的请示报告时,仍在坚持。⑥ 1894年12月27,内务大臣野村靖鉴于"今昔情况不同",乃向外务卿陆奥宗光提出重新审议冲绳县关于在久场岛、鱼钓岛设置管辖标桩的请示。⑦ 随后,钓鱼岛群岛被裹挟在台湾"附属各岛屿"

---

① 村田忠禧著,韦平和等译:《日中领土争端的起源——从历史档案看钓鱼岛问题》,社会科学文献出版社2013年版,第162页。

② 《宫古、八重山二岛考》(光绪六年九月四日,1880年10月7日),台北,"中研院"近代史研究所档案馆藏,外交部门档案·总理各国事务衙门,01/34/009/01/009

③ 「魚釣嶋他二嶋巡視調査の概略」(明治18年11月4日)、JACAR(アジア歴史資料センター)Ref. B03041152300(第18画像目から)、帝国版図関係雑件(外務省外交史料館)

④ 村田忠禧:《日中领土争端的起源——从历史档案看钓鱼岛问题》,第171页。

⑤ 「秘第一二八号ノ内」(明治18年12月5日)、JACAR(アジア歴史資料センター)Ref. A03022910000(第2画像目から)、公文別録・内務省・明治十五年〜明治十八年 第四巻(国立公文書館)

⑥ 「甲69号 内務省秘別第34号」(明治27年4月14日)、JACAR(アジア歴史資料センター)Ref. B03041152300(第47画像目から)、帝国版図関係雑件(外務省外交史料館)

⑦ 「秘別133号 久場島魚釣島へ所轄標杭建設之義上申」(明治27年12月15日)、JACAR(アジア歴史資料センター)Ref. B03041152300(第44画像目から)、帝国版図関係雑件(外務省外交史料館)

中,被日本逐步"窃取"。

野村靖所谓"今昔情况不同",指的是甲午战争的发生和中国在东亚地中海北侧朝鲜、东北战场上的溃败之势。通过战争,日本不仅将中国从中日共同强力影响下的朝鲜驱逐出去,且占据台湾、澎湖,势力伸展至清朝"龙兴之地"的辽东。白江口会战形成的东亚地中海秩序余绪已经荡然无存,东亚地中海四面四国相对平衡的局面,简化为中国仅在西侧保留残缺不全的主权——德国强占胶州湾后,列强掀起在中国划分势力范围的狂潮;庚子事变和日俄战争的结果,更使得日本沿东亚地中海北侧,部署其陆海军力量至中国首都。"在地中海的范围内,陆路和海路必然相依为命"。① 陆路和海路连续战胜中国,使得日本在东亚地中海形成对中国的绝对优势。

1300年,东亚地中海秩序逆转,钓鱼岛从无主到有主的内涵也发生了逆转。马汉所谓"海权包括凭借海洋或者通过海洋能够使一个民族成为伟大民族的一切东西"②,在这里得到很好的诠释。

三

格兰特调停中日"球案"时曾指出:姑且先不论中日之是非,中日之争,实不可须臾忘记环伺在侧的欧洲列强③。那时的美国,刚刚从南北内战的硝烟中走来,尚未自省亦为列强之一。但富有启发的是,中日争夺东亚地中海主导权前后,列强就已经是东亚地中海的既存因素。东亚地中海的秩序因此不单单是中日的双边博弈。而在博弈模型中,多边博弈总是不稳定的。

马戛尔尼(George Macartney)使华只是序曲,英国在19世纪初成为东亚海洋的主角之一,并曾就小笠原群岛等东亚众多岛屿的归属,与日、美产生交涉。英国海图对钓鱼岛群岛的定位,后来被日本详加考证。④

---

① 费尔南·布罗代尔:《地中海与菲利普二世时代的地中海世界》第2卷,第931页。
② 艾尔弗雷德·塞耶·马汉:《海权对历史的影响:1660—1783年:附亚洲问题》,《出版说明》。
③ 《七续纪论辨琉球事》,《申报》,光绪六年三月十八日,1880年4月26日,第4版。
④ 「久米赤島・久場島・魚釣島の三島取調書」(明治18年9月21日)、JACAR(アジア歴史資料センター)Ref. B03041152300(第8画像目から)、帝国版図関係雑件(外務省外交史料館)

美国佩里(Matthew Perry)"黑舰队"在19世纪50年代打开日本幕府大门之前,对《中山传信录》等进行了详细研究,钓鱼岛群岛固在其记述中,而且使用了中国福建话发音的命名。顺便应当提及的是,佩里日本签约的同时,也与琉球国单独签约(签署日期用公元和咸丰纪年),说明他把琉球国当成一个独立的国家。

俄罗斯、法国也在19世纪50年代前后不同程度地活跃于东亚地中海。

甲午战争,日本"以国运相赌",其意在与中国争夺东亚主导权,客观结果却是几乎所有欧美强国以前所未有的强度进入东亚地中海世界。日本虽赢得了对中国的优势,却更深地被列强所牵制。其中,俄罗斯、英国、美国的影响最大。

大尺度地看,在对马海峡击败沙皇俄国海军,是日本清理东亚地中海北侧威胁的重大胜利,库页岛南部和南千岛群岛落入日本控制。但俄罗斯并未远遁,其在勘察加半岛、库页岛北部、滨海省和中国东北北部的存在,始终让日本主导的东亚地中海秩序如芒刺在背,通过出兵西伯利亚、扶植伪满洲国、在诺门坎和张鼓峰挑起争端,以及一系列的双边条约,日本也只能做到局势粗安。而东亚地中海的内涵隐隐有向北扩展至日本海、乃至鄂霍次克海的态势。因为"俄国从北扩张的对立面将主要表现在向位于北纬30°和40°之间宽广的分界地带以南的扩张中"。① 事实上,二战结束前后,美国预筹战后东亚海洋安排时,就将以上海域和库页岛、千岛群岛等岛屿视为苏联的势力范围,并将其与自己准备占据小笠原群岛、琉球群岛关联起来,显然认为其中的内在逻辑一致。②

在日本主张大东群岛、小笠原群岛等东亚洋中岛屿主权的过程中,英国采取了许可或默认态度。日本占据台湾,视福建为其势力范围,直接面对香港、上海等英国具有重大利益的据点,也未被视为重大威胁。其与日本1902年结成的英日同盟,是日本战胜俄罗斯波罗的海舰队的重要因素。但是,一战后日本获得德属太平洋诸岛,这与英国在西太平洋的利益产生重叠,成为英日之间

---

① 艾尔弗雷德·塞耶·马汉:《海权对历史的影响:1660—1783年:附亚洲问题》,第466页。

② Liuchiu Islands(Ryukyu),(14 April 1943),冲绳县公文书馆藏,米国收集文书·Liuchius (Ryukyus) (Japan),059/00673/00011/002。

产生矛盾与冲突的根源。1922年《九国公约》取代英日同盟,使得日本失去了维护其东亚地中海秩序的得力盟友。九一八事变后,日本对英国远东利益的排挤更呈现出由北向南渐次推进的规律。攻占香港、马来亚、新加坡,是日本对英国长期积累的西太平洋海权的终结,并使得东亚地中海的内涵扩张至南海一线。

虽然由于后来的历史和今天的现实,美国在中国往往被视为列强的一员,实际上在佩里时代,英美的竞争性甚强。格兰特的提醒,毋宁说是一种有别于欧洲老牌殖民帝国的"善意";他甚至颇具眼光地提出:日本占据琉球,如扼中国贸易之咽喉①——这与战后美国对琉球群岛战略位置的看法一致②——深具战略意义。

美西战争,使得"重返亚洲"的美国在东亚地中海南侧得到菲律宾这个立足点,被马汉(Alfred Thayer Mahan)誉为"美国在空间范围上跨度最广的一次扩张"③,但美国在东亚地中海的西侧,要求的是延续门罗主义的"门户开放"和"机会均等"。早有论者指出,美国的这一政策,客观上使得中国在19世纪末免于被列强瓜分。④ 而对日本来说,美国逐步扩大的存在和影响,使其在战胜中国后仍不能完全掌控东亚地中海。马汉指出:"为确保在最大程度上施行门户开放政策,我们需要明显的实力,不仅要保持在中国本土的实力,而且要保持海上交通线的实力,尤其是最短航线的实力"。⑤ 美国对西太平洋海权的坚持,决定了美日双方矛盾的持久存在。日本起初对美国兼并夏威夷就有意见,而在20世纪30年代英国不断后撤其东亚防御线之后,美国成为日本东亚地中海制海权的主要威胁,日本对美国因素的排拒,演成太平洋战争,并使得钓鱼岛问题的"制造"权最终落入美国手中。

---

① 《七续纪论辨琉球事》,《申报》,光绪六年三月十八日,1880年4月26日,第4版。
② U. S. Policy toward Japan, Top Secret, National Security Council Report, May 17, 1951, *Digital National Security Archive* (以下简称 DNSA), PD00141.
③ 艾尔弗雷德·塞耶·马汉:《海权对历史的影响:1660—1783年:附亚洲问题》,第460页。
④ 张玉法:《中华民国史稿》修订版,台北:联经出版事业有限公司2010年版,第33页。
⑤ 艾尔弗雷德·塞耶·马汉:《海权对历史的影响:1660—1783年:附亚洲问题》,第527页。

四

本来,开罗会议期间,美国总统罗斯福曾询问蒋介石中国是否想要琉球,但蒋介石提议"可由国际机构委托中美共管",理由是"一安美国之心,二以琉球在甲午以前已属日本,三以此区由美国共管比归我专有为妥也"。①

德黑兰会议期间,美苏就东亚地中海及其周边的处置,曾有预案,并涉及到琉球:

>……罗斯福总统回忆道,斯大林熟知琉球群岛的历史,完全同意琉球群岛的主权属于中国,因此应当归还给中国……②

宋子文、孙科、钱端升③以及王正廷、王宠惠④等人对琉球态度与蒋不一,当时《中央日报》、《申报》等媒体亦认为中国应领有琉球,但蒋的意见在当时决定了琉球不为中国所有的事实。蒋介石的考虑不能说没有现实因素的作用,但海权在其知识结构中显然非常欠缺,东亚地中海的战略重要性不为蒋介石所认知,是美国得以制造钓鱼岛问题的重要背景。

在所有的地中海世界中,对立者的可能行动方向是考虑战略安排的主要因素,东亚地中海亦然。战争结束以后,美国在给中国战场美军司令的电文中重申了《波茨坦宣言》的第八条:"开罗宣言的条款必须执行,日本的主权必须

---

① 高素兰编注:《蒋中正"总统"档案:事略稿本》(55),台北:"国史馆"2011年版,第472页。

② Minutes of a Meeting of the Pacific War Council, *Foreign Relations of the United States*(以下简称 *FRUS*),Diplomatic Papers, The Conferences at Cairo and Tehran, 1943, United States Government Printing Office, Washington:1961. pp. 868 - 870.

③ *Chinese opinion*,(8 December 1943),沖繩県公文書館蔵,米国収集文書·Territorial Problem-Japan: Government Saghalien, Kuriles, Bonins, Liuchius, Formosa, Mandates,059/00673/00011/001.

④ 《王正廷谈话盟国应长期管束日本至消灭侵略意念为止》,《申报》,1947年6月5日,第2版;《王宠惠谈对日和约 侵略状态应消除 对外贸易不能纵其倾销》,《申报》,1947年8月15日,第1版。

仅限于本州、北海道、九州、四国及由我们所决定的一些小岛屿。"①但苏联在东亚地中海的存在和影响成为美国东亚政策的主要针对因素,对日处理,已不是四大国共同决定。美国认为,"中国、苏联、英国和琉球人强烈反对将琉球群岛交还日本",也认知到"对苏联而言,可以选择的是琉球独立或是将琉球交予共产党领导的中国。苏联更倾向于后者"。但美国自身的战略地位是最重要的考量因素。

  承认中国的领土要求包含着巨大的风险。中国控制琉球群岛可能会拒绝美国继续使用基地,并且共产党最终打败国民党可能会给予苏联进入琉球群岛的机会。这样的发展不仅会给日本带来苏联入侵的威胁,而且会限制美国在太平洋地区的战略军事地位。②

1948年,美国国家安全委员会向美国总统、国务卿等提出"对日政策建议":"美国欲长期保留冲绳岛屿上的设施,以及位于北纬29度以南的琉球群岛、南鸟岛和孀妇岩以南的南方诸岛上的参谋长联席会议视为必要的其他设施。"③麦克阿瑟指出:"该群岛对我国西太平洋边界的防御至关重要,其控制权必须掌握在美国手中。……我认为如果美国不能控制此处,日后可能给美军带来毁灭性打击。"④1950年10月4日,参谋长联席会议未等与国务院协商一致,直接批准了给远东美军的命令,决定由美国政府负责北纬29度以南琉球群岛的民政管理。"该地区的美国政府称作'琉球群岛美国民政府'"。命令美军远东司令为琉球群岛总督,"总督保留以下权力:a. 有权否决、禁止或搁置执行上述政府(指琉球群岛的中央、省和市级政府——引者)制定的任何法律、法令或法规;b. 有权命令上述政府执行任何其本人认为恰当的法律、法令

---

① Memorandum by the State-War-Navy Coordinating Subcommittee for the Far East, *FRUS*, 1946, Vol. VIII, The Far East, United States Government Printing Office, Washington:1971. pp. 174-176.

② *The Ryukyu Islands and Their Significance*,(24 May 1948),沖縄県公文書館蔵,米国収集文書·Central Intelligence Agency,319/00082A/00023/002。

③ Report, NSC 13/2, to the President Oct. 7, 1948, *Declassified Documents Reference System*(以下简称*DDRS*),CK3100347865.

④ General of the Army Douglas MacArthur to the Secretary of State, *FRUS*, 1947, Vol. VI, The Far East, United States Government Printing Office, Washington:1972. pp. 512-515.

或法规;c. 总督下达的命令未得到执行,或因安全所需时,有权在全岛或部分范围内恢复最高权力"。① 美国虽在战时反复宣称没有领土野心,但出于冷战的战略需要,在东亚地中海中深深地扎下根来。

根据 1951 年 9 月 8 日签订的《旧金山和平条约》(中华人民共和国中央人民政府公开宣言不予承认),美国琉球民政府副总督奥格登(David A. D. Ogden)1953 年 12 月 25 日发布了题为《琉球群岛地理边界》(Geographic Boundaries of the Ryukyu Islands)的"民政府第 27 号令",确定琉球地理边界为下列各点连线:

北纬 28 度,东经 124.4 度;
北纬 24 度,东经 122 度;
北纬 24 度,东经 133 度;
北纬 27 度,东经 131.5 度;
北纬 27 度,东经 128.18 度;
北纬 28 度,东经 128.18 度。②

上述各点的内涵,把钓鱼岛划进了琉球群岛的范围。正如基辛格 1971 年与美国驻日大使商量对钓鱼岛问题口径的电话记录所显示的,美国明知钓鱼岛主权争议是中日两国之事,美国对其没有主权,但"1951 年我们从日本手中接过冲绳主权时,把这些岛屿作为冲绳领土的一部分也纳入其中了"。③ 钓鱼岛被裹挟到"琉球"这个概念中,被美日私相授受,是美国"制造"出钓鱼岛问题的真相。

在美国对琉球愈发加紧控制的同时,随着朝鲜战争的爆发和冷战愈演愈烈,美国眼中的日本角色迅速发生转变,其重要性日益突出。1951 年美国国家安全委员会的《对日政策声明》(1960 年再次讨论)称,"从整体战略的角度

---

① Memorandum Approved by the Joint Chiefs of Staff, *FRUS*, 1950, Vol. VI, East Asia and The Pacific, United States Government Printing Office, Washington: 1976. pp. 1313 – 1319.
② *Civil Administration Proclamation NO. 27*, (25 December 1953),冲縄県公文書館蔵,米国収集文書・Ryukyus, Command, Proclamations, Nos. 1 – 35, 059/03069/00004/002。
③ Ryukyu Islands, Classification Unknown, Memorandum of Telephone Conversation, June 07, 1971, *DNSA*, KA05887.

而言,日本是世界四大工业大国之一,如果日本的工业实力被共产主义国家所利用,则全球的力量对比将发生重大改变"。① 1961年,《美国对日政策纲领》进一步宣示了美国对日政策基调为:

1. 重新将日本建成亚洲的主要大国。

2. 使日本与美国结成大致同盟,并使日本势力和影响的发挥大致符合美国和自由世界的利益。②

这使得以美国总统、国务院为代表的力量顶着美国军方的异议③,对日本"归还"琉球(日方更倾向于使用"冲绳"这一割断历史的名词,而"冲绳县"和被日本强行废藩置县的古琉球国,以及美国战后设定的"琉球群岛美国民政府"的管辖范围并不一致)的呼声给予了积极回应。④ 扶持日本作为抵制共产主义的桥头堡,成为美国远东政策的基石,"归还"琉球,既是美国对日政策的自然发展,也是其对日本长期追随"自由世界"的犒赏。

值得注意的是,旧金山和约签订之后,在日本渲染的所谓左派和共产党利用琉球问题,可能对"自由世界"不利的压力下,美国承认日本对于琉球有所谓"剩余主权"。⑤ 但美国在琉球的所谓"民政府"有行政、立法、司法权,剥除了行政、立法、司法权的"剩余主权"实际上只是言辞上的温慰。1951年6月美国国务卿杜勒斯(John Dulles)的顾问在备忘录中坦率地表示,美国事实上获

---

① U. S. Policy toward Japan, Top Secret, National Security Council Report, May 17, 1951, *DNSA*, PD00141.

② Guidelines of U. S. Policy toward Japan, Secret, Policy Paper, c. May 3, 1961, *DNSA*, JU00098.

③ 美国军方异议见 Memorandum by the Secretary of State to the Ambassador at Large (Jessup), *FRUS*, 1950, Vol. VI, East Asia and The Pacific, United States Government Printing Office, Washington:1976. pp. 1278 – 1282.

④ Reversion of the Bonin and Ryukyu Islands Issue, Secret, Memorandum, c. October 1967, *DNSA*, JU00766.

⑤ Background information and recommendations with respect to Japanese demands that the U. S. return administrative control of the Ryukyu Islands over to them, Dec 30, 1968, *DDRS*, CK3100681400.

得了琉球群岛的主权。① 美国宣称对中国固有领土拥有"主权"自属无稽,但这也说明日本在20多年中对琉球的"主权"并不是"毫无争议"的。等到1972年"归还"时,美方又用了"管辖权""行政权"等不同的名词,而不是"主权",说明美国注意到了琉球问题的复杂性。

由于海峡两岸坚决反对将钓鱼岛及其附属岛屿裹挟在琉球群岛中"归还"日本,美国在"制造"钓鱼岛问题时,发明了一段似是而非、玩弄文字的说法:"我们坚持,将这些岛屿的管辖权归还日本,既不增加亦不减少此岛屿为美国接管前日本所拥有的对该岛的合法权利,亦不减少其他所有权要求国所拥有的业已存在的权利,因为这些权利早于我们与琉球群岛之关系"。② "国务院发言人布瑞(Charles Bray)在一篇声明中指出,美国只是把对琉球的行政权交还给日本,因之,有关钓鱼台的主权问题,乃是有待中华民国与日本来谋求解决的事"。③ 美国言说的对象和内容是错误的,但钓鱼岛及其附属群岛的主权存在争议,却是其反复明确的事实。

余 论

在早期的中、日、琉球、英、美各种文献中,钓鱼岛及其附属岛屿都是"边缘性的存在"。在中日主权争议的今天,它却成为东亚地中海的"中心"——不仅牵动美、中、日这三个国民生产总值占据世界前三的国家,也牵动整个东亚乃至世界局势。妥善处理钓鱼岛问题,具有世界性意义。

马汉曾经设定:"可能为了人类的福祉,中国人和中国的领土,在实现种族大团结之前应当经历一段时间的政治分裂,如同法国大革命之前的德国一

---

① Memorandum by The Consultant to the Secretary (Dulles), *FRUS*, 1951, Vol. VI, Asia and The Pacific(in two parts)Part1, General Editor: Fredrick Aandahl, United States Government Printing Office, Washington:1977. pp. 1152 – 1153.

② Briefing Papers for Mr. Kissinger's Trip to Japan, Includes Papers Entitled "Removal of U. S. Aircraft from Naha Air Base" and "Senkakus", Secret, Memorandum, April 6, 1972, *DNSA*, JU01523.

③ 《美国务院声明指出 对钓鱼台主权 有待中日解决》,台北《中央日报》,1971年6月19日,第1版。

样。"①马汉的设定没有任何学理支撑,但确实,台海两岸的政治分裂给了所有居间利用钓鱼岛问题的势力,特别是美国以机会。1971年4月12日,美日私相授受琉球甚嚣尘上之际,台湾当局"外交部长"周书楷前往华盛顿拜会美国总统尼克松,提出钓鱼岛问题会在海外华人间产生重大影响,可能造成运动。尼克松顾左右而言他,将话题转移到联合国问题的重要性上,尼克松说:"只要我在这里,您便在白宫中有一位朋友,而您不该做任何使他难堪的事。中国人应该看看其中微妙。你们帮助我们,我们也会帮助你们。"②其时,台湾当局正为联合国席位问题焦虑,尼克松"点中"其软肋,使其话语权急剧削弱。果然,在随后与基辛格的会谈中,周书楷主动提出第二年的联合国大会问题,而且他"希望'另一边'(即中国共产党)能被排除在大会之外"。③ 事实上,中华人民共和国中央人民政府对钓鱼岛及其附属岛屿主张主权和行动,一直遭到台湾当局掣肘。钓鱼岛问题,因此必然与台湾问题的处理联系在一起,这极大地增加了解决钓鱼岛问题的复杂性和难度。这是其一。

其二,被人为故意作为琉球一部分而"归还"的钓鱼岛及其附属岛屿的主权归属问题,在美国有意识、有目的的操弄下,几乎在中日争议的第一天起就进入复杂状态。中国固有领土被私自转让,自然必须反对。1971年12月30日,中华人民共和国外交部严正声明:"绝对不能容忍""美、日两国政府公然把钓鱼岛等岛屿划入'归还区域'"。同时,善意提示日方勿被居间利用:"中国政府和中国人民一贯支持日本人民为粉碎'归还'冲绳的骗局,要求无条件地、全面地收复冲绳而进行的英勇斗争,并强烈反对美、日反动派拿中国领土钓鱼岛等岛屿作交易和借此挑拨中、日两国人民的友好关系。"④可以说,态度十分具有建设性。

---

① 艾尔弗雷德·塞耶·马汉:《海权对历史的影响:1660-1783年:附亚洲问题》,第482页。

② Memorandum of Conversation, *Foreign Relations of the United States*, 1969-1976, Volume XVII, China, 1969-1972, Document 113, p. 292. 下文所引20世纪70年代以后的美国外交关系文件(FRUS),来源与来自威斯康辛大学的上文不同,文件来源是http://history.state.gov/. 特此说明。

③ Memorandum of Conversation, *Foreign Relations of the United States*, 1969-1976, Volume XVII, China, 1969-1972, Document 114, p. 294

④ 《中华人民共和国外交部声明》(1971年12月30日),《人民日报》,1971年12月31日,第1版。

日本自居与美国是盟友关系,可以在钓鱼岛问题上得到美方的充分背书。但其实,没有得到完全的满足——虽然日本一直希望援引美方的表态主张权利,将其设定为"没有争议",但1972年8月,美国政府内部指示,对日本应当清楚表示:"尽管美国政府的媒体指导已进行了部分修改以符合日本政府的要求,这丝毫不意味着我们改变了美国在尖阁诸岛争端问题上保持中立的基本立场。"①更有甚者,1974年1月,已任美国国务卿的基辛格在讨论南沙群岛问题时,为"教会日本人敬畏",讨论了将中华人民共和国"引导"到钓鱼岛问题的可能性。② 这样看,实际上是"系铃人"角色的美国,并不准备担当"解铃人"的作用——促使中日两国长期在东亚地中海保持内在紧张,更符合美国作为"渔翁"的利益。

对美国利用钓鱼岛问题牵制中日,中国洞若观火,其长期坚持的"搁置争议,共同开发"这一创新国际法的、充满善意的政策,目的就是使钓鱼岛这一东亚地中海热点冷却下来、走上政治解决的轨道。但其善意,为日本政府所轻忽。日本政府如何为了日本人民的长远福祉而改弦更张、放弃短视思维,不沉溺于被操纵利用的饮鸩止渴,对钓鱼岛问题的政治解决至关重要。

其三,马汉还说,"富强起来的中国对我们和它自己都会带来更严重的危险"。③ 这一断言充斥着"文明冲突论"的火药味和深深的种族歧视,他论证说,"因为我们届时必须拱手相送的物质财富会使中国富强起来,但是中国对这些物质财富的利用毫无控制,因为它对这种在很大程度上支配了我们的政治和社会行为的思想道德力量缺乏清楚的理解,更不用说完全接受。"马汉以美国价值观作为美国接受中国复兴的前提条件,是今天美国操纵钓鱼岛问题深远的运思基础。

但是,正如布罗代尔总结欧亚非地中海历史所指出的:"历史的普遍的、强

---

① Issues and Talking Points: Bilateral Issues, Secret, Briefing Paper, August 1972, DNSA, JU01582.

② Minutes of the Secretary of State's Staff Meeting, *Foreign Relations of the United States*, 1969 – 1976, Volume E – 12, Documents On East and Southeast Asia, 1973 – 1976, Document 327, p. 3.

③ 艾尔弗雷德·塞耶·马汉:《海权对历史的影响:1660—1783年;附亚洲问题》,第522页。

大的、敌对的潮流比环境、人、谋算和计划等更为重要、更有影响"。① 中国的复兴是操盘者无法"谋算"的历史潮流和趋势,然而,这一潮流并不是"敌对的",2012年,习近平更指出:"太平洋够大,足以容下中美两国(The vast Pacific Ocean has ample space for China and the United States)"②,充满前瞻性和想象张力的说法,相比于那些把钓鱼岛作为"遏制"中国的东亚地中海前哨阵地的"敌对的"计划,更着眼于"人类的福祉"。中国所主张的"新型大国关系",摈弃了传统的地中海模式,扬弃了加勒比海模式,内含了一种可能导向和平之海、繁荣之海的新地中海模式,值得东亚地中海所有当事者深思。

张生

2016年5月

---

① 费尔南·布罗代尔:《地中海与菲利普二世时代的地中海世界》第2卷,第955页。
② 来自人民网,http://www.people.com.cn/GB/32306/33232/17111739.html,2012年02月14日。

出版凡例

一、本文献集按文献来源分为中文之部、日文之部、西文之部三个大的序列。每个序列中按专题分册出版，一个专题一册或多册。

二、文献集所选资料，原文中的人名、地名、别字、错字及不规范用字，为尊重历史和文献原貌，均原文照录。因此而影响读者判断、引用之处，用"译者按"或"编者按"在原文后标出。因原文献漫漶不清而缺字处，用"□"标识。

三、日文原文献中用明治、大正、昭和等天皇年号的，不改为公元纪年。台湾方面文献在原文中涉及政治人物头衔和机构名称的，按相关规定处理；其资料原文用民国纪年的，不加改动。

四、所选史料均在起始处说明来源，或在文后标注其档案号、文件号。

五、日本人名从西文文献译出者，保留其西文拼法，以便核对；其余外国人名，均在某专题或文件中第一次出现时标注其西文拼法。

六、西文文献经过前人编辑而加注释者，用"原编辑者注"保留在页下。

七、原资料中有对中国人民或中国政府横加诬蔑之处，或基于立场表达其看法之处，为存资料之真，不加改动或特别说明，请读者加以鉴别。

本册说明

钓鱼岛为中国之固有领土。早在明洪武五年(1372年),琉球便成为中国的藩属国。在此后的500余年间,琉球王国一直保持着向中国明清两朝政府朝贡的惯例。钓鱼岛及其附属岛屿黄尾屿、赤尾屿、南小岛、北小岛等及所在海域,不仅是琉球王国使臣赴中国北京朝贡及归返的航海要道,也是中国使臣奉命前往琉球举行册封大典的必经之路,钓鱼岛亦成为航海的重要航标。

在现存的琉球王国汉文文献中,有三部古籍文献设有专门章节,全面记录了琉球国疆界和岛屿,其中均无钓鱼岛之记载。根据琉球文献,其西南端领土止于姑米山,这与中国历代琉球册封史的出使记录及其他文献中关于中琉领土分界的记述完全一致。

1879年,日本吞并琉球后又欲窃占钓鱼岛。1883年,由日本福冈县移居冲绳县那霸的古贺辰四郎,拟开发冲绳县外海无人荒岛之物产,派人对钓鱼岛等岛屿进行所谓调查。在此后的1885年,日本政府为在钓鱼岛等岛屿建立所谓"国标",密令冲绳县对钓鱼岛等岛屿进行所谓调查,但当时日本政府顾及与中国的关系,暂未批准建立所谓"国标",也未批准古贺辰四郎对钓鱼列岛进行开发。甲午战争后,中日签订《马关条约》,清政府被迫将台湾岛、澎湖列岛及附属岛屿割让给日本。由此,日本不仅借机将钓鱼岛及附属岛屿窃为己有,还批准了古贺辰四郎对钓鱼列岛进行所谓开发。

本册为《钓鱼岛问题文献集》之"日本档案与文献"册,分为官方档案和古籍文献两个部分,分别收录了日本国立公文书馆、日本外务省外交史料馆、日本亚洲历史资料中心所藏的日本官方档案,以及日本的古籍文献。这些档案和古籍文献,既可从中看出日本是如何一步步窃取钓鱼岛及其附属岛屿的,也证明了钓鱼岛及其附属岛屿并非琉球国之领土。此外,本册将日本学者批判日本政府观点的专著(节录)附录于后,以供读者参考;还将日方将中国钓鱼岛命名为"尖阁列岛"的相关史料附录于后,以证明日方将钓鱼岛改称"尖阁列岛"为1900年之事,远迟于中方对钓鱼岛的命名。

尤其需要指出的是,本册部分档案与文献明显出于日方立场,请读者在阅读时加以鉴别。

本册收录之档案和文献,按照档案形成及古籍出版时间先后排序。在翻译和编辑过程中,为了忠实于原文,所有的资料均未加修改,以保持原貌;对一些与主题无关的文字和图片则采取省略的方式处理,并注明"略""前略""中略""后略"等字样;对资料中明显的错误,如人名、地名等在翻译时予以了订正;对一些原意不清的内容,则保持原文,以注释的方式加以说明。

语言的翻译是一门高深的学问,字斟句酌,永无止境。在翻译过程中,尽管译者在忠实原文的基础上尽可能做到尽善尽美,但错误、疏漏在所难免,敬请专家学者予以指正。

编　者

2016 年 4 月 10 日

目　录

"东亚地中海"视野中的钓鱼岛问题的产生（代序） …………… 1

出版凡例 ……………………………………………………………… 1

本册说明 ……………………………………………………………… 1

一、官方档案 …………………………………………………………… 1

1. 久米赤岛、久场岛、鱼钓岛三岛调查书 ……………………… 1
2. 第三一五号　关于久米赤岛及另外二岛调查情况之呈文 …… 4
3. 官房甲第三八号 ………………………………………………… 5
4. 外务省下属呈外务卿井上馨之记录 …………………………… 6
5. 亲启第三八号 …………………………………………………… 7
6. 鱼钓岛及另外二岛调查概要 …………………………………… 8
7. 第三八四号　鱼钓岛及另外二岛实地调查情况之呈报 …… 13
8. 冲绳县令西村捨三呈井上馨及山县有朋函 ………………… 14
9. 冲绳县令西村捨三呈内务卿山县有朋函 …………………… 15
10. 关于在无人岛建立国标之请 ………………………………… 16
11. 秘第二一八号之二 …………………………………………… 17
12. 亲启第四二号 ………………………………………………… 18
13. 秘第一二八号之内 …………………………………………… 19
14. 致外务省照会案 ……………………………………………… 20
15. 标桩案否决案 ………………………………………………… 21
16. 内务省内报 …………………………………………………… 22
17. 秘第二六〇号之内 …………………………………………… 23

1

18.	上呈阁议方案	26
19.	甲第一号　关于无人岛久场岛、鱼钓岛事宜之请示	27
20.	县冲第六号	28
21.	冲绳县知事回复内务省县治局长函	29
22.	明治二十五年《公文备考》舰船（下）水路　兵员　四	30
23.	甲第一一一号　在久场岛、鱼钓岛建立本县管辖标桩之呈报	38
24.	甲第六九号　内务省秘别字第三四号	39
25.	县治处秘第一二号之内　复第一五三号	41
26.	秘别第一三三号　在久场岛及鱼钓岛建立管辖标桩之呈报	42
27.	秘别第一三三号　内务卿致外务卿函	43
28.	亲启送第二号　关于在久场岛及鱼钓岛建立标桩之件	44
29.	秘别第一三三号　关于建立标桩事宜	45
30.	内阁批第一六号	46
31.	关于建立标桩之阁议决定	47
32.	敕令第一三号	48
33.	敕令第二二七号	49
34.	赐古贺辰四郎蓝绶褒章之件	50
35.	国际法先例汇编（二）·岛屿先占	80
36.	有关台湾人非法进入领域内　琉球政府法务局出入境管理厅资料等之一	82
37.	关于在八重山石垣市尖阁列岛南小岛附近从事沉船拆解作业的人员及船舶进入琉球列岛区域的许可	85
38.	取缔台湾渔船在尖阁列岛对领海的入侵	87
39.	琉球政府警察局资料	89
40.	行政区划标桩的建立　石垣市行政区划标桩建立报告书	96
41.	有关设立非法登陆警告牌与琉球美国民政府的往来信函	108
42.	出入境管理厅警告牌设置之行政文件	112
43.	关于尖阁列岛警告牌设置之报告书	114
44.	各党派关于尖阁诸岛问题的见解和报纸评论	125
45.	日本外务省关于尖阁诸岛的基本见解	141

二、冲绳地方文献 ············ 143

1. 冲绳志 ············ 143
2. 冲绳志略 ············ 275
3. 南岛纪事外篇(乾之卷) ············ 296
4. 琉球处置提纲 ············ 319

附　录 ············ 347

1. 日中领土争端的起源——从历史档案看钓鱼岛问题 ············ 347
2. 尖阁列岛探查记事 ············ 358
3. 尖阁列岛探查记事(续) ············ 363

索　引 ············ 371

一、官方档案

1. 久米赤岛①、久场岛②、鱼钓岛③三岛调查书

冲绳县令西村捨三阁下：

受命调查以上三岛之状况，现概要陈述如下。

众所周知，以上三岛为散在于冲绳县和清国福州间之无人岛。据说本县人亦曾屡次在该地登陆，但此为古来之传说，在书中则不得详悉。然而在美里间切④，现任诘山方笔的大城永保曾向下官说，其于废藩前因公因私屡次航渡清国之际，曾亲眼目睹该岛。因此，下官再次详细询问其本人，其概况如下。

---

① 即赤尾屿。
② 即黄尾屿。
③ 即钓鱼岛。
④ 间切，琉球国行政区划，是琉球国事实上之一级行政区，又称郡或府。就面积而言，间切相当于今冲绳县的市町村。间切下辖行政区划村。"间切"一词在琉球语中的本意是"境界"。据《中山世谱》记载，英祖王在位期间，设置间切制度，统一课税。间切分为按司地头、惣地头两种，分别由按司地头为按司领有的间切，惣地头为亲方领有的间切。尚真王在位期间，各地按司被召集到首里城居住后，各地头虽然拥有征税权，但不再直接管理自己的领地，而是通过委任地方豪族担任地头代的方式实行间接管理。在琉球历史中有两次间切区划的变更，在奄美群岛被纳入日本萨摩藩统治及琉球被日本吞并之后，继续实施间切的行政区划。直至明治四十年（1907年），日本政府公布了第46号敕令"冲绳县及岛屿町村制"，才于明治四十一年（1908年）废除间切制，改行町村制。

2　日本调查资料

久米赤岛

该岛位于久米岛未申方向①约七十里②处,距清国福州或近至二百里。(兵吾按:关于该距离问题,历来之说法与现今所言大有不同,如曾说那霸距萨摩三百里,然今则为一百八十六里余。故本文里程以此比例言之无大过焉。)该岛山岩屹立,无平坦之地。山顶之高不逊于久米岛。该岛长二十七八町③,宽达十七八町,其土质应为红土。岛上可见茂盛的コバ(槟郎)树,而未见可用之良材和流水。从该岛以南一里半处望去,似无可供抛锚停船之处,唯见堆积的海鸟粪便。

久场岛

该岛位于久米岛午未方向④约一百里处,距离八重山岛内之石垣岛较近,约六十里。该岛长三十一二町,宽十七八町,其山岩、植物、地形及沿岸均与久米赤岛相仿,无特别值得记载之事,从该岛以南约二里处观之,唯有鸟粪与其不同。

鱼钓岛

该岛方位与久场岛同,仅略远十里,岛长约二里,宽一里。一次从该岛以北相隔约二十五六町的距离观之,另一次正值南方航海之际,因帆船错过顺风,靠岸停泊六个小时,虽乘该船携带之接驳小舟极靠近岸边,然鉴于其为无人岛,难以估计岛内有何种动物栖息,故未敢登上该岛。该岛山岩高处不逊于久米岛。虽然其西面和南面之海岸稍显险峭,但其东面和北面仍有白色海滨。其不仅延绵平坦的旷野如同冲绳本岛,而且松树和其它杂木亦颇为繁茂,山中亦可见下落之瀑布。另外,该岛陆上野禽丰富,海岸海鸟丰富,沿海则鲛、鲨及其它鳞类最多,实为经营农业、渔业适当之场所也。

---

① 西南方向。
② 日本长度单位,1 里等于 3.924 公里。
③ 日本长度与面积单位,作为长度单位时,1 町约等于 109 米;作为面积单位时,1 町等于 99.15 公亩。
④ 南偏西 15°方向。

以上为大城永保目击所述之记录。据其所言,安政六年①之后的三四年间,在每年航渡清国和归途中,两三次目睹以上三岛。

以上三岛之名称,历来为冲绳诸岛民众所咸称。今对照英国出版的本邦与台湾间之海图,久米赤岛相当于 Sia u see;久场岛相当于 Pinnacie;鱼钓岛相当于 Hoa-pin-see。《中山传信录》中所记载的赤尾屿应相当于久米赤岛;黄尾屿应相当于久场岛;钓鱼台应相当于鱼钓岛。

现根据大城永保所言,在《琉球新志》所载之图上略记其位置,然配置大小恐不得当,烦请阁下洞察幸甚,谨供高览。叩首再拜。

明治十八年②九月二十一日
五等属石泽兵吾

[《明治十八年冲绳县久米赤岛、久场岛、鱼钓岛国标建设之件》,日本外务省外交史料馆藏,B03041152300。]

(王卫星　译)

---

① 1859 年。
② 1885 年。

2. 第三一五号
关于久米赤岛及另外二岛调查情况之呈文

内务卿伯爵山县有朋阁下：

关于调查散在于本县与清国福州间无人岛一事，依照先前在京①之本县大书记官森长义所受密令进行调查，其概略如附件所示。盖久米赤岛、久场岛及鱼钓岛自古皆为本县所称之地方名，将此等接近本县所辖之久米、宫古、八重山等群岛之无人岛隶属冲绳县一事，决无异议。然其与前时呈报之大东岛（位于本县与小笠原群岛之间）地势不同，而与《中山传信录》记载之钓鱼台、黄尾屿、赤尾屿相同，应无置疑之处。若为同一岛屿，则已为清国册封旧中山王之使船所熟知，且分别命其名，以作为向琉球航海之航标。故下官思虑，此次若仿效大东岛之例，于勘察之后即建立国标②，恐有不妥。待预定十月中旬前往上述两岛之"出云"号汽船返航，并呈报实地调查情况后，再就建立国标等事宜恳请指示。

冲绳县令西村捨三
明治十八年③九月二十二日

[《明治十八年冲绳县久米赤岛、久场岛、鱼钓岛国标建立之件》，日本外务省外交史料馆藏，B03041152300。]

（王卫星 译）

---

① 即东京。
② 即国界标志。
③ 1885年。

3. 官房甲第三八号

外务卿伯爵井上馨阁下：

关于调查散在于冲绳县与清国间无人岛事宜，该县县令①之呈文，即附件甲号内容已知悉，将就此事请示主管意见，细节见另纸乙号。现欲知外务卿意见，特发函询。

内务卿伯爵山县有朋
明治十八年十月九日

追记：因另纸调查文件无附件，请答复时一并返还。

另纸乙号

呈太政官文

太政大臣阁下：

关于调查散在于冲绳县与清国福州间之无人岛，即久米赤岛及另外二岛，如附件所述，虽冲绳县令呈文中提及上述诸岛与《中山传信录》所记载之岛屿同，但该书记载上述岛屿之目的仅为校正航行方向而已，并无证据证明为清国所属。一如岛名，我与彼各异其称，且为接近冲绳县所属之宫古与八重山等岛之无人岛，故只要该县加以实地勘察，建立国标一事当无碍。恳请就附件内容尽快评议指示。

内务卿

[《明治十八年冲绳县久米赤岛、久场岛、鱼钓岛国标建立之件》，日本外务省外交史料馆藏，B03041152300。]

（王卫星　译）

---

① 即冲绳县令西村捨三。

4. 外务省下属呈外务卿井上馨之记录

今日清国报纸风传我政府欲强占台湾附近之清国所属岛屿,以引起清政府之注意。故此际不宜为一方圆甚小之岛屿而引发纠纷,而以避免不必要之纠纷为善策。恳请指示。

[《呈外务卿文》,日本外务省外交史料馆藏,B03041152300。]

(王卫星 译)

5. 亲启第三八号

亲启

内务卿伯爵山县有朋阁下：

关于冲绳县对散在于冲绳县与清国福州间之无人岛——久米赤岛及另外二岛进行实地调查之基础上建立国标之事，对本月九日甲第三八号待商议之内容进行了详细研究，几经熟虑后认为，上述岛屿靠近清国国境，该岛周长似比日前实地考察之大东岛短，且清国已赋其岛名。另外，近来清国报纸等盛传我政府欲占据台湾附近清国属岛之传言，对我国抱有猜忌，频频敦促清政府注意，故若于此时遽尔公然建立国标，恐招致清国猜忌。当前仅拟派人进行实地调查，并就其港湾形状及有无开发之土地、物产前景等问题呈上详细报告。至于建立国标并着手开发之事，应俟他日适当之时机。此前已勘察大东岛一事及此次拟勘察之事，恐均不刊载于官报及诸报端为宜。上述答复为拙官之意见。

明治十八年十月十六日起草
同年十月二十一日发送
外务卿伯爵井上馨

追记：望处理后返还此文件。

[《明治十八年冲绳县久米赤岛、久场岛、鱼钓岛国标建立之件》，日本外务省外交史料馆藏，B03041152300。]

（王卫星　译）

6. 鱼钓岛及另外二岛调查概要

冲绳县令西村捨三之代理、冲绳县大书记官森长义阁下：

奉尊密令实地考察鱼钓岛、久场岛及久米赤岛。十月二十二日乘本县所雇之汽船"出云"号，经宫古、石垣、入表诸岛，于本月一日与十等属①久留彦八、警部补神尾直敏、御用挂②藤田千次、巡查伊东祐一、巡查柳田弥一郎等同行者平安返港。现将本次调查情况概要陈述如下。

鱼钓岛

十月二十九日下午四时，由入表岛船浮港起锚，向西北方向航行。翌日，即三十日凌晨四时许，东云缭绕，旭日未升，船仓内昏暗不清。海面在残月的映照下波光粼粼。此时，鱼钓岛耸立在船前数海里处。当日上午八时左右，准备乘船在其西岸登陆，探查周围及岛内深处。然其地势颇为险峻，登岛不易，沿岸亦有巨大岩石纵横交错，且潮水常常涌入岩窟，无法自由步行，故几经艰难跋涉才至其西南方海滨，以便观察全岛。该岛屿周长恐怕超过三里，岛内全由巨大岩石构成，并长满槟榔树、可旦③、榕树、藤等植物，其状如同大东岛，与冲绳本岛同品种之灌木杂草遮蔽其间，小溪流出清水，然水量不大。因无平原，故缺少耕地，但滨海生物丰富。由于前述险峻地势，故目前不便经营农渔二业。经查看土石，其类似入表群岛中内离岛之构成，只是岩层较厚。以此推之，或许其蕴含煤炭或铁矿，若果真如此，不可不言其为珍贵之岛屿。作为参考，现附上携带的二三种岩石及说明，列记如下：

第一，是构成红沙状土中最主要土层之物。

第二，是渣滓状岩层中随处可见的粘着物。

第三，是由沙变性而成粘着于巨大岩层中的物质。

---

① 日本明治官制等级中最低一级。

② 办理皇室事务者。

③ 原文如此。可旦应是"阿旦"之误。阿旦，亦作阿壇、阿檀，常绿乔木，广泛分布于奄美诸岛以南、西南诸岛等地。

第四，是石花石。该石海滨最多，且各种各样，择其色彩鲜明者。

第五，如果是轻石，当然就是具有火山岩性质之物。然其量极少，或许是来自他处的漂来物吧。

第六，是船钉。下官认为不知何时曾有船舶漂流至此，木材已朽，仅落下此物，如今氧化且凝结于海滨岩石之上，其数量甚多，因此颇感奇怪。

该岛散在于本邦与清国之间，可谓日本、支那①海之航路，故今仍有各种漂流物。下官等所目击之物，或许为琉球船只的船板、桅杆，或为竹木，或为海绵渔具（竹制）等。其中最为新奇之漂浮物是长约二间②半，宽约四尺之接驳船，其状甚奇，不曾见闻。询问"出云"号船员，答曰：支那之通船③。

岛上素无人迹，如前所述，虽然树木茂盛，但无大树，有乌鸦、鹰（如到白露之时，在该岛同样可以看到迁徙的候鸟）、莺、鹬、白眼鸟、鸽等野禽，最多之海鸟为信天翁。其聚集在鱼钓岛西南海滨一小块白色的冲积沙滩和溪水之间，其数量应该达到数万只。其采集沙或草叶筑巢，雌鸟孵卵，雄鸟则保护并喂食。以日文训读之，此鸟有"阿呆鸟"、"藤九郎"（阿呆鸟别称）或"马鹿鸟"等名。因其素来栖息于无人岛，因此不怕人。下官等人皆曰：如怕人就无法活捉它吧。大家争先上前，十分轻易地抓住其颈，有双手攫之，有结翅缚足，有右手攫三只、左手攫二只而洋洋自得者，还有捡其蛋者等，众人随心所欲地生擒、捕杀、射杀和捡蛋，一会儿即获得几十只鸟和数百枚蛋，垂览之物即此。海鸟中此鸟最大，重约十余斤，据说其内外散发着臭味，但肉可食用。查阅书籍，其为 Diomedea 属，英语应称之为 Atlbatross。其大如蝙蝠者，可以想象在大东岛等地均有栖息。岛上应该不存在兽类。

该岛事宜曾咨询过大城永保的意见，然后进行实地勘察，还对照了英国出版的日本台湾之间的海图，该岛相当于图上的 Hoa pin su，位于距入表群岛中的外离岛以西八十三海里处，而距台湾东北方约一百余海里，距东沙岛以东约二百一十四余海里。若将该海图上的 Tia u su 当作久米赤岛是完全错误的。久米赤岛相当于 Raleigh Roth，不过是一块礁石而已。而将 Pinnacle 当作久场岛也是错误的。"Pinnacle"意为"山顶"，该岛可以说是鱼钓列岛中六礁之

---

① 当时日本对中国的称谓，初无贬义，后有轻蔑之语气。
② 日本长度单位，1 间等于 1.818 米。
③ 大船与岸边联络用的小船。

最而矗立海中。因此纠正其错误，将鱼钓岛注为 Hoa pin su，将久场岛注为 Tia u su，将久米赤岛注为 Raleigh Roth 更为合适。

下官从石垣岛携带了一笼鸡，放生于鱼钓岛，试试看将来能否繁殖，也希望他日留作证明。

久场岛　附 久米赤岛

当天下午二时离开鱼钓岛，向久场岛航行，不久即接近其沿岸。该岛位于鱼钓岛东北方十六海里处。本想趁天明时登岸勘察，可惜正值太阳即将落山之时，不巧又刮起了强劲的东北风。本来就无避风之港湾，加上无法放下小舟，只能遗憾地在一旁观看，因此下官只能先述其形状。其山势虽比鱼钓岛低矮，但同样由巨大岩石构成，岛上禽类、树木等亦与鱼钓岛相似。该岛稍小，周长应不足二里。虽与船长约定，从该地返回途中去看看久米赤岛，但风越来越强劲，再加上夜空漆黑，最终未能看到，甚感遗憾。久米赤岛终究不过是洋中一礁，应该没有经营农渔业或未来实施移民的设想。唯望今后驶往前面岛屿的途中，恰值风平浪静之时节，能有幸实地观察该岛。

我冲绳近海若干岛屿，自古以来为人所知，但无人航海登岛，故是否移民，尚未定夺。此类岛屿包括先前已勘查过之南北大东岛在内，共有五座岛屿。因此，虽说长远战略计划如前所述，但似暂告一段落。据海军水路局第十七号海图之标注，宫古岛以南约二十海里处有座称作イキマ(Ikima)的岛，其长约五海里，宽约二海里，邻近八重山之小滨岛。据传，イビ(Ibi)氏曾竭力探索该岛，但最终未能如愿。另外，英国出版的日本台湾间海图上亦有 Ikima (Daubtful)的标记，因此，其究竟有无尚存疑问。此次到八重山岛，据一土著人言，过去，波照间岛一个村庄的全部村民迁移至其南方的一座岛屿。虽然难以判断其真实性，但如今在被称为南波照间岛的岛屿上，其子孙延绵不断之事却是确信无疑的。上述二岛似当他日探求。

以上为此次奉御密令，实地探查鱼钓岛及另外二岛之概要，并附示意图，谨此复命。叩首再拜。

冲绳县五等属石泽兵吾
明治十八年十一月四日

从鱼钓岛西南方十五海里处远望图

附件

冲绳县大书记官森长义阁下：

转呈鱼钓岛、久场岛、久米赤岛回航报告书。

"出云"号船长林鹤松
明治十八年十一月二日

鱼钓岛、久场岛、久米赤岛回航报告书

日本邮船公司"出云"号船长林鹤松

上述诸岛屡屡往来外国船只，其情形各海路志已有详细记载，在此无需更多报告。现将海路志之相关记载和实地勘察情形举要如下。

本船首先驶抵鱼钓岛西岸，在其沿岸三四处锚地多次利用铅砣测深。海底极深，且深浅不一，从四十寻①至五十寻不等，未发现可供抛锚之地。

鱼钓群岛由一岛六礁组成，其中鱼钓岛最大，六礁并列于距其西岸约五六里处，其礁脉在水面下似成一体。六礁中大者称ピンナックル礁，其状奇绝，

---

① 中日两国古代之长度单位，1寻等于1.818米，亦有1寻合5尺者，约等于1.515米。

呈圆锥形,矗立天空。ピンナックル礁与本岛间之海峡深约十二三寻,可自由通航,唯潮流极速,恐非帆船能够通过之处。

鱼钓岛西岸和西北岸高峻耸立,高达一千一百八十尺,并向其东岸逐渐倾斜。远望之,其在海面上呈直角三角形。该岛淡水极为丰富,可以肯定其东岸有清水溪流。据海路志记载,鱼钓岛沿岸的小溪中有淡水鱼。该岛距那霸河口三重城以西七度、以南二百三十海里处。

久场岛位于鱼钓岛东北方十六海里处,矗立于海中,沿岸高度均六十尺左右,其最高处高六百尺。该岛与鱼钓岛一样,应该也无船只靠泊之处。

上述二岛皆由石灰岩构成,温暖之地的岩石间通常草木茂盛,然无可用之材,如鱼钓岛各礁仅有茂盛之海草,根本看不到树木。特别是各礁岛聚集了极多的海鸟。即使如鱼钓岛那样淡水丰沛,其土质恐怕也并不一定适合人类居住。上述诸岛可以说是天赋海鸟之居所。

本船从久场岛向庆良间峡直航途中,希望能够看到久米赤岛并驶往该岛。不巧的是,路过该岛之时恰值半夜,当时天阴夜暗,无法实地勘察,甚感遗憾。据海路志记载,该岛不过为一岩礁,其位置为东经一百二十四度三十四分,北纬二十五度五十五分,即距离那霸三重城以西六度、以南一百七十海里。其四面危岸耸立,高达二百七十尺,远远望去,酷似日本船之风帆。外国船亦屡屡发现该岛,但报其位置各不相同,这一定是其孤立于黑潮①之中,导致各船对其推测出现了误差吧。

[《冲绳县与清国福州之间散在之无人岛国标建设之件》,日本国立公文书馆藏,A03022910000。]

(罗文文 译 周学莲 校)

---

① 海洋中之潮流。

7. 第三八四号
鱼钓岛及另外二岛实地调查情况之呈报

内务卿伯爵山县有朋阁下：

本年九月，下官以第三一五号上报散在于本县与清国福州间无人岛久米赤岛、久场岛及鱼钓岛之情况，应派人实地勘查。同年十月二十二日发出批示，命令本县五等文官石泽兵吾及另外两三人，乘本县所雇之汽船"出云"号，于航海先岛归途之便进行实地勘查，而后提出复命书及"出云"号报告，另有附件。下官认为，最初考虑与清国接近，怀疑归其所属，不敢决断。此次复命及报告书中记载其为珍贵之岛屿。从地理上看，其位于我县八重山群岛西北方、与那国岛东北方遥远之地，可确定为本县所辖。若果真如此，即可仿效大东岛之例，待通航时在鱼钓岛、久场岛建立我县所辖之标桩。另外，在宫古岛以南及八重山岛所属之波照间岛南方，似有イキマ（Ikima）岛和南波照间岛，是否应乘所雇汽船"出云"号先岛航行之便，探查其有无？特此呈报，请阁下就上述两项定夺。

明治十八年十一月五日
冲绳县令西村捨三

［《明治十八年冲绳县久米赤岛、久场岛、鱼钓岛国标建立之件》，日本外务省外交史料馆藏，B03041152300。］

（王卫星　译）

8. 冲绳县令西村捨三呈井上馨及山县有朋函

外务卿伯爵井上馨殿下：

内务卿伯爵山县有朋殿下：

本县管辖下之无人岛，下官已奉命派人调查，此次以附件复命报告。在该岛建立国标，如请示中所言，与清国不无关系，万一引起意外之事，其解决实属不易。请从速指示如何处理。

明治十八年十一月二十四日

冲绳县令西村捨三

[《冲绳县与清国福州间散在之无人岛国标建立之件》，日本亚洲历史资料中心（JACAR），A03022910000。]

（王卫星　译）

9. 冲绳县令西村捨三呈内务卿山县有朋函

内务卿伯爵山县有朋阁下：

关于本县管辖下之无人岛事宜，下官既奉批示，已派人调查，此次接到附件之复命报告，提议在该岛建立国标之事，未必与清国全无关系，万一发生矛盾冲突，如何处理至关重要，请予指示。

明治十八年十一月二十四日
冲绳县令西村捨三

[《明治十八年冲绳县久米赤岛、久场岛、鱼钓岛国标建立之件》，日本外务省外交史料馆藏，B03041152300。]

（王卫星　译）

10. 关于在无人岛建立国标之请示

明治十八年十一月二十七日
总务次长白根专一（印）
卿　有朋
官房长　久保田
辅　芳川
总务局长
第一部　邮上　岩野　绪方

关于在无人岛建立国标事宜之请示

按以下方案，分别处置，不知可否，伏乞定夺。

冲绳县

呈太政官之方案

太政大臣阁下：

下官接到冲绳县令禀报，另纸为其抄件。据云请求勘查散在于冲绳县与清国福州间之鱼钓岛及另外二岛，并建立国标。因事关清国，情况复杂，目前似不宜建立。下官与外务卿商议，按以下主旨批示该县，特此内报。

卿

批示方案：
关于书面请示事宜，目前勿要建立为宜。

外务卿
内务卿

［《明治十八年冲绳县久米赤岛、久场岛、鱼钓岛国标建立之件》，日本外务省外交史料馆藏，B03041152300。］

（王卫星　译）

11. 秘第二一八号之二

外务卿伯爵井上馨阁下：

关于按照附件内容在无人岛建立国标一事，由冲绳县令呈上请示，因本官对此事原有意见，欲依照下案作出批示。请批改该案，加盖印鉴之后与附件一并返还。特此照会。

明治十八年十一月三十日
内务卿伯爵山县有朋

指令案：

关于贵方之请示，目前勿要建立为盼。

年　月　日
两卿①

[《明治十八年冲绳县久米赤岛、久场岛、鱼钓岛国标建立之件》，日本外务省外交史料馆藏，B03041152300。]

（王卫星　译）

---

① 即内务卿和外务卿。

12. 亲启第四二号

内务卿伯爵山县有朋阁下：

冲绳县令关于在冲绳县所辖之无人岛建立国标一事，已经请示，阁下于十一月三十日为敝处发来照会，并随函附来指令案，一切获悉，本省亦同意贵省意见。另，附件请示上有指令并加盖印鉴，现与附件一并返还。

明治十八年十二月一日起草
同年十二月四日发送
外务卿伯爵井上馨

[《明治十八年冲绳县久米赤岛、久场岛、鱼钓岛国标建立之件》，日本外务省外交史料馆藏，B03041152300。]

（王卫星　译）

13. 秘第一二八号之内

关于在无人岛建立国标事宜之内部呈报

太政大臣公爵三条实美阁下：

关于探查散在于冲绳县与清国间鱼钓岛及另外二岛之呈报,其附件为冲绳县令呈报之抄件。关于建立国标之事,事关清国,与其交涉,未必得手,因此目前不宜建立。拟与外务卿协商,按其旨意批示冲绳县。特此内部呈报。

内务卿伯爵山县有朋
明治十八年十二月五日

［《冲绳县与清国福州间散在之无人岛国标建立之件》,日本亚洲历史资料中心(JACAR),A03022910000。］

（王卫星　译）

14. 致外务省照会案

外务卿阁下：

关于如另纸内容在无人岛建立国标一事，冲绳县令已有请示，本省对此原有意见，现拟按以下方案批示，烦请批注并加盖官印后连同附件一并返还为荷。特此照会。

卿[1]

批示方案：

关于书面请示事宜，目前勿要建立为宜。

两卿

（附条）

此件应先以照会发至外务卿，待外务卿答复后再向冲绳县发出指示，并向太政官呈报。

久保田

[《明治十八年冲绳县久米赤岛、久场岛、鱼钓岛国标建立之件》，日本外务省外交史料馆藏，B03041152300。]

（王卫星 译）

---

[1] 即内务卿。

15. 标桩案否决案

关于书面请示事宜,目前以不建立为宜。

明治十八年十二月五日
外务卿伯爵井上馨
内务卿伯爵山县有朋

[《明治十八年冲绳县久米赤岛、久场岛、鱼钓岛国标建立之件》,日本外务省外交史料馆藏,B03041152300。]

(王卫星　译)

16. 内务省内报

太政大臣公爵三条实美阁下：
左大臣炽仁亲王阁下：
参议伯爵大木乔任阁下：
参议伯爵伊藤博文阁下：
参议伯爵山县有朋阁下：
参议伯爵西乡从道阁下：
参议伯爵川村纯义阁下：
参议伯爵井上馨阁下：
参议伯爵山田显义阁下：
参议伯爵松方正义阁下：
参议伯爵大山岩阁下：
参议伯爵福冈孝弟阁下：
参议伯爵佐佐木高行阁下：

关于命冲绳县在冲绳县与清国福州间散落之无人岛建立国标之事，请阅附件资料。

明治十八年十二月八日
内阁书记官长（印）

［《冲绳县与清国福州间散在之无人岛国标建立之件》，日本亚洲历史资料中心（JACAR），A03022910000。］

（王卫星　译）

17. 秘第二六〇号之内

关于鱼钓岛矿石之内报

太政大臣公爵三条实美阁下：

由冲绳县令西村捨三呈上该县所辖鱼钓岛矿石之分析报告，为供参考起见，附上相关文件。特此报告。

明治十八年十二月十六日
内务卿伯爵山县有朋（印）

第四〇七号
关于鱼钓岛矿石之报告

内务卿伯爵山县有朋阁下：

本月五日已呈上鱼钓岛及另外二岛调查报告。在其附件之复命书中，下官曾提出有无煤炭或铁矿之疑问，此后又请金石学①者本县三等教师小林义忠进行分析，其分析报告如附件所示。据云足以用作制铁。以上矿石试验虽不精密，然可先知其定性。为此附上有关文件，以供参考。特此呈报。

明治十八年十一月二十一日
冲绳县令西村捨三

关于鱼钓岛矿石之报告

冲绳县令西村捨三之代理、冲绳县大书记官森长义阁下：

本月四日呈报之鱼钓岛及另外二岛调查概略书中，关于鱼钓岛岩层构成是否蕴含煤炭或铁矿之疑问，下官携带二三种岩石，并附上简要说明，以供参考。然而，仅数小时之勘查，不可能充分，因此，所附携带之石块数量亦仅供参

---

① 此处之"金石学"指矿物学。

考,而且也没有第二种岩石,只能就所得之两块岩石加以说明。除了上报有关部门,另一块交本县三等教师小林义忠,委托其进行科学试验。其对岩石进行了分析,并已收到如附件所示之试验报告书。据此,该矿石为氧化铁,足以用于炼铁。不过,由于考察时间很短,无法确定其矿脉大小。盖此地有大层矿脉是毫无疑问之事,望他日能进一步勘查。特此报告。

明治十八年十一月二十日
冲绳县五等属石泽兵吾

石泽学兄:

拜启

今天试验了昨日承蒙相托之矿石,结果为氧化铁,其含量足以用于炼铁。试验报告书正另行转呈,日后面见时当再详细报告。草草。

十三日
小林拜

矿石试验结果(仅对表面暗灰色物质进行试验)

干道试验,即前实验

(1) 将此矿石置于上升管中加热,无香味,此为该物不含硫磺等挥发物之征候也。

(2) 将此矿石置于木炭上加热,无变化,冷却后变黑,证明含铁等成分。

(3) 将制好的硼砂球挂于铂金丝一端,在酒精灯火焰之外层加热呈黄色,而以火焰中心加热则呈黄绿色,这预示着铁的存在。

湿道试验,即本试验

向研成细末的试样中加入汞,置于火上加热后,其逐渐溶解,并残留少量白色未溶解物质。将溶解物与未溶解物分别进行如下试验。

甲(溶解物)

(1) 向一份中注入盐酸,使其呈酸性,再通过硫化氢瓦斯,未发生变化。此为不含铜、汞、铅、锡、铋、黄金、铂金等成分的迹象。

(2) 向一份中注入氨、氯化铵及硫化铵后变黑,证明存在铁等成分。

根据前项试验预知了铁的存在,为了进一步试验以证明其确实存在而注入黄血盐液,结果产生了蓝色沉淀物,即普鲁士蓝。又注入硫酸钾,呈现血色,此为含铁之确证。

虽然还做了其他种种实验,但未检出其他金属。

乙(未溶解物)

此物色白,外观极似硅酸,欲知其是否为硅酸,混入磷盐球用酒精灯加热后,不生成硅酸骨即证明其为硅酸。此外,还做了其他种种实验,其反应变化都证明其为硅酸。

根据上述试验结果,试验样品是由铁与硅酸组成,若铁不能以元素状态存在于大气中的话,那么该物质是铁与氧发生反应,在生成的氧化铁中混入一半硅酸后产生的物质。

上述氧化铁中含百分之七十二的铁,是冶铁的上乘矿石。不过从试验过程中的损失和含有硅酸这两点推测,该铁矿石如以百目①计,大致可得五十目的铁。

以上为初步的试验结果,所以不能说是完整的,待他日进行充分试验后再行报告。

[《冲绳县与清国福州间散在之无人岛国标建立之件》,
日本亚洲历史资料中心(JACAR),A03022910000。]

(罗文文 译 周学莲 校)

---

① 秤的刻度。

18. 上呈阁议方案

另纸

内阁总理大臣阁下：

关于按另纸内容建立标桩之事，呈上阁议。

年　月　日
内务大臣

（另纸）

久场岛及鱼钓岛位于冲绳县所辖之八重山群岛西北方，素为无人岛，然近来有在该岛尝试渔业等者。据该县知事请示称，欲建立标桩以示该县所辖，并便于监管。该群岛被认为该县所辖，故可按请示所述建立标桩。

以上请内阁定夺。

[《明治十八年冲绳县久米赤岛、久场岛、鱼钓岛国标建立之件》，日本外务省外交史料馆藏，B03041152300。]

（王卫星　译）

19. 甲第一号
关于无人岛久场岛、鱼钓岛事宜之请示

内务大臣阁下：

　　关于邻近本县管辖之八重山群岛中邻近石垣岛之无人岛——鱼钓岛及另外二岛事宜，明治十八年十二月五日，已对同年十一月五日第三八四号请示作出批示。因其为无人岛，迄今管辖不定，一直处于搁置状态。近年因监管水产业之需要，应确定管辖方。因此，由八重山岛官署提出申请，准许上述无人岛纳入八重山岛官署管辖。特此请示。

明治二十三年①一月十三日

知事②

[《明治十八年冲绳县久米赤岛、久场岛、鱼钓岛国标建立之件》，日本外务省外交史料馆藏，B03041152300。]

（王卫星　译）

---

① 1890年。
② 即冲绳县知事。

20. 县冲第六号

冲绳县知事丸冈莞尔阁下：

本年一月十三日，甲第一号将无人岛纳入官署管辖之请示报告已寄出。本官欲对贵县明治十八年十一月五日第三八四号之请示及同年十二月五日指令之情况进行查询，现需其始末报告。烦请调卷发送抄件。特此函告。

明治二十三年二月七日
内务省县治局长末松谦澄

[《明治十八年冲绳县久米赤岛、久场岛、鱼钓岛国标建立之件》，
日本外务省外交史料馆藏，B03041152300。]

（王卫星　译）

21. 冲绳县知事回复内务省县治局长函

内务省县治局长阁下：

经县冲第六号查询指令之情况说明已知悉，下官尽力办理。现呈上另纸一套文件之抄件，请速指示并妥为处理。特此答复。

明治二十三年二月二十六日
知事

[《明治十八年冲绳县久米赤岛、久场岛、鱼钓岛国标建立之件》，日本外务省外交史料馆藏，B03041152300。]

（王卫星　译）

22. 明治二十五年[①]《公文备考》舰船(下)水路 兵员 四

明治二十五年公文备考卷四目录

一、舰船　下

关于舰船冲突触礁沉没损破、外国军舰来朝及外国军舰之诸报告

于警戒外国密猎船及报告其他密猎之件

"海门"号军舰探查冲绳群岛并复命书

二、水路

礁洲之发现、探测及复命书

东京湾筑造海堡并设置浮标之件

三、兵员

呈请设置志愿兵检查所

志愿兵检查人员表

下士卒进级及增俸

志愿兵征募

(前略)

"海门"号军舰探查冲绳群岛并复命书

无人岛探查报告

明治二十五年七月二十七日下午一时三十八分，从长崎港起锚出航，二时十分将要经过高锋时，因机器过热而调转航向，在高锋与立神岬之间临时停泊后，立即着手修理机器，至晚上十一时左右修理完毕。

从七月二十八日早晨起，因有不稳之征兆，颇为不安，故暂停升帆启航。下午一时十五分放下小艇，派航海士志摩少尉前往长崎气象所询问有无警报。他回来报告说，根据当天上午九时发布的东京通信，日本北部、朝鲜海附近有

---

①　1892年。

飓风征兆，于是当天停止升帆启航。

七月二十九日早上六时起锚，向牛深航行，目的在于测试机器调整后的状况。同日下午四时左右在该地抛锚暂时停泊。

三十日早上六时，起锚出港。航行了五六海里时，机器又发生了故障，只得再回牛深港暂时停泊。故障出在气罐的关闭阀，其手柄破损，需要暂时释放蒸汽进行修理。至下午，修理完毕。

三十一日早上六时起锚，扬帆出海，航向西南，驶向冲绳县那霸港。

八月一日终日航行，海上有西南风，尽管有时带来骤雨，但海浪不大。

八月二日从黎明开始，能够看见伊平屋岛。九时四十二分，抛锚于那霸港，让副舰长中尾大尉前往拜访那霸县令，顺便面陈本次巡航探查无人岛之事由，并协商县厅是否派遣人员等（卑职因为发烧休息，故由副舰长代理）。之后副舰长回来报告说，县令即将下班，未能见面，于是相机请见了书记官桧垣直枝，并进行了诚恳的协商。书记官说，大东岛之类已经完成了两次探查，现在没有必要另派员探查，适当的时候，也许拜托有志于开发该岛人员中的两三人就行了。至于其他有关该岛的历史沿革等，另附的簿册讲得很清楚。对于书记官的说法，我怀疑县厅方面有其他必要的目的，但对方总是称该簿册一直都是作为参考而备用的。至此，卑职认为县厅的说法过于冷淡，于是说想要详查一下簿册所载之该岛沿革，这才发现县厅方面的冷淡并不奇怪。关于前述无人岛探查一事，书记官说，在过去的明治十八年，依内务大臣之密令，曾雇佣协同汽船会社的"出云"号，探查了大东岛以下群岛，当时还递交了几份比较详细的报告，现在没有必要再前往探查。因此据卑职在旁观察，或许该县厅的呈报与海军省的命令略有相左之处。于是卑职提出，备用文件中有一些地方想要请教，希望县厅能派有关厅员前来舰上。

三日下午二时左右，桧垣书记官与冲绳县属户田敬义一同来到舰上，卑职抱病面见了他们，并询问了以下问题：

一、关于探查本县附近的无人岛一事，明治十八年由该县令具函呈送内务大臣之后，为探查计需派军舰，上面似曾有令，命县令亲自乘船协同前往。

二、其次，贵县令似曾定下该项探查的要领，并向海军大臣提出，希望至少在派遣军舰的四十天之前将军舰即将出发之事告知贵县令。

三、其后，似依内务大臣之命雇入协同汽船会社名下之"出云"号，派遣县属等数名人员,对南北大东岛、久米赤岛、鱼钓岛、久场岛共五个岛屿进行了细致的探查。

四、据以上事实,除了ラサ与南波照间两个岛,其他无人岛已进行过探查。

但是到了今年一月,你们又向海军大臣申请探查无人岛,是何目的呢?是申请探查迄今尚未探查的ラサ岛和南波照间两个岛呢,还是就已经探查的各岛,对其位置及周围情况等再进行细致的测量呢?现在我看海军大臣的命令及镇守府长官的训令意图,同贵县的事实有所出入,希望得到详细的解释。

桧垣书记官回答道:"本县厅尊重前任县令丸冈氏的意见,可惜本官不能很好地解释他的意思,我想下舰之后前去听取一下前任县令的意见,听听他的亲口回答。"他暂时离舰后,户田再次登舰,并作了大致如下的解释:

一、南北大东岛过去已经完成了两次探查,都是详细调查它们的地势和风土情况等,现在没有必要再进行探查。

二、今年一月向海军大臣提出申请的本意,不过是想对以前未曾调查的ラサ和南波照间两个岛进行探查。至于久米赤岛、鱼钓岛、久场岛这三个岛,因为之前探查不充分,也希望趁探查上述两岛之际,一并加以探查。

官房第一四二九号之二

本件以司令长官之权限,可下令派遣练习舰前往探查无妨。另外,考虑到时节尚未至不良之期,着发电报如下。

参谋部长(印)

发电按
佐世保镇守府长官启
大东岛等之探查不另发训令,只要时节允许,着令相机探查。

明治二十五年七月十三日
次官(印)

佐第一三一九号之三

致伊藤海军次官

记得此前井上参谋部长前来本地出差时,受大臣之委托,曾与本官谈及冲绳县知事为探查南北大东岛之外的五岛而请求派军舰"海门"号一事时,本官曾就目前不能派遣该舰一事作出说明,称一旦修理完毕,将火速派遣。在此事上,最初井上参谋部长与本官意见略有不同,而且被派去执行探岛之类的特别任务,若无相关训令而只言探查,则甚难向舰长下令。正如知事所言,若仅止于其位置与周围情况之探查,则大东岛既已标示于海图之上,周围亦已分明,其他五岛中,久米赤岛、久场岛、鱼钓岛三岛既然位置不明,据知事之呈请书言,现在亦无甚不同。南风波照间岛与ラサ此二岛目前尚不能判明其有无,是故欲探查其有无之类,若无训令,则探查之事不明。另,欲派作为训练舰之"海门"号前往探岛,则难以安置四十六名实习火夫①。除了训练舰之名义,本官慎以为亦可依循去年该舰奉命前往北海道之例,命其执行特别之公务。对此,本官业已先后甲乙两度照会井上参谋部长。基于此等实情,或可成就派遣"海门"号之事,并望由大臣下达相应训令。

明治二十五年七月四日
佐世保镇守府司令林长官

补充:
请于审议训令之后,以电报形式相告。

致海军井上参谋部长

关于探查冲绳县大东岛等一事,贵官在六日、八日相继来电,在第一号来电中,要求下官就是否已派遣前次协商之"海门"号探查大东岛等一事火速回电。下官因转地疗养,身在外地,代理司令长官坪井少将答曰,已有协商一事,因林长官已赴温泉治疗,故下官不明具体情况,"海门"号未曾探查大东岛。贵官在致坪井代理长官之第二号电文中称,探查大东岛一事业已通知冲绳县知

---

① 即汽船烧锅炉者。

事，镇守府司令长官是否已经训令"海门"号，望问询后火速回电。林司令长官认为，关于大东岛探查一事，当有大臣之训令，故而一直在等待，因此未对"海门"号下达训令。贵官第三号电文说，探岛乃大臣之意图，已同司令长官协商过，即便未曾商量过，倘系探查辖区内之对象，本官认为司令长官亦可不必等待海军大臣之训令，可在权限内行之，唯望火速派遣"海门"号前往严查。对此，下官答曰，若系对大东岛之探查，下官将派"海门"号前往，若系一并探查鱼钓岛等，则务请下达训令，须知，据冲绳县知事之呈请书中所言，此乃前去探查领属尚未明确之岛也。唯"海门"号尚在修理之中，难以火速出发。贵官在致下官之第四号电文中称，"海门"号探查大东岛、鱼钓岛等一事，业已由本官将海军大臣之意图与镇守府林司令长官协商过，"海门"号亦已知悉，并将拟探岛一事通知了冲绳知事，是故本官以为不需要训令，望贵官尽快派遣"海门"号。

对此，本官已面晤"海门"号舰长柴山大佐，就探查冲绳县下属之岛屿一事，询问其是否已从参谋部长或他人处获知消息，大佐答曰：否。据此，本官复电称：本官以为"海门"号已知探岛一节或许有误。

贵官关于探查冲绳县辖区内无人岛之斥责，下官知悉无疑，唯所谓业已以海军大臣之意图与本官协商过一事，当时本官未能理解，另外，贵官亦未明示。当时下官在想，即使是为事先吹风，贵官亦会训诫下官，故而贵官既未另函细询，下官亦未陈愚见。况且知事之文件，亦是次日始获贵官下发，本官一读即知非寻常之事，尤于管区内难以效仿，向训练舰下达特别任务，或派其前往管区之外亦非司令长官之权限所能。当然，下官认为，迨至实地执行之际，或有大臣训令下达，因此下官未曾就此事向"海门"号下达任何训令。不过鉴于大东岛既在我海图之中，不但位置清楚，且国家标志也已建好，故不用以探查名义即可派海军调查该岛之高低、港湾之安否、饮用水之状况，以及岛民树木之有无等，倘若仍不充分，尚需精测其海岸，下官以为可另派专门之测量船前往。

因久米赤岛、久场岛、鱼钓岛曾根据当时之密令，于明治十八年派遣冲绳县属警部进行实地探查，故此尽管三岛之位置不明，但实际确实存在无疑。然而南风波照间与ラサ岛之类，知事之呈报书中亦不明确，似乎其存在与否皆不明了，是故为探查全部岛屿计，宜选择季节，以免陷于危险。若不派遣，亦不可类似于过去受命精测大和水道之任务。本官以为，如前文中贵官之第二号电文所言，既已由大臣通知冲绳县知事探查大东岛一事，此际可先做好南北大东岛之调查，迨至明年春季则可着手探查久米赤岛等五岛。如贵官所知，既是日常留守舰,供火夫练习之用者唯"海门"一舰,若外派探查,练习者则不能上舰,定员亦只能为现今之乘员数,若必须外派,下官以为将妨碍火夫之教育。迄今为止,并非一两月之时日即可完成探查,估计非三个月不能,故此,唯望此次仅探测大东岛。倘若此时非要"海门"号执行其他探查任务,即执行特别任务,下官唯望能效仿从前,有幸获得大臣之训令。若能同意下官之意见,下官将让"海门"舰之维修止于大略,即派"海门"号前往大东岛进行调查。

明治二十五年六月二十四日
林司令长官

致佐世保镇守府司令长官
所言甚是。

明治二十五年六月二十七日
海军次官

官房第一一八五号

致冲绳县知事

甲第一六号文就探查无人岛一事向本大臣提出呈请,今拟派军舰"海门"号至冲绳那霸港精测倭口水道,请允许其顺便探查该岛。此批,并通报。

明治二十五年六月二日
海军次官

甲第一六号

关于探查无人岛等之呈请

致海军大臣子爵桦山资纪

关于邻近本县管辖之近海无人岛,虽在逐步查明其经纬后,得以实地探查并设立国标。然如另纸所示,尚未获得探查时机之岛屿等亦有之。亦有风闻称,明年三月,有军舰前来本县近海巡航。倘若果有此类事项之审议,则另纸所及之久米赤岛以下岛屿,固应编入本邦版图,唯该岛之位置、周围等,尚望探查。特此申请。

明治二十五年一月二十七日
冲绳县知事丸冈莞尔

关于该问题，按以下处理：
命"海门"号军舰在精确探测冲绳县那霸港倭口水道之际，顺便进行探查。

参谋部长

尚未完成调查之岛屿概况

南大东岛、北大东岛

这两座岛屿都是无人岛，根据相关命令，于明治十八年七月，派遣冲绳县属警部等进行实地探查，并建立了国家标志后才定归冲绳县管辖。作为同月对该岛的实地测量，内务省秘密传达说要出动军舰。基于此，同年七月十七日，请求海军省通知军舰从东京湾出发的日期和时间，并于同年八月得到"水第三四五号"指令。但是从那以后一直未接到军舰出发的通知，实地测量也未实施。由于去年美利坚合众国商船遭遇海难，为了救助，本县所属警部等让"大有"号轮船搭载乘组前往该岛时，消除了国家标志的文字，并设立了新标志。

久米赤岛、久场岛、鱼钓岛

这三个岛属琉球国所辖，自古以来都是这样理解的。其位置在冲绳县与清国福州之间，系无人岛。根据有关方面的内部命令，曾于明治十八年十月进行了实地探查。至于派遣冲绳县属警部建立国家标志等一事，于同年十一月提出上呈后，同年十二月五日外务省下达指令称，目前不要建设。然而由于属下人民要捕鱼，渡航者亦有之，因此，若不将所辖确定下来，则不方便，希望将其划归八重山岛政府所辖之下。这一意见已于二十三年一月向内务大臣反映过，但未得到指令。

南风波照间岛

据口口相传，这个岛屿是过去八重山所属波照间岛フカ村（如今没有水村了）的人们，因某种原因而逃难，并一起迁来定居的岛屿。另据传，波照间岛至今还有フカ村的遗迹，石头砌的院墙什么的都还在，从痕迹来看曾经住过四五十户人家。另据传说,过去有人漂流到该岛(年月不详),人们都问他有关波照间岛的近况,但这也只是传闻而已,并没有人考察验证过,因此目前该岛的位置等不详。

ラサ岛

这个岛屿在明治二十一年①水路部刊行的地图中也有刊载。据八重山岛当地人说,在大晴天,从石垣岛的大滨间眺望,远处的海面上能够依稀看见如同薄暮状的东西,令人认为这可能是ラサ群岛或者是前述南风波照间岛的中间位置。

(下略)

[明治二十五年《公文备考》舰船(下)水路 兵员 四,
日本亚洲历史资料中心(JACAR),C06090956000。]

(雷国山 译)

---

① 1888年。

23. 甲第一一一号
在久场岛、鱼钓岛建立本县管辖标桩之呈报

内务大臣伯爵井上馨阁下：

外务大臣陆奥宗光阁下：

久场岛、鱼钓岛为无人岛，位于本县所辖八重山群岛之西北方。下官欲效仿大东岛之例，将该两岛纳入本县管辖，建立本县管辖之标桩。关于此事，已于明治十八年十一月五日通过第三八四号文件呈报，并收到同年十二月五日"目前勿要建立"之指令。然近来有人试图在该岛从事渔业等，此与渔业监管关系密切，因而下官欲按明治十八年之请示，将该岛划为本县所辖，并建立标桩。随函附上以往之呈报及批示副本。望速指示。

明治二十六年[①]十一月二日

冲绳县知事奈良原繁（印）

[《明治十八年冲绳县久米赤岛、久场岛、鱼钓岛国标建立之件》，日本外务省外交史料馆藏，B03041152300。]

（王卫星　译）

---

① 1893年。

24. 甲第六九号
内务省秘别字第三四号

内务省二十六年十一月受秘别第三四号

判决　四月二十一日　文书课长

施行　四月二十一日

明治二十七年四月十四日　主查　府县课长

县治局长

大臣

次官

参事官

关于在久场岛、鱼钓岛建立所辖标桩之呈文

上案是否照会，烦请定夺。

冲绳县

关于本案，已有明治十八年之请示询问，另纸附列。因此事涉及清国，经与外务省商议，形成勿建立标桩之指令，并内报太政官。

照会案

冲绳县知事亲启

去年十一月二日，关于在久场岛、鱼钓岛建立所辖标桩之事已呈报，望告知以下情况：

一、该岛港湾之形状。

二、有无物产和土地开发之可能。

三、旧籍和口头传说等证明属于我国之证据，以及与宫古岛、八重山岛等素来之关系。

以上特此函询照会。

年　月　日
县治局长

[《明治十八年冲绳县久米赤岛、久场岛、鱼钓岛国标建立之件》，日本外务省外交史料馆藏，B03041152300。]

（王卫星　译）

25. 县治处秘第一二号之内
复第一五三号

内务省县治局长江木千之阁下：

  关于久场岛及鱼钓岛之港湾形状及其他事宜，"秘别第三四号"文之函询内容已知悉。自明治十八年本县派出所属警官等勘查该岛以来，再未进行实地调查，不敢确报。然今有当时外出勘查人员之调查报告和"出云"号船长之书面报告。详见附页之副本和草图。特函复。

明治二十七年①五月十二日
冲绳县知事奈良原繁

[《明治十八年冲绳县久米赤岛、久场岛、鱼钓岛国标建立之件》，日本外务省外交史料馆藏，B03041152300。]

（王卫星　译）

---

① 1894 年。

26. 秘别第一三三号
在久场岛及鱼钓岛建立管辖标桩之呈报

内务省明治二十七年十二月十七日秘别第一三三号
判决　十二月二十七日
文书课课长执行　十二月二十七日

在久场岛和鱼钓岛建立管辖标桩之呈报

冲绳县：

此事如附页所示，已于明治十八年呈报，因要与清国交涉，经与外务省商议，形成勿建立标桩之指令，且已内部报送太政官。但时至今日，情况已今非昔比，故就建立标桩事宜提出如下请示，请予批准。

（该文系对鱼钓岛、久场岛地理沿革等所进行之调查，但并未取得关键信息。在海军省水路部二一〇号地图上，八重山东北方之和平山和鱼钓岛即上述二岛，而且根据所属职员口述，上述二岛从未被确定为某一国之领土。根据地形地貌，承认其为冲绳群岛一部分应为理所当然之事，具体调查如正文所示。）

呈报内阁审议方案

就附页建立标桩事宜呈报内阁审议。

总理大臣启

位于冲绳县八重山群岛西北方之久场岛和鱼钓岛，虽然自古以来就是无人岛，但近来有人试图到该岛从事渔业等，因需对其加以取缔，拟同意该县知事请示，将其纳入该县管辖，建立标桩。妥否，恳请内阁审议。

[《秘别第一三三号　在久场岛及鱼钓岛建立管辖标桩之呈报》，
　日本亚洲历史资料中心（JACAR），B03041152300。]

（王卫星　译）

27. 秘别第一三三号
内务卿致外务卿函

外务卿子爵陆奥宗光阁下：

关于在久场岛及鱼钓岛建立所辖标桩一事，冲绳县知事请示之内容见附件甲号。另，关于此事，明治十八年与贵省进行磋商，乃有通知批示，亦可见附件乙号。然当时与现在情形相异，目前拟呈文提交阁议，为防万一，再与贵省磋商。

明治二十七年十二月二十七日
内务卿子爵野村靖

[《秘别第一三三号 在久场岛及鱼钓岛建立管辖标桩之呈报》，日本外务省外交史料馆藏，B03041152300。]

（王卫星 译）

28. 亲启送第二号
关于在久场岛及鱼钓岛建立标桩之件

机密

内务大臣子爵野村靖阁下：

关于在久场岛及鱼钓岛建立标桩之事，已通过去年十二月二十七日秘别字第一三三号对冲绳县知事呈送的公文及明治十八年之指令获悉。关于此事，本省对此无异议，贵省可以按预定方针处理。现附上附件文件，特此函复。

明治二十八年①一月十日起草
明治二十八年一月十一日发送
外务大臣子爵陆奥宗光

[《明治十八年冲绳县久米赤岛、久场岛、鱼钓岛国标建立之件》，日本外务省外交史料馆藏，B03041152300。]

（王卫星　译）

---

① 1895年。

29. 秘别第一三三号
关于建立标桩事宜

内阁总理大臣阁下：

位于冲绳县八重山群岛西北方之久场岛和鱼钓岛，虽然自古以来就是无人岛，但近来有人试图前往该岛从事渔业等，因需对其加以监管，该县知事在呈报中拟将其纳入冲绳县管辖。若承认由冲绳县管辖，即应如呈报所云建立标桩。

恳请内阁审议。

明治二十八年一月十二日
内务大臣子爵野村靖

[《秘别第一三三号 关于标桩建立提出之阁议案》，日本亚洲历史资料中心（JACAR），A01200793200。]

（王卫星 译）

30. 内阁批第一六号

明治二十八年一月十二日秘别第一三三号关于建立标桩之事,请按请求办理。

明治二十八年一月二十一日
内阁总理大臣伯爵伊藤博文

[《明治十八年冲绳县久米赤岛、久场岛、鱼钓岛国标建立之件》,日本外务省外交史料馆藏,B03041152300。]

(王卫星 译)

31. 关于建立标桩之阁议决定

明治二十八年一月十四日起草

内务大臣请求审议附页之事项。近来,有人试图前往冲绳县内八重山群岛西北方之无人岛久场岛和鱼钓岛从事渔业等。因需对其加以监管,拟按县知事所报,准许此二岛归冲绳县管辖并建立标桩。关于此事,如无特别异议,将按请求方案处理。

指令案

关于建立标桩事宜,按请求方案处理。

明治二十八年一月二十一日

[《关于标桩建立之阁议决定》,日本亚洲历史资料中心(JACAR),A01200793200。]

(王卫星 译)

32. 敕令第一三号

朕批准关于冲绳县之郡编制并予公布。

睦仁（天皇玉玺）

明治二十九年[①]三月五日
内阁总理大臣侯爵伊藤博文
内务大臣芳川显正

敕令第一三号
关于冲绳县郡之规划

第一条　决定将那霸、首里两区域以外之冲绳县划为以下五郡。
岛尻郡：岛尻各间切、久米岛、庆良间诸岛、渡名喜岛、栗国岛、伊平屋诸岛、鸟岛及大东岛。
中头郡：中头各间切。
国头郡：国头各间切及伊江岛。
宫古郡：宫古诸岛。
八重山郡：八重山诸岛。
第二条　各郡之境界或名称如遇有变更之必要时，由内务大臣决定之。
附则
第三条　本令之施行时期由内务大臣决定之。

[《敕令第一三号：关于冲绳县郡之规划》，日本亚洲历史资料中心（JACAR），A01200793200。]

（罗文文　译　周学莲　校）

---

① 1896年。

33. 敕令第二二七号

朕批准明治三十年敕令第一六九号中改正之事并予公布。

睦仁（天皇玉玺）

明治三十四年[①]十二月十七日
大藏大臣曾补荒助

敕令第二二七号

明治三十年敕令第一六九号中按如下改正：
在冲绳县管辖之鱼钓岛下加上"宫古郡"。

[《敕令第二二七号》，明治三十四年，日本亚洲历史资料中心（JACAR），A03020513000。]

（罗文文 译 周学莲 校）

---

① 1901年。

34. 赐古贺辰四郎蓝绶褒章①之件

以下谨奏

明治四十二年②十一月二十二日

致内阁总理大臣侯爵桂太郎

明治四十二年十一月十九日

内阁总理大臣：

另纸附上农商务大臣申牒审查之褒赏冲绳县那霸区字西古贺辰四郎之件如下：

（古贺辰四郎氏）资性温良，夙富海事思想，于明治十三年③，由福冈县移居那霸，设总店，此后从事殖产之业，锐意多年，从事海产物之捕捞及出口，还获许于尖阁列岛④探查，谋于识者，构筑永住之设备，致力于劝奖移民、剥制水鸟⑤、采集鸟羽、捕获鱼贝类、采收肥料等多种经营。明治四十年⑥，其采收产物之价值即达十三万四千余元，且来年将继续发展，于水产业之进步、渔民之裨益，必不鲜少。洵为兴公众之利益，成绩显著。

根据《褒章条例》之第一条，批准赐予蓝绶褒章，特此呈报。

赏勋局总裁（印）

---

① 明治十四年（1881 年）十二月七日，日本以太政官布告第六十三号制定《褒章条例》，次年一月一日施行。初有红绶褒章、绿绶褒章、蓝绶褒章三种。蓝绶勋章系授予"于教育、卫生、慈善、防疫事业，学校、医院之建设，道路、河渠、堤防、桥梁之修筑，田野之开垦，森林之栽培，水产之繁殖，农工商业之发达等振兴公益事业成绩著明者，又或勤勉于公益事业而劳效显著者"。

② 1909 年。

③ 1880 年。

④ 即中国钓鱼岛及其附属岛屿。

⑤ 即将海鸟加工成鸟肉并采集鸟羽。

⑥ 1907 年。

阁褒第八号

赏勋局总裁伯爵正亲町实正①殿下：

冲绳县那霸区字西九十六号平民古贺辰四郎，安政②三年一月十八日生。

前文褒赏之件为冲绳县知事之内部报告，请审查之。

辰四郎，福冈县生人，资性温良，富于海事思想，立足于产业之经营。其念冲绳县属各群岛，必富藏诸多有用之海产物，遂起兴业之意，于明治十二年③二月至该县，设总店于那霸，从事殖产之业。此后三十年来，饱尝艰辛，艰苦奋斗，致力于海产物之捕获及输出。又，探查散在于冲绳本岛与清国福州航路中间之尖阁列岛，并得开拓之许可，乃谋之于识者，构筑永驻设备，经营劝奖移民、剥制水鸟、采集鸟羽、采集制作肥料等多种事业，奋励努力，以图发展。尤其以海产物之捕获及其利用方法教授于渔民，裨益甚大。其影响延及水产业整体之进步。该县于斯业能达至今日之隆盛，其人之热诚参与大有功焉。如其人者，洵为兴公益而成效显著者也。据《褒章条例》，得授予蓝绶褒章。

另纸附上冲绳县知事呈报之文件。特此申请。

明治四十二年九月八日
农商务大臣男爵大浦兼武（印）

官亲第一一七之一号
申报褒章下赐之件

农商务大臣男爵大浦兼武殿下：

冲绳县那霸区字西九十六号之当地平民商人（无勋爵）古贺辰四郎，其资性温良，品行端正，富于海事思想，致力于产业之经营。明治十二年以来，在本县从事移民及产业之经营，致力于海产物之捕获及输出，并在水鸟剥制、鸟羽采集、肥料制造等方面励精图治，促其发展。尤其是海产物之捕获，带给渔民

---

① 正亲町实正，日本明治时代华族，明治四十二年（1909年）二月至大正七年（1918年）五月，任日本赏勋局总裁。
② 日本江户时代孝明天皇年号（1854—1860年），安政三年即1856年。
③ 1879年。

巨大利益,并促进了水产业之普遍进步,其功绩显著。根据《褒章条例》之规定,请下赐蓝绶褒章。另附其人之履历书、户籍誊本、事业经营书。特此申请。

明治四十二年五月三十一日

冲绳县知事日比重明(印)

明治三十二年①以前之履历

古贺辰四郎

明治十二年琉球废藩设冲绳县之时来本县,专事海产物之采收。

同年五月,设总店于那霸。

明治十三年二月,赴八重山石垣岛探查海产物等。明治十五年②二月,设分店于该岛。

明治十七年③,派人赴尖阁列岛,探查该岛之实况,此后历年均派遣工人赴该岛采收海产物。

明治二十五年,于经营尖阁列岛之余,借入冲绳县开运会社所属船舶"大有"号(五百四十吨),随工人亲往大东岛探险。

明治二十七年,因观察尖阁列岛形势,以为该岛为国家一大福利,与此地从事移民经营至为切要,乃向本县知事申请开发该岛,该知事以彼时该岛归属未定为由拒却之。

明治二十八年,以事关尖阁列岛之开发,须得亲往考察,乃配备小艇,进行实地之探险。

同年,复以申请开发尖阁列岛事宜致函内务、农商务两大臣,并上京亲自具陈考察之实况,恳请允许开发,然终未得许可。时恰值明治二十七、二十八年战役④结束,皇国大捷,结果台湾岛归于帝国版图,尖阁列岛亦为我所有。二十九年,因敕令第十三号公布,重以申请开发该岛之事请愿于本县知事,同年九月获得许可。

明治三十年⑤,委托大阪商船株式会社建造远洋渔业改良船。同年三月,

---

① 1899 年。
② 1882 年。
③ 1884 年。
④ 即 1894—1895 年的中日甲午战争。
⑤ 1897 年。

建成两艘,从事远洋渔业,效果颇佳。

明治三十一年①,因事业发展,交通工具愈发重要,乃商之于大阪商船株式会社,借入该社所有之轮船"须摩"号(一千六百余吨),俾寄泊于尖阁列岛,欲以轮船谋交通之便利。

鸟黐②产量及价格调查

明治四十年,产量五千斤,价值一千三百元。

明治四十一年③,产量八千斤,价值二千零八十元。

履历书

冲绳县那霸区字西九十六号居住之平民商人

古贺辰四郎

安政三年一月十八日生

职务

明治三十二年十一月跟随奈良原知事考察南清④各方面及香港海产物情况。

明治三十三年六月七日,奉命任东宫喜事奉祝会理事。

明治三十七年⑤七月,当选并就任广运株式会社董事。

明治三十八年⑥七月,当选并就任冲绳兴业株式会社检查。

明治三十八年十二月,当选并就任冲绳糖商同业公会理事。

赏罚

明治二十七年十一月八日,为重建那霸高等小学及初级小学捐款十元,获赐木杯⑦一个。

---

① 1898年。

② 鸟黐,即粘鸟胶。北宋诗人王令《寄满居中衡父》诗云:"不虞自投置,遂若鸟遭黐。"

③ 1908年。

④ 即中国南方。

⑤ 1904年。

⑥ 1905年。

⑦ 据日本国宪法,基于明治十四年(1881年)太政官布告第六三号之《褒章条例》,皇室、王室、中央政府、地方政府及各类公私团体,得据各种法规及规定,授予有功之个人及团体以奖杯,其出自皇室及王室者称"赐杯"。奖杯材质有金、银、木三种。

其奖状内容如另纸第一号所云。

明治二十八年七月十一日,获第四届国内劝业博览会"珍珠、贝壳类、鱼翅、海参展品"三等奖。其奖状内容如另纸第二号所云。

明治二十七、二十八年战役之际,献纳军资五十元及军用品若干,获赐木杯一个。其奖状内容如另纸第三号所云。

明治三十年七月二十八日,捐款二十八元,以为(冲绳县)岛尻郡具志川间切学费,获赐木杯一个。其奖状内容如另纸第四号所云。

明治三十年三月十八日,获(长崎市)联合共进会"海参展品"二等奖。

明治三十年十一月月十二日,获(神户市)第二届水产品博览会"玳瑁、鲨鱼皮、海人草、贝类、珍珠、鱼翅、海参展品"一等奖、三等奖及奖状。其奖状内容如另纸第五号所云。

明治三十二年三月十五日,获(鹿儿岛市)联合共进会"鱼翅展品"三等奖。

明治三十三年,获法国巴黎万国博览会"珍珠、海参、贝类展品"铜牌。其奖状内容如下:

République Francaise

Ministre de Commence, de Lindustre des Postes t des celeg raphes

EXPOSISTION UNIVERSELLE DE 1900

LEJURY INTERNATIONAL DES RECOMPENSES

DECERNE UN DIPLÔME DE

MÉ DAILLE DE BRONZE

à Monsieum Tatsushiro Koga, à Naha

GROUPE IX—class 53 JAPON

明治三十六年[①]七月一日,于第五届国内劝业博览会上,其海人草获水产品展品类褒奖,珍珠、各色贝壳及信天翁羽毛等获三等奖,各色贝扣[②]等获三等奖,海参、鱼翅获二等奖。

明治三十七年,于美国圣路易万国博览会上展出水产品,获金牌一枚,铜牌两枚。其奖状内容如下:

---

① 1903年。

② 贝壳所制纽扣。

UNITED STATES OF AMERICA
UNIVERSAL EXPOSITION SAINTLOUIS. MDCCCCIV
COMMEMORATING THE ACQUISITON OF THE LOUISIANA TERRITORY
THE INTERNATIONAL JURY OF AWARDS CONFERRED-A GOLDEN-MEDAL
UPON
TATSUSHIRO KOGA OKINAWA KEN
SHELLS AND PEARLS

明治三十九年[1]，为帝国义勇舰队建设筹集捐款二百元，获列为特别会员并赐徽章。其奖状内容如另纸第六号所云。

明治三十九年，为救济（冲绳）县旱灾贫民捐款十元，获赐木杯一个。其奖状内容如另纸第七号所云。

明治四十年十二月，于长崎市关西九州一府十九县联合水产共进会召开之际，展出尖阁列岛及（冲绳）县制造物品，获一等奖牌一枚，二等奖牌两枚。其奖状内容如另纸第八号所云。

因前记展品获一等奖，获长崎商业会议所赠予褒奖镜框一个。其奖状内容如另纸第九号所云。

奖状写真

第一号

明治二十七年十一月八日，为属下那霸高等及初级小学重建捐款十元，行为可嘉，特赐予木杯一个。

明治二十七年十二月二十五日
冲绳县知事正五位奈良原繁（印）

第二号

其搜集贝类珍珠，销量甚伙，又精于鱼翅、海参之制作，产量极大，满足国

---

[1] 1906年。

内外所需,足证其平素勤勉于所业。

据前记之举荐,兹赐予奖牌。

明治二十八年七月十一日
总裁大勋位彰仁亲王(印)

第三号

其于明治二十七、二十八年战役之际,以报国之心,献纳军资五十元及军用品(若干),行为可嘉,特赐木杯一个。

明治三十年六月一日
冲绳县知事从四位勋四等奈勋良原繁(印)

第四号

明治三十年七月二十八日,其捐款二十八元,以为辖下岛尻郡具志川间切学费,行为可嘉,特赐木杯一个。

明治三十年十二月二十四日
冲绳县知事从四位勋四等奈勋良原繁(印)

第五号

明治三十年十一月十二日第二届水产博览会上,其于玳瑁、鲨鱼皮、海人草、贝壳类,以及贝壳十三种、珍珠九种,获三等奖。

其所搜集贝壳、珍珠,品质皆良好,为工业制造所必需,尤其如珠母者,形制硕大而质地厚实,光泽耀人,为会中所罕见。(足见)其勉力于当地渔业之开发,贝壳之采集贩卖,收效非鲜。

鱼翅、海参(チリメンガシマル)二种,获一等奖

其从事于渔业、制造及商业,锐意扩大产量,改良产品,此次展出之鱼翅、海参,善聚各种产品,其品质及制作尽皆良好,能满足海外之需求。

据前记之举荐,兹赐予奖牌。

明治三十年十一月十二日
总裁大勋位功二级彰仁亲王(印)

一、官方档案　57

第六号

其拥护本会之旨趣,为帝国义勇舰队建设筹集捐款,因据会则,列为特别会员,兹赐予徽章。

明治三十九年四月九日

帝国海事协会总裁大勋位功四级威仁亲王(印)

第七号

其为救济辖下旱灾贫民捐款十元,行为可嘉,特赐木杯一个。

明治四十年一月十九日

冲绳县知事正四位勋二等男爵奈勋良原繁(印)

第八号

鱼翅、海参,获一等奖　金牌

审查长正五位勋四等神山闰次(印)

兹据上第二次关西九州府县联合水产共进会审查长之举荐而授予之。

明治四十年十二月一日

农商务大臣从二位勋一等松冈康毅(印)

鲣鱼干,获二等奖　银牌

审查长正五位勋四等神山闰次(印)

兹据以上第二次关西九州府县联合水产共进会审查长之举荐而授予之。

明治四十年十二月一日

农商务大臣从二位勋一等松冈康毅(印)

珍珠,获二等奖　银牌

审查长正五位勋四等神山闰次(印)

兹据以上第二次关西九州府县联合水产共进会审查长之举荐而授予之。

明治四十年十二月一日

农商务大臣从二位勋一等松冈康毅(印)

银杯

其夙来致力于冲绳县各郡岛屿之殖产事业,锐意经营海产物之捕获及输出,并进行八重山群岛之渔业开发,又尝试于无人岛尖阁列岛进行探查,从事鳞介之捕捞及水禽之剥制等,专注于为移民之先导,其间刻苦经营,多年如一日,其功绩实堪表彰,兹特赐予之。

审查长正五位勋四等神山闰次(印章)

兹据以上第二次关西九州府县联合水产共进会审查长之举荐而授予之。

明治四十年十二月一日

农商务大臣从二位勋一等松冈康毅(印)

第九号

目录

镜框　一个

此第二次关西九州府县联合水产共进会上,阁下参展之鱼翅诚为现今我水产出口贸易品中最为显著之发展进步,于国家裨益良多,此皆阁下及操此业诸君恪尽职守、努力奋斗有以致之也。本会议所因以前记目录之物品赠予阁下,虽阁下已获一等奖,此实可为将来奖励之端绪也。

明治四十年十二月一日

长崎商业会议所会长永见宽二(印)

事业之经营

事业之经营

目次

一、在冲绳县创业

二、八重山分店之开设(附:该岛产业状况)

三、探查无人岛之愿望(附:着手永驻经营)

四、探查尖阁列岛

五、尖阁列岛开拓之许可(附:探查后至获得许可期间事业之经历)

六、获许开拓后之经营方针(附:改良远洋渔业船之建造、部分县民之感触、该岛交通之不便及装卸之困难)

七、对尖阁列岛技术上之设计

八、尖阁列岛产业经营梗概

九、永久之工人移居计划

十、自明治三十年至明治四十年之十一年间，尖阁列岛事业经营费用、轮船航海次数及产物采收之价值

（一）自明治三十年至明治四十年事业经营费用

（二）自明治三十年至明治四十年轮船航海次数

（三）自明治三十年至明治四十年产物采收价值

十一、明治四十一年度后尖阁列岛经营预算书

（一）支出之部

（二）收入之部

十二、本县官吏对列岛之视察

十三、尖阁列岛以外无人岛之探查及经营

（一）大东岛之探查

（二）イキマ岛之探查

（三）セキビ岛之探查

（四）冲之神岛探查及经营

十四、冲之神岛事业概况

十五、附录：失事船之救助

十六、附录：地图及照片

事业之经营

一、在冲绳县创业

古贺辰四郎，如另纸履历书所载，福冈县人。其初来冲绳县从事海产物之采集及捕获，为明治十二年二月，正值废琉球藩而设冲绳县之年。此前，其人念冲绳各群岛必富藏有用之海产物，乃决意创业，航海来本岛。刚登岛，即亲自于沿岸巡视，偏渔夫，探海中，知其物产果然丰富，遂开从事此业之端绪。当时本岛一般民众之智识尚处于幼稚阶段，经济思想尤欠发达，全无利用此等天然物产之念，仅以自给自足为满足，故非但海中产物不予采收，即便可为工业

所用,且价高而畅销之大型贝类,如夜光贝①、高濑贝、广濑贝等贝类之贝壳,亦仅食用其肉而弃其壳如敝屣。古贺氏目睹此等情形,乃慨然而叹,决意促成本岛海产物之采收及利用,以增进国家福利,增加县民之经济收入。尔来三十年间,披星戴月,致力于此。其间备尝艰辛,艰苦奋斗,致力于经营之多样化,俾本县人民知晓发展海产业之利益。其又致力于本县无人岛尖阁列岛之经营,奠定冲之神岛事业之基础。

本县当时情形已如前述,故其人为达此目的,必须先于县内枢要之地设立店铺。以此,来本县当年,亦即明治十二年五月,即于那霸设立总店,诱导附近人民,着手购入此等贝壳无算。其以微薄之资本,孤身奋斗,竟达成今日事业经营成功之端绪。

试记当时购入贝壳之价值,如夜光贝,大者一个二钱或三钱,又如高濑贝、广濑贝,每百斤三四十钱,购入甚易,其渐知当地人民对海产物之思想极为幼稚。起先,其估计此等贝壳或为外国商馆所好者,于是赴神户港,与外商洽商,结果每年向外商销售此类贝壳三四十万斤,并以销售所得推进海产物之开发事业。

此后,其确信此类贝壳之贸易必将日渐繁荣,在外商间销路大开,乃于明治十五年二月,在该县所属最偏远之一孤岛八重山石垣岛上设立分店,在劝奖岛民从事渔业的同时,致力于本业,即贝类等海产物之输出。县民大受启发,乃有逐渐认为此业有利可图,而希望直接与外商订立贩卖合同者,神户外商之贝类收购遂自然形成一种竞争态势,而原料之价格亦渐次腾贵。其人最初给予外商之售价为每百斤一元左右。因原料价格腾贵,外商买入价亦随之增高。如高濑贝者,初则每百斤二三元,后渐至五六元,最终突飞至每百斤二十五六元之高价。县内县外,对该行业之关注度日益增加,坂神方面甚至兴起以本县所产贝类为原料之纽扣制造业,由此推动了对本县贝壳类产品之需求,促进了贝类工业之发达。其后复有印度、南洋方面之贝壳原材料进口,而本县贝壳仍保持极高价值。此外,其人还奖励干鱿鱼、鳖甲、鱼翅、海参等清国所需水产品之制作,大受支那商人欢迎。此后,该业亦年年呈繁荣之盛况,至今仍为本县

---

① 夜光贝,学名 turbo marmoratus,生活于太平洋、印度洋珊瑚礁中的一种大型贝类。其厚重的贝壳下含有珍珠层(或称珍珠母),自古以来即作为螺钿工艺的材料使用,贝壳本身不发光。

重要物产之一。

以上为其人在经营事业之初，尝试海产物输出对本县产业之贡献。

二、八重山分店之开设

（附：该岛产业状况）

明治十五年二月，其人由于事业之发展，在八重山岛开设分店。如前所述，该岛原为本县所属最偏远之一孤岛，土地肥沃，风土向善，民性安逸，少兴业以盈利之念，乏获鱼类而渔利之心，与前记冲绳本岛无异，对该岛附近之海产物，亦从旧藩时代之遗习，玳瑁之采集方式亦极为传统。然除此之外可采者则鲜矣。其他如山林深邃，树木繁茂，而不加利用，空留遗憾，多此之类。故自分店开设以来，于鱼类之捕获方面，即致力以先进方法教授岛民。如自野生树木中制造鸟黐之方法，使其了解如何加工自然产物以获利，且颇有成效。海产物之输出外国，因属其经营范围，故日渐隆盛，此不待言，而该岛鸟黐输出县外之事业，亦日益发达。

三、探查无人岛之愿望

（附：着手永驻经营）

其人欲以无人岛之探查，推进国家之福利。一念及此，热忱日炽。尤其从本县所属之地理形势观察，以及从当时与清国之国际关系考虑，历来即为帝国臣民着手之处也。对附近属岛之移民及经营，自始即信为最切要之事业。其人到来之后，抱定探查该岛之愿望，只待机会来临。

其人知晓无人岛之探查及经营，须做先期之准备。为贯彻初心，其认为实有必要永驻经营。于是，其于明治十八年四月从原籍迁往此地，专心从事此业。然与此等事业发展最为必要之交通则极为不便，仅有一二艘小轮船作为定期邮政船，往返于大阪、那霸及八重山之间。一则其航海常需月余，二则出航时间不定，且不准时，所运物品常常因此延误滞留，为此而错失商机，遭受挫败之事屡次发生。

四、探查尖阁列岛

尖阁列岛位于东经一百二十三度，北纬二十五度之大洋中，为无人居住之小列岛，恰好位于冲绳本岛和清国福州间航路之中间。该列岛由钓鱼岛、黄尾岛、南小岛及北小岛四小岛构成。

其人鉴于该岛之位置，认为有必要进行移民经营，乃于明治十七年起，派人实地探查该岛。根据探查者之报告，其了解了该岛形势大要，又知悉该岛适宜事业经营,达成多年夙愿之机会终于来到矣,乃再派人试于该岛从事鸟羽及海产物之采集捕捞。该岛之此类物产,非徒宜于输出国外,而且于内地①亦有相当销路。尔来十余年间,每年派遣工人采集捕捞不辍。至明治二十八年,其人以该岛事业将迎来大发展之机遇,乃自乘小船和装备,赴该岛实地考察。此行风涛险恶,航路危险,其终于在列岛中一屿登陆,乃视察全岛,见树木繁茂,原野宜耕,水禽群栖,徒手可擒,沿岸亦富于海产物,遂知其前途颇为可观。以上所探查之列岛,大者有二,其一面积约四平方里,其二约一平方里。大者即钓鱼岛,又名和平山;小者即久场岛,又名黄尾岛。探查者最初登陆之岛屿,乃列岛中之久场岛。

五、尖阁列岛开拓之许可

(附:探查后至获得许可期间事业之经历)

其人获许开拓尖阁列岛,为明治二十九年九月。此前,如前所述,其人于明治十七年在该岛首开事业之端绪,此后则每年派遣工人前往该岛,从事物产之采集。另外,如前文所略记,工人之募集极为困难。该岛乃远海中之无人岛屿,人惧其危险,自然无愿前往工作者,故无人应募。而当时县内一般民情,极缺乏海国之进取风气,尤为个中重要原因。故其人为招募工人,极力劝诱,百般施为,而仅募得老者若干而已。当时乡间绝少工作机会,且种类单一,故此等老者亦非真正意义上之工人。然彼等均要求支付出人意料之高额报酬。当时本县物价极低廉,然除给予粮食、烟草及其他日用品外,彼等还希望月得金十五乃至二十元。其人念及若一味顾念此等小障碍,必至事业荒废而留终身之遗憾,乃尽量依彼等之要求支付报酬,并签订航海期间雇佣合同,筹集驻岛期间所需一切粮食及其他给养品,始得启航。此即全岛首次探查之际之事实。其后每年于该岛采集海产物之际,则派遣工人,然每次亦必如前煞费苦心。而此等工人自返回后,渐习其业,熟其地,于该列岛劳动竟驾轻就熟,且报酬丰厚,遂于彼等之朋友知己间吹嘘宣扬。久之,逐渐有人愿意前往该列岛工作。自明治十七年迄今十余年间,如前所述,苦心募集工人,渐至有志者逐渐增加,直至可选择工人,实为事业经营之一大便利也。此外,其为首倡本县民众移民者,从而奠定移民繁荣之基础。又如上所云,非但当时最大困难之一之工人募集渐就其绪,其后该岛物产亦日渐畅销。

---

① 即日本本土。

明治二十七年，其向本县申请开发该岛，但本县以当时该岛是否为帝国归属尚不确定为由，未许。其人更致信内务与农商务两大臣，提出申请，又亲自上京具陈探查实情，恳请批准开发，仍未获许可。时恰逢明治二十七、二十八年战役告终，皇国大捷，结果台湾岛划入帝国版图，尖阁列岛亦归我所属。

明治二十九年，敕令第十三号公布，其立即再次向本县提出开拓该岛之申请，并于同年九月获许可，其人对该岛多年之夙愿终得实现。

六、获许开拓后之经营方针

（附：改良远洋渔业船之建造、部分县民之感触、交通之不便及装卸之困难）

明治十七年以后，其人对该岛之经营方针仅限于每年或每季派遣店员及工人采集鸟羽及捕捞鱼类。获得开发许可后，为奠定永久之基础，乃决意筹划向该岛移送常住居民，进行移民开发经营。然当时本县平时所用船舶乃脆弱之琉球形船，仅为独木舟耳，远洋渔业不堪运用，作为无人岛开发经营之交通工具，实甚危险。当其人决意进行此事之际，决定事先委托大阪商船株式会社建造二艘改良之远洋渔业船。上述船只至明治三十年建造完成。先送至八重山岛，同年三月始由该岛出发，乘载打工移民三十五人及粮食等其他所有日常用品，驶往尖阁列岛。出航之际，其人向移民解说内地式船舶摇橹之法。盖琉球式船舶多依赖风帆而不用橹，独木舟则主要用手棹，而不用其他技术。普通民众于此术全然不知，因此，在派遣新建船只之际，其人乃身先示范，俾彼等习练此术。

于此远海孤岛，如何使移民得以安全生存乃令人费心之最大问题。粮食之补给自不待言，遮蔽雨露之法，对普通卫生、疾病及灾难救治护理之法，亦均须讲求。其人虽于此事煞费苦心，然部分县民仍以此次计划为轻躁无谋之业而非难诋笑或散布恶言。其人因此反抗之念逾强，意志愈发坚定。另外，其人深思熟虑，如万一罹灾祸，三十余名移民将成彼之牺牲品，令人不甚危惧。所幸天气平稳，最初遣送移民之两艘改良渔业船未发生任何故障，往返二十余日，装载采集于该岛之货物，平安归来。同年四月，其人又派遣船只装载粮食和其他物品前往该岛，并于次年即明治三十一年五月获报结果良好。因此，其人与大阪商船株式会社协商，借入该会社所属轮船"须摩"号（一千六百余吨），亲率移民五十人，备齐粮食及各种日用器具等驶往尖阁列岛。

其人此次航海，期望奠定该岛移民计划之基础，故暂时滞留岛上。首先，需着手为此等移民建造房屋、开凿水井、开拓原野、种植红薯、蔬菜之类，以防海路不通时之困厄。上述设施建设完毕后,其人立即返回总店。此等设施之建立,俾数百移民稍可安心定居生活,并着手开荒等。此亦为巩固该岛事业基础之重要因素之一。

其人事业进行中最感困难者,乃该岛码头装卸之不便,亦即航海上之不便。盖前述尖阁列岛之地形,乃孤悬洋中之一岛屿,四壁断崖环抱,天气稍有不顺,则怒涛汹涌,不断拍打崖壁,绝无堪称港口者(便于船舶停靠)。远处海中岩礁相连,海浪冲击,浪高遮天,兼之黑潮时来,水流湍急,舟船靠岸,甚为困难。其人为航海赴该列岛特意建造之改良远洋渔业船亦难轻易靠岸。即如一千六百余吨之轮船"须摩"号,亦终究无法靠岸,只能于远处海中抛锚装卸货物。此等作业,非徒不便,亦极度危险,只能靠母船从陆岸携带之数艘独木舟,从母船装卸货物,再运抵岸边。如此作业,以至母船上下左右摇晃,掀翻独木舟,此等事故,屡屡发生,故而装卸货物时,举岛上下,皆赤裸工作。

以言上述情形,凡一物一货,皆冒危险从母船卸载而来。况此后数次渡海,除其中一两次借船外,其余皆依赖他人所有之轮船。母船航路为绕行列岛,而船长因无经验,远远望见岛屿,惧其危险,即于远离岸边处抛锚。在无避难港之海中,恐天气突变,旅客须于短短数小时之停船时间内搭乘回航船,故心中多有不平,诉之不已。以上种种困顿,不胜枚举,其困难忧虑情形,实不难体察。

七、对尖阁列岛技术上之设计

针对尖阁列岛之移民计划,结果堪称良好,其人遂作第二次之计划。如前所述,当货物运输装卸之际,其痛感当排除海陆之不便及相关险情,又为该岛将来事业之发展计,实有必要进行技术上之设计。为咨询此事,其人于明治三十三年[①]赴京,陈其事于东京帝国大学教授、理学博士箕作佳吉,烦其规划。而该博士则举荐对此计划报有极大同情及热心之理学士宫岛干之助。其人遂携宫岛氏返县,任其对该岛进行技术上之设计。此外,经营该岛尚有其他必须注意之事项,乃与当时本县师范学校教师、农学负责人黑岩恒商议,请其来岛规划。同年五月,三人同乘租借之轮船"永康"号(大阪商船株式会社所有,四百六十吨),先于久场岛登陆,接受二人之实地指导,并确定设计方案大略如下:

---

① 1900年。

一、禁止滥捕鸟类及鱼类,讲求繁殖之法,以避免物种绝迹之忧。

二、建造居所,俾移居者得以安居。

三、久场岛无可用之溪泉,故应建筑积蓄雨水之水槽。

四、为船只停靠安全及海陆搬运之便利,应建系船之碇系①。

五、道路之开凿及粪便处理方法等其他卫生设施之建设问题。

为实施上述设计,建筑水槽所需之砖块、水泥等材料均需依赖遥远之内地。小港湾之建设,则需粉碎附近海陆之岩礁,需工业用炸药等,这一切均需准备。而此等材料需由内地运来,其中尤感砖块、水泥装卸之困难。尤其是装卸水泥之大木桶时,母船摇晃,掀翻驳船,如两两相忤,其困难实出乎意料。然其终克服此等艰难,运来材料开始施工。其间遭遇诸多障碍,设计之变更、位置之变动等屡屡发生。每当上述诸般困难反复出现时,如材料之运输、设计之更新等,其人均以为乃设计之疏忽所致。然于绝海无人之岛屿,以微薄之资金从事其事,困难可想而知。又碇系之修建,不断选择陆上岩壁粉碎之,海中之岩礁,亦须等待退潮之际等等,加之其他诸多障碍,工程未如预期进展,迄今尚未竣工。

上述工程次第推进之时,明治三十四年五月,其借来轮船"仁寿"号(四百六十吨),乞请本县技师熊仓工学士,一起渡海至该列岛,并停留至同年八月,谋划诸般改善,更提出新设计方案如下:

为使海鸟蛋及雏鸟免遭风浪劫掠,以及保护房屋和渔船之安全,于海岸要地构筑防波堤。

此工程亦遇到种种障碍,在浪费诸多经费和劳力,又几度变更设计方案后,终于竣工。

八、尖阁列岛产业经营梗概

对尖阁列岛之产业经营概要如下:

一、采集鸟羽及剥制水鸟。

二、鱼翅、海参、贝壳、鳖甲等渔获采集。

三、捕捞鲣鱼、制作鲣鱼干。

四、植树造林(栽培樟树苗及松树、杉树、柑橘之类)。

五、开垦并种植水稻、蔬菜。

---

① 岸边系船所用之石墩。

六、购买轮船。

七、采集珊瑚。

八、制造鸟黐。

九、畜牧。

十、养蚕。

十一、制作罐头。

十二、采掘磷矿鸟粪。

上述鸟羽及鱼翅、海参、贝壳、鳖甲之采收,于明治十七年探查该列岛后即着手进行,鲣鱼之捕捞,亦进行有年矣。而明治三十八年始新造捕鲣船,此前不过于独木舟上设绳钩,进行小规模捕捞而已。该列岛鲣鱼数量之可观,主要因食饵丰富,鲣鱼群聚集于近岸,不必出远洋捕捞等。此乃天赐之宝地也。如前所述,为扩张捕捞规模,明治三十八年初,其人在内地建造捕鲣船三艘,送至该列岛,又于宫崎县雇佣擅长捕鲣之渔夫及鲣鱼干制作工人数十名,从事该业,成绩颇为可观也。在此期间,不幸遭遇暴风袭击,三船皆大受损伤,所幸未有人员伤亡,此不幸中之万幸也。

如前所述,该列岛富于鲣鱼,故其人于翌年,即明治三十九年,复新造捕鲣船五艘,收获更好于往年。另外,其人知悉剥制之水鸟羽作为欧美各国妇女帽上之装饰广为使用,然水鸟剥制之熟练工人则不易得,遍访东京、横滨等地而求之,终不能得。问诸业者,则怀猜忌之心,秘而不宣,故其人生放弃之念。经过数年,其人终于明治三十六年赴京之际,煞费苦心,得携十余名熟练工人而归。翌年,即明治三十七年,其所制作之アイサシ、カワオドリ,以及其他剥制之杂禽、水鸟羽毛等,初售卖于横滨、神户之外商,博得意外之好评。此后之销售,年年有增,明治三十九年度销售达二十余万羽,明治四十年度之销售,则约在此两倍以上。

栽种樟树苗于该列岛,为明治三十九年间之事也。其人坚信该岛水土为宜于种植樟树之宝地,故于同年十一月,从台湾总督府附属之试验场购入樟树苗三万株,植于钓鱼岛、久场岛二屿,长势极佳,遂决定此后年年种植。

随着该列岛移民数量不断增多,开垦事业也日益兴旺。其人投入不少资金,结果目前已开垦土地面积达六十余町,种植物之种类则有杂谷、甘薯、蔬菜等等。此后,移民之总数达二百四十八名之多,户数亦达九十九户。按户口分配上述土地,则一户可达六反①,人均可达二反四亩②。如此,昔日荒芜之无人列岛,今日则蒙圣泽雨露,日渐繁荣矣。

该列岛事业之发展已入正轨,其交通亦日益繁忙,而依赖他处租借之船舶及巡航船,甚为不便。为该岛交通顺畅计,其人拟购入轮船。明治三十九年十一月,其人购入台湾总督府所属轮船"三浦"号(一百四十五吨),更名为"辰岛"号,以供该列岛交通之用。

珊瑚之采集、鸟羹之制作及畜牧业,从明治四十年度起着手进行,成绩如何,尚不可知。又,该列岛野生桑树甚多,今明两年拟尝试养蚕。

该列岛附近海域四时鱼类群栖,如其巢穴。其人遂生以此等鱼类制作罐头之念,乃于明治四十一年四月雇佣本县岛尻水产学校毕业生一名,并请该校教师岩井来岛指导,所提交之报告表明,结果非常良好。又,可用燕鸥等其他海鸟之肉榨油,残渣做肥料。其人认为按岩井之方案制造罐头,颇有利可图,乃着手计划制造罐头。

另外,其人预感该列岛土壤中含有磷酸,乃于明治四十年三月向福冈矿山监督署提出开采申请,同年八月十九日获得许可。翌年,即明治四十一年二月,其人赴京,谋之于农学博士恒藤规隆,请其检查矿石,恒藤博士决定进行实地考察。其于五月来本县,遍查列岛,发现南小岛甘薯田之土壤中含有大量磷酸(百分之二十五以上)。据该博士所云,上述磷酸,全来自鸟粪,因降雨频繁,鸟粪中之氮及磷酸多因雨水而流失。而暴露于雨露之中,堆积于洞穴岩荫等之下者,则得以留存,因此成就此地之沃土。此种土砂,南小岛上可轻易采集数千吨。另外,北小岛水禽群栖,则可获得更多肥料。该博士更于黄尾岛发现鸟粪堆积层。盖黄尾岛系火山岩及玄武岩崩塌而成,其土壤吸收性强,而信天翁往来该岛者众多,多穿地营穴,夜必宿于巢中,其巢穴多至数十万以上,谓全岛悉为其巢穴亦不为过。此等鸟类之排泄物堆积地下,全岛土壤因之而极为肥沃,芭蕉及甘薯等徒枝叶繁茂而结果阙如者,此之故也。然该岛降雨频繁,众多鸟粪亦渐次被冲洗而去,而留存山中者,如树荫落叶掩盖者,则颇具肥料价值。沿岸绝壁之上有芦苇丛,环绕该岛。此芦苇丛极繁茂,高可没人,其落叶堆积至二三寸,鸟栖其中,有巢穴无数。此芦苇丛中之土壤,正如恒藤博士

---

① 日本面积单位,1 反等于 991.5 平方米。
② 日本面积单位,1 亩等于 99.15 平方米。

所发现之鸟粪层,土色暗黑,带有脂肪之光泽,有臭味。将其投入火中燃烧时,发出烟雾与臭气。据博士所云,此与自南洋诸岛输入之 guana 乃同一物质,堪称本邦未见之绝好肥料。又,虽未经精密分析及测量,上述芦苇丛之面积约为五万坪①,鸟粪层厚约二至三尺,其品质稍次者面积亦甚广。其人拟定细水长流之采掘计划,一边进行鸟粪层之采掘,一边禁止鸟类之滥捕,注意保护鸟类。以此,则二十年后,鸟粪之堆积又如今日矣。以上所云,皆该博士之意见也。

此外,对该列岛之事业经营和开发,将来应扩展及开拓之新领域诸多,如达成开发该列岛之目的,其于帝国产业界之贡献,必不可限量也。

九、永久之工人移居计划

在此,有一事特别应该记载。原本该列岛之事业经营开发,全取永久之方针。因当时条件所限,雇佣渡海前往该列岛工作之工人,不仅徒增往来之繁杂费用,而且待彼等之技术渐进熟练,则雇佣期限将至,这对经营开发而言极不经济。其人深感雇佣定居之工人至为有利,乃于明治四十一年五月,试雇佣宫城、福岛两县七岁至十一岁之贫儿十一名,订立至其成年之契约,携之渡海来岛。而以上儿童中,除二人外,皆为尚未就学之儿童,于是其人计划聘用山形县师范学校毕业生一名,移居该岛,担当教育之责。

十、自明治三十年至明治四十年之十一年间
尖阁列岛事业经营费、轮船航海次数及物产采收之价值

自明治十七年开始着手尖阁列岛之经营开发,至明治二十九年九月获得开拓许可期间之事业,因无法进行规划,非徒事业,即便必要之经费等亦难以计算,故仅将获得开拓许可后至明治四十年之十一年间,主要经费项目列表于下。

(一)明治三十年至明治四十年之十一年间事业经营费

年份	摘要	金额(元)
明治三十年	渔船建造费及水手酬劳	2 800
	粮食及各项经费	3 700
	工人津贴及酬劳	4 900
计		11 400

---

① 日本面积单位,1 坪等于 3.305 平方米。

(续表)

年份	摘要	金额(元)
明治三十一年	轮船"须摩"号回航费用	3 000
	粮食及各项经费	13 000
	工人津贴及酬劳	9 600
计		25 600
明治三十二年	轮船"须摩""安平"两船回航费用	6 000
	粮食及各项经费	22 000
	工人津贴及酬劳	8 600
计		36 600
明治三十三年	轮船"永康"号租借费	6 000
	粮食及各项经费	35 000
	工人津贴及酬劳	14 500
计		55 500
明治三十四年	轮船"仁寿"号回航费用	4 000
	粮食及各项经费	17 600
	工人津贴及酬劳	13 800
计		35 400
明治三十五年[①]	轮船"仁寿"号回航费用	2 700
	粮食及各项经费	9 400
	工人津贴及酬劳	14 600
计		26 700
明治三十六年	轮船"仁寿"回航费用	2 700
	粮食及各项经费	8 500
	工人津贴及酬劳	15 800
计		27 000

---

① 1902 年。

(续表)

年份	摘要	金额(元)
明治三十七年	轮船"仁寿"号回航费用	2 700
	粮食及各项经费	9 300
	工人津贴及酬劳	22 000
计		34 000
明治三十八年	轮船"球阳"号回航费用	4 500
	粮食及各项经费	21 900
	工人津贴及酬劳	27 700
计		44 100
明治三十九年	轮船"球阳"号回航费用	5 400
	粮食及各项经费	16 300
	工人津贴及酬劳	37 600
计		59 300
明治四十年	轮船回航费用	9 500
	粮食及各项经费	18 600
	工人津贴及酬劳	40 650
计		68 750
累计		424 350

(二) 明治三十年至明治四十年之十一年间轮船航次

年份	船名	吨位	回航次数
明治三十年			
明治三十一年	须摩	1 600余吨	2次
明治三十二年	须摩、安平	各1 600余吨	4次
明治三十三年	永康	460余吨	租借2月
明治三十四年	仁寿	460余吨	4次
明治三十五年	仁寿	460余吨	3次
明治三十六年	仁寿	460余吨	3次
明治三十七年	仁寿	460余吨	4次
明治三十八年	球阳	770余吨	5次
明治三十九年	球阳	770余吨	6次
明治四十年	球阳、辰岛、仙头、宫岛、三笠		11次

（三）明治三十年至明治四十年之十一年间物产采收价格

年份	品名	数量	单价	价格①
明治三十年计	鸟羽	17 000 斤	1 斤 40 钱	6 800
	海产物			7 500
计				14 300
明治三十一年计	鸟羽	65 000 斤	1 斤 47 钱	30 550
	海产物			9 600
计				40 150
明治三十二年计	鸟羽	85 000 斤	1 斤 50 钱	42 500
	海产物			13 000
计				55 500
明治三十三年计	鸟羽	25 000 斤	1 斤 50 钱	15 500
	海产物			16 300
计				31 800
明治三十四年计	鸟羽	13 000 斤	1 斤 55 钱	7 150
	海产物			14 400
计				21 500
明治三十五年计	鸟羽	9 000 斤	1 斤 55 钱	4 950
	海产物			16 000
计				20 950
明治三十六年计	鸟羽	7 600 斤	1 斤 55 钱	4 180
	海产物			13 600
计				17 780
明治三十七年计	鸟羽	4 600 斤	1 斤 60 钱	2 760
	海鸟剥制	130 000 羽	1 羽 14 钱	18 200
	鸟肉肥料		1 斤 4 钱 8 厘	1 776
	鸟油	160 箱	1 箱 3 元	480
	海产物			12 500
计				35 716

① 原表无价格单位，当为元。

(续表)

年份	品名	数量	单价	价格
明治三十八年计	鸟羽	7 500 斤	1 斤 60 钱	4 500
	海鸟剥制	160 000 羽	1 羽 15 钱	24 000
	鸟肉肥料	43 000 斤	1 斤 4 钱 5 厘	1 935
	鸟油	200 箱	1 箱 3 元 10 钱	640
	鲣鱼干	13 000 斤	1 斤 60 钱	7 800
	海产物			13 500
计				52 375
明治三十九年计	鸟羽	13 000 斤	1 斤 70 钱	9 100
	海鸟剥制	240 000 羽	1 羽 14 钱	33 600
	鸟肉肥料	65 000 斤	1 斤 4 钱 5 厘	2 925
	鸟油	315 箱	1 箱元 15 钱	1 008
	鲣鱼干	68 000 斤	1 斤 65 钱	44 200
	海产物			9 700
计				100 533
明治四十年计	鸟羽	16 000 斤	1 斤 75 钱	12 000
	海鸟剥制	420 000 羽	1 羽 14 钱	58 800
	鸟肉肥料	110 000 斤	1 斤 45 钱①	4 950
	鸟油	470 箱	1 箱 3 元 50 钱	1 645
	鲣鱼干	65 000 斤	1 斤 75 钱	48 750
	海产物			8 600
计				134 745
累计				525 399

十一、明治四十一年度以来尖阁列岛经营预算书

明治四十一年至明治四十五年之五年间,尖阁列岛事业经营收支预算如下:

---

① 原文如此,似为 1 斤 4 钱 5 厘之误。

（一）支出部分

年份	摘要	金额(元)	备考
明治四十一年	捕鲣船 5 艘、珊瑚采集船 5 艘之制造费	4 750	新造
	监工 3 人，渔夫 120 人及采珊瑚者 20 人，合计 140 人 7 个月之津贴及报酬	22 021	新规雇入
	房屋 500 立坪①之建造费	15 000	
	种植樟树及松树等其他杂树 10 万株，本年砍伐 2 万株	400	
	标本制作监工 3 人及 150 人 7 个月之津贴及报酬	22 491	
	为建设港口 5 年连续粉碎岩石 1 800 坪，1 年之费用	18 000	
	各项杂费	3 000	
	粮食费用	21 312	
	交通费　航海 12 次	9 600	
计		115 574	
明治四十二年	捕鲣船 5 艘、珊瑚采集船 5 艘之制造费	2 500	新造
	监工 3 人，渔夫及鲣鱼干制作工人 154 人，采珊瑚工人 40 人之津贴并报酬	28 959	增员 54 人
	增建房屋 500 坪之建造费	15 000	
	种植樟树及松树等其他杂树	400	
	标本制作监工 3 人及制作工人 150 名之津贴及报酬	22 491	
	港口建设延续费用	18 000	
	各项杂费	3 000	
	粮食费用	33 200	
	交通费　航海 12 次	99 600	
计		133 150	
明治四十三年	捕鲣船 5 艘、珊瑚采集船 5 艘之制造费	3 250	
	监工 3 人及渔夫 220 人，采珊瑚工人 60 人之津贴及报酬	41 601	新造
	种植樟树及松树等其他杂树	400	

---

① 日本沙土体积单位，1 立坪等于 216 立方尺。

(续表)

年份	摘要	金额(元)	备考
	监工3人及制作工人150名之津贴及报酬	22 491	
	港口建设延续费用	18 000	
	各项杂费	3 000	
	粮食费用	31 391	
	交通费	9 600	
计		129 734	
明治四十四年①	捕鲣船5艘、珊瑚采集船5艘之制造费	4 750	新造
	监工3人及渔夫220人,采珊瑚工人80人之津贴及报酬	44 531	增雇20人
	种植樟树及松树等其他杂树	400	
	监工3人及制作工人150名之津贴及报酬	22 491	
	港口建设延续费用	18 000	
	各项杂费	3 000	
	粮食费用	32 831	
计	交通费	9 600	
明治四十五年②	捕鲣船5艘、珊瑚采集船5艘之制造费	135 604	
	监工3人及渔夫220人,采珊瑚工人100人之津贴及报酬	47 481	
	种植樟树及松树等其他杂树	22 491	
	监工3人及制作工人150名之津贴及报酬	18 000	
	港口建设延续费用	3 000	
	各项杂费	34 272	
	粮食费用	9 600	
计	交通费	137 344	

① 1911年。
② 1912年。

(二) 收入部分

明治四十一年	现金 88 400 元	捕鲣船 10 艘 136 000 斤
	现金 30 000 元	珊瑚船 5 艘之收入
	现金 10 500 元	鸟羽 15 000 斤
	现金 56 000 元	海鸟剥制 40 万羽
	现金 680 元	鸟油 525 箱
	现金 4 860 元	鸟肉肥料 108 000 斤
	现金 15 000 元	海产物
	累计现金 206 440 元	
明治四十二年	现金 106 080 元	捕鲣船 12 艘 163 200 斤
	现金 60 000 元	珊瑚采集船 10 艘之收入
	现金 10 500 元	鸟羽 15 000 斤
	现金 56 000 元	海鸟剥制 40 万羽
	现金 4 860 元	鸟肉肥料 108 000 斤
	现金 1 680 元	鸟油 525 箱
	现金 15 000 元	海产物
	累计现金 254 120 元	
明治四十三年	现金 132 600 元	捕鲣船 15 艘 204 000 斤
	现金 90 000 元	珊瑚采集船 15 艘之收入
	现金 10 500 元	鸟羽 15 000 斤
	现金 56 000 元	海鸟剥制 40 万羽
	现金 4 860 元	鸟肉肥料 108 000 斤
	现金 1 680 元	鸟油 525 箱
	现金 15 000 元	海产物
	累计现金 310 640 元	
明治四十四年	现金 176 800 元	捕鲣船 20 艘 272 000 斤
	现金 120 000 元	珊瑚船 20 艘之收入
	现金 10 500 元	鸟羽 15 000 斤
	现金 4 860 元	鸟肉肥料 108 000 斤

(续表)

	现金 56 000 元	海鸟剥制 40 万羽
	现金 1 680 元	鸟油 525 箱
	现金 18 000 元	海产物
	累计现金 387 840 元	
明治四十五年	现金 176 800 元	捕鲣船 20 艘 272 000 斤
	现金 90 000 元	珊瑚船 20 艘之收入
	现金 10 500 元	鸟羽 15 000 斤
	现金 56 000 元	海鸟剥制 40 万羽
	现金 4 860 元	鸟肉肥料 108 000 斤
	现金 1 680 元	鸟油 525 箱
	现金 20 000 元	海产物
	累计现金 359 840 元	

十二、本县官吏对列岛之视察

本县曾视察尖阁列岛官吏之姓名及视察时间如下：

明治三十三年，原八重山岛司[1]野村道安巡视辖区，至尖阁列岛。

其人于明治三十四年五月，乞请原本县技师熊仓工学士赴该列岛进行设计，为得其他方面之指导，又请本县土地整理事务局人员数名，同船赴岛测量。

明治三十七年，本县事务官岸本贺昌、八重山岛厅书记中岛谦次郎，以及原八重山岛警察署长宫原景明三人，先后赴该列岛。

明治四十年九月，本县技师大山勇吉为视察当地情况，赴该列岛。

明治四十年十月，八重山警察署长内田辅松，警部[2]春田昂及本县堀内药剂师赴该列岛。

---

[1] 日本地方官职。据日本明治二十九年(1896 年)颁布的敕令第十三号《有关冲绳县之郡编制》，决定于冲绳县设置岛尻郡、中头郡、国头郡、宫古郡、八重山郡，于宫古岛及八重山岛设置岛厅(岛司)，岛司受县知事之监督指挥，大正十五年(1926 年)废除。

[2] 日本警察官衔之一，位于警视之下。

十三、尖阁列岛以外无人岛之探查及经营

（一）大东岛之探查

探查无人岛以益国家之观念，不只限于前述之尖阁列岛，还尝试探查和开发经营本县辖区附近及远至南洋之无人岛。此为对国家尽义务之最恰当事业，亦为其人最为愉快之事。明治二十五年，其人于开发尖阁列岛之余暇，为采收海产物，租借冲绳开运株式会社所属船只"大有"号（五百四十吨），率渔夫四十五人，携带一年之粮食及其他物资，前往大东岛探查。该岛位于那霸以东二百四十海里处，为海中之无人岛。此行天气不佳，途中屡次停泊，出航十日，渐抵大东岛，乃停船，着手准备探查。沿岸各处水深至数百寻，抛锚无用，且波涛汹涌，船体摇晃不已。探查之结果，仅漂泊一昼夜，于该岛地势是否适合采收海产物，终不得知晓，遂返航而归。

（二）イキマ岛之探查

根据万国地图所示，在宫古岛东南方，即东经一百二十五度二十八分，北纬二十四度二十三分，有イキマ岛。明治三十三年五月，其人赴尖阁列岛航行途中欲前往探查，乃乘轮船绕行，抵达上述地点。当时天气晴朗，万里无云，实为有利于探查之日。然自上述地点望之，方圆二十海里之内，绝无任何小岛踪影，探查更远之处，终无所获。

（三）セキビ岛之探查

对セキビ岛之探查，与上述探查同航次进行。该岛位于尖阁列岛东北方六十海里处。探查之结果，其认为终究不宜居住，乃断开发经营之念。为示纪念，乃竖一标木后返航。此次探查与理学士宫八、师范教师黑岩同行，标木上之文字乃由此二人执笔，一为英文，一为邦文①，书于标木两面。

（四）冲之神岛探查及经营

冲之神岛乃一无人小孤岛，位于东经一百二十三度三十三分，北纬二十四度十三分处。其人往年曾实地探查该岛。其人认为该岛水禽群栖，沿岸海产物丰富，若加以适当之规划，日后必大有可为，乃立即提交租借申请，并于明治三十八年一月获许可。目前已派遣在该岛工作之工人有二十三人，监工两人，着手开发经营。该岛之建设规模，以一切皆比照尖阁列岛为方针。其事业经营之梗概于下项记载。

---

① 日文。

十四、冲之神岛事业概况

冲之神岛租借许可之获得,在明治三十八年一月,然其人忙于其他方面之规划事务,至翌年,即明治三十九年三月,始得着手该岛之开发事业。该岛在八重山郡西表岛以西,距离不过七海里。其人以小船二条、独木舟五条为交通工具,又于同年七月特派广运株式会社所属船只"球阳"号前来,明治四十年八月,复派轮船"辰岛"号前来。其人着手开发经营该岛以来,时日尚浅,其间仅有投资,尚无纯利。其采收之物产种类、价格如下:

种类	水禽剥制	鸟肉肥料	鸟油	海产物	合计
数量	60 000 羽	14 000 斤	70 箱		
单价	14 钱 1 羽	4 钱 4 厘 1 斤	3 元 20 钱 1 箱		
价格[①]	8 400	672	224	1 600	10 896

十五、附录:失事船之救助

明治三十三年五月十三日,台湾台北建昌街熊野商业株式会社分店长佐佐木嘉十郎所有之轮船"备前"号(船长为中田定吉,八十吨),经由那霸、宫古岛驶往台湾基隆,途遇强烈风暴而受损,尤其海图更为海风所夺,针路[②]亦失,无法驶往宫古岛停泊,漂流于海中数日,后渐漂至钓鱼岛(一名和平山)。该岛事务所乃赠海图于该船,使其出航。而该船应于宫古岛上岸之乘客三人(一人为巡警,其余二人为普通乘客)则滞留该岛,后由便船送还宫古岛。

又,明治三十五年五月十八日,有独木舟一条漂至久场岛(黄尾岛)事务所背后断崖之岸边,乘船者三人,乃宫古岛渔夫,已漂流一周有余,饥疲交迫,无法行走,状似半死。其人之事务所乃供以药品和食物,俾其滞留疗养二月有余,后搭乘轮船"仁寿"号返岛。

十六、附录:地图及照片

黄尾岛全景(明治三十三年)

南小岛渔场(明治三十三年)

南小岛道路开凿(明治三十三年)

---

① 原文无价格单位,当为元。

② 指南针。

北小岛鸟类群集(明治三十三年)
南小岛鸟类栖息之地(明治三十三年)
北小岛鸟类群集(明治三十三年)
和平山事务所(明治四十一年)
和平山事务所(明治四十一年)

[《公文杂纂》明治四十二年　内阁四　卷四,日本国立公文书馆藏,2A-013-00·纂01108100。]

（翟意安　译　王卫星　校）

35. 国际法先例汇编（二）·岛屿先占

机密

目 录

一、帝国岛屿先占事例
其一、小笠原岛（明治九年十月）
其二、硫黄岛（明治二十四年）
其三、久米赤岛、久场岛、鱼钓岛（明治二十八年一月）
二、关于外国岛屿先占帝国政府的措施之事例
（略）

一、帝国岛屿先占事例

（前略）
其三、久米赤岛、久场岛及鱼钓岛编入帝国版图之经纬

散在于冲绳县与清国福州之间的久米赤岛（距久米岛未申方[①]约七十里，距支那国福州约二百里）、久场岛（距久米岛午未方[②]约一百里，邻近八重山岛中之石垣岛，距离约六十里），以及鱼钓岛（方位与久场岛相同，但比久场岛约远十里）。此三岛上未见属于支那国之特别证据和遗迹，且邻近冲绳县所辖之宫古岛、八重山岛等，为无人岛屿。故冲绳县知事呈请建立国标，在上报太政大臣审议之前，山县内务卿于明治十八年十月九日就上述呈报征求井上外务卿之意见。外务卿仔细考虑后，鉴于该岛屿靠近支那国境，而且当时支那报纸等登载了帝国政府占据台湾附近支那国所属岛屿等传闻，引起了支那国政府的注意等理由，于十月二十一日答复称：建立国标、开拓岛屿应留待他日之机会。内务、外务两卿据此指令冲绳县知事：目前不要建立国标。

明治二十三年一月十三日，冲绳县知事向内务大臣呈报：本案之岛屿从来

[①] 西南方向。
[②] 南偏西方向。

就是无人岛,未特别确定所辖,近来由于必须取缔水产作业,故八重山岛官署报请确定其所辖,顺便呈报确定管辖权之内务大臣。

明治二十六年十一月二日,冲绳县知事进一步向内务大臣和外务大臣呈报有关取缔试图在本案之岛屿从事渔业等活动,需建立该县所辖标桩之意向。因此,内务大臣于明治二十七年十二月二十七日就本案提请阁议并与外务大臣商议,由于无异议,在提请阁议后,于明治二十八年一月二十一日经阁议决定,内务、外务两大臣指令冲绳县知事,批准呈报中的建立标桩案。

(下略)

[《国际法先例汇编(二)·岛屿先占》,外务省条约局,昭和八年[1]十月。]

(罗文文 译 周学莲 校)

---

[1] 1933年。

36. 有关台湾人非法进入领域内
琉球政府法务局出入境管理厅资料等之一

八出管第 289 号
1968 年 8 月 15 日
致出入境管理厅厅长

八重山办事处处长（印）

关于台湾人非法进入尖阁列岛领域内的调查（报告）

有关事由如以下报告所记。

此次调查，是由来自八重山警察署的渡庆次宪三副警部，久高耐、平良繁治两警官和来自出入境管理厅的城间祥文，作为观察员来自美国民政府涉外局的副局长罗纳德·A. 盖达克先生，以及来自公安局的大田先生共 6 人，乘坐救难艇前往调查的。最初预计在 8 月 10 日 24 时从石垣港出发，由于受到 8 号台风的影响，救难艇长劝告说，即使去了尖阁列岛，恐怕也不可能登陆，还是先看看台风的情况再说吧。于是决定当天延期出港。第二天即 11 日，天气好转，于是就按照事先商议的计划，于 24 时出港了。12 日上午 8 时，到达了台湾人登上的尖阁列岛南小岛西侧海岸的海面，却没有看见一艘像是台湾船的船只。我们 6 名调查员很快乘坐小艇登上了南小岛。要从这个登陆地点（第一登陆地点）去台湾人所在的现场，就必须翻越悬崖，可以预料这是非常危险的。因此，将登陆地点稍微向南（第二个登陆地点）变更了一下，想从南侧登陆，可是浪很大，乘坐普通小艇看样子根本无法登陆，于是派出一艘橡皮艇，终于登上了陆地。由此距离现场大约有 300 米，所以到达现场已经是上午 11 时左右了。当我们靠近时，好像很稀奇似的，台湾人逐渐聚集在了一起，有发出怪声的人，也有人说："想看看冲绳，带我们去吧。"也许是一种大众心理吧，人们渐渐地喧嚣起来。于是，我们便命令领头者出来，并质问道：登上这个岛屿的人有没有从高等行政官那里拿到进入领域内的许可证？他回答说没有这种证件。因此，出于掌握人员的需要，命令其提交全体人员的姓名、出生年月日、职业、原籍。

一、官方档案　　**83**

　　在他写花名册的时候,我们进行现场实地调查,在距离海岸边约70米的岩阴处有一个约10坪的帐篷小屋,在岩石后面也有两个面积大体相同的帐篷小屋,在海岸边,安装有两台起重机,在其前方50米左右的地方横着一艘已经解体一半的搁浅船"西尔弗皮克(Silver Peak)"号(约1万吨)的船身。

　　提交了花名册,我们担心名单登记是否有疏漏,于是就将大家都集中在一个地方,按照叫到名字的顺序移动到其他场所,以期花名册登记无缺。全体人员共45名(如所附名单)。名单确认结束后,让台湾人选派3名代表和我们调查员一起,开始就非法进入领域及搁浅船只的拆解等其他事项进行深入调查。

　　台湾人代表是兴南工程所打捞营救公司的职工,三人分别叫庄天生、刘东来、王春发。彼此间的问答如下。

　　我:"登上这个岛屿需要入境许可证,知道吗?"

　　彼:"嗯,知道的。因为一个月前来了一个警官说'来领取入境许可证',所以委托装着废铁回去的船上人员办理手续,可是还没有联系上。"

　　我:"从那以后已经过了一个月了,既没有联系,也还没有办理手续,是吗?"

　　彼:"……"(模棱两可)

　　彼:"这条船只的拆解作业是从5月开始到8月左右,能够作业的时间很短,若办理入境手续后再来的话,就会失去最佳作业时间,此后风浪会很大,无法作业。因此,只有这一次无论如何想请你们给予许可,明年来的时候,就规规矩矩地办理入境手续。"

　　我:"如果没有入境许可的话,是不能让你们继续从事拆解作业的。你觉得船只从台湾来大概是什么时候?"

　　彼:"上次装载废铁回去大概是在两周以前。如果天气好的话,我认为两三天内就会来。"

　　我:"那么,船只两三天内就来的话,可以装载拆解的废铁,全体人员就乘坐这条船回国吧。"

　　彼:"好吧,没办法。我们回去。"

　　我:"如果不回国,就要逮捕。"

　　彼:"嗯,明白了。"

　　我:"对了,你们从什么时候开始从事船只拆解作业的?"

　　彼:"记不清了,我想大概是从今年6月份开始的。"

我:"在这里工作的人都是公司的职工吗?"

彼:"不。我们3人(3名代表之意)是打捞救难公司的职工,其余的都是我们雇来的人员。"

我:"获得船只拆解的许可了吗?"

彼:"是的。就像这个,已经获得了。"

(出示了英文买卖契约书和基隆港务局局长的证明)。

如上所述,我们奉劝他们离开这一区域,下一次船只来的时候就回国。我们撤回到救难艇,为了观察这两三天的情况,决定在海岸边等待观望。然而我们得到7号台风要来的消息,不得已,于13日早上7时离开了尖阁列岛,下午4时15分进入石垣港。

此外,关于船只拆解,他们不仅持有与 Empresa Naviera Libertad S. A. De Panama 及 Yung Tsu Steel Manufacturning Co. Ltd Kaoshuing 的买卖契约书(1967年10月24日),而且还持有台湾政府的拆解许可证。

仅供大家参考。尖阁列岛由七个岛屿组成,其中南小岛、北小岛、鱼钓岛、久场岛于1932年3月由古贺善次先生从日本政府农林省承购,成为私有地。古贺先生现住所为那霸市美荣桥町1-46号,岛屿的编号也由南小岛开始,按顺序为石垣市字登野城2390号、2391号、2392号和2393号。

附录文件、地图及图片(略)[1]

[尖阁诸岛文献资料编纂会编:《尖阁研究——高良学术调查团资料集》(下),データム・レキオス,2007年10月14日。]

(叶琳 译)

---

[1] 原文略。

37. 关于在八重山石垣市尖阁列岛南小岛附近从事沉船拆解作业的人员及船舶进入琉球列岛区域的许可

一、入境许可通知年月日
1968 年 8 月 30 日,1969 年 4 月 21 日补充修订。

二、许可期限
1968 年 8 月 1 日至 1969 年 10 月 31 日,计 14 个月。

三、许可的方法
以高等行政官之名义,通过驻台北"美国大使馆"打电话获得许可。
HCPS191203

四、许可人员及船舶数
1968 年 8 月 30 日　　　　　　　50 人　船舶 3 艘
1969 年 4 月 21 日补充修订　　　78 人

五、沉船名称
"西尔弗皮克"(Silver Peak)号。

七①、该沉船的转让者
巴拿马エンプレサ・ナビエルス・ラ・リベルテッド公司。

八、扬茨制铁会社许可的该沉船拆解公司
台湾新南工程公司

九、许可证
1968 年 3 月 12 日"中华民国"②政府通信(邮电)者 CHIAO-HANG5703-0431。

另外,经台湾守备队本部许可,从事拆解作业人员还获得了前往该地域的出国许可。

十、责任保证
在许可期满之际,全体从业人员以及相关船舶必须从该地域撤回本国。

---

① 无第六项,原文如此。
② 原文无引号。

琉球政府出入境管理厅

［尖阁诸岛文献资料编纂会编:《尖阁研究——高良学术调查团资料集》(下),データム・レキオス,2007 年 10 月 14 日。］

(叶琳　译)

38. 取缔台湾渔船在尖阁列岛对领海的入侵

1968年9月19日
致久贝法务局局长

关于台湾渔船在尖阁列岛对领海的入侵

这与9月3日卡蓬塔民政官致松冈主席的信函有关。考虑到有必要尽快将行政府的意向报告给民政官，因此，指示就以下事项在局长会议上报告贵局及相关局之间的协议调整结果。

记

一、由民政官提议的事项
1. 计划使用军用飞机空中侦察尖阁列岛（编者注：参照"琉球列岛的地理边界"等）①。
2. 警察官利用小艇巡视。
3. 在尖阁列岛架设非法入境警告牌。
二、其他行政府认为恰当的措施

赤岭副主席

参考法令

琉球列岛的地理边界

美国民政府布告第27号
昭和28年（1953年）12月25日

告琉球列岛住民

基于1951年9月8日签署的对日和约条款，以及关于1953年12月25

---

① 原文如此。

日生效的有关奄美诸岛的日美协定,有必要再次指定此前根据民政府发布的公告、命令及指示所规定的琉球列岛美国民政府以及琉球政府的地理边界。因此,本官、琉球列岛民政副长官、美国陆军少将达彼得·A.D.奥古登,在此发布如下布告。

第 1 条　再次将琉球列岛美国民政府以及琉球政府的管辖区域指定为如下地理边界内的诸岛、环礁以及岩礁和领海。

以北纬 28 度、东经 124 度 40 分为起点,经北纬 24 度、东经 122 度;北纬 24 度、东经 123 度;北纬 27 度、东经 133 度;北纬 27 度、东经 131 度 50 分;北纬 27 度、东经 128 度 18 分;北纬 28 度、东经 128 度 18 分至起点。

第 2 条　越过上述边界,指定边界设定并实施管辖的琉球列岛美国民政府发布的布告、颁布命令、下达指示和命令,或其他之规定要以第 1 条为准进行修改。

第 3 条:本布告自 1953 年 12 月 25 日开始实施。

根据民政长官的命令颁布。

民政副长官
美国陆军少将　达彼得·A.D.奥古登

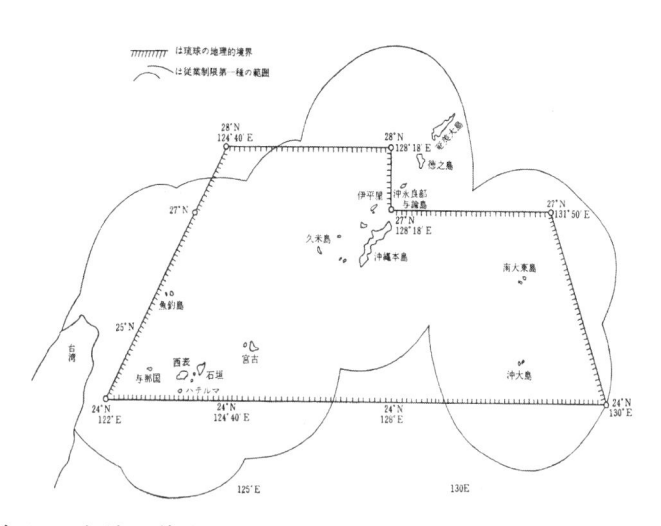

[尖阁诸岛文献资料编纂会编:《尖阁研究——高良学术调查团资料集》(下),データム·レキオス,2007 年 10 月 14 日。]

(叶琳　译)

39. 琉球政府警察局资料

防范非法入侵尖阁列岛之对策
琉球政府警察局

对策

1. 警察官使用小艇巡视。

使用警察本部保安科所属之救难艇,每月一次(含往返5—6天),对尖阁列岛及其附近海域实施海上巡逻、监管。

监管方针原则上是对非法登陆者进行拘留,对距离陆地3海里以内的渔船命令其离去。

2. 其他政府认为恰当的措施。

一旦发现航行在该岛附近海域的船只有非法登陆者,或有非法侵入领海的船只,即指导其向有关机构通报,并加以协助。

备考

1. 八重山署警备艇是27.42吨的小艇,其巡逻区域距离陆地20哩以内(沿海区域),因此对该岛的巡逻很困难。

2. 救难艇一次(预计5天)出动所需要的各种经费如下(附加细目)。

燃料费493.08美元、旅费24美元、餐费36美元、加班费336美元,合计889.08美元。

3. 监管人员所需要的各项经费(警长或副警长1名、巡查部长1名、巡查3名,共计5名,均为八重山官署工作人员):日津贴12美元、餐饮补贴6美元、加班补贴103.5美元,合计121.5美元,总计1 010.58美元。

但是,规划局必须对以下经费进行预算。

加班费(336.00+103.50)×8次=3 516美元

管区内旅费(24.00+18.00)×8次=336美元

油料及燃料费493.08×8次=3 944.64美元

伙食费36.00×8次=288美元

总计8 084.64美元

正在北小岛海面上从事渔业劳作的台湾渔船"金吉隆136"号。船上装载的是舢板（是竹制的竹筏，用于单丝钓鲭鱼和岛上登陆）。（冲绳县立图书馆所藏）

拾取海鸟蛋，从北小岛返回舢板的台湾渔夫。右侧是用于调查的摩托艇。（冲绳县公文书馆提供）

一、官方档案 91

正在南北小岛的海峡上调查嫌疑侵犯领海的台湾渔船。从右边起为比嘉警备科长、伊佐八重山办事处处长。领海侵犯次数出乎意料。(冲绳县公文书馆提供)

三天期间在北小岛和鱼钓岛海面上非法捕鱼的台湾渔船有 14 艘。图为正在北小岛洋面上捕鱼的"金兴隆 17"号。(冲绳县立图书馆所藏)

伊佐八重山办事处处长正在现场搜查在北小岛海面上非法捕鱼的台湾渔船。（冲绳县公文书馆提供）

正在北小岛海面上非法捕鱼的台湾渔船"金吉隆 136"号的驾驶室和船长李阿登（左）。（冲绳县公文书馆提供）

一、官方档案 93

因嫌疑侵犯领海,比嘉警备科长正在"金吉隆 136"号甲板上盘问船长。在船内搜查,发现了装有大约 400 个海鸟蛋的容器。(冲绳县公文书馆提供)

海面上台湾渔船"金吉隆 22"号的 9 名船员分乘三艘舢板,非法登上了鱼钓岛。他们正在该岛天然岩浴场洗浴的情景。(冲绳县立图书馆所藏)

台湾工人为从事台湾搁浅货船"海生 2"号（800 吨）拆解作业，在黄尾屿北岸建起临时板房的远景。

台湾工人在黄尾屿北岸架设钢缆、从事大规模的搁浅船拆解作业。停泊在海面上的船只是运输碎铁的货船"大通"号。（冲绳县公文书馆提供）

一、官方档案　95

为了从事搁浅船的拆解作业,在黄尾屿北岸搭建台湾工人临时板房的近景。(冲绳县公文书馆提供)

住宿在临时板房从事搁浅船拆解作业的台湾工人。全体 14 人承认非法进入领域,听从离开领域的劝告。(冲绳县公文书馆提供)

[尖阁诸岛文献资料编纂会编:《尖阁研究——高良学术调查团资料集》(下),データム・レキオス,2007 年 10 月 14 日。]

(叶琳　译)

40. 行政区划标桩的建立
石垣市行政区划标桩建立报告书

尖阁群岛标桩建立报告书

1969 年 5 月 15 日

石垣市市长石垣喜兴先生：

受石垣市市长之命，在尖阁群岛竖立标桩，明示行政区域的同时，于昭和 20 年[①] 7 月在该群岛附近建立祭奠疏散中遇难者之灵的纪念碑。根据附录之日程表，包租了"第三协荣"号（14.64 吨）和"第三住吉"号（56.73 吨），定于 1969 年 5 月 9 日下午 5 时出港，并准备完毕。

自当天下午 3 时起，在桃林寺进行了尖阁群岛遇难者联合追悼会。

出发之际，标桩建立者代表新垣仙永先生对职员和船员说，因为交通不便，普通人无法前往远方的梦之岛——无人岛。

我想大家都知道"第三协荣"号和"第三住吉"号已经包租下来了。此次受石垣市市长之命，为了在尖阁群岛明确纪念碑及石垣市的行政区划而建立标桩。海路行程为 495 公里，按照四天三夜的行程行动。此次行动，特别提醒全体人员都有责任建立标桩。建立标桩时会出现很多困难，目的是建立标桩，因此要求全体人员齐心协力，一定要肩负起责任并为之努力。"第三协荣"号于 9 日下午 5 时驶离了石垣港，向尖阁群岛航行，"第三住吉"号于当天下午 5 时 20 分出港。空中风速每秒 6 米，东南风，海浪平稳。船只以屋良部海角为基点，航向 335 度バイスリーコーター向北航行，晚上 7 时 20 分被"第三住吉"号追赶上了。海上风浪平稳，从船的前行航路可判断潮流为东北 2—3 度。夜晚和黎明感觉寒意阵阵。

10 日凌晨 5 时起看见了北小岛、南小岛和鱼钓岛，在右舷侧前方看见了"第三住吉"号。

---

① 1945 年。

两艘船朝着鱼钓岛的航向分别由南北航行。南小岛、北小岛高耸着巨大的岩石，并且有两三处洞窟。北小岛的海流湍急，船只无法靠近。在飞濑附近可以看见鱼钓岛。

鱼钓岛是一座看起来峻险，由坚固岩石构成的岛屿，岛上群生着蒲葵，覆盖着暗绿色的云彩笼罩着群山。在右舷一边看着群山，一边看着船只排开在海面上成群飞翔的无数海鸟，向着鱼钓岛航行。在鱼钓岛西侧的平缓地带还残留着令人怀念的古迹——古贺善次先生的鲣鸟加工厂。

当天上午7时，到达了鱼钓岛以南200米的海面抛锚。

鱼钓岛是尖阁群岛五岛以及冲北岩、冲南岩、飞濑中最大的岛屿，其周围是岩石，几乎没有沙滩，陡峭海岸线的海水深度估计达100米。受黑潮的影响，这里没有可以平稳停船之处。大正10年[①]前后，古贺善次先生经营鲣鸟加工业的工厂，其遗迹附近能够看到少有的海滨沙滩。在此处停船既困难又危险，不过小船可以停靠。

将鱼钓岛的标桩和战争死难者纪念碑从"第三住吉"号卸下，转到小船上，把标桩和纪念碑竖立起来了。

当天上午11时，鱼钓岛的标桩建立完成，石垣市市长、遗属代表及有关报道者登上了"第三住吉"号，向石垣港返航。

除新垣仙永以外，7名船员和4名市政府职员乘坐"第三协荣"号，于当天中午12时向南小岛出发了。下午2时左右，其到达了南小岛。南小岛岩石耸立，其高度大概有140米。岩石上已筑成为海鸟的巢穴。

小船沿着岛屿海岸线转了一圈，选定上岸的场所。从"第三协荣"号上将南小岛的标桩卸下转装在小船上，并将标桩卸到岸上，顺利地竖起了标桩。

由于气候恶劣，下起了雨，作业人员浑身淋透了，无法如愿作业。

接着顺利地建立了北小岛的标桩。下午5时左右，一行人乘上"第三协荣"号，向久场岛出发了。

当晚7时到达了久场岛，在距离该岛200米的海面抛锚。当晚在"第三协荣"号上住宿了一晚。

11日早上7时，乘小船在久场岛四周绕了一圈，选定了将标桩卸上岸的地点后，将标桩从"第三协荣"号移至小船上，并在久场岛顺利地建立了标桩。

---

① 1921年。

久场岛是面积仅次于鱼钓岛的第二大岛。岛的中央有蒲葵和杂树林,并且杂草丛生。海岸线岩石矗立,高达 100 米左右的岩石上筑成了海鸟的巢穴。

当天上午 10 时,全体作业人员将小船装载在"第三协荣"号上,用绳索紧紧地绑住小船,向大正岛出发了。

当天下午 5 时左右到达了大正岛。

大正岛海拔约 100 米,是一座由岩石构成的岛。乘坐"第三协荣"号绕着大正岛转了一圈,选定了卸下标桩的地点,并在距离大正岛 150 米的海面抛锚。全体人员将小船从"第三协荣"号上卸下来,并将大正岛的标桩装卸在小船上,用绳索把标桩的两头系牢,将其吊上 5 米高的岩石。当天傍晚 6 时左右顺利地建立了大正岛的标桩。

大正岛是一座岩石矗立的岛屿,没有草木,整个岛屿都成了海鸟的巢穴。

作业结束之后,一行人在大正岛的海面上住了一宿。

12 日早上 7 时,向石垣港返航。

出发后,气候恶劣,海上波涛汹涌,市政府职员因此感到晕船。

由于风暴的原因,从大正岛出发花了 17 个小时,全体人员于半夜 12 时平安抵达了石垣港。

以上,向您报告。

石垣市市议会会员　新垣仙永(印)
石垣市固定资产评价员、税务科长　高岭方治(印)

注:在建立标桩时,从石垣岛带去了水泥和沙子,为了使标桩和岩石紧紧贴在一起,削平了各岛屿岩石的顶部,用栗子石和莫尔焦油牢固地竖起了标桩。

一、官方档案 99

八重山尖阁群岛

魚釣島
久場島
大正島
南小島
北小島
沖の北岩
沖の南岩
飛瀬

石垣市建之

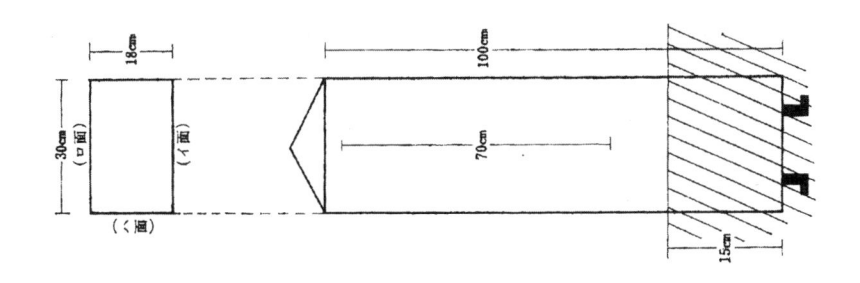

八重山尖阁群岛
鱼钓岛
久场岛
大正岛
南小岛
北小岛
冲之北岩
冲之南岩
飞濑
石垣市建

三分钢筋用两条

混凝土的调配为一、二、四

1. （イ）面　八重山尖阁群岛　鱼钓岛　　鱼钓岛　2 392

　　　　　 久场岛　2 393

　　　　　 大正岛　2 394

　　　　　 南小岛　2 390

　　　　　 北小岛　2 391

2. （ロ）面　冲绳县石垣市字登野城 2392 号

3. （ハ）面　石垣市建之

尖阁群岛建立标桩日程表

日期	出发地时刻	门牌号、时刻	建标桩的岛屿名称	作业时间	提要	住宿地
第1天	石垣港 16:00					船上住宿
第2天		鱼钓岛 6:00	鱼钓岛	3小时	上午8时开始作业	
	鱼钓岛 11:00	北小岛 11:30	北小岛	2小时		
	北小岛 13:30	南小岛 14:00	南小岛	2小时	午餐在船上	
	南小岛 16:00	久场岛 18:50				久场岛或船上
第3天			久场岛	2小时	上午8时开始作业	
	久场岛 10:00	大正岛 17:00	大正岛	2小时	午餐在船上	
	大正岛 19:00					船上
第4天		石垣港 10:00				

备注

各岛的距离（图上测定）和航行时间

石垣港——鱼钓岛　175 KM　14小时

鱼钓岛——北小岛　6 KM　30分钟

北小岛——南小岛　2 KM　30分钟

南小岛——久场岛　28 KM　2小时30分钟

久场岛——大正岛　90 KM　7小时

大正岛——石垣港　195 KM　15小时，船速以每小时7海里(13 KM)计算。

一、官方档案　101

1969年4月,竹富町在中(仲)御神岛竖起指定行政区划和天然纪念物的标桩。高16米、宽18厘米,为混凝土制,上面刻有"竹富町字崎山909""天然纪念物中御神岛海鸟栖息地"字样。(源自ぱいぬし岛竹富町史别卷3,1993.3)

石垣市在尖阁5岛建起行政标桩,图为建在鱼钓岛上的2个标桩,上面写着八重山尖阁群岛和7个岛名的标识(高80厘米,宽60厘米)和鱼钓岛名(高1米,宽30厘米)。(新纳先生提供)

行政标桩背面写着石垣市行政土地编号。

图片是鱼钓岛行政标桩背面，刻有"冲绳县石垣市字等野城 2390 号"字样。（冲绳县立图书馆藏）

石垣市"建立尖阁列岛行政标识作业班"在尖阁 5 岛耗费 3 天时间竖起的行政标桩。图为在鱼钓岛结束竖立作业之后拍摄的纪念照。

一、官方档案　103

海面上的久场岛（黄尾屿）。从"协荣"号上将标桩卸下来装到小船上，并将其卸在岛上。图中可以看到拍摄得很小的运输小船。（1969.11）（高岭方秀先生提供）

建立在久场岛上的行政标桩。站立者是新垣仙永先生。（高岭方秀先生提供）

赤尾屿(大正岛)是屹立在海上的岩礁岛。把标桩卸下,必须建在高达 5 米的岩石嶙峋的山坡上,作业极为困难。这是一张在标桩前拍摄的纪念照片,很可惜不清晰。由于这是一张很珍贵的照片,所以还是把它刊登出来了。(1969. 5. 11)(高岭方秀先生提供)

建立在赤尾屿(大正岛)险峻岩石山坡上的行政标桩的威容。(高岭方秀先生提供)左边的标桩照片由比嘉健次先生拍摄。

一、官方档案　105

　　在行政标桩建立的同时，其一行在鱼钓岛竖起了"台湾疏散石垣町民遇难者纪念碑"。图为建立工程竣工时的石垣市市长石垣喜兴先生。(1969.5.10)(高岭方秀先生提供)

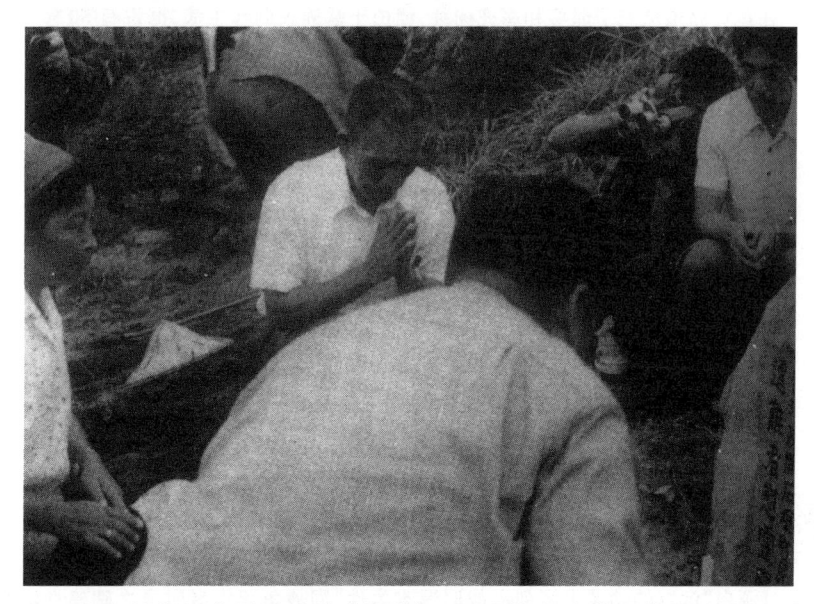

　　石垣市长喜兴(背影)和有关遗属举行了慰灵仪式，祭奠那些因受到美军空袭而漂流到鱼钓岛后死亡的人们的灵魂。(1969.5.10)(源自"八重山图片册"，石垣市 2003.4)

106　日本档案与文献

在鱼钓岛虽然吃了蒲葵和露兜树芽，但由于营养失调和生病，据说有50多人死亡。（高岭方秀先生提供）

碑文

疎開の婦女子供等一八〇人を乗せた輸送船二隻は昭和二十年六月三十日石垣港発台湾に向かう途中七月三日敵機の銃撃を受け一隻は沈没した当時遭難した人々及び辛うじて尖閣群島に辿りつき同島で死亡した人々の霊を慰めるためここにこの碑を建てる

昭和四十四年五月
石垣市長　石垣喜興

（源自"沉默的呐喊尖阁列岛战时遇难事件"同战争死亡者慰灵之碑建立事业促进会 2006 年 7 月刊）（大浜史先生提供）

碑文

二艘搭乘着 180 名疏散妇女和儿童的运输船，昭和 20 年 6 月 30 日由石垣港出发驶向台湾的途中，于 7 月 3 日受到敌机的射击，1 艘船沉没。为了告慰当时遇难的人们，以及好不容易到达尖阁列岛却在该岛死去的人们的灵魂，在此竖碑。

昭和 44 年① 5 月

石垣市长　石垣喜兴

［尖阁诸岛文献资料编纂会编:《尖阁研究——高良学术调查团资料集》(下)，データム・レキオス,2007 年 10 月 14 日。］

（叶琳　译）

---

① 1969 年。

41. 有关设立非法登陆警告牌与琉球美国民政府的往来信函

琉球美国民政府民政官致琉球政府行政主席的信函
陆军部琉球列岛美国民政府民政官室

致琉球政府行政主席松冈政保先生

亲爱的松冈主席先生：

最近，由于琉球政府警察局的"チトセ"号巡逻艇巡视了尖阁列岛，非法进入该列岛之南小岛的台湾拆解作业人员离开了该岛。据说他们收拾工具后离开了琉球领域。

今后，为了减少非法进入该领域事件，我确信应该建立不定期的现场检查制度。为此，本官正在安排军用飞机经常在尖阁列岛上空飞行。如果贵政府警察当局也安排对该列岛进行经常性的巡视，我确信那将更加有效。毫无疑问，为防止混乱，就相互间的巡视活动不断进行联系是十分必要的。

而且，由于未能正确航行，或者不知道该列岛的领土归属，我想偶尔也会有渔夫进入该列岛，也就是说，因为几乎不知道进入尖阁列岛需要入境许可而实际侵犯了领土。为了减少这样的误会，我提议，在可登陆处各个显而易见的地点，设立一个永久性的告示牌，警告登上尖阁列岛各岛屿即琉球列岛领土的人，事先要从琉球出入境管理当局获得入境许可。如果事先不办理手续的话，就根据琉球的法令起诉，并罚款（当然，要考虑到因为不可抗拒的因素而需要紧急进入琉球境内的情况）。我认为这个告示牌用英文、日文和中文三国文字书写更为有效。

今后，为了将对琉球领土的非法侵入控制在最小限度之内，如果能听到您对这一提案的意见，本人将感到十分荣幸。

民政官 斯坦莱·S.卡蓬塔
敬具
1968年9月3日

出总第 1994 号
关于美国民政府民政官有关尖阁列岛的信函(答复)

致琉球列岛美国民政府民政官斯坦莱·S.卡蓬塔先生

敬启者：

1968年9月3日的尊函已拜读，感到十分荣幸。

尊函中提及的各种提案，出于对各种情况的考虑是非常有意义的，而且是适当的。作为本职，原则上表示同意。

为了使贵提案切实有效地具体实施，本职打算尽可能采取适当的对策，努力满足您的要求。

请允许我附上一笔，尊函中所示由军用飞机随时警戒的飞行计划，如果能与本政府警察局的警备艇配合实施的话，将是幸事。

关于贵提案的其他事项以及本政府计划的实施，由于巡逻艇的配备、警告牌的设立等需要较多经费，因此，恳请您给予充分关照。

敬具

琉球政府行政主席松冈政保
1968年10月21日

琉球政府出入境管理厅厅长致琉球列岛美国民政府公安局长的信函
关于尖阁列岛警告牌的设立

琉球列岛美国民政府公安局长哈里曼·N.西蒙滋先生：

就本标题，针对1968年9月3日民政官的信函，正如本政府1968年10月17日以出总1994号（附带添写）信函所请求援助这一预算那样。

因此，关于该工程的预算和施工问题，为了有助于您参考，另附上工程概算书。为实现这一点，恳请您给予部分关照。

附录文件

工程规格图	1份
警告牌设计图	1份
尖阁列岛示意图	1份

致民政官的复写文书　　1份

需要经费共计 7 459 美元。

警告牌设置工程概算书(图纸见附页)

工程名	规格	单位	数量	单价	金额
混凝土浇筑		个	7	21.00	147.00
基座(混凝土)		个	7	50.00	350.00
安装金属零件		个	7	4.00	28.00
文字雕刻	400字×7个＝2 800字	字	2 800	0.50	1 400.00
挖掘者	4人×7个＝28人(次)	人	28	5.00	140.00
劳务费		人	28	5.00	140.00
租船费		天	11	400.00	4 400.00
舢板费		个	17	30.00	210.00
用于工程现场调查、测量以及工程施工的费用		次	4人2次	322.00	644.00
总　　计					7 459.00

旅费核算方法

[日薪(1.20×11天)＋住宿费(5.10×9天)＋船费 21.40]×4人×2次＝644.00 美元

琉球政府出入境管理厅厅长
1969年3月28日

29 JAN. 1970

SUBJECT: Transmittal of Funds

Chief Executive

Government of the Ryukyu Islands

ATTN: Director, Legal Affairs Department

1. References:

　a. Letter from the U.S. civil Administrator to the Chief Executive,

Government of the Ryukyu Islands, dated 3 Septermber 1968, suggesting emplacement of warning signs on Senkaku Retto.

b. Letter from the Chief Executive, Governmentof the Ryukyu Islands to the U. S. Civil Administrator, dated 21 October 1968 acknowledging receipt of the CA's letter of 3 September 1968 and requesting financial assistance from USCAR.

2. Enclosed is a check for $ 6,815 as you requested for the installation of warning signs on SenkakuRetto. These funds will be applied for contractual services, procurement of materials, overhead costs, transportation and sundries necessary for executing this project. Funds left over from this project may be expended for other similar projects by your government.

3. The wording for warning signs to be erected on SenkakuRetto should be revised to read:"Warning. Entry into any of the Ryukyu Islands including this island, or their territorial waters other than in innocent passage, by persons other than the residents of the Ryukyu Islands, is subject to criminal prosecution except as authorized of the Ryukyu Islands."

FOR THE CIVIL ADMINISTRATOR

H. L. CONNER
MAJ. AGC
Chief of Administration

[尖阁诸岛文献资料编纂会编:《尖阁研究——高良学术调查团资料集》(下),データム・レキオス,2007年10月14日。]

(叶琳 译)

42. 出入境管理厅警告牌设置之行政文件

关于尖阁列岛警告牌的设置
琉球政府出入境管理厅

一、资金

美国民政府支出	6 815 美元

经费细目

工程费	4 150 美元
租船费	1 700 美元
旅费及其他费用	960 美元

二、设置场所及设置数

鱼钓岛(两块)、北小岛(一块)、南小岛(一块)、黄尾屿(久场岛)(两块)、赤尾礁(大正岛)(一块)

三、警告牌的材质、大小

材质:混凝土

四、警告文:见附页

五、竣工:1970 年 7 月 12 日

六、设置后防止非法入境的对策

(1)美国民政府于1968年8月准许50名中国人进入尖阁列岛;于1969年4月准许78名中国人进入尖阁列岛,其有效期到1969年10月31日止。因此,10月31日以后登陆该岛者全为非法登陆,这一点是明确的。

此次设立了警告牌,因此有必要尽快与警察合作,采取逮捕非法登陆者等比以往更加强硬的措施,并敦促中方注意。

(2)派往尖阁列岛的警备艇需要大量资金(巡逻艇出动5天所需的经费大约是1 000美元,其中不包括警察的旅费)。

除了资金方面的问题外,非法登陆、领海侵犯等都是外交方面的重要问题,因此,我想恳请您在这方面给予关照。

警告牌内容:

英文

Entry into any of the Ryukyu Islands including this island, or their territorial waters other than in innocent passage, by persons other than the residents of the Ryukyu Islands, is subject to criminal prosecution except as authorized by the U. S. High Commissioner.

By Order of the high Commissioner of the Ryukyu Islands

中文
告示

除琉球居民及不得已之航行者外,任何人等未经美国高级行政长官核准,不得进入琉球列岛及本岛之领海及领土内。如有故违,将受法律审判。特此公告。

美国高级行政长官令

日文
警告

此の島を含む瑠球列島のいかなる島またはその領海に瑠球列島住民以外の者が無害通行の場合を除き、入域すると告訴される。但し瑠球列島米国高等弁務官により許可された場合はその限りでない。

瑠球列島米国高等弁務官の命による

Erected by the Government of the Ryukyu Islands
琉球政府建立す
琉球政府立

(1970年7月14日送达回归准备委员会、日本政府及琉球政府)

[尖阁诸岛文献资料编纂会编:《尖阁研究——高良学术调查团资料集》(下),データム・レキオス,2007年10月14日。]

(叶琳　译)

43. 关于尖阁列岛警告牌设置之报告书

报告书

1970年7月7日,为了见证防止非法入境用警告牌的架设以及监管非法入境者,因公前往尖阁列岛,其概要汇报如下。

出入境管理厅警备科科长比嘉健次(印)
1970年7月24日

出入境管理厅厅长大城实先生:

1. 出差时间　1970年7月7日至1970年7月16日(10天)
2. 出差地点　尖阁列岛(① 鱼钓岛、② 南小岛、③ 北小岛、④ 黄尾屿、⑤ 赤尾屿)
3. 概要

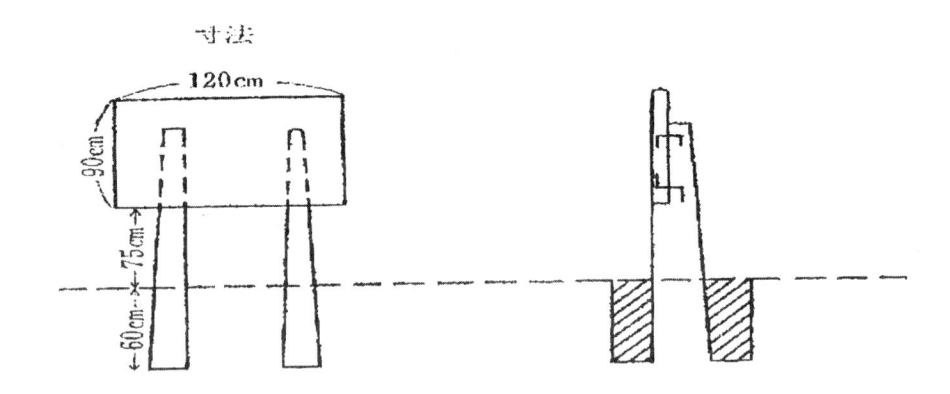

警告牌设置情况

日期和时间	情　况
7月7日	
08:30	预定当天晚上9时从石垣港出港,驶向尖阁列岛。为了搭乘租用船"第三白洋"号(150吨),从那霸机场出发。
09:30	到达石垣机场 伊佐八重山办事处处长联系了我们,得知上述预定出发的"第三白洋"号因得到正在发布的海上警报而推迟到明天出发。
14:30	在八重山建设事务所,该所所长知念三郎、该所第二科科长宫城常嘉、田本组代表(该工程承包者)田本信一、伊佐八重山办事处处长和本职等出席商讨会,商讨作业问题。
7月8日	
22:00	乘"第三白洋"号离开了石垣港,向第一个工地鱼钓岛出发。 作业人员: "第三白洋"号船员11人 包租船(调查用) 船头1人、田本组职工4人 八重山建设事务所职员3人、出入境管理厅职员2人 共计21人 另外还有4名相关报道人员根据情况取消了乘船申请。
7月9日	
01:00	由于突入冷锋,遭遇强烈暴风和狂风暴雨的袭击,船体呈25度左右摇晃。这种状态大约持续了3个小时。
07:00	到达鱼钓岛,距离该岛北岸约500米的海面抛锚。(风浪强劲,航行中寻找适当的抛锚地点需要2个小时。)
11:30	八重山建设事务所的职员和我们乘坐小艇登陆,勘查岛屿,并确定架设场地。
12:30	开始将人员、材料、器具(约1吨)送上岸(全部使用带引擎的独木舟和驳船)。
16:20	架设警告牌工程完工。
18:00	向第二个工地北小岛移动。 在船上住宿。
7月10日	
07:30	开始作业。根据上述要领,确定架设场地,将人员、材料、器具送上岸。
11:15	架设警告牌工程完工(北小岛)。
13:00	向第三个工地南小岛移动。
16:20	工程完工(南小岛)。
17:00	向第四个工地北小岛移动(当初作为第四个工地,将冲之南岩计划在内,但实际调查了现场,结果搞清楚了该场所平时风浪很高,不是船舶可停泊、人员能登陆的地方。于是,经过商议,放弃了该地,决定在台湾渔船可能会登陆的北小岛设置两个场地)。
19:3	工程完工(北小岛)。 在船上住宿。

(续表)

日期和时间	情　况
7月11日 07:30 08:00 09:35 14:00 15:00 16:00 19:30	和八重山建设事务所职员仲本贞雄一起乘独木舟实地勘察了冲之北岩，搞清楚了和前面所述冲之南岩一样，不适合架设警告牌。 向第五个工地黄尾屿(久场岛)移动。 到达该岛。如前所述开始勘查架设场地,输送人员、器材等。 工程完工。 向第六个工地鱼钓岛(作为冲之北岩的替代地)移动。 到达该岛。如前所述开始勘查架设场地,输送人员、器材等。 工程完工。 在船上住宿。
7月12日 06:00 09:00 11:30 16:30 22:00	向第七个工地赤尾屿出发。 由于该岛已成为美军指定的轰炸演习地,所以用无线电话从本船向八重山警察署通报"预定到达该岛的时间以及在该岛作业的时间"。 到达该岛。如前所述开始勘查架设场地,输送人员、器材等。 工程完工。 以上全部完成了警告牌的设置计划,离开了赤尾屿,向石垣港出发。
7月13日 09:00 11:00 7月16日	到达石垣港。 在八重山办事处(该厅)接受报社记者(《琉球新报》、《八重山每日》)采访。 返回原职(因14日、15日两天天气欠佳致航班停飞)。

参考事项

(1) 关于此次警告牌的设置计划,在八重山当地经报纸(参照附件)、电视等大量报道,居民对这一问题的关注度极高。

(2) 在设置警告牌之际,充分考虑到其效果(在台湾渔民非法登陆较多且容易看到的地点)、耐久性(受风浪等自然灾害的损失)等,进行了周密地探讨。

(3) 警告牌如附页设计图(复写),由板子和两根支柱构成。板子内加了铁网,支柱内加了钢筋,充分进行了加固。

板子高90厘米,宽120厘米,厚5厘米,重量为130公斤(考虑到人能搬运)。板面上刻着英文、日文和中文三国文字,并分别在文字上涂了黑釉,表面涂上了雪白的油漆,文字凸出。

支柱长215厘米,粗为15厘米和20厘米,重量为100公斤。在岩石上凿约 40 厘米的洞,把支柱根部插进去,底部用混凝土加固,是永久性的。

(4) 警告牌选择设置在视野开阔的地点,因为是白色,所以在相当远的地方也很容易发现它。

(5) 警告牌为组合式(为了便于搬运),用四个黄铜螺丝将板子和支柱固定住。

(6) 最初冲之北岩和冲之南岩这两个地方都纳入了设置计划,但经实地调查,判明那里风浪很大,有危险,且不是人员能登陆、船舶可停泊的地方,所以决定在台湾渔民因拾取海鸟蛋、洗冷水浴、补充饮用水而比较容易登陆的鱼钓岛及北小岛两个地方分别设置警告牌。

尖阁列岛警告牌设置一览表

设置顺序	设置时间	设置场地	备 考
一	1970 年 7 月 9 日下午 4 时 20 分	在鱼钓岛北岸海拔 363 米的山的正下方,距离海岸约 200 米内陆平坦的岩石处(参见附图,警告牌设置情况之一)。整个岛屿蒲葵丛生。	预定将架设场地定在面向南岸的石垣市标桩(石垣市字登野城 2392 号)附近(那里在战前曾是鲣鸟加工地,有人工海湾和井,台湾渔船有可能经常出入),可是由于风浪很大,乘船无法靠近,不得已决定设置在下列场地。
二	1970 年 7 月 10 日上午 11 时 15 分	北小岛东海岸中部石垣市标桩附近(石垣市字登野城 2390 号)平坦的岩石上(参见附图,警告牌设置情况之二),距海岸约 30 米的内陆。	该岛是鲣鸟的栖息地,为了拾取鲣鸟蛋,台湾渔船频繁在尖阁列岛比较安全的船舶停泊地进出。
三	1970 年 7 月 10 下午 4 时 20 分	南小岛北岸之岛的中部,距离海岸约 100 米的内陆稍高的岩石上。	这周围散落着船体碎片、台湾产的空瓶和空罐等,建有临时板房(只有骨架),还有泉水(可以饮用)。因此,台湾船只有可能经常进出。
四	1970 年 7 月 10 日晚上 7 时 30 分	北小岛南端,距离海岸约 5 米,高约 15 米的岩石上。	拾取鲣鸟蛋时的登山口。

(续表)

设置顺序	设置时间	设置场地	备　考
五	1970 年 7 月 11 日下午 2 时	黄尾屿(久场岛)北岸海拔 118 米的山的正下方,距离海岸约 5 米的稍高的岩石上。	整体呈平面,杂草茂盛,可做耕地。设置场地旁边有一个天然海湾(40、50 吨的船只可靠岸)。距离工地约 200 米就是海岸,失事船只被冲上这一海岸。确认现场有 14 名台湾人,正在进行失事船只废铁的拆解作业。
六	1970 年 7 月 11 日晚上 7 时 30 分	鱼钓岛北岸海拔 321 米的山的正下方,距离海岸约 100 米的内陆的平坦岩石上。	该场地附近有小港湾和天然浴场。台湾渔船因沐浴、补水等频繁登陆。
七	1970 年 7 月 12 日下午 4 时	赤尾屿(大正岛)北岸海拔 81 米的山的正下方,距离海岸约 20 米的稍高的岩石上。	该场地是渔船唯一的靠岸地点。这里是信天翁和鲣鸟的栖息地,被指定为美军轰炸演习地,到处散落着哑弹。

这是距离鱼钓岛北岸 200 米之内的岩盘上架设的警告牌。其整个形状是高 90 厘米、宽 120 厘米、厚 5 厘米,整个混凝土平板上面刻有日文、英文和中文三国文字。(冲绳县立图书馆藏)

一、官方档案 119

尖阁列岛海域狂风巨浪,冲之北岩和冲之南岩风浪尤其大,无法登陆,因此,无法架设警告牌。图为冲之北岩的全景。(冲绳县立图书馆藏)

到达鱼钓岛北岸海面上的"第三白洋"号,前面是摩托艇(靠岸时,因珊瑚礁损坏了船底,不能使用了)。在它们之间可看到的是独木舟。(冲绳县公文书馆提供)

带引擎的独木舟拖着载有警告牌、器材的驳船驶向鱼钓岛登陆地点的情景。(冲绳县立图书馆藏)

作业班慎重地将独木舟运来的警告牌卸到陆地。在波涛汹涌的陡峭的岩礁上,脚下难行、站不稳。(冲绳县公文书馆提供)

一、官方档案　121

在鱼钓岛勘查警告牌适当架设点的情景。中间者是比嘉警备科长。(冲绳县公文书馆提供)

把警告牌卸到陆地后,在脚下难行的珊瑚礁上搬运警告牌也很吃力。在坚硬的岩盘上挖40厘米深的洞,正准备架设。(冲绳县立图书馆藏)

作业班正在把用螺丝和螺帽组合在一起的警告牌和支柱竖在 40 厘米深的洞内，灌入水泥和碎石，加固根部。（冲绳县公文书馆提供）

琉球政府出入境管理厅和建设局八重山建设事务所的负责人正在检查警告牌架设结束后的工程。在鱼钓岛。（冲绳县立图书馆藏）

一、官方档案　123

赤尾屿被指定为美军的特别演习地域（永久危险地带），周边海底到处都是哑弹。（冲绳县立图书管藏）

作业班正在距离赤尾屿北岸海面约 20 米之内稍高的岩盘上进行架设警告牌工程。（冲绳县公文书馆提供）

作业班在警告牌前拍摄纪念照的情景。前排左侧为架设工程负责人比嘉警备科长。（冲绳县公文书馆提供）

［尖阁诸岛文献资料编纂会编:《尖阁研究——高良学术调查团资料集》(下)，データム・レキオス,2007年10月14日。］

（叶琳　译）

44. 各党派关于尖阁诸岛问题的见解和报纸评论

昭和 47 年①4 月 20 日
情报文化局国内报道课

前言

今年 3 月 8 日,外务大臣在国会就尖阁诸岛问题表明了我国的基本立场,同日,情报文化局长向霞俱乐部②作了必要的说明。在此前后,政界和新闻界也就该问题表明了各自的观点,现归纳总结这些观点,以供相关人士参考。

另外,在结尾附上"中华民国"政府及中华人民共和国政府方面的见解以作参考。

国内报道课长
昭和 47 年 4 月 20 日

目录

(1) 本省③见解

(2) 琉球政府立法院决议

(3) 自民党的见解

(4) 社会党的见解

(5) 公明党的立场

(6) 民社党的立场

(7) 共产党的见解

(8) 东京新闻社论

(9) 日经新闻社论

(10) 产经新闻社论

---

① 1972 年。
② 日本外务省的记者俱乐部,日本本国及国外记者常驻于此。
③ 即外务省。

(11) 每日新闻社论

(12) 读卖新闻社论

(13) 朝日新闻社论

附录

(1) "中华民国"政府"外交部"①声明

(2) 中华人民共和国政府外交部声明

(3) 北京广播解说

(1) 本省见解

(3月8日情报文化局长发表)

关于尖阁诸岛领有权问题

尖阁诸岛是明治18年以来,日本政府通过冲绳县政府等途径多次进行实地调查,在慎重确认尖阁诸岛不仅为无人岛,而且也没有清国管辖迹象的基础上,于明治28年1月14日,由内阁会议决定在岛上设立标桩,从而正式编入我国领土的。

尖阁诸岛在历史上始终都是我国领土西南诸岛的一部分,未包含在明治28年5月生效的《下关条约》②第二条所规定的由清国割让给日本的台湾及澎湖诸岛之内。

进一步说,尖阁诸岛也不在《旧金山和约》第二条所规定的我国应当放弃的领土范围之内,而是作为第三条所规定的西南诸岛的一部分,置于美利坚合众国施政之下。根据去年6月17日日本国与美利坚合众国签署的关于琉球诸岛及大东诸岛的协定(《冲绳归还协定》),该岛包含在施政权返还我国的地域之中。以上事实明确显示,尖阁诸岛是我国领土。

另外,中国并不认为尖阁诸岛是台湾的一部分,这一点可以从其对《旧金山和约》第三条所规定的尖阁诸岛包含在置于美国施政权之下的地域之内这一事实从未提出过异议得到证明。无论是"中华民国"政府还是中华人民共和国政府,都是在1970年下半年东海大陆架石油开发活动趋于表面化之后,才开始质疑尖阁诸岛的所有权归属的。

---

① 原文无引号。

② 即中日《马关条约》。

还有,"中华民国"政府和中华人民共和国政府所列举的证明中国对尖阁诸岛领有权主张的所谓历史的、地理的乃至地质的根据,均不足以作为国际法上的有效依据。

(2) 琉球政府立法院决议
(3月3日通过)

关于尖阁列岛领土权问题的要求决议

1970年8月31日,琉球政府立法院通过了关于尖阁列岛是日本固有领土,且其行政区域隶属八重山石垣市宇登野城的院议,表明了该县民众的意愿。

在冲绳已定于本年5月15日复归本土的当下,根据去年1月12日新华社电文,中华人民共和国政府对日本领有尖阁列岛提出非难。另外,2月11日的《中央日报》亦报道称,"中华民国"政府将该列岛划归宜兰县。该县拟于3月中旬向该岛派遣调查团,并决定筹备成立该列岛管理事务所。

然而,1971年6月17日,日本国与美利坚合众国关于琉球群岛和大东诸岛的协定及该协定的会议记录,明确了琉球诸岛及大东诸岛的领土范围。因此,尖阁列岛是日本领土,这是明白无误的事实,在领土权问题上,完全没有争议的余地。

为此,琉球政府立法院再次对"中华民国"政府及中国人民共和国政府的错误主张提出抗议,要求其立即采取措施,停止错误主张。

决议如上。

琉球政府立法院
1972年3月3日

寄送:美利坚合众国总统
美利坚合众国国务卿
琉球列岛高级行政长官

(3) 自民党的见解

（3月28日，在自民党政务调查会外交调查会上发表）

关于尖阁诸岛的领有权

关于尖阁诸岛的领有权，本党确认，无论是从历史上看还是从国际法上看，其领有权属于我国，这一点是十分明确的。

也就是说，我国政府自明治18年以来，通过冲绳县当局等进行实地调查，在慎重确认该诸岛是无人岛的基础上，于明治28年1月14日通过了在当地建立标桩的内阁决议，并基于国际法上的先占原则，编入我国领土。后来，该诸岛又成为我国领土西南诸岛的组成部分。

这一事实明确证明了尖阁诸岛并不包含在明治28年5月生效的《下关条约》第二条所规定的由清国割让给我国的台湾及澎湖诸岛之中，更不在对日和平条约（《旧金山和约》）第二条所规定的我国当放弃的领土范围之内，而是作为该条约第三条所规定的西南诸岛的一部分置于美利坚合众国施政之下。而且，根据冲绳归还协定（《日本国与美利坚合众国关于琉球诸岛及大东诸岛之协定》，昭和46年① 6月17日签署，本年3月15日批准），尖阁诸岛包含在将于5月15日返还的地域中这一事实，在国际法上不存在任何疑义。

另外，中国并不认为尖阁诸岛是台湾的一部分，这一点可以从其对《旧金山和约》第三条所规定的尖阁诸岛包含在置于美国施政权之下的地域内这一事实至今为止从未提出过异议得到证明。然而，与东海大陆架的石油开发问题相关联，中国方面就尖阁诸岛的领有权事宜提出质疑，这一点值得关注。但是，其所提出的历史、地理乃至地质的理由，均不足以作为国际法上证明中国对尖阁列岛具有领有权的合法依据。

本党为促进与中国的亲善友好关系，在外交上要保持基本的姿态，这一点自不待言。关于该问题，尤其希望得到中国方面的理解和认识。

---

① 1971年。

(4) 社会党的见解

(4月13日在党中央执行委员会发表)

关于尖阁列岛的领有权问题

"关于尖阁列岛的领有权问题",在13日的党中央执行委员会上,决定了以下基本态度和见解。

关于尖阁列岛的领有权问题

所谓尖阁列岛,乃是1881年(明治18年)经当时的政府内务省地理局之手,由冲绳县表明了对该岛的一系列"领有意图",通过1895年1月的内阁决议,于1896年4月(明治29年)正式作为日本领土编入冲绳县八重山郡的。时至今日,日本的国家机能一直有效地在该岛发挥作用,并行使统治权。因此,本党认为,在国际法上,尖阁列岛是日本领土的一部分。

基于这一事实,即使第二次世界大战后,在包括冲绳本岛在内的琉球列岛处于非法管辖期间,日本的潜在主权也是得到承认的。此外,1970年9月10日,琉球政府主席屋良也声明:"尖阁列岛及其周边海域,自古以来就是琉球县民众活动的场所。"琉球立法院也在冲绳归还日本时一致确认了对尖阁列岛的领有权。

同时,到1896年(尖阁列岛)编入日本领土的措施完成为止,没有国家宣称或提出其为本国领土的要求,也没有国家以实力管辖该地区。另外,尖阁列岛编入日本领土后直到最近,也没有国家对此提出过异议。

然而,1970年9月4日,台湾政府魏"外长"①的声明,以及同年12月3日中华人民共和国新华社的报道,表示尖阁列岛自古以来就是中国的领土。而在最近的1972年3月10日联合国和平利用海底委员会上,中国代表安氏②也强调了中国对尖阁列岛的领有权。

这些主张,是在日本政府对尖阁列岛周边水域的海底资源进行了调查;台湾政府批准了大陆架条约;美国的石油资本进入该地区进行活动;日台合作委员会和日韩合作委员会也进行了一系列活动,围绕尖阁列岛周边海底资源,美、日、韩、台反共各国的利害关系趋于表面化的过程中提出的。

---

① 原文无引号。
② 安志远。

尤其是以敌视中华人民共和国和朝鲜民主主义人民共和国，强化对台湾和韩国的日本帝国主义扩张及政治、经济援助为目的成立的日台、日韩两个合作委员会，自确认尖阁列岛周边海底石油资源以来，推动成立了"海洋开发研究联合委员会"，暴露出对尖阁列岛周边海底石油资源的野心，从而使中华人民共和国等相关国家产生了极大的疑虑和戒心。

本党认为，所有领土问题都应该在国际法基础上通过和平对话的方式寻求解决，只有切实积累这些努力，才是对加强和平共处五项原则基础上的睦邻友好合作关系的贡献。但是，政府和自民党刻意主张尖阁列岛的领有权，而将地方议会确认尖阁列岛领有权的决议束之高阁，这种态度对问题的解决有百害而无一利，也有碍于日中两国人民的友好和恢复邦交的努力。

基于以上观点，本党强烈要求政府和自民党致力于以下几个方面。

（1）政府应坚持"中华人民共和国是中国唯一的政府，台湾是中国领土的一部分"的立场和政治三原则，立即废除日台条约，与中华人民共和国建立国交，只有进行这样的努力，领土问题才有望和平解决。

（2）关于该海域周边水域的海底资源问题，政府不应迎合反共的日台、日韩两个合作委员会的策动及日美垄断资本的野心，而应与中华人民共和国恢复国交，在国际法原则的基础上进行对话加以解决。

（3）目前，该列岛的一部分正用于美军的射击、轰炸训练场。此外，政府为加强海空军力，准备向琉球列岛派遣自卫队。政府应停止派遣自卫队的计划，另外，也不能根据《日美安保条约》的规定，将该列岛编入机械防卫区域，使之成为日美共同军事作战范围。这样的措施将更加激化亚洲的紧张局势，尤其对中华人民共和国来说，这是赤裸裸的敌对行为，只会使和平解决领土问题越来越困难。

（5）公明党的立场

（1970年9月12日，在众议院冲特委[①]上，公明党的大久保议员与当时的爱知外务大臣之间进行了下述质疑答辩。此后直至今日，该党未发表过有关

---

① 全称为"冲绳及北方问题特别委员会"，是日本众议院和参议院中的特别委员会，成立于1967年12月27日日本第58次国会召开之际，其目的在于确定日本在冲绳和北方四岛问题上的对策。

尖阁诸岛的意见。)

大久保(直)委员:首先我想请教关于尖阁列岛的问题。

10日的外务委员会曾提起过,外务大臣曾声明对尖阁列岛的领有权,美国国务院也明确表示,该岛处于美国施政权之下。如果在前面问答中提到的事情属实的话,也就是说"国府"①的"国旗"②确实曾经竖立在尖阁诸岛中面积最大,号称127万坪的鱼钓岛上,那么事态就严重了。另外,就像大臣刚才所说的那样,这是非常不友好的举动。这么想自然是情理之中的事情,不过刚才答辩中说要尽快调查这件事情的来龙去脉,在此还是再次希望能够尽快调查此事。

首先我想问的是,关于尖阁列岛的问题,昭和42年③7月12日,公明党的渡部委员在外务委员会上已经就此提出过质询,可否请您回忆一下当时的情形。

爱知国务大臣:关于当时的情况,现在我还无法立即回答。

大久保(直)委员:在佐藤总理大臣出席的外务委员会上,尖阁列岛问题成为热点话题。我想读一下当时渡部委员的质询:"渔船频繁往来于冲绳靠近台湾的尖阁列岛,似乎这是他们原来就有的权利。最近台湾方面的人来到尖阁列岛,好像正在设计基地。这不是很失礼的举动吗?"当时有这样的质询。对此,总理大臣的回答是:"还是冲绳问题,因为我们没有所谓的施政权。作为应对举措","虽然与对印度尼西亚的态度稍微有所不同,但可以根据实际情况与台湾方面深入对话,深入沟通。不过我认为此事还是由施政者④出面比较好"。总理大臣是在昭和42年7月12日的外务委员会上作出这番回答的,至今已有三年了。此后政府是如何在总理大臣回答的基础上进行交涉及与台湾方面进行对话协商的?其经过还望明示。

爱知国务大臣:说到政府的交涉过程,还是按照总理大臣回答的思路,毕竟施政权一直在美国方面,其为直接当事者。再者,依据和平条约第三条,美

---

① 指台湾当局。
② 原文无引号。
③ 1967年。
④ 指美国。

国方面也承认尖阁列岛的潜在主权在日本方面,而且基于地理学上的依据,冲绳的布告也清楚地说明了这一点。因此,我们始终都向美国方面表明我们的关注。同时,关于尖阁列岛,实际上,我本人最近也曾与美国方面的负责人协商过。作为美方来说,他们的态度是,这本来就具有十分充分的依据。对于日本方面来说,虽然此前总理大臣作了那样的回答,不过根据后来的研究,尖阁列岛归属日本已经是非常明确的事实了。所以我们认为,与"国民政府"①方面谈论这个问题是不合适的。实际上,无论与哪个国家协商,都没有必要再谈论尖阁列岛领有权归属的问题了。

然而,诚如刚才所指出的那样,据9月2日台湾的报社记者报道,有人持"中华民国国旗"登上了鱼钓岛,这是附有照片的客观报道,所以,这是侵犯日本领土主权的事实。如果此事属实的话,我们当然要严正抗议,并要求"国民政府"方面妥善处置。诚如刚才所说,我们已于9月8日发出包含上述意见的照会。坦率地说,这个问题时常和周边大陆架,或者说海底资源的利用问题多少产生一些混淆,我认为在此有必要予以明确。关于占有权,当然意味着我们拥有主权。还有大陆架、海底资源开发利用之类的问题,现在政府的立场是,这些都是可以根据实际情况,通过协商对话来妥善解决的问题。基于这一立场,我想今后还是要讲求适当的处置方式。

大久保(直)委员:话是没错,我也完全同意大臣刚才的回答。不过我刚才听到大臣在回答中说,台湾记者登上日本拥有占有权的领土是个重大问题。这不是今天才出现的问题,三年前这个问题就已经产生了。当时总理大臣听取了这个问题的汇报,并作了前面我所引用的回答。我本人也认为根据实际情况直接对话协商比较好。另外,关于总理大臣所说由具有施政权者来发话比较好,我想请教的是,政府方面具体采取了什么行动?

爱知国务大臣:正如刚才说的那样,一方面施政权属于美国,另一方面琉球政府向来高度关注这个问题,也采取了适当的措施,因此过去我们没有对"国民政府"采取什么新的措施。应该看到,随着这个问题自然而然地解决,对方的态度也会发生变化。当然,因为本月2日发生的事件所引发的严重问题,今后我们也应该以刚才所说的强硬态度妥善处理。

大久保(直)委员:我想说的是,现在问题发生了,可能导致国际紧张局势

---

① 指台湾当局。原文无引号。

的出现,这确实是令人非常遗憾的事,但这不是今天才有的问题,三年前就有这样的问题了。对此,尽管公明党在外务委员会上提出主张并建议应该如何妥善处理,政府方面却一直按兵不动,三年间没有采取任何措施。今天,同样的问题发生了。根据今天报纸的报道,"国民政府外交部长"称:"日本政府在10月初的时候曾准备就此问题和我们协商,我们正考虑和日本方面交换意见。"我不是很了解大陆架和领有权的问题,但是不管怎样,"国民政府"已经提出了这个问题,并建议和日本进行协商。我对于迄今为止大臣的回答及对尖阁列岛处于美国施政权之下等等证言完全赞同。我想说的是,三年前这样的问题就已经发生,无论总理大臣本人是如何回答的,但迄今为止这一问题被搁置了,而在此又成为国会讨论的话题。我在想,这件事到底是我藐视国会,还是应该追究政府的责任,不知您意下如何?

爱知国务大臣:真是绝妙的询问。正如刚才所说的那样,这两三年间,这个问题已经自然解决了。我不知道使用这样坦率的言辞是否恰当,这一问题已经自然解决了。日本拥有尖阁列岛的领有权,且作为冲绳的一部分,非常平稳地走到了今天,因此,这两三年间并没有采取某种措施的必要。不过,因为9月2日发生的事情完全是意料之外的新情况,作为政府当然要迅速采取适当的措施。总之,政府正注视着事态平稳无事地向前发展。如果要对这样的想法和态度予以批评的话,真是不胜惶恐。从政府方面来说,再次发生这样的事情的话,还是要尽可能妥善处置。

大久保(直)委员:外务大臣在10日的委员会上答辩时也曾指出,不应涉及这个话题,而根据美国国务院昨天的报道,美国政府认为,一切对立的主张均应在当事者之间寻求解决。所谓当事者之间,大概是指日本政府吧。

爱知国务大臣:说到麦克洛斯基情报官①的评论,坦率地说,日本方面对此还有所修正或补充。首先一点,一般来说,一国与另一国发生争执时,正如前面所说的那样,原则上应该在当事国之间处理。还有一点,坦率地说,无论是尖阁列岛主权问题、大陆架问题还是海底的问题,当时新闻记者见面会上的提问和回答都不是很明确的,所以首相如此回答,或许提法有误,窃以为这一点需要修正。前面我说过,实际上这个问题引起热议的时候,我和美国驻日本大使在关于冲绳问题的定期会晤中偶尔也会谈及此事。可以明确的是,在我

---

① 即新闻发言人。

和美国驻日本大使会谈时,美方的态度是,从过去到现在,或者包括将来,尖阁列岛均处于美国的施政权之下。美国方面的态度一向是支持日本的,这没有什么问题。在这一点上,日美之间的意见是完全吻合的。这既是尖阁列岛的主权问题,坦率地说,也是周边海域的问题,所以很难和大陆架及海底资源开发问题清晰地分开来讨论。搞清楚这一点后,在应对"国民政府"时,在尖阁列岛和大陆架问题上,态度上理应有明确的区别,或者抗议,或者协商。

另外,前不久魏道明"外交部长"在记者会上提到的事情,实际上我只是在外电上看到过,而现在大家有所质疑,关于这一点,本人尚不明确。大部分新闻报道中关于大陆架和海底资源的开发利用部分,虽然可以理解为想要和日本方面协商的意思,但在没有彻底搞清楚其真实意图之前,确实难以置评。

大久保(直)委员:因为没有时间了,就此结束吧,不过此刻还是有很多问题想请爱知外务大臣回答。为了这样的问题在1972年不再成为国会争论的对象,真诚希望政府负责任地进行处理。

(6) 民社党的立场

(民社党没有就此事发表过该党的见解,只是在4月21日出版的《民社周刊》上刊载了以下报道。)

归还冲绳这一划时代的事件使我们重新认识我国的领土和领有权问题。现实是,被苏联占领的北方领土、看来将成为国际纷争火种的尖阁列岛,我们不能想当然地认为这些岛屿就是日本的领土。政府、各政党,以及全国民众都主张这些领土归属日本的正当性。如今,期待领土归还日本的情绪也在全国范围内持续高涨。在此,我们拟以民社党的塚本三郎众议院议员在国会的质询为中心来探讨这一问题。

"ECAFE[①]调查团石油资源报告"

作为国民夙愿的归还冲绳施政权的日子即5月15日日益临近了。然而,对于理应从美国手中归还我国的尖阁列岛,"国民政府"和中国最近相继发表

---

① 全称为"联合国亚洲及远东经济委员会"(Economic Commission for Asia and the Far East,简称 ECAFE),1974年更名为"亚洲及太平洋经济社会委员会"(Economic and Social Commission for Asia and the Pacific,简称 ESCAP)。

了否定该岛是日本领土的声明。加上美国国务院对该岛的归属问题态度暧昧,问题变得更加复杂了。

尖阁列岛位于冲绳本岛的西方,距八重山群岛西北方约150公里,距台湾约190公里。该列岛由鱼钓岛、久场岛等八个岛屿构成,为总面积仅6.3平方公里的无人岛。

尖阁列岛的归属问题之所以引发大量关注,是由于昭和43年[①]联合国亚洲及远东经济委员会(ECAFE)共同调查团的报告提出,列岛周边的海底可能蕴藏有大量的石油资源。

我国也曾经由总理府多次派遣学术调查团前往尖阁列岛,持续进行海底地质调查。

然而昭和45年[②],"国民政府"突然授权美国海湾石油公司勘探尖阁海域的石油资源,问题由此产生。

这件事众议院外务委员会也提起过,当时的爱知外相对于这个问题的回答是:"日本对尖阁列岛拥有毋庸置疑的领有权。关于这个问题,没有与任何国家进行交涉的道理。但对于大陆架问题,有必要的话还是进行协商比较好。"这样,我国认为领有权问题和大陆架问题本质上是不同的问题,采取了分开考量的立场。

然而,昭和45年9月4日,"国民政府"魏"外交部长"在"立法院"[③]首次发表有关尖阁列岛领有权的声明称:"尖阁列岛属于'国民政府'。"令日本大吃一惊。

同年12月3日,中国的新华社也报道称:"鱼钓岛等属于中国"。去年年底(12月30日),中国又正式发表了外交部声明,再次明确了上述主张。

因此,从表面上看,现在的形势是日本、中国、"国民政府"在争夺各自的领有权。而相比中国和"国民政府"最近发表的相关声明,我国在领有权问题上并没有与他国交涉的意图。

现在拥有对尖阁列岛施政权的美国,曾于昭和45年9月发表过承认日本对该列岛潜在主权的声明,上个月21日,美国国务院发表了将施政权和主权

---

① 1968年。
② 1970年。
③ 原文无引号。

区别对待的见解,并称"美国将从日本得到的权利返还给日本,至于主权的归属则概不知晓。主权的归属应由当事国或者第三者裁定解决"。这或许是考虑到尼克松访华后美中关系解冻的氛围而采取的微妙措辞,避免采取积极支持我国主张的态度。

如上所述,国际关系是非常复杂的,我国所处的环境决不能说是向着有利的方向发展。

"冲绳返还协定的计划中也说是'日本领有'的"

3月28日,民社党的塚本三郎议员曾在众议院预算委员会上就此事提出过质询。

塚本议员:最近关于尖阁列岛的领有权问题,美国采取了中立立场,想听听首相的见解如何。

佐藤首相:是我国的领土,这一点毫无疑问。不过关于海底资源的问题,似乎发表了暧昧的言论。但是关于领土权的主张,日本也明确地向美国方面提出:保持沉默是无济于事的。

塚本议员:萨克拉门托会谈时对此有没有具体协商过?

佐藤首相:没有提起这个问题。不过在返还协定中数次明确表示尖阁列岛是日本的领土,所以没有商议这个问题。

据奥原敏熊氏(国士馆大学国际法副教授)称:"所谓国际法上的领土,是指可以证明为处于某一国家的实际控制下的地区。实际控制的具体内容随历史而变化。而在现代,国家主权依据的发现或者说国家功能的发挥,取代开发利用土地这种实际的占有以及国家权力的行使,被视为重要的因素。简单地说,就是统治权的行使。"

塚本议员为了证明这一点,即在上述预算委员会就我国对尖阁列岛的具体统治经过进行质询。

塚本议员:明治17年,福冈县出生的茶商古贺辰四郎在鱼钓岛等地探险。明治18年,因其申请开发尖阁列岛,冲绳县就此进行了调查,其结果发现这是一个无人岛。明治29年,政府发表宣言,将该岛编入冲绳县八重山郡。这是事实吧?

福田外相:没错。

塚本议员:明治29年,国家认可了古贺氏对尖阁列岛为期30年的无偿开发权,于是那里就居住了约200人。

另外，昭和 7 年①，政府将该列岛有偿转让给古贺氏之子善次氏，这是事实吧？

福田外相：没错。

塚本议员：战后，尖阁列岛被置于美军的施政权之下。美军以每年 1 万美元的费用向古贺氏借用该列岛的一部分（久场岛）作为射击、轰炸训练场使用。从明治 29 年前后日本以外的任何国家均未领有过尖阁列岛，而古贺氏常年在该列岛经营实业这一历史事实来说，这是否符合国际法上的"先占取得"原则？

福田外相：毫无疑问。仅从这一质询来看，就能明白是由我国实际控制的。外务省也在 3 月 10 日发表了正式意见，其主要内容是：1. 在确认清国并未控制该岛的基础上，明治 28 年将其编入我国领土；2. 该列岛未包含在同年生效的《下关条约》所规定的由清国割让给我国的台湾及澎湖诸岛之内；3. 该列岛也不包含在《旧金山和约》所规定的日本应放弃的领土范围之内；4. 中国过去从未提出过任何异议；5. 中国等所主张的依据从国际法的角度说是无效的。

另外，即使中国和"国民政府"发行的地图，也都标明尖阁列岛是日本领土。由此可见，我国主张的公正性是得到认可的。

"家、农田、捕鲣鱼的生活"

我们知道，大正年间在古贺氏手下工作，依靠在尖阁列岛捕捞鲣鱼生活的人们现在居住在横滨。69 岁的末吉平藏有四个孙子，正经营着薪炭生意。"说那个岛是别国的岛，真是没影儿的话。"他一边这么说一边述说了下面的话：

> 大正 10 年 2 月，40 个同伴从西表岛的渔港出发，前往久场岛（注：即鱼钓岛）。当时我最年轻，才 17 岁，其工作是钓鲣鱼，制作鲣鱼干。到翌年 9 月底，在那里生活了约 1 年 7 个月。岛上有饮用水的只有久场岛，从事绳钓渔业的台湾渔民经常低着头来岛上取水。

"上了岛就知道是日本的地方"

久场岛上残存着先辈留下的遗迹，特别是为了船舶停靠，其开凿岩石建成了港口，再将岩石抬到上面，建成了石墙，并建造了 7 间房子，确实是非常

---

① 1932 年。

辛苦。

久场岛上也全部起了名字,比如说山舍、上崎等等。

久场岛上棕榈树很多。动物中放养的山羊很多。常常能看到白色的信天翁,海鸥、海鸠也到处都是。

北小岛(注,久场岛)上有农田,种植有红薯、甘蔗、芋头、小橘子、无花果。尽管如此,因为蔬菜很少,很容易患脚气病。紫苏、酱油、大米要事先用船运过来。

寄信的时候要拜托台湾人。

那个岛确实是日本的。只要上那个岛看一看,谁都会明白这一点吧。

(7) 共产党的见解
(3月30日常任干部会委员西泽发表)

一、近年来关于尖阁列岛地区的海底油田问题有各种各样的传闻,先是台湾的蒋介石方面,接着是中华人民共和国政府方面,尖阁列岛的归属问题突然成为人们谈论的话题。冲绳立法院在3月3日的立法院会议上通过决议称:"尖阁列岛是日本领土,这是明确的事实,完全不存在领土争议。"本党认为这一主张是妥当的。在这个时间点上,我们想再次明确本党在尖阁列岛问题上的态度。针对这个问题,我党很早以前就开始对尖阁列岛的历史以及国际法上的各种关系进行调查研究。根据这些调查和研究的结果来看,尖阁列岛显然属于日本领土。

二、关于尖阁列岛的文献记载。从很早以前开始,包括冲绳在内的日本文献和中国文献都有若干记载。但是,可以确定的是,无论是日本方面还是中国方面,哪一国的居民均未在该列岛定居,这是一个无人岛,两国都不能确定尖阁列岛属于自己。

1884年(明治17年),日本人古贺辰四郎首次到尖阁列岛中的鱼钓岛探险,并于翌年(1885年)向日本政府申请租借这些岛屿。日本领有尖阁列岛是在1895年(明治28年)1月,日本政府决定把鱼钓岛、久场岛划归冲绳县管辖,翌年(1896年)4月,又把尖阁列岛编入八重山郡,并指定为国有土地。从历史上看,这一措施是对尖阁列岛最初的领有行为。此后直至现在,该列岛一直在日本的实际支配之下。这就是国际法上基于"先占"并实际支配的原则。直到1970年的75年间,没有国家对此正式提出异议。

一、官方档案　　139

三、在此期间,继 1885 年之后,古贺氏于 1895 年再次提出租借申请,并于 1896 年(明治 29 年)9 月获得无偿租借四个岛屿(鱼钓岛、久场岛、南小岛、北小岛)30 年的许可。此后每年都有数十名开荒者被派到这些岛屿,"古贺村"遂在久场岛上出现。这是人们最初在岛上居住的开端。后来,其在鱼钓岛建起了鲣鱼干加工厂等(第二次世界大战后再次成为无人岛)。

四、尖阁列岛领有权的明确化正值日清两国统治者为争夺对朝鲜的控制权而展开的日清战争①(1894—1895 年)期间。日本获得了这场战争的胜利,台湾及其附属岛屿、澎湖列岛等被割让给日本,显然这些都不是正当手段得来的,但尖阁列岛并未包含其中。两国在交涉过程中也没有提到尖阁列岛的归属问题。

1945 年日本战败,根据《开罗宣言》及《波茨坦公告》,日本决定将"台湾及澎湖岛"等日本侵略攫取的地区归还中国,而其中并未包含尖阁列岛,所以中国方面在日本承诺接受《波茨坦公告》后也没有提出尖阁列岛的主权要求。

五、1945 年以来,尖阁列岛作为冲绳的一部分被置于美帝国主义的政治、军事统治之下。列岛中的大正岛(即赤尾礁,亦称久米赤岛)及久场岛(即黄尾礁)两个岛屿,在支付了一定租金(支付给古贺氏的儿子善次氏)后,出于侵略和军事目的,被美军当作射击与轰炸训练场使用。日本政府在 1951 年签署的《旧金山和约》第三条中,无视冲绳县民众的意愿和利益,犯下了将包括尖阁列岛在内的冲绳委托给美帝国主义军事占领的重大错误。更有甚者,此次《冲绳协定》,自民党政府再次践踏冲绳县民众的意愿,同意继续保留包括尖阁列岛的久场、大正两岛在内的冲绳县美军基地。在以冲绳县民众为代表的日本国民长期坚持要求全面归还冲绳的斗争中,在要求撤除日本全国的美军基地的斗争中,无疑是包括撤除尖阁列岛美军射击与轰炸训练场的。

六、1970 年以来,台湾的蒋介石一派开始主张尖阁列岛的领有权,接着,中华人民共和国也于 1971 年 12 月 30 日发表外交部声明,主张尖阁列岛的领有权,然而其依据都难以成立。

(1)中国方面的文献中没有中国居民曾在尖阁列岛居住的记载,明朝和清朝也没有在国际上表明对尖阁列岛的领有权。虽然有尖阁列岛"包括在明朝的海上防卫区域内"的说法,但这和领有权不是一回事。

---

① 即中日甲午战争。

(2) 中国方面在历史上没有对日本领有尖阁列岛提出异议的先例。

(3) 在中华人民共和国历来发行的全国地图上(例如 1966 年北京地图出版社发行的地图)也看不到对尖阁列岛的记载;台湾省地图上也没有标明尖阁列岛。另外,尖阁列岛的地理位置和经度(东经 123.4 度到 125 度之间),也在中国地图标识的"领海"之外。

(4) 有一种倾向,即把尖阁列岛位于所谓"中国大陆架"前端视为"中国领土"的一个论据。实际上以水深 200 米为基准的所谓"大陆架"说,是关于海底资源的提法,这与海上岛屿的领有权不是一回事。

(5) 从以上各点来看,尖阁列岛属于日本是明确的。出于侵略和军事目的将此地作为射击和轰炸训练场的美国,在《冲绳协定》生效后试图继续维持现状。我们要求撤除久场、大正两岛的美军射击与轰炸训练场,使尖阁列岛成为和平的岛屿。

(下略)

[《西南诸岛归属问题》(六),日本外务省外交史料馆藏,B0101 - 004616。]

(翟意安　译　王卫星　校)

45. 日本外务省关于尖阁诸岛的基本见解

尖阁诸岛是日本固有领土，这无论是在历史上还是在国际法上都很明确，实际上我国有效控制着该诸岛。因此，根本不存在围绕尖阁诸岛需要解决的领有权问题。

第二次世界大战之后，在一九五二年四月生效的《旧金山和平条约》从法律角度上确认了战后的日本领土，尖阁诸岛不被包含在其第二条规定的我国所放弃的领土之内，而基于其第三条规定，作为南西诸岛一部分被置于美国施政之下。后来又根据一九七二年五月生效的《日本国与美利坚合众国关于琉球诸岛及大东诸岛的协定》（《冲绳返还协定》），尖阁诸岛被包含在将施政权归还给日本的地区之内。上述事实极其明确地显示出尖阁诸岛作为我国领土的地位。

尖阁诸岛在历史上始终都是日本领土的南西诸岛的一部分。原来，自一八八五年以来，日本政府通过冲绳县政府等途径多次对尖阁诸岛进行实地调查，慎重确认尖阁诸岛不仅为无人岛，而且也没有受到清国统治的痕迹。在此基础上，于一八九五年一月十四日，由内阁会议（"阁议"）决定在岛上建立标桩，以正式编入我国领土之内。

此外，尖阁诸岛没有被包含在按照一八九五年五月生效的《下关条约（马关条约）》第二条规定由清朝割让给日本的台湾及澎湖诸岛当中。再者，尖阁诸岛根据《旧金山和平条约》第三条被置于美国施政之下，中国对这一事实从未提出过任何异议，由此可以明确地看出，中国没有将尖阁诸岛视为台湾的一部分。"中华民国"（台湾）随后通过1952年8月生效的《日华和平条约》承认了《旧金山和平条约》。

中国政府以及台湾当局在一九七〇年代以后才开始有关尖阁诸岛的独自主张，也就是于一九六八年秋联合国有关组织的调查结果公布，即发现东海下面有可能蕴藏石油，并由此尖阁诸岛开始受到人们的关注之后。

迄今中国政府及台湾当局作为所谓历史上、地理上、地质上的依据等提出的各类观点，均不足以构成国际法上的有效论据来证明中国对尖阁诸岛拥有领有权的主张。

2012 年 11 月

［日本外务省网站：http://www.cn.emb-japan.go.jp/territory/senkaku/basic_view.html。］

二、冲绳地方文献

1. 冲绳志

冲绳志序

我嘉永①年间,美国水师提督伯理至琉球,有所要请。琉球当事者,议以谓,孤岛小邦与外国交,只当致敬尽礼而已矣。彼或以力,则我唯有婉曲以免难焉耳。余闻而叹曰,呜呼,小国之所以能存,其在于斯乎。观于古今万国之史,大国恃强,骄傲自用,卑视他邦,不转眴而亡者多矣。而小国乃能得自立自存,非小国之独能智也。以其无所恃,而自有合于保国之道尔。余近反诸吾身,而有所悟焉。余少也羸弱,食饮不多,精力患乏。顾视同学者,健强善饭,而或婴病殒亡。余则三十以后体渐肥,四十而壮日加。人或谓寡欲之所致。夫余岂天性寡嗜欲哉,顾以蒲柳之质,不能恃力,自不至太过,以合于养生之道。亦犹小国如琉球者,不敢骄傲,而有得于保国之道也。呜呼,小国弱质,而不自傲不自恃,则其功效尚能如此。假设受大国禀强质者,当全盛之时,及少壮之龄,能有所自谦挹抑损,则大者益大,强者愈强,而祈天永命,永赐难老者,又将何如耶。抑夫大小之为言,不过由比较。而生如我邦,以大自处耶,比支那则小矣;以小自处耶,比琉球则大矣,我将何以自处耶。余闻之,智小而谋大,志骄而气傲,积薄而发骤,未有不速败亡者也。今我国能如琉球之安分自守,能如西伯之阴行善,又能如秦之不与中国朝聘会盟之事,厚积而薄发,培本而蓄力,则庶乎他日果能有所自立而存欤。伊地知恒庵,著《冲绳志》,盖恒庵

---

① 日本江户时代孝明天皇年号,1848—1854年。

数抵琉球,实历探讨之余,乐之于本邦及琉球史乘,质以土人言,以能成斯编,故事实之精确,记载之完全,世未有若此书者也。及其乞序也,书余所感。以与世之同志者参焉。

明治十年①八月　敬宇中邨正亘撰(印)
雪江关思敬书

序

我邦西南徼②有琉球,犹东北徼有虾夷。皆所以藩数边海,抚御之方,不可不讲也。而德川氏苟谕为治,举虾夷全岛付蛎崎氏,举南海诸岛付岛津氏。抚御之方,漫③付无尚。彼狡焉思逞者,先乘懈边备如斯,安得无觊非望乎。

往年俄罗斯使舰之来长崎,先载殖民至唐太;美利坚军舰之入浦贺,又以琉球为停泊之所。彼素先我懈边备也。俄罗斯之于唐太,风马牛不相及,而彼幸我不划定疆界,悍然掠夺。况琉球邻支那,又受其封拜,一岛两属,名号不正。苟使彼有俄罗斯之远略,岂不可寒心乎。而其免至今日者,盖天幸也。今也,圣朝新发大号,拜岛主为藩王,又为之派守兵,置镇台。庶几名分一定,备虑有方,可以绝彼觊觎也。萨摩伊地知恒庵,擢用其藩,致力王事有年,及大政一新,深以琉球名号不正为忧。航其地,谕岛主以朝恩,后官外务省,专任岛事,前后四航,遂济封拜之盛典,而以南海地志无成书,著《冲绳志》五卷。详记其风土、物产、地理、民俗,其用意亦切矣。往时水户丰田天功,曾忧俄罗斯南侵,著《北岛志》。今恒庵有《冲绳志》之撰,其用意何异于天功。而天功之言,无效当时。唐太长为佗有,恒莽冀费封拜之盛典,能使琉球长为乘藩屏。其效于国家,又非天功之可比。后之□恒庵,而任岛事者,就是书。而求恒庵之忘,则必将有所大益焉。

明治丁丑④八月中浣
岩千仞撰(印)
佐濑得所书

---

① 1877年。
② 边界之意。
③ 广阔水域。
④ 1877年。

凡例

一、本书为和汉之史传,依据旧藩古记录及琉球人著诸书,如有疑案,皆一一询问琉球人。

二、《六国史》及以下杂史,概称为国史,琉球人所著之书,则称为琉球史,不一一标注书名。

三、《中山世谱》[①]《球阳》[②]等书,虽详记上古之事,但荒诞无稽,难以信用。因此只抄录概要,舜天王以下未详记。

四、对于事迹,均删繁就简,摘录概要,尽量简略。有关萨藩者,均根据伊地知季安之《南聘纪考》。

五、余入琉球十四次,因此,所记如土地、风俗、物产均亲身见闻。

六、海陆之路程,津港之深浅,均咨询过琉球人,绝无臆测。然如无实测,难保无误差。

七、关于支那册使来琉球,琉球贡使往支那之事,只标注其初年及制度沿革,其余均省略。

八、在本朝,摄政某王子三司官被称为某亲方[③]。在支那,被称作王舅某、法司某、大夫某,其姓名也有别样文字。本书记载内容皆依据原书,因此,难免有异同。

九、鹿儿岛官吏去琉球任职,琉球官吏来鹿儿岛任职乃惯例,且定期轮换。因此,记录初年及尔后的人名更迭,均省略。

[①] 琉球官方正史,以汉文写成,记载琉球国自天孙王朝至尚益王时代之事,有蔡益本(1701年完稿)及蔡铎本(1725年完稿)。

[②] 琉球国三部官修编年史之一,由汉文写成,全称《球阳记事》,在第二尚氏王朝时期简称《记事》,《球阳》是琉球处置之后的通称。清乾隆八年(1743年),唐通事郑秉哲(伊佐川亲方佑实)等奉尚敬王之命编纂,于清乾隆十年(1745年)初步完成,后由从中国留学而归的史官继续编写,直至1876年才被迫停止。《球阳》是琉球三部典籍中记载最为详尽的一部。原书共本卷二十二卷,附卷三卷;外卷(被命名为"遗老说传")三卷,附卷一卷,今部分已亡佚。其内容包罗万象,涉及琉球王家系谱、国事、政治、经济、宗教、社会、文化、天文星象以及自然灾异等方方面面,是研究古琉球的重要史料。

[③] 17世纪初以来琉球国之位阶,士族中最高称号,品位从二品至正一品,有功者受之,无世袭。

引用书目

《六国史》	《延喜式》①
《上记》	《大日本史》
《本朝通鉴》	《续本朝通鉴》
《性灵集》	《今昔物语》
《保元平治物语》	《长门本平家物语》
《保元纪事》	《东鉴》
《源平盛衰记》	《太平记》
《南朝纪传》	《室町纪略》
《义政家谱》	《太阁记》
《丰臣家谱》	《太平年表》
《武德编年集成》	《武德大成记》
《绩武家评林》	《罗山文集》
《南浦文集》	《藩翰谱》
《南岛志》②	《柳营秘鉴》
《温藏秘策》	《和汉三才图绘》
《和尔雅》	《笈埃随笔》
《夏山杂话》	《公任集》
《琉球属和录》	《中山聘使略》
《通航一览》	《长崎年表举要》
《西藩野史》	《萨藩古记录》
《琉使记》	《捡地日记》
《七岛古传》	《里兼日记》
《大岛私考》	《庆长日记》

---

① 平安时代中期,由醍醐天皇命令藤原时平等人编纂的一套律令条文。其中对于官制和仪礼有详尽的规定,成为研究古代日本史的重要文献。时平死后由藤原忠平负责编纂,完成于延长五年(927年),之后又进行了修订,直到康保四年(967年)才颁布施行。全书五十卷,约三千三百条目,其中收录二十七篇祝词,即祭祀时对神明朗诵的祷词,又称作"延喜式祝词"。

② 日本最早研究琉球之史书,新井白石(1657—1725年)著。

《征韩录》　　　　　《南骋纪考》
《中山世鉴》　　　　《中山世谱》
《球阳》　　　　　　《琉藩取调书》
《后汉书》　　　　　《隋书》
《唐书》　　　　　　《新唐书》
《宋史》　　　　　　《元史》
《明史》　　　　　　《明一统志》
《明政统宗》　　　　《三朝实录》
《经国大典》　　　　《清一统志》
《文献通考》　　　　《续文献通考》
《世法录》　　　　　《闽书》
《潜确类书》　　　　《琉球国史略》
《图书编年》　　　　《汪楫记行》
《中山传信录》　　　《丰盛额测量书》
《被理记行》

冲绳志目录

卷一

地理志

地理　码头港口　山川　城郭　神社寺庙　官林　户口　石高[①]　租税　地质　气候　杂图

卷二

官职志

官职　位阶　冠服　秩禄

贡献志

物产志

物产　进出口　物产图

政俗志

政教　文学　制度　褒赏　刑罚　仪式　风俗　语言　饮食　居宅　医

---

① 即米谷之收获量，将军以此作为分封大名及大名分封家臣之基准。

药　娼妓

　　　　　　　　　　　　　　卷三

　　事迹志　上
　　史传

　　　　　　　　　　　　　　卷四

　　事迹志　中
　　史传

　　　　　　　　　　　　　　卷五

　　事迹志　下
　　史传　系谱　人物
　　附录
　　那霸集咏

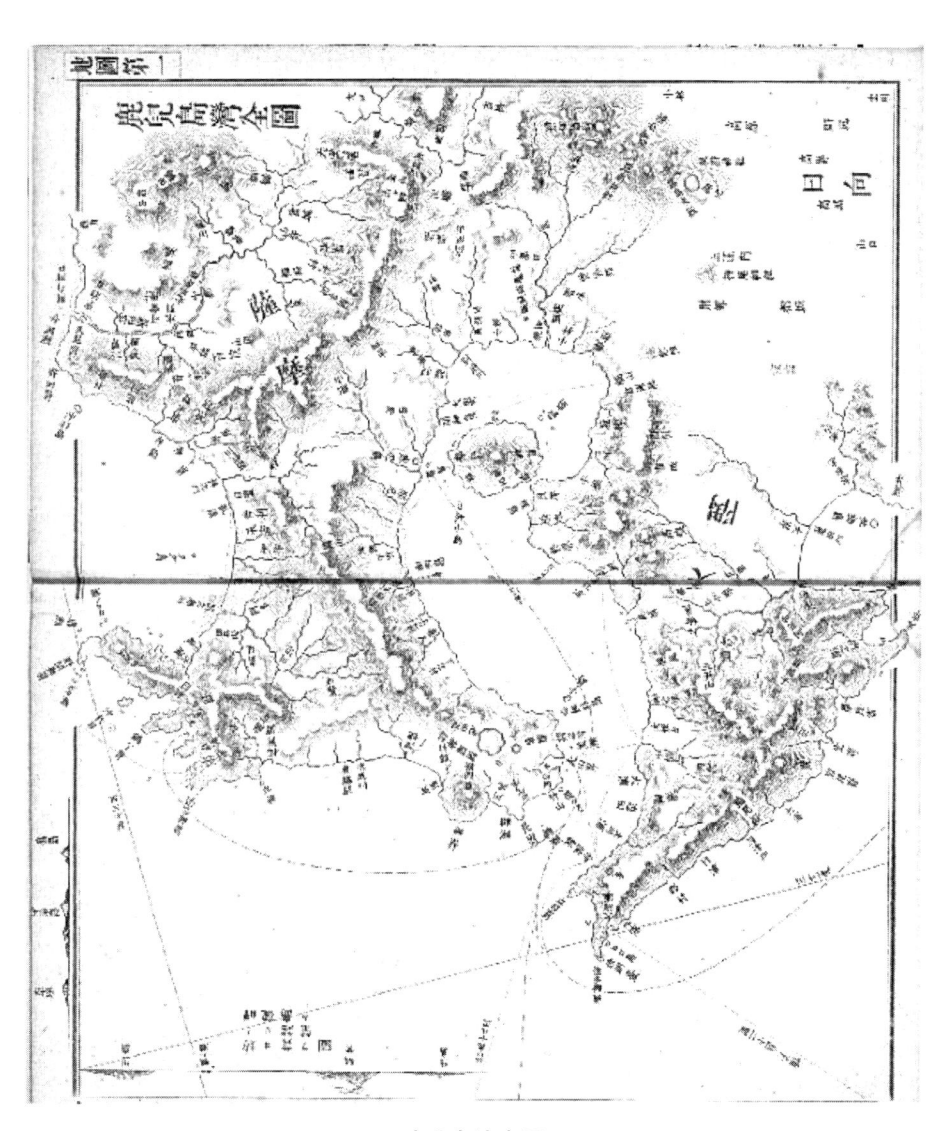

鹿儿岛湾全图

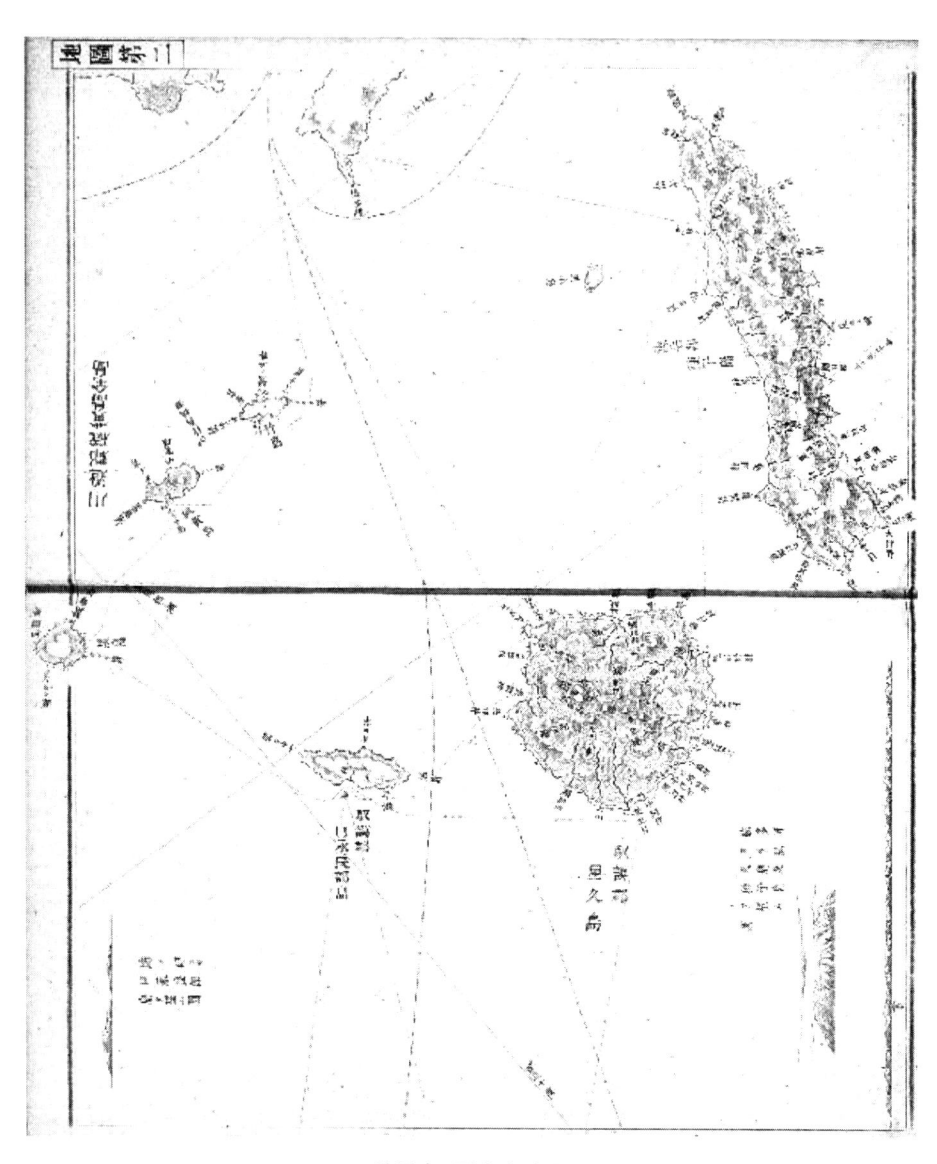

种子岛、屋久岛全图

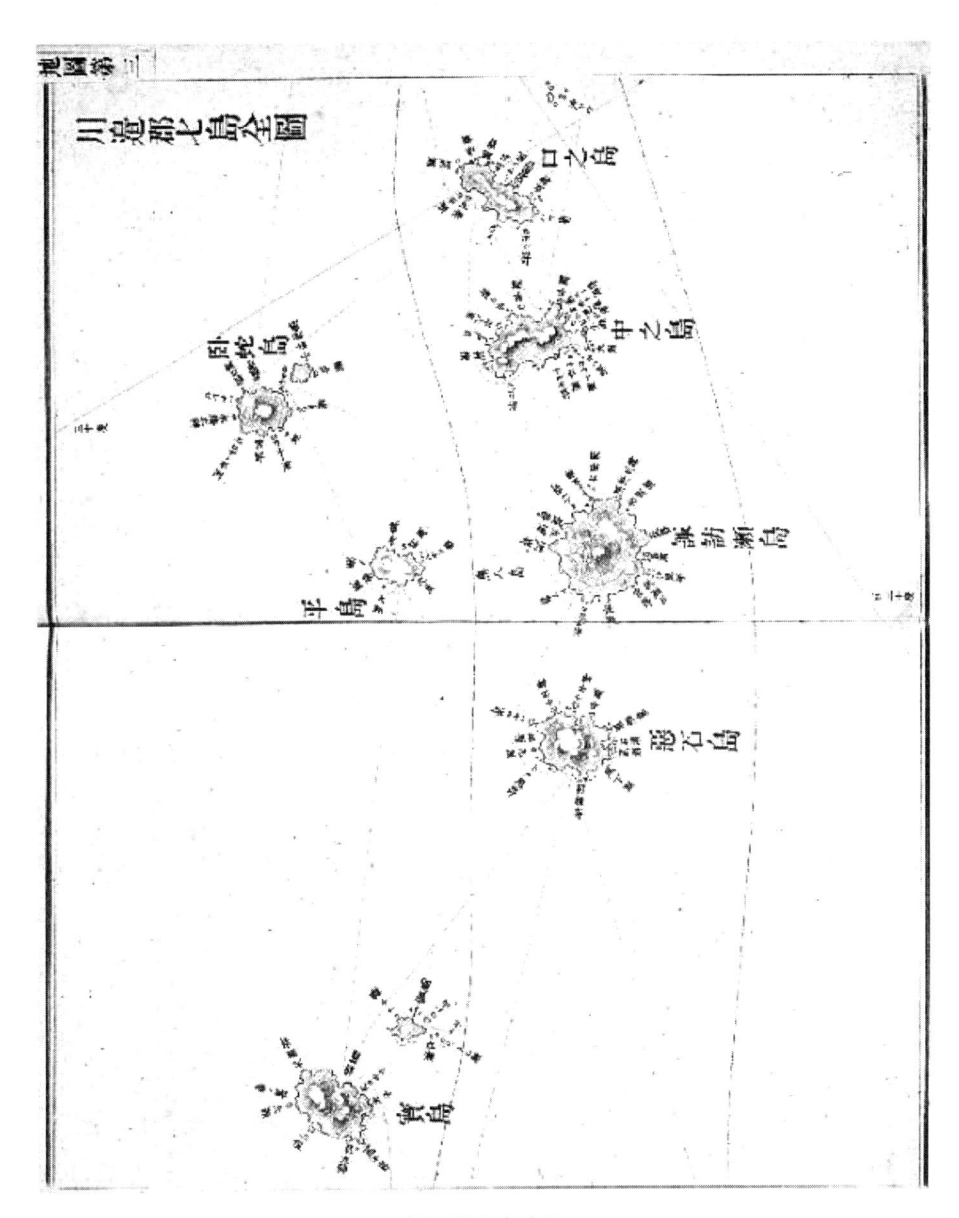

川边郡七岛全图

凡向南岛航行者，均由鹿儿岛湾以及山川港出航，取午未方位。种子、屋久二岛以及川边七岛在其经过的航线上。种子平广，屋久险峻。屋久的八重山岳高峻，据说与富士山不相上下。七岛中小者方圆一里多，大者达七里。各岛居民以捕鱼为生。宝岛产铜。诹访濑因八十年前火山喷发烧死居民，所以之后无人移居此地。

冲绳志　卷一
萨摩　伊地知贞馨著　重野安绎校

地理志
地理部

琉球诸岛位于萨摩以南的海洋中，其经纬度为北纬二十四度至二十八度四十八分，东经一百二十二度五十分至一百三十二度十分。其西侧面临清国之福建泉州，西南与台湾相邻，东西两面与太平洋相连。从大隅群岛的多襧、掖玖、萨摩之口、永良部七岛，绕过喜界大岛，与德之岛、永良部、舆论岛、冲绳岛连绵起伏的地脉相连。其大小有三十七座岛屿，而冲绳岛是其首府。

《隋书》曰：琉球位于海岛之中，建安郡之东，行水路五日即达。

《元史》曰：琉球位于漳泉福州之界，与澎湖诸州相对，西南北岸皆水。

《世法录》曰：琉球位于海岛之中，福建泉州之东。由长乐梅花出发，顺风七昼夜可达。其西南是逦罗、东北则是日本。

《图书编年》曰：从日本南至琉球，必由萨摩州出航，顺风七日可达。

《琉球国史略》曰：琉球是商贸频繁之国，东与日本萨摩州相邻，一衣带水，而距福建却远隔万里，且途中无可停留住宿之处。

《指南广义》曰：福州前往琉球，由闽安镇出发，先到五虎门，再由东沙外出航，经由鸡笼头（即台湾岛）、花瓶屿、彭家山、钓鱼台、黄尾屿、赤尾屿、姑米、马齿，进入那霸港。

丰盛额（康熙年间随册使来琉球）测量记曰：琉球星宿同扬州吴越，属女牛星纪之次，均在丑宫，北极出地二十六度二分三厘。

传信录曰：琉球位于海中，与浙闽东西地势相通。其中平衍山很少，船在海中航行，全以山为航标。从福州前往琉球，出五虎门，必以鸡笼、彭家等山为标。

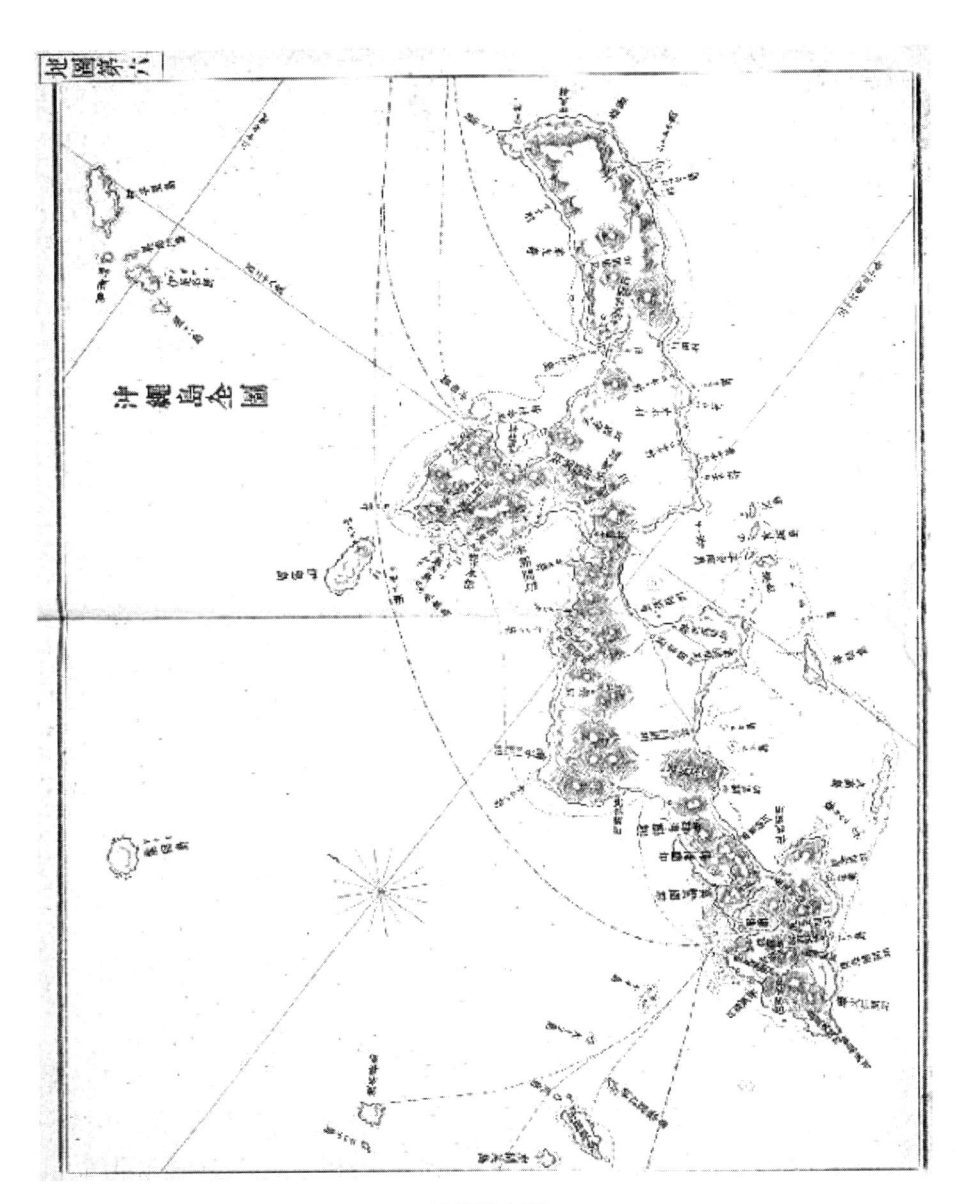

冲绳岛全图

《南岛志》曰：琉球位于西南海中，以洲岛为国，冲绳岛即中山国，有海港两处，位于东北者称运天港，位于西南者称那霸港；距长崎三百里，距朝鲜四百里，距台湾东南海角四百八十余里。

《大日本史》曰：琉球国为旧流求所建，后更名为今名，又名阿尔奈波岛[①]，并由此发音得冲绳一名。琉球国位于海岛中，东西窄而南北长，位于萨摩以南二百余里、多祢岛西南方，邻近掖玖、奄美、度感、信觉、球美、永良部、贵贺等诸岛，最初称为中国南岛诸岛，又叫南岛，后将南岛、白石、阿甑、黑岛、硫磺岛等岛屿总称为鬼界岛。这十二个岛组成的鬼界岛即贵贺岛。

冲绳岛

藩王居此。该岛周长四百一十四里十五町许，南北长三十五里许，东西最宽处十里，最窄处不足一里，少有高山峻岭，南北蜿蜒延绵，分为三块，即岛尻、中头、国头。

首里（首府分三区，即西平、南风平、真和志平村，有村庄二十个）、泊村、那霸（有村庄四个）、久米村。

以上四地归属中头，除间切之外。那霸是各船停靠的宽阔港口。久米村与那霸毗邻，是明朝洪武、永乐两次得明主御赐之地。此地有闽人三十六个姓氏的子孙居住，并独立形成村落。

归属岛尻者有十五个间切。间切只是区属之意，相当于内地的郡，《琉球国史略》中有记载，其解释是：土名间切，旧史书都有间切之称。萨藩旧纪中，岛之忠国其臣称祢寝某，萨摩国揖宿期间，赐予奈良间切。

真和志村有村庄十一个，小禄村有村庄十五个，丰见城村有村庄二十一个，高岭村有村庄五个，真壁村有村庄九个，麻文仁村有村庄六个，具志头村有村庄七个，玉城村有村庄十四个，

知念村有村庄十二个，属久高岛，方圆二十八町，大里村有村庄十九个，南风原村有村庄十个，喜屋武村有村庄五个，东风平村有村庄十个，平村有村庄十个。

---

① "冲绳"之日语发音。

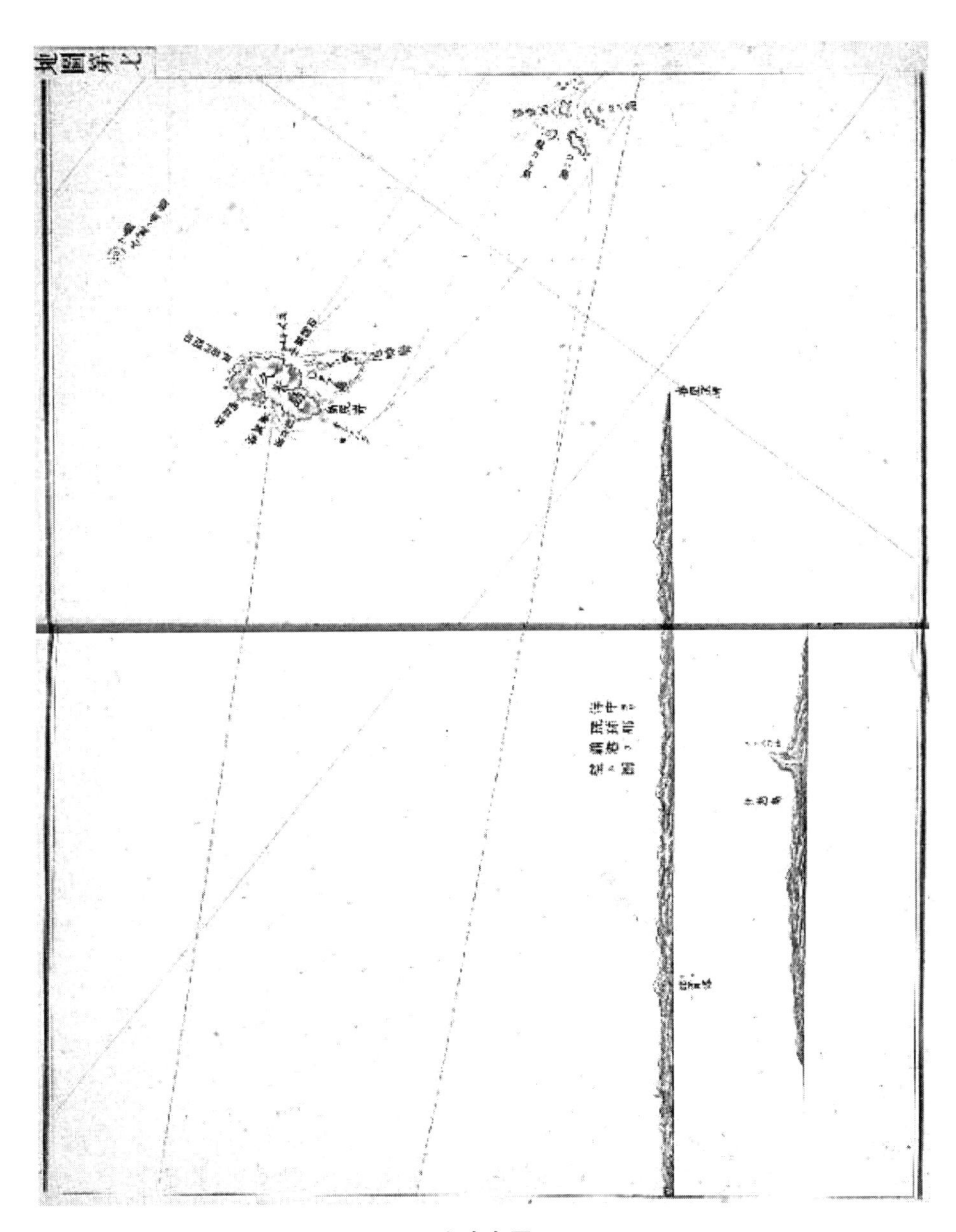

久米岛图

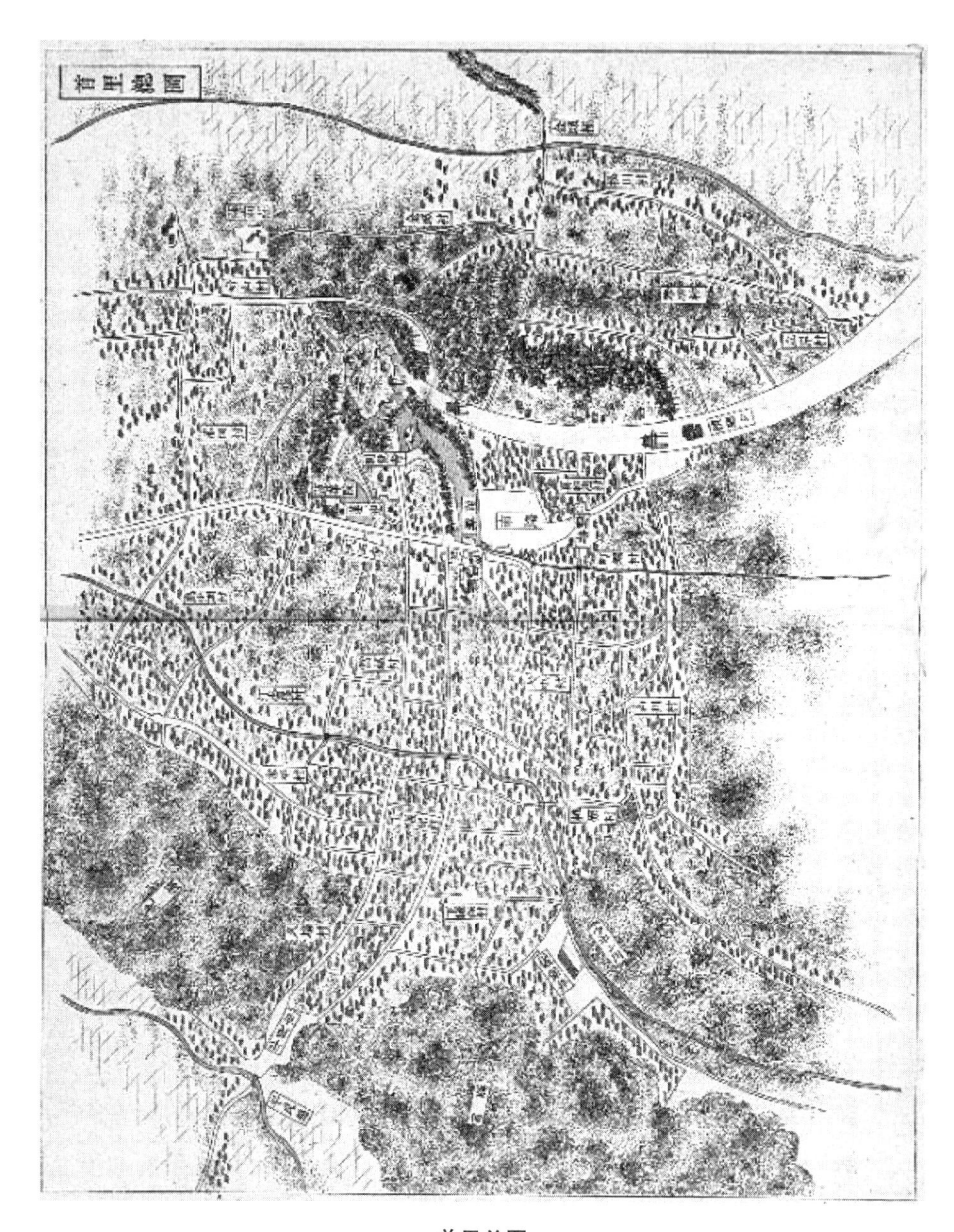

首里总图

那霸久米村图

首里之地，依山筑城，地理上有丘陵和洼地。那霸主要是夷坦久米闽人之后裔，不与佗村通婚。因其在那霸区域内形成群落，故合为一图。

隶属中头有十一个间切。

浦添村有村庄十四个，北谷村有村庄十二个，读谷山村有村庄十六个，西原村有村庄十九个，宜野湾村有村庄十四个，越来村有村庄十个，美里村有村庄二十个，中城村有村庄二十三个，胜连村有村庄十个，属津坚岛，周长一里，与那城村有村庄十个，隶属比喜伊村之二岛，各岛周长均不足一里，具志川村有村庄十五个。

隶属国头有九个间切。

恩纳村有村庄十二个，名护村有村庄十一个，羽地村有村庄十九个，本部村有村庄十九个，今归仁村有村庄二十一个，大宜味村有村庄十六个，国头村有村庄十六个，金武村有村庄七个，久志村有村庄十三个。

属岛三十五座

久米岛

在日本书纪中写作玖美，明人称之姑米，位于那霸以西四十八里处，周长六里二十町，具志河贯穿其中，分为二个间切，有村庄十九个。

庆良间岛

明人称之为鸡笼屿，位于那霸以西七里处，周长三里有余，有村庄二个，归属之前庆良间岛，面积二十五町。

西庆良间岛

明人称之马齿山，与庆良间岛连接，分为五岛。座间味岛，周长一里二十二町；阿嘉岛，周长一里十八町；计吕间岛，周长二十二町有余；屋嘉北岛，周长一里有余；古和岛，周长一里有余。

久米岛，其民以纺织为业。晴朗之日，由那霸港向西远眺，隐约可见该岛于波涛之间。

渡名喜岛

位于那霸以西二十六里处，周长一里六町，有村庄一个。

粟国岛

位于那霸西北方三十里处，周长二里十二町。有村庄二个。

伊江岛

明人称之为移山峛，位于今归仁西北方三里处，周长四里七町，有村庄三个。

伊是名岛

位于伊江岛以西六里处，周长二里十八町，有村庄二个。

伊平屋岛

明人称之为叶璧山，位于今归仁西北方十余里处，周长四里二十六町，有村庄七个。

鸟岛

位于伊平屋岛西北方五十余里处，周长一里有余，岛上出产硫磺。

以上诸岛位于冲绳附近。

宫古岛

位于那霸西南方九十三里处，周长十一里。

平良岛

周长四里二十町。

来间岛

周长一里。

大神岛

周长三十町。

池间岛

周长一里八町。

水纳岛

周长一里。

惠良部岛

周长四里二十町。

下地岛

周长一里二十町。

多良间岛

周长四里。

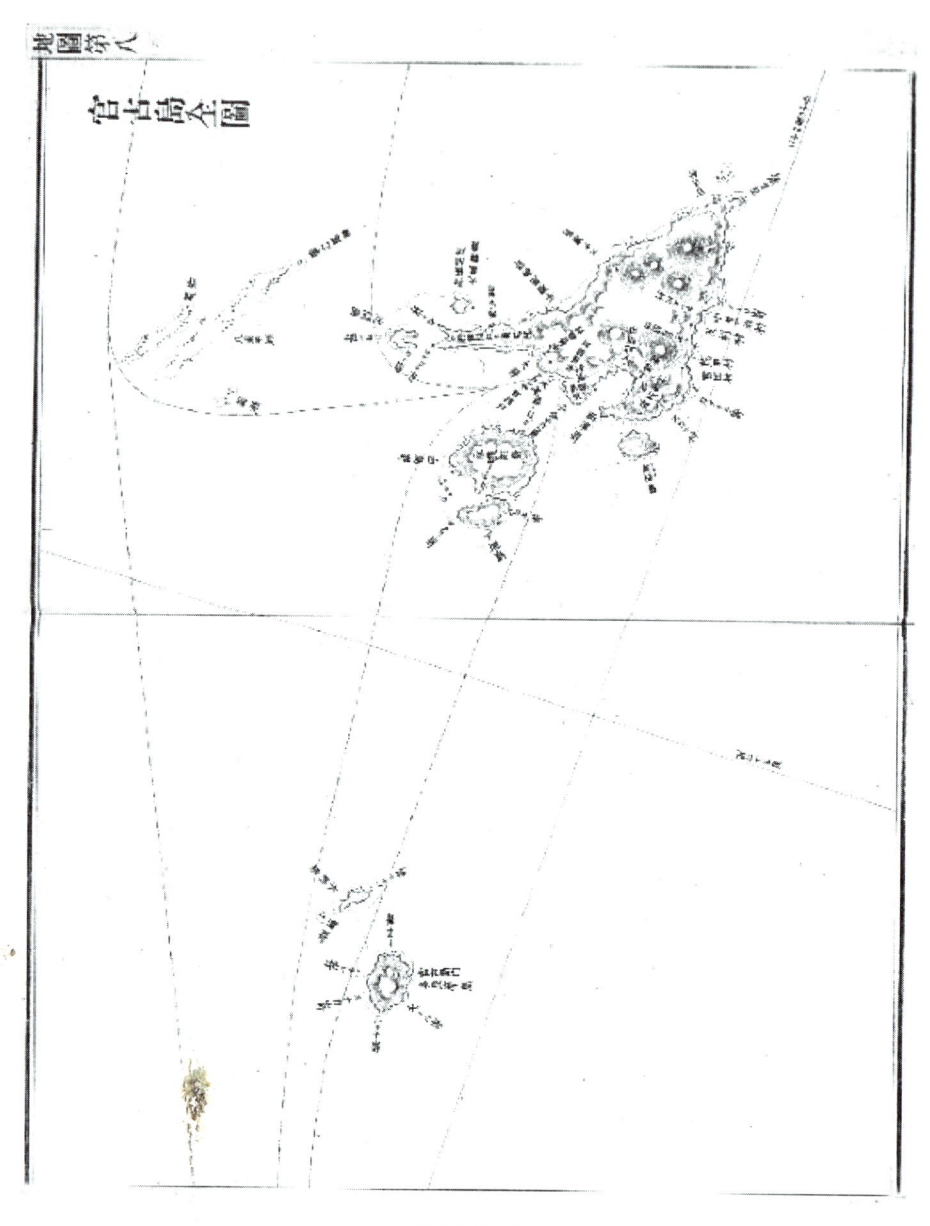

宫古岛全图

宫古岛，人家稠密，茅屋参差相接，居民男耕女织。岛上无高山峻岭，无树林灌木，居民苦于缺柴少薪。

平良以下八岛环绕宫古岛，并与其相连，因此，总称九岛，即宫古岛，明人称之为麻姑山。岛上有村庄三十八个。很少有船由那霸航行至宫古岛。其北面有暗礁，南北长五里，东西长一里二十町。潮水常涌向东方，称为八重干濑。

石垣岛

《续日本纪》曰：建于信觉，位于那霸西南方一百四十里处，周长十六里十七町。

小滨岛

周长三里。

武富岛

周长一里三十町。

波照间岛

位于石垣以南七里处，为琉球南部的边界，周长三里二十町。

小滨以下三岛隶属石垣。

入表岛

位于石垣西南方十里处，周长十五里。

鸠间岛

周长二十二町。

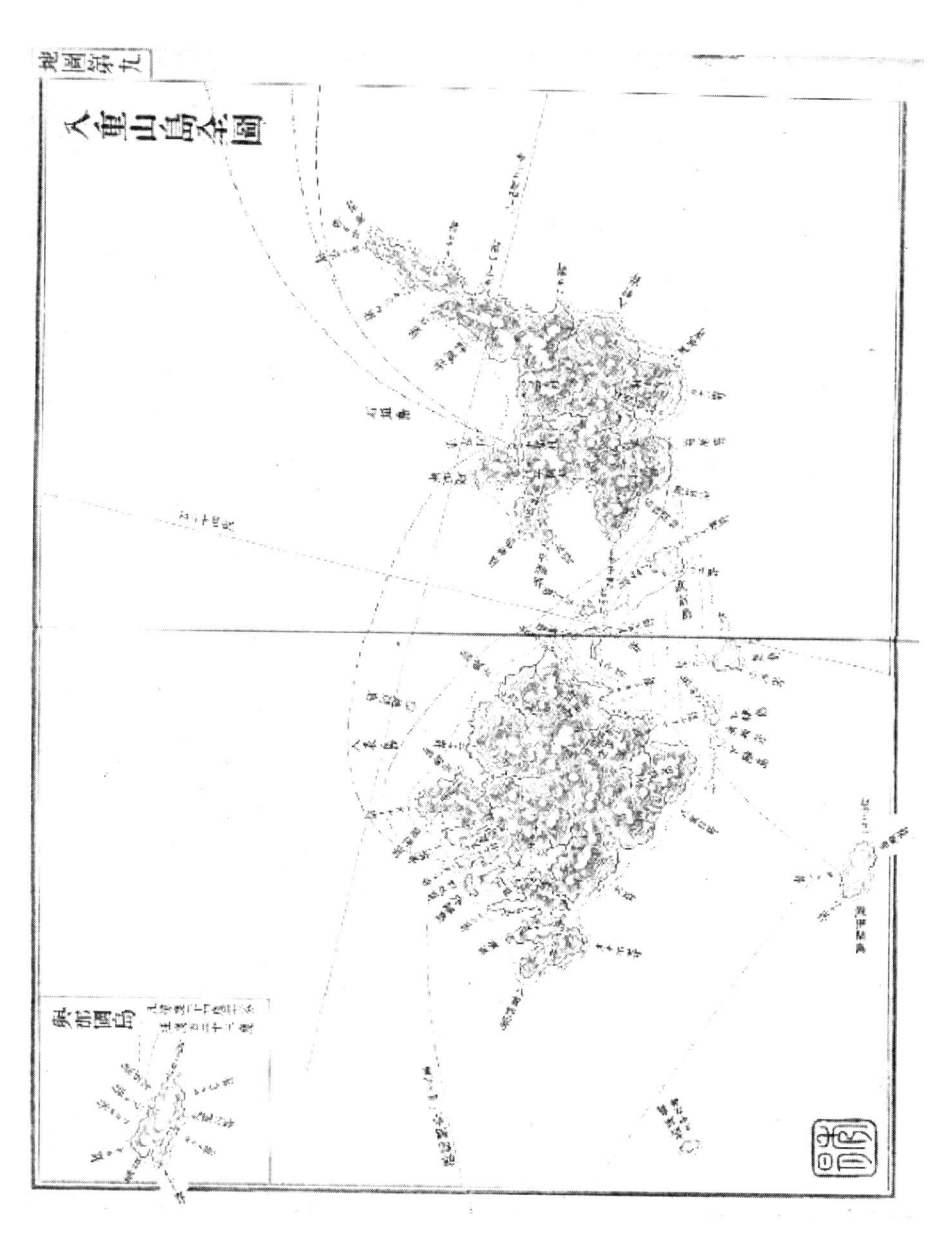

八重山岛全图

入表岛峰峦秀丽挺拔，人烟稀少，气候忽冷忽热，早晚变化较大。来此地者多被瘴疠侵害。该岛为位于与那国最西端之孤岛，距台湾二十余里，据称深夜可见火光。

黑岛
周长二里二十町。
上离岛
周长一里十町。
下离岛
周长二十七町。
与那国岛
位于入表西南方四十八里处，为琉球西南边界，周长五里十町。
鸠间以下五岛隶属入表。
以上总称十岛，即八重山岛，明人称之为太平山，有村庄四十九个。琉球人以宫古、八重山二岛为标记，称之为先岛。
以上二十八岛为琉球所辖。

舆论岛
明人称之为繄奴岛，位于运天港东北方二十余里处，周长三里十八町。
永良部岛
位于舆论岛以北十八里处，周长十里十八町。

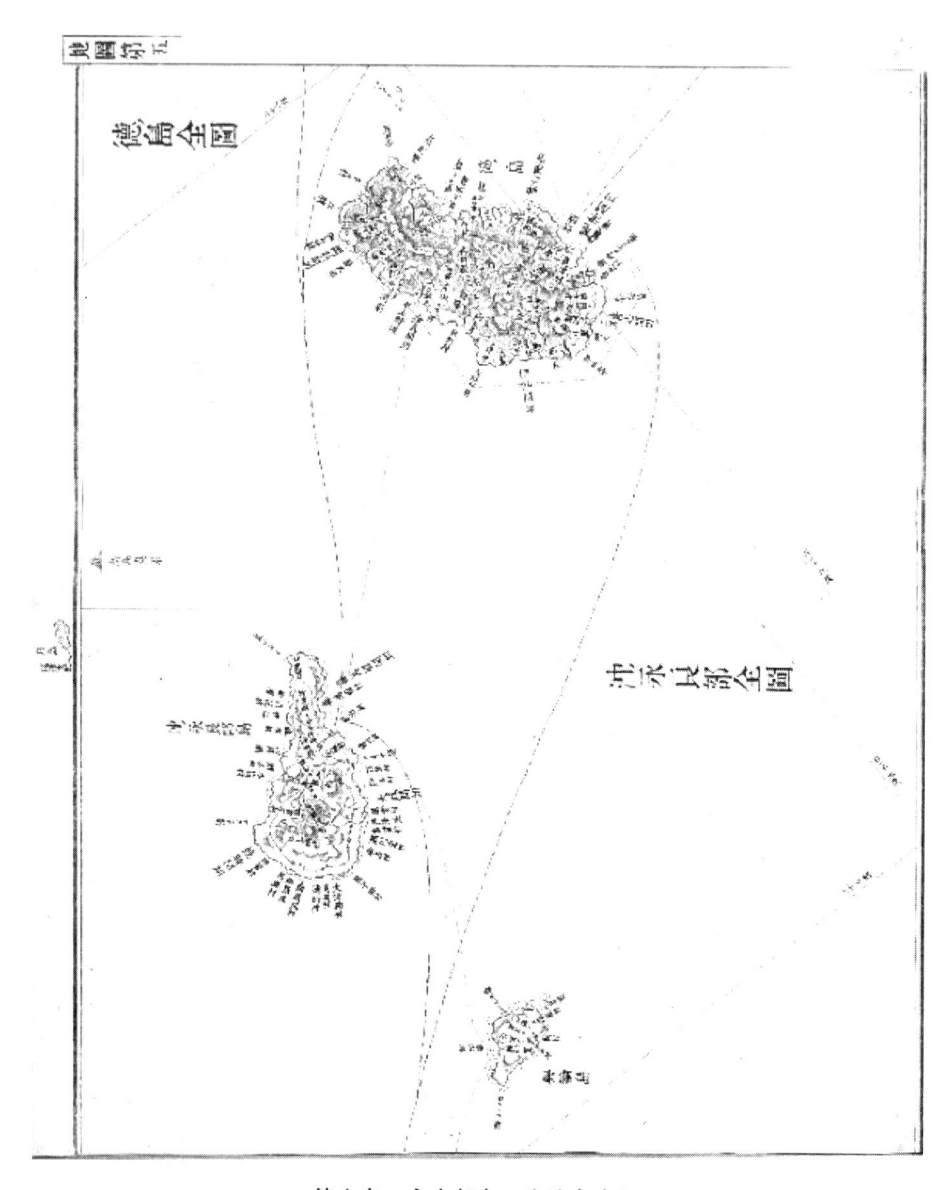

德之岛　永良部岛　舆论岛全图

德之岛、永良部岛、舆论岛，其地适合生长甘蔗。德之岛产黑砂糖，产量三百五十万斤，永良部岛产量一百五十万斤，舆论岛产量三十万斤。

德之岛

位于永良部岛以北十八里处，周长十七里余。

舆路岛

位于大岛以南，周长三里三十町。

宇计岛

与舆路岛相对，周长四里九町。

垣路间岛

位于舆路岛、宇计岛以北，周长十五里。

舆路以下三岛均属大岛，为大岛之南界。

大岛

《续文献通考》记载，其位于琉球之北。《山世法录》中将其称为小琉球，位于德之岛东北方十八里处，周长五十九里十八町。如今，舆路以下四岛总称为大岛。

从大岛的名濑向北行九十里即抵达掖玖岛，其间为七岛洋，海潮常常向东退去，与奔腾汹涌的大河逆向而流，即《元史》中记载的所谓落漈水趋下而回旋。

大岛　喜界岛全图

大岛与喜界岛相距最近,且均盛产黑砂糖,大岛产量约八百万斤,喜界岛产量约二百万斤。大岛峰峦叠嶂,林木葱郁,但平原很少。喜界全岛平坦,但无山林,甚至要晒干牛马粪充当薪柴。在南岛,喜界的筵席食材及砂糖质量都是最高的。

喜界岛

位于大岛以东七里处,周长七里。

上述八岛原属琉球,庆长①十五年由萨藩管辖,即今鹿儿岛县管辖。

由首里城前往各地的里程如下:

至真和志间切番所②	十九町余。
至小录	一里二十九町余。
至丰见城	一里二十九町余。
至兼城	二里十五町余。
至高岭	三里一町余。
至真壁	三里二十七町余。
至摩文仁	四里十二町余。
至具志头	三里十二町余。
至玉城	二里十九町余。
至知念	三里九町余。
至佐敷	二里八町余。
至大里	一里。
至南风原	三十七町。
至喜屋武	四里七町余。
至东风平	二里四町余。
至浦添	三十一町余。
至北谷	二里三十四町。
至读谷山	五里十八町。
至西原	二十六町。
至宜野湾	一里二十七町余。

---

① 日本安土桃山时代后阳成、后水尾天皇年号,1596—1615年。

② 番所,江户时期设在交通要道处的官衙,负责监管来往行人和船只并征税。

至越来	四里十六町。
至美里	四里十六町。
至中城	三里二町。
至胜连	六里三十町。
至与那城	七里十三町。
至具志川	五里十三町。
至恩纳	九里二十六町。
至名护	十四里三十二町余。
至羽地	十六里二十町余。
至本部	十八里二十六町余。
至今归仁	十九里十五町。
至大宜味	二十里五町余。
至国头	二十三里。
至久志	十四里十四町余。
至金武	九里五町余。

从那霸港至诸岛里程：

至伊江岛	海路二十三里。
至伊平屋岛	海路三十三里。
至渡嘉敷岛	海路七里。
至座间味岛	海路十八里。
至粟国岛	海路三十里。
至渡名喜岛	海路二十六里。
至鸟岛	海路八十七里。
至久米岛	海路四十八里。
至宫古岛涨水	海路九十三里。
至八重山岛周平	海路一百五十四里。

津港部

那霸距首里五十町余，港口一町二十间，水深一丈七尺五寸，满潮时为二丈四尺五寸余。

泊村	与那霸相连。
安谢	真和志间切。

与那原	大里。
牧港	浦添。
渡真山	读谷山。
运天	今归仁间切,距贵里二十町余,港口二町,深十丈,满潮时,十丈七尺。
渡久地	本部。
盐屋	大宜味。
庆佐次	久志。
大浦	久志。
湖边底	名护。
真谢	久米岛。
兼城	久米岛。
安护之浦	庆良间岛。
安良津	八重山岛。
宫良	八重山岛。
大滨	八重山岛。
赤崎	八重山岛。
底地	八重山岛。
浦底	八重山岛。
嘉弥真	八重山岛。
三俣	八重山岛。
网取	八重山岛。
舟浮	八重山岛。
外离仲宗根东之津	八重山岛。
ヨシケヤラ津	八重山岛。
ヨチン津	八重山岛。

那霸港图

那霸港方位向西，是国内重要港口，房屋鳞次栉比，没有一寸空地，港内水浅。港口停泊之大船，若西风起，即解缆前往计罗间岛避风。

总计二十八港。

冲绳岛的内运天港是第一大港，然而因其与首里隔绝，所以鲜有船只停泊，船只在那霸港集散。港口礁多，进出不便，港内呈湖形，周长二里余，水位极浅，潮落时，中间只有一条可通行的水路。只有宫古岛津港，可将运输年贡之船繫在涨水滨，一旦起风浪，即有倾覆之忧。

山川部

国内无高山大川，在此只举较为有名之山川：

辨岳、八重岳、佳楚岳、名护岳、恩纳岳。佳楚、恩纳二岳稍高。

国场川、安里川、真嘉川、安谢川、天愿川、势理客川、茂昌奇川、安渡川、羽地川。天愿川长五千九百四十间，宽四五间至七八间，其余都是长九百间至四千间的小河。

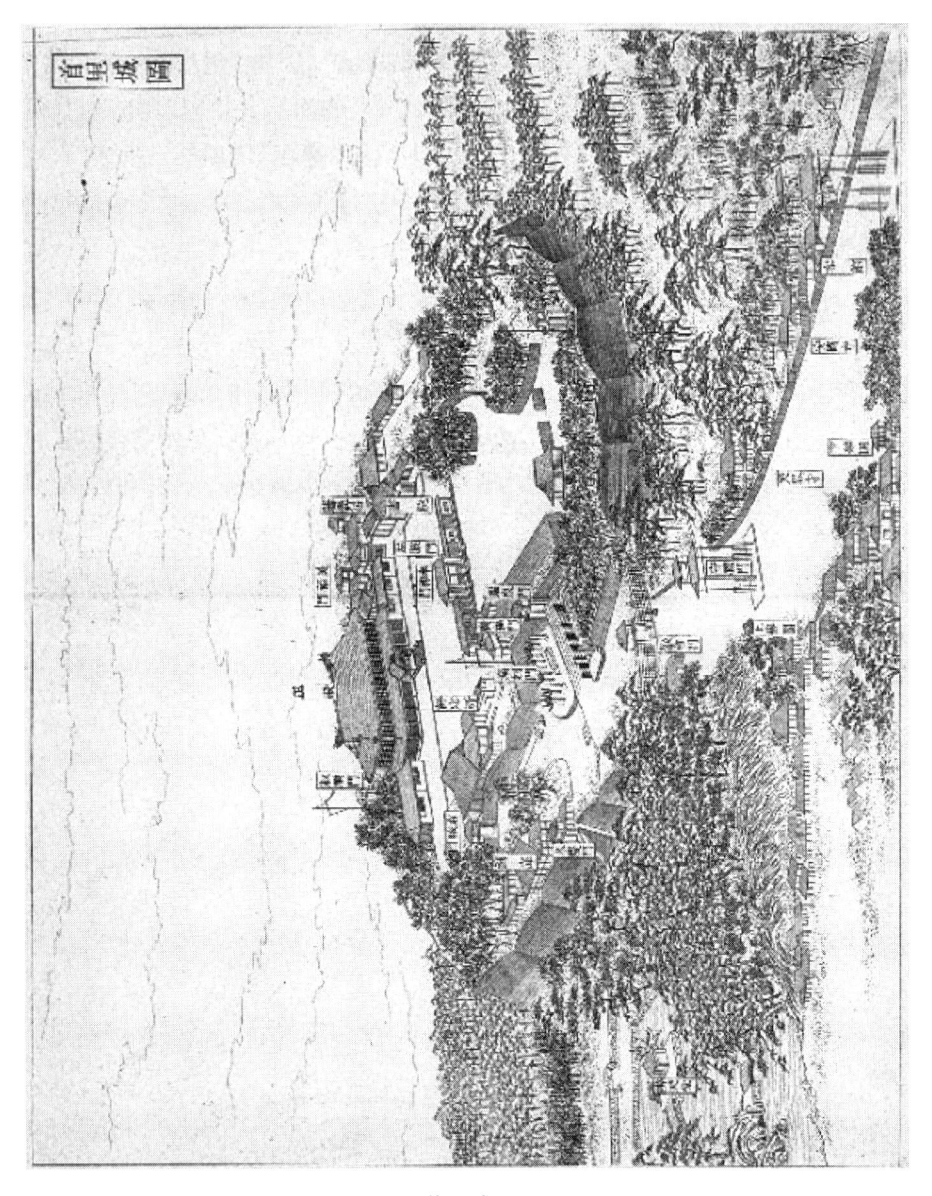

首里城图

首里城位于首里最高处，城中有清泉涌出，是最佳的要冲胜地。开关以来，历代藩王均在此地居住，未曾移居他处。

城郭部

首里城

藩王居住之城。该地隶属中头，距那霸五十町，凿山为城，垒蛎石为城郭，周长九町。正殿位于城中最高处，二层殿阁，南北八楹，方位向西。其建筑结构总体模仿明制，而书院燕室结构采用我①制。该城有十一个城门，欢会、久庆、经世为外门，瑞泉、为剑、广福、奉神、龙腋、右腋、淑顺、美福为内门。瑞泉门外有小池塘，清泉从石龙口中涌出。王府饮用之水均取于此泉。城堡四周是王子按司②士族高低排列的宅第。城府之边界，东为辨岳，南为金城矼，西为观音堂，北为平良矼。远眺可见城堞掩映在密林之中。

中城城

中城城隶属中城间切，位于首里东北方三里处，城中设有番所。该城最初是护佐丸居住之城址，现今还遗留有内外城郭。其地面临东海，举目远眺，空旷无垠，坐地观望，日月似升落于浪涛之间。

---

① 指日本。
② 琉球国历史上之地方行政单位，后成为琉球国贵族及地方豪族称号。自第二尚氏王朝起，惟王族成员方可出任。

中城城址图

中城城面向东海，视野开阔，太阳似出没于浪涛之间。嘉永六年，美利坚水师提督彼理曾登上该城址，实地勘查绘图，并对该胜境大加赞赏。

东苑南苑

东苑南苑是藩王的别墅，东苑位于崎山村，南苑位于识名村。二苑的匾额柱联等均出自明代以来的册使手迹。东苑与东海诸山相对，苑中养鹤。南苑内有大池塘，清泉自石间涌出。名为养老的池中央架有石桥，池中栽莲养鲤，池边种植各种花木，幽邃可爱。池南有石台，篆刻册使林鸿年书写的"劝耕台"三字。远处可见那霸西海，近处可俯瞰郊原，景致极佳。

内务省官吏公馆

位于那霸西村，占地九百八十坪。

迎恩亭

位于那霸港口，册封时，使臣在此迎候。

天使馆

位于那霸东村，册使留宿居所。

社寺部

神社九座，佛寺四十三座（其中禅宗二十七座、真言十六座），神官一百一十人，僧侣七十二人，无比丘尼。

识名宫

位于真和志间切识名村，祭神熊野权现。

末吉宫

位于西原间切末吉村，祭神熊野权现。

八幡宫

位于真知志间切安里村。

天久宫

位于真知志间切天久村，祭神熊野权现。

波之上宫

位于那霸若狭町村。

冲之宫

位于那霸西村。

普天间宫

位于宜野湾间切普天间，距那霸四余里。不仅当地土著人航海者到此参拜，内地抵达那霸之船只也必定首先参拜该宫，以祈求航海安全，正如我参拜桼平神社一样。

天妃宫

天妃宫有上下二宫，均位于久米村。天妃是宋朝莆田眉洲屿林氏之女，出生后屡显神灵奇瑞，仙逝后，灵应益显。明代永乐年间，其被封为护国庇民妙灵照应弘仁普济天妃。据说航海者必定在船中供奉神主。明代嘉靖年间，册封使郭汝霖等在此建祠堂，册封使及当地土著居民前往清国之航海者均特别尊信天妃。

崇元寺

位于泊村，其中安置着舜天王及之后历代王之灵牌。

圆觉寺

位于首里当藏村，安置着尚圆王及王族之牌位。

天王寺

位于首里金城村，安置着先妃之牌位。

天界寺

位于首里金城村，安置着藩王子女夭折者之牌位。

玉陵

位于首里金城村，葬有历代王妃之遗骨。

官林部

官林地

占地一亿四千一百三十一万七千六百九十六坪。

其中：

西元山，十五万四千八百八十坪，生长有松杉。

中城山，十四万七千一百坪，生长有松杉、杂木。

美里山，二百八十万一千九百四十六坪，生长有松杉、栎木、杂木。

具志川山，一百零六万八千六百二十二坪，生长有松杉、杂木。

越来山，一百六十七万六千八百零六坪，生长有松杉、杂木。

北谷山，一百二十一万七千零十六坪，生长有松杉、杂木。

读谷山，二百十八万八千七百二十坪，生长有松杉、杂木。

恩纳山，六百七十七万五千一百四十九坪，生长有松杉、樫木、栎木、杂木。

名护山，一千零七万九千五百八十九坪，生长有松杉、樫木、栎木、杂木。

本部山，四百八十二万一千四百零四坪，生长有松杉、樫木、栎木、杂木。

今归仁山，三百万七千三百零六坪，生长有松杉、樫木、栎木、杂木。

金武山，一千一百四十九万五千一百九十五坪，生长有松杉、樫木、栎木、杂木。

久志山，三千二百万五千二百二十四坪，生长有松杉、樫木、栎木、杂木。

羽地山，八百十六万二千八百五十坪，生长有松杉、樫木、栎木、杂木。

大宜味山，一千二百三十二万四千四百十五坪，生长有松杉、樫木、栎木、杂木。

国投山，四千三百三十九万六千八百七十三坪，生长有松杉、樫木、栎木、杂木。

官林仅限于冲绳岛，属岛无。

户口部

户数

二万七千一百六十四户。其中华族一户，士族五千三百七十户，平民二万一千七百九十三户。

人口

十六万七千零六十七人。其中华族、士族五万九千八百二十人，平民十万七千二百四十七人；男性八万三千六百零二人，女性八万三千四百六十五人。

石高租税部

粮食产量

九万四千二百三十石余。其中冲绳岛七万五千一百三十四石六斗余，属岛一万九千零九十六石余。

另外，永良部、舆论、喜界、德之岛、大岛这五岛的粮食产量有三万二千八百二十八石。

合计：十二万七千零五十八石余。

以上均将鹿儿岛藩提封之内的数字统计在内。

粮食产量的增减

庆长十六年,鹿儿岛藩检地①的产量为八万八千零八十六石余。

宽永②六年,减产五千石余,为八万三千零八十六石余。

宽永十二年,增产七千七百九十八石余,为九万零一百八十四石余。

享保十二年,增产三千三百四十六石余,为九万四千二百三十石余。

现今,以享保检地产量为定额。然而,享保增额由鹿儿岛藩指令者,不按实际产量检括,其增产的大米数量,不课于人民,而年年以官米补偿。

现产量为八万九千一百六十二石余。

旱田和水田共计一万一千八百三十七町五反三十九步③。

水田有三千四百零八町余,粮食产量为四万一千七百三十九石余,租米④有一万八千八百十九石余。

旱田有八千四百二十九町五反余,粮食产量为四万七千四百二十四石余。租谷物⑤(小米、麦、大豆、高粱、菜籽)为九千零十一石余。

租米谷合计二万七千八百三十石余。

加租三千九百二十六石余。

总计:三万一千七百五十二石余。

租税寮⑥贡纳

租米八千二百石,以岁租三万一千七百五十二石余中的一部分充作租米。

旱田水田岁租

平均每石公家收取四斗七升三勺,私人收取五斗二升九合六勺。

收纳期限

米、小米和高粱限定在八月,小麦限定在四月,大豆限定在十一月,菜籽限定在三月。附属岛屿五月至七月(上述月份均为旧历)顺风时运输。

---

① 检地系日本德川时代对农民每一块田地均用竹竿或绳索丈量,以此确定田地的位置、质量、农产品产量,以及进贡农民的制度。
② 日本江户时代后水尾、明正、后光明天皇年号,1624—1645 年。
③ 日本面积单位,1 步约等于 3.3 平方米。
④ 指年贡之米。
⑤ 指年贡之谷物。
⑥ 日本中央官厅省的附属机构。

杂税

棕榈绳：一万六千八百九十四斤①余。

盐：四十石六斗四升余。

夫役钱：约五十二万五千八百四十贯文②。

烧酒税：约一百六十一万四千二百四十贯文。

海漕船税（诸岛及津港）：约九千二百二十贯文。

三项合计琉目（以宽永小铜钱二文为一百文）二百十四万九千三百贯文。

该款项共四万二千九百八十六圆。

首里、那霸、泊村、久米村之宅地无税。各间切居住地八十坪以内无税。

修建道路、桥梁、街道，官费以外者均为民费。

堤防等大坝塌，官费以外者均为民费。

地质部

地质

十分之三是良田，十分之五是红土（陶土质），十分之二是沙地。气候温暖，四季作物生长良好。番薯一年收五季，虽然可再种一茬秋稻，但因缺水，故鲜有种二茬稻者。

全岛多为巨石砂砾，平地很少。海湾内有许多暗礁，退潮则时隐时现，处处泛着白色浪花。

因土地狭长，河水能灌溉之田地很少，大多依赖雨水。因该岛处于南部海洋之中，飓风经常光顾，每隔三四年必定遭遇风灾，所以一直重视预防灾荒。

因四面环海，潮水入侵，故井水带有咸味，不过山间有泉水，因此不缺日用淡水。那霸市街特别缺水，偶尔有清泉涌出，但有土地隔绝，难以汲取。当地人均蓄雨水以供生活之用。

气候部

该岛气候温暖，盛夏异常炎热，最冷最热相差高达华氏九十六度之多，而早晚温差不大。即使最寒冷的时期也不低于华氏五十七八度。尽管常刮海风，但并无大碍。四季都挂蚊帐。草木郁郁葱葱，冬季也无枯叶。从不降雪降

---

① 日本重量单位，1斤约等于600克。
② 日本货币单位，1贯等于10钱。

霜,但隔七八年偶刮夹有冰粒的风。旧历十二月,樱花桃花盛开,并开始插秧。

冲绳志　卷一　终

冲绳志　卷二

官职志
官职部

评定所

政府裁决处理庶务的机构。

物奉行所

分三个部分：

所带方①：管理户籍及所有事务,以及负责收支各间切、诸岛的物产。

给地方②：掌管知行③高和役知④,以及旅费、米、钱的收支。

用意方：掌管非常时期费用及加固山川堤坝之费用。

申口方

钱之侧双纸库、理泊、地头三局的总称,掌管他国的照会、监督内外官员、拟定赏罚等事务。

书院方

掌管公事之礼仪。

近习方

办理藩王早晚的日常事务。

下库里

掌管各项规章制度并负责监督城内情况。

系图座

掌管系谱编辑事务。

大舆座

掌管出生死亡申报及户籍检查事务。

---

① "所带"即家庭之意,"方"为官职。
② "给地"即领主从庄头领到的免缴贡租的土地,"给地方"是负责分配给地的官职。
③ "知行"即执行公务的经费。
④ "役知"即公务人员的薪酬。

总横目①方

掌管纠正风俗、观察违法现象事务。

寺社座

掌管寺庙神社事务。

用物座

掌管调度日本内地及清国的贡品事务。

纳殿

掌管各种乐类进出事务,并办理近习的各项事务。

苏铁植付方

掌管苏铁、香蕉种植事务。

厩役

掌管官马饲养事务。

钱藏

掌管官钱之出纳事务。

料理座

掌管全年仪式、典礼、使者以及驻扎官员的餐饮宴会及饮食调理事务。

大台所

掌管后房②日常事务之办理。

上述官署位于首里城内。

平等方

掌管处分刑罚、裁决诉讼事务,并派遣筑佐事逮捕犯罪者。

高所

掌管藩库收入,并办理驶往日本内地及清国的船只之事务。

田地方

掌管劝导各间切的耕作之事务。

勘定座

掌管各官署出纳计算之事务。

---

① "横目"即监视。
② "后房"即女性住所。

山奉行所

掌管山林事务。

收纳座

掌管各种年贡物品的调拨事务。

普请①奉行所

掌管官厅社寺之建筑修缮事务。

小细工②奉行所

掌管官服、裁缝、器皿制造等事务。

屋奉行所

掌管屋瓦、磁器、陶器制造事务。

具楫奉行所

掌管各种器物刷漆事务。

锻冶奉行所

掌管铜、铁等各种器具锻造事务。

米藏③方

掌管谷米调拨之事务。

垂椊方

掌管檀椊制腊事务。

上述各局位于首里城外。

纸座

掌管造纸事务。

砂糖藏

掌管收购之砂糖调拨事务。

船手④藏

掌管官船制造、修理及船具调拨事务。

---

① "普请"即土木建筑工程。
② "小细工"即手工艺。
③ "米藏"即粮仓。
④ "船手"即船主、船长。

仕上世座
掌管向日本内地贡纳之事务。
给地藏
掌管诸官役知给、知米事务。
宫古藏
掌管出纳宫古、八重山的贡品。
用意藏
掌管出纳临时支用之物品。
里主所
掌管处置那霸事务。
亲见世
掌管办理那霸各种物品事务。
上述各局位于那霸。

惣长史方
掌管办理清国事务以及处置久米村事务。
头取方
掌管处理泊村之事务。
番所
在各间切均设置番所,下知役检者、地头代以下官员轮流值班,职掌监督农务、山方、风俗事务,并催督缴纳年贡。

政府官员

评定所

摄政一人,由王子任职,如无其他人,则按同家选任。其一生被授予王子格位,总揽各类事务。

三司官三人。一人主管给地方及各山林之事务;一人主管用意方及各条河流之事务。

上述二人隔月轮换一次,负责所有事务。

一人主管所带方及各间切、诸岛事务。

尽管上述三人各有主管,但诸事经过商议后须禀报摄政,最后决定取决于藩王。

三司官由藩王亲自确定人选，诸官投票拟定，这是法规。

以上作为奏任官，摄政为准四等，三司官为准六等，其任免上奏藩王后再宣布。

笔者主取①一人，笔者六人。

物奉行所

物奉行三人，吟味役②三人。

以上二官中各一人分管三项工作：一项是负责藏方的收纳物品以及诸岛的年贡事务；一项是掌管给地方的产量计算以及船务方面的一切事务；一项是掌管用意方的砂糖以及山川堤防事务。

申口方

锁之侧③一人，日帐主取④二人。

职掌系图座及查验驶往清国船舶、浮舟之载货，那霸久米村等诸岛轮班官吏之进驻，与驻扎官员之交涉，监督整个地区典礼仪式等事务。

双纸库里一人，吟味役一人。

监督内官诸局，掌管地头、所、知行褒赏等事务。

泊地头一人，吟味役一人。

监督外官诸局，职掌泊村事务之处理。

平等方

平等之侧一人，吟味役二人。

位于职掌之前。

上述为摄政以下的政府重要官员。

间切官员

地头一人，夫地头一人。

首里大屋⑤子一人，大掟一人。

南风掟一人，西掟一人。

掟（人员不定）。

---

① "主取"即主管。
② "吟味役"为审讯嫌疑犯使其招供的官吏。
③ 琉球主府之行政机构。
④ "日帐主取"即每日记账的负责人。
⑤ "大屋"原意为房东。

上述在各间切地头以下直至大屋子官员，均由首里派遣轮换出任，大掟以下人员则选用当地土著人。

<h3 style="text-align:center">宫古、八重山官员</h3>

派遣官员一人，笔者二人。

头领三人，首里大屋子（宫古五人，八重山三人）。

舆人（宫古二十八人、八重山二十四人），大目差一人。

大笔者一人，胁目差一人。

胁笔者（人员不定），目差（宫古三十二人，八重山二十九人）。

上述派遣官员以下至大屋子官员，均由首里派遣轮换出任。舆人以下人员选用当地土著人。

以上政府重要官员及各间切主要官员必须由首里的门阀担任，无录用平民者。

<h3 style="text-align:center">赴任官员</h3>

东京

亲方一人，附属五人，随从十五六人。

上述亲方以下人员一年更换一次，新年[①]、纪元[②]、天长[③]三节，任职官员要进宫向藩王呈递贺表。

大阪

物奉行所属官二人，随从二三人。

上述人员一年更换一次，办理贡纳及庶务。

鹿儿岛

物奉行所属官三四人，随从六七人。

庆长以来，鹿儿岛府下开始设馆，在总管之下设数名直接管辖的轮换值勤官员，后改称为藏屋敷[④]，隶属物奉行所的官员一年更换一次，负责筹办藩用的各种物品。

---

① 即元旦。
② 日本四大节日之一，后废止，改为日本建国纪念日。
③ 日本天皇诞辰纪念日。
④ "藏屋敷"为负责储藏销售的机构。

清国福建

只在进贡时派遣官吏,而非赴任官吏。因此,这些人员只附记在"贡献志"中。

位阶部

王子(藩王的叔父及子弟）　正一品。

按司(壬族)　从一品。

亲方　正从二品(任三司官者,有功可升为一品)。

亲云上　从六品至正三品。

里之子亲云上　正七品。

筑登之亲云上　从七品。

里之子　正八品。

若里之子　从八品。

筑登之　正九品。

筑登之屋敷　从九品。

仁屋　无品。

平氏。

冠服部

冠带

王子　帽紫绫五色花,簪金,袍红。带锦花。

按司　帽紫绫,簪金,袍绿。带锦。

三司官　帽紫绫五色花,簪金,袍深青。带黄地蟠龙。曾有功者帽紫绫五色花。

亲方　帽紫绫,簪金花银茎,袍红,袍深青。带黄地蟠龙。

亲云上　帽黄绫,年轻者则黄绢簪银。由带黄地蟠龙至杂色花。

里之子亲云上　帽黄绢簪银。带杂色花。

筑登之、筑登之屋敷　帽大红乌纱。簪银带杂色花。

平民无帽。簪用黄铜。有功者允许用银簪。

妇女的簪制法大致与男子一样,平民妇女用玳瑁。

服装

王子　典礼仪式时,冬季为纶子纱绫缩缅①类,夏季为京茧黄细上布②。

按司、三司官、亲方　冬季为纱绫缩缅,夏季为京茧黄细上布。

诸士　冬季为棉布,夏季为芭蕉布③。典礼仪式期间,在任官员冬季为绢布,夏季为京茧黄细上布。

平民　冬季为棉服,夏季可用芭蕉布、绢布。

秩禄部

摄政

官禄、家禄共计草高④六百石,至二世三世有家禄三百石,四世以后递减,一百五十石、一百石、八十石,直至四十石。若有功,则增加俸禄。

王子

家禄三百石,二世二百石,三世以后递减,一百五十石、一百石、八十石,直至四十石。若有功者,则增加俸禄。

摄政和王子,从二世起为按司家。

三司官

官禄、家禄共计草高四百石,至二世三世有家禄为八十石,四世以后递减,四十石、三十石、二十石,直至十五石。

亲方班申口役

官禄草高四十石,家禄少者,至二世三世为三十石,四世以后递减,二十石直至十五石。

亲方班申口役以下的官员,根据官阶领取俸禄。其俸禄从草高三十石至现米一石左右。

如果晋升官阶,便任命各间切的地头、胁地头。其地有职田,令上人⑤耕作,以四公六民之比率缴纳给地头。

无禄之士占一半,以干差事营生。

---

① "纶子"即粗纱,"纱绫缩缅"即绉绢绸。
② "上布"即上等麻布。
③ 芭蕉布,以琉球丝芭蕉(Musa liukiuensis)之纤维织就,别名蕉纱,为冲绳及奄美群岛之特产,轻薄而触感柔软,多做夏衣、蚊帐、褥垫及坐垫等。
④ "草高"意为收获总产量。
⑤ "上人"意为正直、品行良好的人。

贡献志

据《延喜式》记载："太宰府经营南岛，进贡的土产是红木，数量根据所得确定。"

据《南岛志》记载："琉球产红木，其性坚硬致密，紫红色有白条纹，属于桐木类。本朝①式说的所谓南岛贡即这种红木。"

据查，考证南岛人朝贡书史者指出，自推古天皇②朝代始，至天平胜宝时期止，从天平胜宝至延喜，约一百六七十年间，南岛朝贡从未中断，如一条长线。式中记载贡物，只有红木一品，大约至琉球隋时期结束，随之与我（日本）渐远，至今未达到教化，暴行不止，还领取防盗费用。正如僧人空海所写的那样，虎性吃三善③清行人，最终竟被称为鬼界之地。舜天王中兴后，国内才回归安定，但并未长期缴纳职贡。此后，其自行与明清交往，代代受明清封爵。庆长之役以来，其虽然仍然缴纳职贡，却并未停止与清国的交往，因此，作为世琉球成为两属之国。琉球虽是蕞尔小国，但颇具自主之国体。由于这一原因，本朝中世纪之后的史书所记载的南岛朝贡均很简略，只将其与三韩肃慎入贡同例，作为外国对待。其专务朝聘贡献，炫耀世人耳目，在史册上留下光彩者和与汉同揆。今根据其事实，记述内地及清国贡献的明细如下：

东京

贡纳八千二百石。每年以代价向租税寮缴纳租税。萨藩所辖之时，缴纳租税八千六百余石，其中三千六百八十石以九十七万斤黑砂糖代替。直接管辖后，废除缴纳砂糖，租税减少四百余石，并定为正式条款。

新年、天长节进献物品：蓝底条纹细麻布十端④、蓝条纹细麻布十端、练芭蕉布十端、太平布⑤十匹⑥。

每当节日，拜见在任官员时进奉上述物品。明治九年，废除两节的进献规定。

藩王、王子进京参拜之日，觐献土特产，返回之际有赐品，数量根据觐献物

---

① 指日本朝廷。
② 据《古事记》，推古天皇（554—628 年）为日本第 33 代天皇，第一位女性天皇，593—628 年在位。
③ "三善"意为施、慈、慧。
④ 日本长度单位，1 端等于 2 丈 6 尺。
⑤ 15 世纪下半叶，宫古、八重山诸岛所出之麻布，亦称萨摩上布。
⑥ 日本古代量词，1 匹等于 2 端。

品多寡而定。明治维新前，国王嗣立、将军家族继统之时，派遣王子去江户，进贡太刀、马代、缎子、繻珍、罗纱、纱绫、红白皱绸、细麻布、太平布、芭蕉布、漆器、烧酒等。幕府也赐予王子及使者物品。对于萨藩，除了缴纳租税，每年夏季还要进呈土空，藩王也给予答谢。因有数百年恩义，至今还时常问候岛津氏安否，并相互赠送和答谢。

清国

琉球一直与清国交往，每年派遣船只进贡接贡（上年霜降、立冬之际开航，第二年芒种、夏至返航）。藩王嗣立时，派遣册封谢恩使；清帝即位时，派遣贺庆使。其进贡船二艘、接贡船一艘。进贡官员为：进贡使一人、大夫一人、才府一人、大通事二人、北京通事①一人、官舍三人、满通事二人、驻留胁通事二人、北京大笔者一人、大笔者一人、胁通事二人、总官二人、舆力一人、仪者一人、随同及船方一百八十人，总计二百人。接贡人员总计八十九人，往来于福建，并在福建建有行馆。进贡时，才府、大通事、官舍、大笔者、总官各二人，胁通事、驻留通事各一人，共计十四人。接贡时人数减半，上年秋季至来年夏季驻留（驻留胁通事驻留二年），办理进贡各种事宜，并进行贸易。前往北京者为进贡使大夫、北京大通事、北京大笔者、舆力、仪者各一人，随从六人，谢恩使进北京人员三十人，贺庆使二十五人。

进贡使的贡物（接贡时无贡物）

硫磺一万二千六百斤、铜三千斤、锡一千斤。

册封谢恩使的进贡品

进贡给皇帝：金鹤一对（配银质岩形台）、盔甲一领、金拵刀二柄、银拵刀二柄、刀二十把、矛十枝、长刀十把、马具一副、金屏风二扇、金扇子一百把、银扇子二百把、金砂子扇子二百把、绵子二百把、白练蕉布三百端、白细麻布一百端、铜五百斤、锡五百斤。

贺庆使的进贡品

进献给皇帝：金壶一对、银壶一对、金丸拔太刀二柄、银丸拔太刀二柄、三叶布一百端、金屏风二扇、扇子二百把、形纸五千张、铜五百斤、锡五百斤。进献给皇后：金匣一对、银匣一对、三叶布四十端、练细蕉布四十端、扇子八十把。

进献给先帝：进贡银一百两。

---

① 即翻译。

受赐清帝手笔之时的进贡品

金鹤一对（配银质岩形台）、螺钿茶碗三十只（蓝肘）、螺钿茶盆三十只、织花练蕉布五十端、练蕉布五十端、金屏风二扇、形纸五千张、中奉书纸五千张、扇子二百把。

进贡给藩王：锦缎八匹、字缎子八匹、粧闪缎子八匹、圆金八匹、纱十二匹、五丝缎子十八匹、罗缎十八匹。

送给进贡使及大夫：圆金各三匹、五丝缎子各八匹、绫罗各五匹、蚕丝各五匹、纺丝各二匹、布各一匹。

送给才府：五丝纯子五匹、绫罗五匹、蚕丝五匹。

送给北京大通事：五丝纯子五匹、绫罗五匹、蚕丝五匹。

送给北京大笔者及十五名随从：蚕丝各三匹、布各八匹。

送给驻留者及驻留福建的十七名随从：彭缎袍各一件。

加赐品

送给藩王：蟒缎二匹、大小绢笺四卷、福字方一百幅、毛笔四匣、墨四匣、砚二方、雕漆器皿四只、玻璃器皿四只。

送给进贡使及大夫、北京大通事：细皮袍各一件、细棉袄各一件、细棉裤各一条、细棉腿裤各一条、皮领各一条、皮帽子各一顶、丝带各一条、袜子各一双、缎靴各一双。

送给北京大笔者及下属随从十五人：细羊皮袍各一件、细棉裤各一条、皮领各一条、皮帽子各一顶、丝带各一条、布裤各一条、布靴各一双、

送给进贡使：蟒缎三匹、漳绒三匹、江细四匹、大荷包二只、小荷包四只、大缎一匹、笺纸一匹、毛笔二匣、墨二匣。

送给大夫：蟒缎二匹、漳绒三匹、江细四匹、大荷包二只、小荷包四只、大缎一匹、笺纸二卷、毛笔二匣、墨二匣。

清帝赐予手笔，谢恩使谢恩时，赏赐品与前条相同。

贺庆使贺庆时的贡品

送给藩王：锦八匹、蟒缎四匹、蟒纱四匹、蟒栏纱四匹、罗缎八匹、纱十二匹、缎十八匹、花纺丝十八匹。

送给王舅：蟒缎五匹、罗缎三匹、缎八匹、花纺丝七匹、绵绸五匹、布一匹。

送给大夫：罗缎三匹、缎八匹、花纺丝七匹、棉绸五匹、布一匹。

送给势头及北京大通事、王舅通事：纯子各五匹、花纺丝各五匹、绵纺丝各

三匹、绵绸各三匹、布各八匹。

送给留驻福建的十四名随从：彭缎各一件。

加赐品

送给藩王：玉器十件，珐琅器十六件，各色八丝缎子二十匹，磁器一百四十件，玻璃器皿十件，砚台二方，法郎炉、瓶、盆一套。

送给王舅：大卷八丝缎子四卷、锦缎三匹、漳绒三卷、大卷五丝纯子四匹、大荷包二只、小荷包四只、缎子八匹、十分银一贯目。

送给大夫：大卷八丝缎子三匹、锦缎二匹、漳绒二卷、大卷五丝纯子三匹、大荷包二只、小荷包二只。

送给势头及北京大通事：五丝缎子各四匹、十分银各三百目。

送给王舅通事及大夫通事：绸羊皮袍各一件、绸棉袄各一件、绸棉裤裙各一条、绸棉袜各一双、缎靴各一双、丝带各一条、皮帽子各一顶、皮领各一条、布带各一条、布袜各一双。

物产志（略）

政俗志

政教部

以文教施治化，只配备少许兵力，庆长之役以后则不再使用兵革。事实上，盖海中小国难以防御外国，如果用兵反而招来灭顶之灾。为此，即使小刀也十分小心地不加佩戴，并制定严格的以礼让代替兵刃的制度，采取谦让和以柔克刚之策。为防备海盗船，恳请鹿儿岛借予大小炮若干，配备在驶往清国的舰船上。

农民的治理，首先依据所谓的民意在各间切之番所宣读法律，并将告谕书作为条令，召集部落民，真诚地加以教育和告诫。告谕书让人们理解从伦理到每个人应尽的职责。

虽然有佛寺庙宇，却只负责葬礼仪式，而无人接受教义。

文学部

学校三十所。首里有十八所（国立学校一所、平等学校三所、村学校十四所）；那霸四所；久米村三所；治村一所；宫古岛二所；石垣岛二所。各所学校都以程朱①派教授孔孟之道。首里、久米村还建有孔庙。国立学校是王子以下

---

① 即程颢、朱熹。

士族十八九岁以上子弟上的学校,有学校规则。平等学校(平等学校又称□学校)是门阀及士族十七八岁以下子弟上的学校。村学校是士族和平民六七岁以上者上的学校。久米村擅长兼学邦训汉音,以办理与清国交往时的紧急事务。

文字采用伊吕波①四十八字,官府民间使用的公告文书与我相同。门阀子弟及久米村人学习清国书法,而官吏所学基本是所谓的御家流派。

妇人从事纺织,过去没有识字的妇女。

虽有作汉文咏诗歌者,但久米村之外的人则很少。许多人能吟咏和歌,并每月设有歌会,分甲乙双方进行赛歌,并宣布出众者获声龙称号。如今,宜野湾、朝保等的歌声都有极妙之处。

制度部

曲尺以六尺五寸为一间,六十间为一町,三十六町为一里。方以六尺五寸为一坪,三十坪为一亩,三百坪为一反,十反为一顷。

鲸尺用于布帛,其一尺相当于曲尺的一尺二寸。

一合,按内里尺寸,方二寸一分五厘、深一寸四分七厘。

一升,按内里尺寸,方四寸九分,深二寸七分。

秤,无论何物皆以一百六十目②为一斤,一千目为一贯目。

升,为琉球官府制作,衡量度采用的是内地制度。

没有金银币,也没有其他货币,只有宽永小铜钱。在册使到来之前,事先准备好清国的钱币,以备其驻留期间使用。而藏匿宽永小铜钱不拿出来,这是因为担心一旦小铜钱流入清国,致使自己缺乏钱币。

买卖布帛等各种物品,皆女子之事。她们不懂计算,以结绳计数,当场结算数万贯钱币,毫厘不差。这是因为她们长年累月用惯了小铜钱的缘故,从而存在难以实行金银诸币之势。

使用衣服冠带與马屐履之类的物品,均有与等级相应的各种制度规定。命令贯彻到底,等级森严,上下不敢越级。

褒赏部

制定褒赏条例,向人民颁布。条例如下:

为国抛弃生命,表示忠诚者,或进爵加禄,或增知行,或给予物品。

---

① 日文的音译,即いろは。

② "目"为秤上的刻度。

笃行博学而有效辅助政道,并为世人楷模者,或进爵加禄,或增知行,或赠予物品。

孝顺父母,与亲戚族人和睦并感动他人者,或加爵,或增知行,或给予物品。

夫亡不再嫁,孝顺公婆且守贞节之妇人,或授位,或给予物品。

夫尚在之妇人,如孝顺公婆守贞节,也给与相同褒赏。

官船航海时,能够前往鼓劲协助;遭遇灾难时,能够舍命尽力相救者,或提升位阶,或给予嘉奖。

对兢兢业业工作者,经过评议,给予褒赏,削减官方费用①;对建言献策且建言行之有效者,奖励物品。

对就职于各间切各岛屿者,倘若其为该部门获得利益,并鼓励农民、增收岁租者,奖励物品。

能够传授医道,且治疗得法者,给予晋升位阶褒赏。

能够制造出国家没有之物品,为社会带来便利者,或晋升位阶,或授予官职,或奖励物品。

能够传授工艺技能,对社会有益者,或晋升位阶,或授予官职,或奖励物品。

当饥荒、瘟疫等灾害时,能够行善施舍米钱物品者,或提供无息贷款者,对进位阶赠物品无关系的士族(非平民者),只奖励物品。

当他国船只在海中航行遭遇狂风巨浪之际能够舍命相助者,或授予位阶,或奖励物品。

当各间切内存在怠工之村庄,而当事村庄庄头官员却对改变现状无计可施时,若有人能命农民改变现状,不再出现作弊怠工之事者,或越阶提升其位阶,或奖励物品。

能够为国家,在官林外之土地上自费种植树木者,或越阶授予位阶,或奖励物品。

能够自费筑路架桥并长期维护者,或授予位阶,或奖励物品。

当本国或他国发生事件时建立特别功勋者,或授予位阶,或奖励物品。

年龄百岁以上者,或授予位阶,或奖励物品。

---

① 即减免租税。

被判流放者，若在发配地品行端正，贫贱者奖励物品，对发配地有贡献者则将其赦免。

刑罚部

该刑罚是参考萨藩和支那之法而自行制定的。刑罚中虽有相当严厉之条款，但在施行时则多为宽松。现将该刑罚概述如下：

法条

谋杀祖父母、父母、叔伯母、兄弟姐妹、外祖父母、丈夫及丈夫的祖父母、父母者，判磔①罪。

殴打祖父母、父母，以及丈夫的祖父母、父母者，判斩罪。

不替祖父母、父母及丈夫等收尸者，判斩罪。抛弃祖先牌位者同罪。

祖父母、父母、丈夫，以及丈夫的祖父母、父母犯罪被判刑，却为其外出申诉者，判死罪。

谩骂祖父母、父母，以及丈夫的祖父母、父母，其祖父母、父母外出申诉者，经合议判死罪

当祖父母、父母及丈夫家的尊长被人杀害，却与仇家私了者，处以重流放刑。

谋杀妻妾及夫者，或妻妾与他人通奸，并与奸夫合谋杀夫者，处以磔刑。

伪造并传达君令者，处以斩罪。

伪造官令，或篡改君意并实施者，处以斩罪。

偷盗君王之印鉴及宝物者，处以终身流放罪。

攀越城墙，擅自开闭城门者，处以终身流放罪。

伪造政府各局官印者，处以斩罪。

谋杀他人及使用毒药杀害他人者，处以斩罪。

放火者，处以斩罪。

盗掘他人坟墓，窃取衣物器物者，处以斩罪。

抢夺他人财物并且杀害他人者，处以斩罪。

入室盗窃财物，且冒犯其在场妻女者，处以斩罪。

偷盗他人财物，且赃款达一万贯文者，处以终身流放罪。

---

① 将人绑在柱子上刺死。

骗取他人财物并私用者,处以终身流放罪。

偷盗官方财物,且赃款达七千贯文者,处以终身流放罪。

接受贿赂,贪赃枉法,且受贿款达八千贯文者,处以终身流放罪。

举报诽谤他人者,处以重流放罪。

以邪术蛊惑他人者,处以重流放罪。

与户主妻女通奸者,处以终身流放罪。

轮奸妇女者,处以流放无人岛罪。

强奸妇女者,处以终身流放罪。若十二岁以下女子,即使对方同意,也以强奸罪论处。

在争斗中打折他人手脚致他人残废者,处以重流放罪,并向对方支付赡养费。

打架斗殴者,初犯处以驱离罪,重犯处以重流放罪。

醉酒且伤害他人者,士族罚住寺庙,官吏免职,农民罚鞭杖或坐牢。

违规建衣冠冢者,处以罪科(所谓罪科,即蛰居、驱离、鞭杖、枷锁拷、流放之总称)。

未办执照驾舟船航海者,处以罪科。

无故宰杀牛马买卖者,处以罪科。

以权购买或强买强卖谷物诸品者,处以罪科。

私造权衡度量者,处以重罪。

因借贷将他人妻妾子弟作抵押者,处以罪科。

拾到遗失物者,限七日内交到公正处,其物品七分给失主,三分给拾者。若过时不交而藏匿者,处以罪科。

处以蛰居、驱离或流放之罪人,若在流放途中或从发配处逃跑,判罪加一等。

若疏忽对疯人的看护,致疯人伤人造成危害,对看护人或亲属均处以罪科。

贷款利息超过二成,出借谷物获利超过二成半者,处以罪科。

仪式部

(日月四季皆以旧历记述)

正月元日,藩王及以下人员举行祭天仪式,王子、按司、三司官诸臣拜见藩王。二日,藩王参拜先王先妃庙,祭拜先王先妃。王子以下诸官也要参拜。七日,诸官进城庆祝佳节。同日,祝部僧侣也要进城。十一日,命僧侣为国家平安祈祷。十五日,诸士进城拜见藩王。择吉日,藩王参拜神社佛阁,祈祷国家平安。

二月上丁之日,祭孔庙。上戊之日,祭国庙。择吉日,命僧侣为诸船海上安全祈祷。春分之时,祭拜各家之庙。

三月三日,有上巳之庆典,诸官进城。

四月一日,更衣,诸官进城。八日,灌佛会。择吉日,拔田边之草,祈祷丰年。另外,命僧侣祈祷清国航海之海上安全。

五月五日,举行端午庆典。诸官进城。该日,在那霸港内赛舟。由那霸、久米村、泊村三所各出一舟(舟长十一二间,宽七尺许)。一舟载三十四五人。那霸人着我装①,久米村人着清国装,泊村人着琉球装。每舟一人举旗立船头,一人敲镲,一人击大鼓,其余排列左右划桨,远远望去,宛如蛟龙游水一般。从上午十一时至下午三时,舟船在港内往来穿梭,拼比快慢,伺机撞翻对方船只者获胜。在御物城②(港内之岛,有名城遗址)搭建临时看台,藩王及世子③均来观看。水中、陆上挤满前来观看的城乡老幼。择吉日,藩王参拜神社佛阁,祈祷国家平安。

六月,择吉日,在城中举行祭奠稻穗仪式和清帝诏书拜授仪式。同月,在那霸举行拔河比赛,以庆祝秋收。从上午十一时开始,三所(有妓楼之所,下条详述)之娼妓统一着装,手持花枝,排列两行,一边歌舞,一边行进。接着,那霸四村及久米村,分别派出队伍,在那霸街上巡游。游行之人将各种仿造之物品置于竿头(类似祭祀神田山王),和着节拍敲锣击鼓。游行结束后,在官衙公馆前,东村西村之壮丁分立东西两侧,拔一条大绳(长六七十间,宽九尺许),争夺数刻,胜者欢呼并将败者逐出。拔河比赛号称三四町、冲绳之第一壮观场景,届时街道两侧搭满临时看台,各地男女汇集于此,几无立足之地。

七月十三日至十五日,各家祭拜祖先之灵。十四日,藩王参拜先王先妃庙,王子及以下诸官亦参拜。

八月上丁之日,参拜孔庙。上戊之日,参拜国庙。

---

① 即日本服装。
② 首里王府收纳贸易品之公库。
③ 天子、诸侯、将军等贵人之子。

秋分，各家祭祀祖庙。

九月九日，庆祝重阳节，诸官进城。择吉日，藩王参拜普天间宫。

十月一日，更衣，诸官进城。

十一月，冬至，藩王举行拜天仪式，之后王子及以下诸官拜见藩王。

十二月八日，命僧侣祈祷国家平安。二十七日，岁暮庆典。祝部僧侣进城，供奉除夕夜贺岁之糕饼。

在勤官员①初次面见藩王之日，着寒季礼服，前往首里客舍，午后二时书院奉行②来迎接，进入第三道门后，乐人奏乐，摄政三司官以下人员至门外迎候，藩王着礼服到听事③迎客，并将客人引至正殿，分主客位就坐，侍臣端来果盘，开始施酬宾礼。此时，乐人奏乐。礼毕，休憩片刻，换着常服，宾客来到内书院。此时藩王出，将陶制器皿置于铺有三番叟织物的台上，献上茶点酒水菜肴。酬宾开始时，座乐奏起（由门阀子弟演奏，其亦为琉球使节朝贡幕府之乐童子在城中奏乐者）。世子出，再行酬宾礼，供茶、备菜肴、斟酒、与宾客饮酒等，所用之人皆为门阀子弟。因一般均学小笠原流派之实用礼仪，故其坐作进退颇具观赏性。官员任满返回时，藩王在崎山别墅设宴送行饯别，其礼仪较城中初次见面时简单，届时，久米村乐人演奏明国之俗乐。

风俗部

人性温顺简朴，固守旧章，不欲创新，坚韧不拔，吃苦耐劳，无一败则馁之病。下等之农民粗衣赤足，起居于矮屋泥地，虽难免有野蛮习气，但其勤奋耕作，从不表露劳苦怨气，从山顶至海滩，逐一开垦耕耘种植，无一遗漏。制定官令，每户饲养三四头猪羊，蓄积粪水，施于田地，用于种植。数量不够者，则缴纳赎金。男子士商，女子劳作。妇人中鲜有擅长经书诗歌者。男子不论贵贱，人人能歌善舞，喜好骑马。农人也擅长骑马。各间切都有马埒④。二三月间（按旧历计算）有赛马会，届时群马汇集，驰骋马埒，以此娱乐。当地人称之为马寄。此种马埒并不只是检验马匹，因各地多为水田，不便收获，于是马埒便成了晾晒稻谷场地。秋收之后，各村男女齐聚马埒，比试一年之中谁勤谁懒，

---

① 日本本土驻当地官员。
② 武家的一种职务。
③ 即议事大厅。
④ 古时跑马射箭之所。

谁家收获最丰,并比出甲乙。得甲者,给予褒奖,收获最低者,则受处罚。夫妻相亲相爱,即使平民,也鲜有再嫁者。士族家之妇女,除亲戚之外,不能随便见人,如在途中相遇,则要以伞遮面而过。据说鹿儿岛官员来此地公务三年,一直居住士族府中,竟从未见过府中妇女。

女孩到十六七岁时,手臂要刺青。大岛、德之岛和喜界岛皆有此风俗。

人们好射箭,但不为武备,只是比试射中率;还喜好围棋。现今在上里、亲云上,号称国手之人,屡次赴清国,与高手对弈,据说从未输过。

葬礼制度比较怪异,人一旦死去,即将尸体置于土器,埋入墓地石室中。三年后,将尸体取出洗净,将尸骨置于另一器皿中,再埋入坟墓,为此,定有墓地规则。士族墓地为方圆十二间,农商方圆六间,周围要垒砌石块,远远望去似仓库。极贫者卖墓地,一块墓地有时可卖数百元。

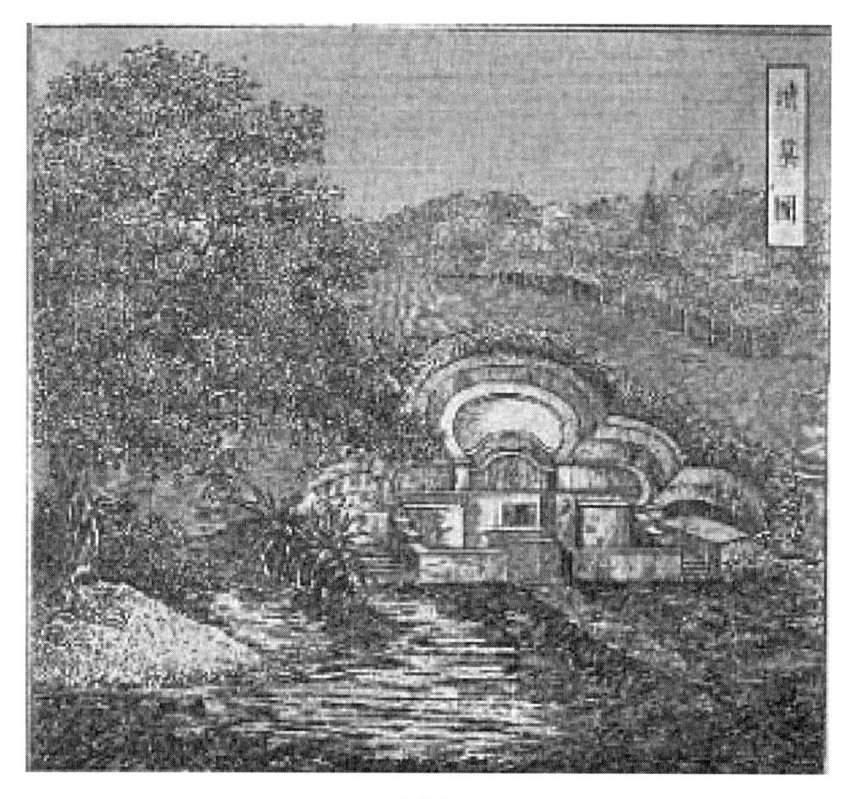

坟墓图

官吏远行或去那霸,若有壮马则乘舆车。在勤官员前往首里,同样乘舆车。最好的舆车为竹车。竹车用竹子制作,极为精巧,又非常轻便。舆车夫均赤足,往来山路健步如飞(首里、那霸之道路均为石路)。

言语部

关于语言,迄今为止虽然只有一种方言,若仔细推敲,许多是由本朝古语转化而来的。熟知本朝的藩人也持同样观点。若分析此种方言可知,十分之六来自本朝古语,三分是方言,一分来自支那。宫古岛、八重山岛方言中的古语最多。

饮食部

当地人喜好设宴行乐,善饮酒。当地产酒数种,泡盛酒①最为盛行。饮用时用热汤勾兑,故又称汤酌。自古就有禁止妇人饮酒之习俗,即使劝酒,妇人也绝不把盏,娼妓亦然。

四民②均以杂粮和番薯为日常主食,鲜有食用稻米者,肉食则更少。首里、那霸之街市上,每朝各杀猪二百余头、牛一二十头。猪油用于烧蔬菜之类,供早晚食用。

居宅部

门阀人家居住首里,士族散居于首里、那霸、泊村等地。居住久米村者均为闽人后裔,且均为士族。市街有两处,一处位于真和志町村与畑村交界处,一处位于那霸之东村。

农作园池与我差异不大。门面学习支那风格,各家大门和厅之两侧门柱上贴有朱纸对联,其内容为"同逢尧舜世 共乐太平春"之类。因飓风较多,房屋周围都垒有石墙,房屋低矮而柱础粗大,楼阁极少。进屋必须坐着,无桌椅板凳。即使娼妓家,四周亦垒有石墙,与士商房屋无异。

医药部

医术方面,当地人喜好采用支那传统医术,绝不使用猛剂治疗。当地人安于用支那医术,不用其他药方。据说以前有一位英人叫伯德令,滞留此地数年,曾设法推广其医术,千方百计介绍其医术之功效,然无一应者。

娼妓部

娼楼共有三所,一所在辻村(共有娼妓一千五百人);一所在渡地(共有娼

---

① 琉球特产之烧酒,以当地特产大米及天然硬质矿泉水酿成。
② 即士农工商。

妓七百人);一所在中岛(共有娼妓三百人),均位于那霸境内。辻村上等,渡地中等,中岛下等。娼妓盖率直朴素,生性易怒,不谙撒娇献媚,绝无娼妓之媚态。内地之商贾来此地,必有一娼妓前来迎接,朝夕共事,并负责掌管商事。商贾回国后,娼妓仍受商贾委托买卖商品,其价格贵贱估价仍按商贾委托时之约定。当商贾再来时,如实报告委托之事,账目往来明细丝毫不差,绝无欺瞒误谬。该习俗乃自然形成,没有特定规则,也没有矫揉造作。

冲绳志　卷二　终

冲绳志　卷三

事迹志　上

史传部

天羽槌生月命①二百余岁时,在家幽坐,奉行幽事②,踢天踹地,为美敷③青人草④谋幸福,关爱国内。一日,见天津⑤天子尊,曰:"吾前日踢天时,见旁边海中有一大岛,在中津国边界处,其地为草泽⑥。人民或居岩洞,或居平穴,或栖树下,以山草蔽体。其法为曝山草,捣软摊开,量体而编衣。所食者,树上果实或兽肉。男女容貌并同,难以辨别。其年长之男子,则蓄胡须以示区别。早晚以手取食,争抢不休,不辨亲子,其情可悯。望天津天子尊垂怜,施以恩惠。"天津天子尊乃召见思兼炫网命、太玉世祥彦命⑦、儿屋根意气取别命,望其爱护该岛。三位大神问曰:"该岛位于何国?"天羽槌生月命曰:"该岛位于根岛之向阳方不足百里处。"天子尊商之于三位大神,宣泡波限国明命及颓波限

---

①　日本古代神话人物。
②　日本学者本居宣长(1730—1801)根据《日本书纪》及《古事记》,以为世有"显事"和"幽事"。"显事"者,现世人之所为也;"幽事"者,神之所为也,人目不可见。
③　今日本山口县东南有大岛,面积128.3平方公里,或谓其即为日本古代神话《古事记》中《国生み》篇中之大岛,有美敷、屋代、务理三乡。
④　青人草,又作民草,见《日本书纪·神代上训》,苍生、国民、人民之意,谓人民如青草,年年繁衍不息也。
⑤　日本学者平田笃胤(1776—1843)发展本居宣长之"显幽论",谓"显界"为有限之虚幻世界,而"幽界"为无限之真世界。人死之后,其魂魄经"幽冥界主宰神"大国主神裁定,其善者升入"天津国",恶者遭入"夜见国"。
⑥　草泽,荒野也。《战国策·秦策四》:"首身分离,暴骨草泽,头颅僵仆,相望於境。"
⑦　日本古代神话中高皇产灵神之子。

齐家主命二位神仙,曰:"汝其开化该岛,爱彼青人草,俾兽行隐而人道彰,区隔人兽。"两神仙携宫廷匠人、锻冶人、大御①室人②等一百五十人,渔民八十人,大船十艘,满载二十四田之物品。另,泡波限国明命之北明姬命并其御子③国知彦④命,年二十八,该御子之北佐奈姬⑤命,该御子之同胞弓竿姬命,凡四人,彦一人,姬三人。又颊波限齐家主命、北塗师姬命,又其御子户足师乃熊命,年四十,北玉乃屋姬命同胞夜觉彦命、小夜奈岐姬命、木绵种姬命,凡六人,彦二人,姬四人。该彦御子国知彦命、户足师乃熊命、夜觉彦命三位大神,乃宫廷木匠,专司建房工具之制作。该姬御子明姬命、佐奈姬命、弓竿姬命、塗师姬命、玉乃屋姬命、小夜奈岐姬命、木绵种姬命,此七姬并御子专司制作衣物及烹饪食物。着女子召集织工及制衣人八十于草泽中,又授人以炊煮之法。以麻由布及绵由布制作船帆,以为大船所用。又储备足量麻由布及绵由布,以备大船之需。众神携诸贤者召集大船二百余艘来至奇日之隅,佐田之水门,于当年春二月月圆之三日起航,于夜间抵达夜久岛。后日即五日晨,北风顺吹,风势稳定,因起航,于翌日黄昏时分抵达一小岛。因所在为该岛背阴处,故名之曰阴岛。继而至其主岛,众神及诸贤者乃登陆。相询于穴居之人,欲相携窥彼岛人情形。然彼等见之,皆登山,以石砾攻击众神。泡波限国明命及颊波限齐家主命乃云:"彼洞穴人畏我之来此,其情最是可悯。"遂令一老翁及一老妪前去与之恳谈,嘱其携十余洞穴人返回。翁者,夏实四良イ口也,八十八岁,度量宏大。妪其妹也,八十三岁。二人身着蓝布衣,手挂竹拐杖,一步一挪,颤颤巍巍,沿山而上,询之于洞穴人。彼见翁面善,乃应之。洞穴人中之女子,见翁所着衣物,皆艳羡之,乃与相问答,然皆不甚了了。翁则云,将以此衣物相赠也。洞穴人喜形于色,有男女二十余人随二老拜见二尊大神。大神闻其所欲,但云,取食物来食,众皆乐而食之,食毕,拜谢大神。大神令取衣物来。因其不识如何穿着,又令本国人教众人穿戴。洞穴人学习穿衣服系腰带,尽皆喜悦。二大神又谓众人曰:"汝等洞穴人皆可得衣物与食物也。"众人归,其同伴问之,知其本末,遂皆来拜见大神,蹲坐于地,毕陈当地情形。大神因云:"汝之所居,不

---

① 日语接头语,对神、天皇、皇族表示尊敬之意。
② 神社祭祀之际拥有特权之家族。
③ 御子,指皇子、皇女或亲王。
④ 彦,日本古代男子之美称。
⑤ 姬,意谓姑娘、小姐、公主。

能遮风避雨,其建造房屋欤。"因与之劈刀、勾刀等砍伐工具,教其上山砍伐树木,造草房,俾能安居。又教其建房之法,烹饪之法。又教彼其开山引水,种植夏季作物,教授其养蚕之道,种麻种棉之术,以及如何抽丝取麻,制作织机,织布缝衣。又教其木匠之道,并如何收获水产品、收获夏季作物等等,授以各种技巧。此地以此得名拜原。以此为中心,各种技巧流传至诸国诸岛,国家因此而开化。奋斗三载,终建成美丽之国家,而争夺食物之陋习乃止,众人亦皆进至开化之地也(据云该国即波限国,亦即后之琉求国,后归附唐国)。二大神及其御子诸神久滞该国,十三年后,乃议归国事,令泡波限国明命、御子泡波限国知命及北佐奈姬命留居该国,为国之守护神并国母,其子孙永长该国。该国则尊泡波限国明命、颊泡波限齐家主命、泡波限国知命、北佐奈姬命四大神为苇原神,于拜原之鹤野建宫殿供奉之。

  按:上述传说语涉神异,无可考信。然我国史传中记载琉球上古之事者,仅此而已,因记诸卷首,亦可证泡波限国知及北佐奈姬非《中山世谱》及《球阳》二书中之志仁礼久及阿麻弥姑也。

天地未分之初,混混沌沌,不辨阴阳清浊。开辟之初,海浪泛滥,不足居处。时有一男一女,生于大荒之中,男名志仁礼久,女名阿麻弥姑。二人运土石,植草木,用防海浪,而山岳森林成矣。山岳森林既成,人物繁殖。而当时风气,人民穴居野处,以禽兽为友,历年既久,人民智识渐开,始以禽兽为敌。一人出,分群类,定民居,是为天帝子。天帝子生三男二女。长男为天孙氏[1],国君之始也;次男为按司之始;三男为百姓之始。长女为君君之始(贵族妇女,掌数十人神职,合称君君);次女为初之祝祝(诸郡村妇女之掌管神职者,合称祝祝)。方是时也,书契未兴,望月亏盈而纪一月,候草荣枯而定一年。人民捕禽兽以为食,拾浆果以为饭。至天孙氏统治时,国三分,曰岛尻(山南),曰中头(中山),曰国头(山北)。划野设郡,设王城于中头之首里。每郡置按司,治理人民。教民巢居,而民安之;教民烹饪,而民利之。如此者经年,麦粟禾谷生于久高岛,稻苗长于知念、玉城,农事始兴。天孙氏临民二十五世,德薄政衰,诸按司不朝,逆臣利勇弑君而自立,天孙氏之统遂绝。(源自《中山世谱》、《球

---

[1] 传说中最初统治琉球的氏族,《中山世鉴》《中山世谱》《球阳》等史书均有记载。据说天帝之子阿摩美久被封至琉球,成为琉球的创世神,建立天孙王朝。1186年,天孙氏第25代王为重臣利勇所弑,天孙王朝灭亡。

阳》）

　　按：载琉球中古以前史事之史书，世间所无。《世谱》①、《球阳》等书，皆庆安②后之撰著。其曰上古之事云者，则荒诞无稽，无可考信。所谓起于乙丑，终于丙午，凡一万七千八百年之天孙氏二十五世，既无纪年，亦无姓名。其首揭其君主之名，当始于舜天王。

推古天王十三年③（隋大业二年），海师何蛮等，上奏隋主曰，每春秋二时，天清风静，东望依希，似有烟雾之气，亦不知几千里。（源自《隋书》）

十四年秋七月，遣大礼④臣小野妹子往大唐（实为隋，大唐乃续写之误⑤）。鞍作福利作为通事随行（国史⑥）。十五年，隋主杨广令羽骑朱宽入海，求访异俗。宽与何蛮同船来访，抵岛登陆后，与土人接，言不相通，掠一人而返。（源自《隋书》）

　　按：朱宽之来也，遥望该岛似虬龙盘旋蜿蜒浮于水中，因名之曰琉虬。

十六年夏四月，小野臣妹子自大唐⑦返，秋九月，复以小野妹子为大使，吉士雄成为小使，鞍作福利为通事，大唐来客随行，出使大唐。是岁，隋主复遣朱宽诏谕琉球，不从，宽取其布甲而还。时本朝使者尚在隋国，见之，则曰，此邪久国人用品也。（源自国史、《隋书》）

　　按：妹子在隋国，自称苏因高，隋国采用我朝使者建言，载于史书。由此可知，琉球之通我朝，远在此前也。

十八年，隋武贲郎将陈棱、朝请大夫张镇州等，率昆仑军人之通琉球语者，

---

① 即《中山世谱》。
② 江户时代日本后光明天皇年号，1648—1651年。
③ 推古十三年，即605年。
④ 据《日本书纪》记载，日本推古天皇十一年（604年）立冠位十二阶制，有大德、小德、大仁、小仁、大礼、小礼、大信、小信、大义、小义、大智、小智十二等级，648年废止。另，据《隋书·东夷列传·倭国》载，"开皇二十年，倭王姓阿每，字多利思北孤，号阿辈鸡弥，遣使诣阙。……内官有十二等：一曰大德，次小德，次大仁，次小仁，次大义，次小义，次大礼，次小礼，次大智，次小智，次大信，次小信，员无定数。"
⑤ 证诸《日本书纪》、《隋书》，其误以"唐"代"隋"者，皆出自《日本书纪》，《隋书》无此失误。
⑥ 原文如此，当指《日本书纪》。
⑦ 如前所云，当为"隋"之误。

漂洋过浮海而来,诏谕琉球,不从。稜等进兵都府,焚烧官邸,捉掳男女数千,载军实而还。①（源自《隋书》）

二十四年②三月,掖玖人三口归化,五月,夜句人七口来之,秋七月,掖玖人二十口来之。先后三十人,皆安置于朴井。

《南岛志》曰,推古天皇二十四年,掖玖人来之。南岛之朝献盖始于此,所谓邪久、掖下、夜句、益久云云,古音皆通。此所谓掖玖,隋书作邪久,即琉球也。

二十八年③八月,掖玖人三口④流来于伊豆岛。

舒明天皇⑤元年夏四月,遣田部连等于掖玖。

二年九月,田部连等至掖玖。

齐明天皇⑥三年七月,丁亥朔乙丑,睹货逻国⑦男二人女四人漂泊于筑紫,言臣等初漂泊于海见岛（海见者,今之大岛也）,乃以驿召。辛丑,设盂兰盆会,暮飨睹货逻人。

五年秋七月,遣坂合部连石布等使于唐。九月,船漂到尔加委岛（南岛中一岛屿,盖今之石垣岛）,皆为岛民所杀。

---

① 《隋书·东夷列传·流求国》载:"（大业）三年,炀帝令羽骑尉朱宽入海求访异俗,何蛮言之,遂与蛮俱往,因到流求国。言不相通,掠一人而返。明年,帝复令宽慰抚之,流求不从,宽取其布甲而还。时倭国使来朝,见之曰:'此夷邪久国人所用也。'帝遣武贲郎将陈稜、朝请大夫张镇州率兵自义安浮海击之。至高华屿,又东行二日至鼊屿,又一日便至流求。初,稜将南方诸国人从军,有昆仑人颇解其语,遣人慰谕之,流求不从,拒逆官军。稜击走之,进至其都,频战皆败,焚其宫室,虏其男女数千人,载军实而还。自尔遂绝"。又,推古天皇十八年,即610年。

② 即616年。

③ 即620年。

④ 《日本书纪》作"二口"。

⑤ 舒明天皇（593—641年）,日本第34代天皇,629—641年在位,舒明天皇元年,即629年。

⑥ 齐明天皇（594—661年）,日本第37代天皇,女帝,655—661年在位,又曾于642—645年践帝祚,是为皇极天皇。齐明天皇三年,即657年。

⑦ 据季羡林《大唐西域记校注》卷一《睹货逻国》注,睹货逻一名译法甚多,东晋释道安《增一阿含经》序称前秦,建元（365—384年）中有兜佉勒国僧昙摩难提来居长安;僧伽跋澄（383年到达长安）译《鞞婆沙论》中作兜佉勒国。此外,汉译佛经中又有兜呿罗、兜沙罗等译法。《魏书》作吐呼罗,《隋书》、《唐书》作吐火罗,《新唐书》作土豁罗。

白凤①六年二月,飨多祢岛人等于飞鸟寺西槻下。

八年十一月,倭马饲部造连为大使,上村主光欠为小使,遣多祢岛②,仍赐爵一级③。

十年八月,遣多祢岛使人等贡多祢国图。其国去京五千余里,居筑紫南海中,切发草裳,粳稻常丰,一植两收,土毛支子、莞子及种种海物等多。九月庚戌,飨多祢岛人等于飞鸟寺西河边,奏种种乐。

《南岛史》曰:天武天皇十年,所遣使人等还,奉多祢国图云云,亦是指琉球。

又曰:男女皆露髻,男断发结髻。国史所谓切发草裳,其由来久矣。

按:古者五町为一里,五千余里,合今之七百里。自大和国至琉球,几七百里,盖非今日多祢岛之谓也。以言粳稻常丰,一植两收,亦可证其为琉球也。

十一年七月甲午,隼人④多来,贡方物。丙辰,多祢人、掖玖人、阿麻弥人,赐禄各有差。戊午、飨隼人等于明日香寺之西,发种种乐,仍赐禄各有差。道、俗悉见之。

持统天皇⑤九年三月,遣文忌寸博势、进广参⑥下译语诸田等于多祢,求蛮所居。

---

① 白凤,《日本书纪》未载此年号,或以为后世对日本第36代天皇孝德天皇年号"白雉"(650—654年)之美称;查《日本书纪》卷29《天武天皇》载:"(天武)六年……二月……飨多祢岛人等于飞鸟寺西槻下。"然则此处"白凤"当指"天武"也。天武天皇(631?—686年),日本第40代天皇,673—686年在位。天武六年,即678年。多祢岛,今种子岛也。

② 多祢岛,一般认为乃日本古代行政区划之一,又称多祢国,《续日本纪》作多襧,地域范围相当于今日本鹿儿岛县大隅诸岛(种子岛、屋久岛),存续于702—824年间。

③ 《日本书纪》作:"大乙下倭马饲部造连为大使,小乙下上寸主光父为小使,遣多祢岛,仍赐爵一级。"大乙下、小乙下,天智天皇三年(664年)制定之官阶"冠位26阶"之第21、24阶。

④ 古代日本民众居住于萨摩、大隅(今鹿儿岛)者。

⑤ 持统天皇(645—703年),日本第41代天皇,女帝,686—697年在位。持统天皇九年,即694年。

⑥ 文忌寸,即书智德,亦作书知德(生年不详—692年),书其氏也,大海人皇子(即后之天武天皇)舍人,壬申之乱从大海人举兵有功,赐氏文,赐姓直,后改连、忌寸。

文武天皇①二年夏四月,遣文忌寸博士等八人于南岛觅国,因与戎器。

三年秋七月,多裖、掖玖、奄美、度感等②从朝宰而来,贡方物,仍授位赐禄有差。

八月,献南岛贡物于伊势大神宫及各神社。

大宝③二年八月,萨摩、多裖隔化逆命,于是发兵征讨,遂校户置吏。

庆云④四年秋七月,遣使宰府,授南岛人位阶,赐物有差。

和铜七年⑤夏四月,赐多裖岛印一,赐图。十二月,太朝臣远建治等,率奄美、信觉及求美等岛民五十二人至自南岛。

灵龟⑥元年春正月,天皇御太极殿受朝,皇太子首加朝礼拜。陆奥出羽之虾夷及南岛之奄美、夜久、度感、信觉、久美等来朝,贡各方风物。

养老⑦四年十一月,授南岛人二百三十二人位阶各有差,怀远人也。

神龟⑧四年十一月,南岛人一百三十二人来朝,授其位阶各有差。

天平⑨七年,遣太宰大贰⑩小野朝臣老、高桥连牛养于南岛,树牌于各岛。

天平胜保⑪五年冬,遣唐大使藤原清河、副使大伴古麻吕、吉备真备、唐僧鉴真等同船还。洋中遇大风,漂至阿尔奈波岛,待风十余日,得南风而发。

六年正月,太宰府上奏,入唐之吉备朝臣真备,去年十一月乘船来至益久

---

① 文武天皇(683—707年),日本第42代天皇,697—707年在位,文武天皇二年,即698年。
② 《续日本纪》作"等人"。
③ 文武天皇年号,701—704年,大宝二年,即702年。
④ 文武天皇、元明天皇年号,704—708年,庆云四年,即707年。
⑤ 元明天皇年号,708—715年,和铜七年,即714年;元明天皇(661—721年),日本第43代天皇,女帝,707—715年在位。
⑥ 元正天皇年号,715—717年,灵龟元年,即715年;元正天皇(680—748年),日本第44代天皇,女帝,715—724年在位。
⑦ 元正天皇年号,717—724年,养老四年,即720年。
⑧ 圣武天皇年号,724—729年,神龟四年,即727年。圣武天皇(701—756年),日本第45代天皇,724—749年在位。
⑨ 圣武天皇年号,729—749年,天平七年,即735年。
⑩ 7世纪后半叶,日本政府于九州之筑前国设太宰府,下设大贰、少贰、大监、少监、大典、少典等辅官。小野老(生年未详—737年?),日本古代诗人,历任太宰府少贰、大贰,《万叶集》载其和歌三首。
⑪ 孝谦天皇年号,749—757年,孝谦天皇(718—770年),日本第46、48代天皇,749—758年及764—770年在位;天平胜宝五年,即753年。

岛。二月，敕太宰府，曩者，天平七年遣故大贰从四位上①小野朝臣老、高桥连②牛养于南岛树牌。而其牌既经年月，现已朽坏，宜依旧修复树牌，标明岛名，有船泊位，有取水处，显示去国返国之行程，记录（沿途）岛名。船舶有飘来者，应指明归向。三月，太宰府遣使出访。据云入唐第一船，即以奄美岛为航标而前行也。

　　按：《日本书纪》所载掖玖、多祢者，盖海路所经由岛屿之名称也。盖惟经过上述群岛者方克将古之北越诸国称为越之国，并遣同人觅国树牌，记录岛名，将该群岛通称为南岛，而冲绳亦在其中。冲绳，上记③称之为二波限之国。僧侣空海《性灵集》称之为留求。流求二字首见于西土，在《隋书》。唐柳子厚写作流球，《新唐书》作流鬼，《宋史》据《隋书》写作流求，《元书》作瑠求，《世法录》④记作流虬。而土人自古以来即以冲绳为通称。邦人称大洋之中为冲，又其地东西狭而南北长，如绳之浮于洋中然，以此取名冲绳。以言训语⑤，亦可推测其由我命名，盖其发音与天平胜宝五年藤原清河、吉备真备等漂流所至之阿儿奈波岛发音相通也。

仁寿⑥三年八月，唐商钦良晖还国，僧智证随船赴唐，遇暴风，漂流至流求。数十人执戈戟立于岸边，良晖哀嚎，束手无策，智证诵经祈佛，风向忽转为东南风，因得免。

　　按：三好清行作《智证传》⑦曰：八月十三日申时，望见高山，以北风，

---

① 大宝元年（701年），日本政府改故天武天皇之冠位48阶为30阶，从4位上为第9阶。
② 朝臣、连，八色之姓也，见前注"文忌寸"条。
③ 即《古事记》。
④ 明人陈仁锡（1581—1636）著《皇明世法录》92卷，所辑明代朝章典故，起自太祖洪武，迄神宗万历年间止。总目分维皇建极、悬象设教、法祖垂宪、裕国恤民、制兵敕法、浚河利漕、冲边严备、沿海置防、奖顺伐衅、崇文拨武十类目。
⑤ 日语发音有训读和音读，音读乃以汉语发音读日语汉字，训读则为使用该等汉字之日本固有同义语汇之读音，训语即训读。
⑥ 日本文德天皇（827—858年）年号，851—854年，仁寿三年，即853年。文德天皇，850—858年在位。
⑦ 日人三善清行（847—919），平安时代中期公卿、汉学者，著有《円珍和尚传》等；円珍（814—891年），日本平安时代天台宗僧人，天台寺门宗宗祖，日人入唐八家（最澄、空海、常晓、円行、円仁、惠运、円珍、宗叡）之一，谥号智证大师。三好清行，或为"三善清行"之误。

十四日辰头①方抵达其山脚,是为所谓遭遇琉球国人之地。宇治亚相《今昔物语》②载此事,写作琉球。

延历③二十三年五月,藤原贺能偕僧空海出使唐国。八月抵福州,十二月至长安。在福州时,贺能着空海代为起草赠观察使某书,其文曰:飘风朝扇,摧肝耽罗之狼心;北气夕发,失胆留求之虎性。

长德④三年,南蛮寇西陲。四年,太宰府命鬼界岛追捕南蛮贼。(以上源自国史)

永万⑤元年,源为朝自伊豆大岛起航,抵流求。初,为朝因保元之乱逃至伊豆大岛。以平族擅权,朝政日衰,居常愤惋,立志恢复祖业,遂作浮海之行,略行诸岛,至于琉求。所至皆服其威武,遂娶大里按司之妹。仁安⑥元年生一男,即尊敦。国人敬重为朝,称其所居为御宿(御宿,读如具须区,及琉球与明通,乃填入"城"字)。为朝之抵琉球也,洋中遇风暴,船将覆,舟人皆惧,为朝则曰,我运在天,何惧之有?遂抵一港口,名之曰运天,今今归仁⑦之运天港是也。居数年,乘桴之情难禁,乃欲携妻子返国。甫欲收缆离港,飓风骤起,欲行不能,阅数月,再发,飓风复起。舟人曰,闻男女同舟,海神作祟。为朝谓夫人曰,吾与汝绸缪日久矣,然吾怀素志,以一家私情而破君臣大义,无乃不可乎,

---

① 中国古时以十二地支子、丑、寅、卯、辰、巳、午、未、申、酉、戌、亥划一日为十二时辰,每一时辰合今日二小时,始于子时(夜间11时至次日凌晨1时),终于亥时(夜间9时至11时),申时,在下午3时至5时,辰时,在上午7时至9时。

② 当即《今昔物语集》,日本平安时代(794—1192年)末年民间传说故事集,载古时印度、中国、日本三国民间传说故事,作者不详。源氏,人称宇治大纳言,亚相,大纳言之别称也。

③ 日本桓武天皇(737—806年)年号,782—806年,延历二十三年,即804年。恒武天皇,日本第50代天皇,781—806年在位。

④ 日本一条天皇(980—1011年)年号,995—999年,长德三年,即997年。一条天皇,日本第66代天皇,986—1011年在位。

⑤ 日本二条天皇(1143—1165年)、六条天皇(1164—1176年)年号,1165—1166年,永万元年,即1165年;二条天皇,日本第78代天皇,1158—1165年在位;六条天皇,日本第79代天皇,1165—1168年在位。

⑥ 日本六条天皇、高仓天皇(1161—1181年)年号,1166—1168年,仁安元年,即1166年;高仓天皇,日本第80代天皇,1168—1180年在位。

⑦ 今归仁城,又名北山城,琉球三国分立时期北山王国(1322—1416年)王城所在地,遗址在今日本冲绳县国头郡今归仁村。

汝留此土，养育吾儿，儿长大成人后，必有大为。遂留妻儿于大岛而还。（源自国史、琉球史）

治承①元年，流平判官康赖、丹波少将成经、僧侣俊宽②于鬼界岛。

《平家物语》③（长门本）曰：鬼界十二岛，总称萨摩方。其内服从者五岛，尚未服从者七岛。十二岛者，白石、恶石、黑岛、硫磺、阿世纳（萨人伊地知季安曰，琉球属岛伊是名也）、阿世波（伊地知季安曰，今七岛中诹访之濑岛也）、屋玖、永良部、冲绳（琉球本岛也）、鬼界。三人流于归化五岛中，成经在硫磺岛，康赖在恶石岛，俊宽在白石岛（十二岛唯载十岛，二岛阙如者，盖脱漏也）。

元历④二年八月，任岛津忠久⑤为岛津庄下司。（以上均源自国史、《萨摩古记录》）

文治⑥三年，源为朝之子尊敦，立为流求王，是为舜天王。先是，尊敦随其母，长于中山之浦添。幼歧嶷⑦，有乃父风，操行不凡，屡有奇征，众皆敬服。岁十五，县人推尊为浦添按司，断狱无违，民安其政。天孙氏二十五世，德浅政衰，诸按司割据各地，纷纷起兵。权臣利勇专政，遂弑君而自立。尊敦倡义起兵，四方响应。尊敦率兵问其罪，利勇怒曰："先君暴虐，余应天命为君，汝何人也？"尊敦大怒曰："汝忘累世洪恩，弑君篡位，我代天诛逆贼耳。"遂指挥军士攻

---

① 日本高仓天皇、安德天皇（1178—1185年）年号，1177—1181年，治承元年，即1178年；安德天皇，日本第81代天皇，1180—1185年在位。

② 平康赖（1146？—1220年），日本平安时代后期武士，人称平判官入道；藤原成经（1156？—1202），平安时代后期公卿，曾任右近卫少将兼丹波守，人称丹波少将；俊宽（1143—1179），平安时代后期真言宗僧侣，位至僧都（古时日本管理僧侣之僧官，由上至下依次为属法印大和尚位之大僧正、僧正、权僧正；属法眼和尚位（或法眼和上位））之大僧都、权大僧都、少僧都、全少僧都；属法桥上人位之大律师、律师（中律师）、权律师，人称俊宽僧都。三人皆后河法皇（即后白河天皇（1127—1192年），日本第77代天皇，1155—1158年在位）近臣，安元三年（1177年），三人谋清君侧，讨平氏，事泄，遭流放。

③ 《平家物语》，记录平氏兴衰及平氏、源氏之政争，成书于镰仓时代（1185—1333年），有口传本及读本之分，读本又有延庆本、长门本及源平盛衰记等诸多版本。

④ 日本后鸟羽天皇（1180—1239年）年号，1184—1185年，元历二年，即1185年；后鸟羽天皇，日本第82代天皇，1183—1198年在位。

⑤ 岛津忠久（？—1227年），日本平安时代末期、镰仓时代（1185—1333年）前期武将，镰仓幕府御家人。萨、隅、日三洲，即萨摩国、大隅国、日向国，史载，岛津忠久于建久八年任大隅国、萨摩国守护，后补任日向国守护。

⑥ 日本后鸟羽天皇年号，1185—1189年，文治三年，即1187年。

⑦ 歧嶷，谓幼年聪慧也。《诗.大雅.生民》："克岐克嶷，以就口食。"

城。利勇力拒之,矢石如雨。尊敦挺身奋勇,排城门,全军乘势突入,利勇势屈力竭,杀妻子,自刎而死,国人大喜,推戴尊敦为君。尊敦岁二十二而即王位,励精图治,变国俗,教我邦文字(伊吕波四十七字①),壮大王城,政纲大举,民安国富。尊敦姿貌雄伟,右鬓有瘤如角,常以发髻遮瘤,国人倾慕,皆结右髻。(源自琉球史)

《传信录》②(清人徐葆光著)曰:舜天乃日本天皇之裔,大里按司朝公之男也。

《世谱》曰:舜天王源姓,神号③尊敦,父镇西八郎为朝公,母大里按司之妹。

《传信录》曰:首里之人,发髻居偏。

又曰:妇人之髻额上多发,前后偏堕,所谓倭堕髻也。

> 按:徐葆光来琉球之时,在我朝享保④四年,当可见舜天遗风流传之久远,盖本朝中古皆结髻插簪。位阶不同,则簪品各异,大德小德均用金簪。推古天皇以来,屡赐南岛人禄位,琉球人结髻用簪以区分阶位,盖我朝遗制。

《球阳》(书名)曰:天孙氏后裔与诸国往来交易,可知必有文字,然典籍湮灭无存,良为可惜。

《宋史·琉求传》曰:淳熙⑤年间,琉求经常率数百人至泉州水澳头等村,肆行杀掠。

> 按:舜天以前事迹,无可考信。倘有文字流传,有君主官吏,有为政之文字,则其事不难辨明。又,淳熙年间,正当舜天时期,乱民之寇宋国,或为利勇余党之逃窜海外者所为。

---

① 即日文平假名47字也。
② 即《中山传信录》,清人徐葆光所撰琉球国史书,凡六卷。徐葆光(?~1723),字亮直,号澄斋,江南苏州府长洲(今江苏吴县)人,康熙五十八年(1719年)六月奉使琉球,居八月,著《中山传信录》。
③ 神之称号,盖土人皆尊尊敦为神也。
④ 日本中御门天皇(1702—1737年)、樱町天皇(1720—1750年)年号,1716—1735年,享保四年,即1719年;中御门天皇,日本第114代天皇,1705—1735年在位;樱町天皇,日本第115代天皇,1735—1747年在位。
⑤ 南宋孝宗赵昚(1127—1194)年号,(1174—1189年),孝宗,1162—1189年在位。

是岁①九月,补岛津忠久为萨、隅、日三洲②守护之职及十二岛地头③。

《东鉴》④曰:文治四年五月,鬼界岛降。先是,幕府议讨鬼界岛,群臣谏之,至此乃止。是岁,镇西人藤原信房奉岛图及海路图,请征讨,许之,至此乃降。萨藩记录书曰:破平家军后,中将资盛、少将有盛、左马头行盛等,自坛之浦遁往大岛,不足六旬,全岛悉为所夺,乃三分之:资盛领东西烧内,居于东间切之诸钝村;有盛领名濑笠利,居于名濑之浦上村;行盛领古见住用等,居于古见之户口村。其他随从者各有分封。

嘉禄⑤三年六月,岛津忠久卒,子忠时继位。十月,将军赖经以忠时为越前守护、岛津庄内萨摩方地头及十二岛地头,除内河边郡、揖宿郡、伊作庄,余皆如忠久之转让证所云。赐泉庄予忠时之母畠山氏。(以上见国史、《萨摩古记录》)

嘉祯⑥三年,舜天王卒(时年七十二岁)。

历仁⑦元年,世子舜马顺熙立,名其益美。

宝治⑧二年,舜马顺熙卒(时年六十岁)。

建长⑨元年,世子义本立。义本赘质柔弱,乏决断。即位次年,遇大风旱灾,五谷不熟,国中大饥,瘟疫流行者三年,人民半数死之。义本乃召群臣而叹曰:"先君之世,国饶民安,而今年年饥瘟并至,此乃余之不德所致也。我欲让位于贤者。"群臣荐惠祖之世嫡英祖。义本大喜,召之,试使掌国政,举贤,退不肖,于是政平民治,疾疫乃止。

---

① 指前文文治三年,即 1187 年。

② 萨、隅、日三洲,即萨摩国、大隅国、日向国,史载,岛津忠久于建久八年任大隅国、萨摩国守护,后补任日向国守护。

③ 地头,镰仓幕府、室町幕府(1336—1573 年)为管理公领地而设置之职位。

④ 即《吾妻镜》,1300 年左右撰著之编年体史书,载治承三年(1180 年)至文永三年(1266 年)镰仓幕府第一代将军至第六代将军事迹,凡 52 卷。

⑤ 日本后堀河天皇(1212—1234 年)年号,1225—1228 年,嘉禄三年,即 1227 年;后堀河天皇,日本第 86 代天皇,1221—1232 年在位。

⑥ 日本四条天皇(1231—1242 年)年号,1235—1237 年,嘉祯三年,即 1237 年;四条天皇,日本第 87 代天皇,1232—1242 年在位。

⑦ 日本四条天皇年号,1238 年,历仁元年,即 1238 年。

⑧ 日本后深草天皇(1243—1304 年)年号,1247—1249 年,宝治二年,即 1248 年;后深草天皇,日本第 89 代天皇,1246—1260 年在位。

⑨ 日本后深草天皇年号,1249—1256 年,建长元年,即 1249 年。

建长五年,英祖为摄政。

正元①元年,义本观人心归英祖,乃谕英祖曰:"余不德,为天所弃,即位以来,饥疫交至。汝摄政以来,年丰民安,汝宜继国统。"英祖固辞,不许。乃逊位,隐于北山,时年五十四岁,后不知所终。

文应②元年,英祖立。英祖,天孙氏裔,惠祖之子也。惠祖为伊祖按司,性纯良而好积德。英祖之生也,光彩满屋,有异香。幼颖悟,亲贤,远不肖,十二岁闻名诸郡,二十岁通经传,国人归心。即位翌年,巡行国中,正经界,均民赋,谷禄③平,百度举,国内大治,刑措数十年。

弘长④元年,始于浦添筑墓,称为极乐山。尝有僧名禅鉴者,驾舟漂至那霸,不知何国人。英祖命为辅臣。构精舍于浦添城之西以居之,名极乐寺,是为佛寺建造之始也。历年久远,今已不知其所。

文永⑤元年,西北诸岛始来贡。乃建官廨于泊村,建官仓于其北。(以上源自琉球史)

> 按:《世谱》、《球阳》等书曰,久米、庆良间、伊比屋岛等来贡,即所谓西北诸岛。

二年六月,岛津忠时老,将军宗尊以忠时世子久经袭父位,兼南海十二岛地头,如先例。(源自《萨摩古记录》)

三年,大岛来贡,是为大岛进贡琉球之始也。

四年,英祖遣酋长于大岛以统治之,称大屋子(意为御役)。(以上源自琉球史)

> 按:大岛称作海见或奄美,自古即朝贡内地,为平族所夺七八十年后,至此方属琉球。

---

① 日本后深草天皇、龟山天皇(1259—1260年)年号,1247—1249年,正元元年,即1259年;龟山天皇,日本第90代天皇,1260—1274年在位。
② 日本后深草天皇和龟山天皇年号,1260年,文应元年,即1260年。
③ 俸禄也。
④ 日本龟山天皇年号,1261—1264年,弘长元年,即1261年。
⑤ 日本龟山天皇、后宇多天皇(1267—1324年)年号,1264—1274年,文永元年,即1264年;后宇多天皇,日本第91代天皇,1274—1287年在位。

正应①四年(元至元二十八年),元主忽必烈命海船万户杨祥、福建人吴志斗等,赍诏书来诏谕。二十九年三月,祥等至那霸。其文曰:

朕收抚江南,已十七年,海内诸藩,罔不臣属。惟琉求密迩闽境,未曾归附。议者请即加兵,朕惟祖宗立法,凡不庭之国,先遣使招降,来则安堵如故,否则必致征讨。今命使宣谕,汝国果慕义来朝,存尔国统,保尔黎民,若不效顺,自恃险阻,舟师奄及,恐贻后悔,尔其撰之。

祥等以小舟载军器,驶向港口,三屿人陈辉先登陆,国人不解三屿人之语,遂争斗,死者三人。祥等未能达命而还。

永仁②五年,元主铁木耳,福建省都镇抚张浩,命新军万户张进诏谕琉求,不从,浩等擒生口百三十人而回。(以上源自《元史》、琉球史)

正安③元年八月,英祖卒(时年七十一岁),百姓悲嚎,追慕不已。

二年,世子大成立。大成深沉有气度,以仁义处事,以礼接人,全国无虞,百姓鼓腹。

延庆④元年十二月,大成卒(时年六十二岁)。

二年,第二子英慈立。英慈豁达有智略,疏通明事,朝无滞政。

正和⑤二年,英慈卒(时年四十六岁)。

三年,第四子玉城立,始领玉城,称玉城王子。玉城不德,耽于酒色,事狩猎,政纲荒废,诸按司不朝,国分而为三。大里按司兼察度⑥并有佐敷、知念、玉城、具志头、东风平、大里、喜屋武、摩文仁、真壁、兼城、丰见城,称山南王。今归仁按司怕尼芝占有羽地、名护、国头、金武、大宜味、今归仁、恩纳及伊江、伊平二岛,称山北王。玉城拥有真和志、南风原、西原、浦添、北谷、中城、越来、

---

① 日本伏见天皇(1265—1317年)年号,1288—1292年,正应四年,即1291年;伏见天皇,日本第92代天皇,1287—1298年在位。
② 日本伏见天皇、后伏见天皇(1288—1336年)年号,1293—1298年,永仁五年,即1297年;后伏见天皇,日本第93代天皇,1298—1301年在位。
③ 日本后伏见天皇、后二条天皇(1285—1308年)年号,1299—1301年,正安元年,即1299年;后二条天皇,日本第94代天皇,1301—1308年在位。
④ 日本花园天皇(1285—1308年)年号,1297—1348年,延庆元年,即1308年;花园天皇,日本第94代天皇,1301—1308年在位。
⑤ 日本花园天皇年号,1312—1317年,正和二年,即1313年。
⑥ 原文如此,当为"承察度"之误。

读谷山、具志川、胜连及那霸、泊村、首里之三平（西平、南风、真和志平），称中山王。自此攻战不息，诸岛贡船遂绝。（以上源自琉球史）

正中①二年三月，岛津忠宗传其职于世子贞久，兼南海十二岛地头，如先例。

延元②元年三月，玉城卒（时年四十一岁）。

二年，世子西威立，年十岁，母氏执政，亲小人而远君子，国政益衰，人心背反。当此之时，浦添按司察度有德望，上下归心。

正平③四年，西威卒（时年二十二岁）。诸按司相议，废嗣子，迎浦添按司察度。

五年，察度立，名曰大真物，浦添间切谢那村人。父奥间大亲，世代务农。奥间资性醇厚，天女来格④，生察度。察度长而无赖，不务农事，纵游四方。胜连按司有一女，才色兼备。贵族媒求者众，女子不肯。察度闻之，至其家求婚。女子自墉隙窥见之，谓父曰："是佳偶也。"父怒曰："嫁如此贱人，将为世人笑也！"女子曰："彼人他日必贵显，请许之。"固请不止，其父不得已，遂许之。察度约日迎亲。按司悯其贫，资贿颇盛。察度不悦，曰："汝生于富骄，习骄奢，吾贫贱，不敢当。"女曰："妾惟命是从。"即返服饰，与察度俱至草庵，环堵萧然，惟有釜甑。察度锄后圃，获金块，乃于其地筑屋，名曰金宫。时内地商船载铁块来牧港⑤。察度发金宫，尽买之，造农器与耕者，人民仰察度如父母，后推奉为浦添按司，郡治大举，远近服从。西威之卒也，世子甫五岁，群臣欲立之。国人曰："先君暴虐，陷人民于涂炭，今又立幼稚之君，国家何日太平？浦添按司，仁人也，足为君。"议定，迎察度为王。察度即位，一扫弊政，宽以临下，恩威并行，境内大治。夫人贤良，内政亦整。（以上源自琉球史）

十年八月，将军足利义诠以岛津贞久袭萨摩、大隅、日向及十二岛、下总、

---

① 日本后醍醐天皇(1288—1339年)年号，1324—1325，正中二年，即1325年；后醍醐天皇，日本第96代天皇，1318—1339年在位。

② 日本南北朝时代南朝后醍醐天皇、后村上天皇(1328—1368年)年号，1336—1339年，延元元年，即年1336年；后村上天皇，日本第97任天皇，1339—1368年在位。

③ 日本南北朝时代南朝后村上天皇、长庆天皇(1343—1394年)年号，1346—1369年，正平四年，即1349年；长庆天皇，日本第98任天皇，1368—1383年在位。

④ 来临，到来之意。《书·益稷》："戛击鸣球，搏拊琴瑟以咏，祖考来格。"《三国志·魏志·刘馥传》："阐弘大化，以绥未宾；六合承风，远人来格。"

⑤ 牧港，在今冲绳县浦添市北。

丰后之旧封。(以上源自国史及《萨摩古记录》)

按：萨人藤野某所藏义诠所下文中,有河边郡同十八岛文字。僧侣文之(天正庆长间人)诗曰：那霸本是河边郡①。由此可知,琉球乃岛津氏旧封。

文中②元年(洪武五年),明主朱元璋③遣行人杨载赍诏往谕,其文曰：

昔帝王之治天下,凡日月所照,无有远迩,一视同仁。自元政失纲,天下兵争者十有七年,四方遐裔,信好不通。朕起布衣,开基江左。命将四征不庭,西平汉主陈友谅,东缚吴王张士诚,南平闽越,北清幽燕。朕为臣民推戴,即皇帝位,定有天下之号曰"大明",建元"洪武"。是用遣使外邦,播告朕意。使者所至,称臣入贡。惟尔流求,在中国东南,远处海外,未及报知。兹特遣使往谕。尔其知之。故谕。

察度受其书,于次年遣弟泰期前往明国,奉表称臣,贡方物。元璋大喜,优遇使者。赐察度大统历、金织文绮、纱罗各五匹,赐泰期等衣币。自是每年入贡。

按：此时所贡者为马、刀、金银酒海④、金银粉匣、玛瑙、象牙、螺壳、海巴⑤、攉子扇、泥金扇、生红铜、锡、生熟夏布、牛皮、降香、木香、连香、檀香、黄熟香、苏木、乌木、胡椒、硫磺、磨刀石。

(文中)三年,明主命其臣吴祯率沿海之兵来,备我边民之扰乱。是岁,察度弟泰期朝贡明国。明主赐镀金银印一颗及币帛。

天授⑥元年,明主命祭琉球山川于福建。

二年,明主遣其臣李浩买马及硫磺。

---

① 河边郡属萨摩藩,参见五代秀尧等编《三国名胜图会》,山本盛秀1905年版。
② 日本南北朝时代南朝长庆天皇年号,1372—1375年,文中元年,即1372年。
③ 明太祖朱元璋(1328—1398年),1368—1398年在位,年号洪武。
④ 大型盛酒容器,唐白居易《花枝》诗曰："就花枝,移酒海,今朝不醉明朝悔。"《水浒传》第八二回："(宿太尉)叫开御酒,取过银酒海,都倾在里面。"日语亦作"酒会",发音同也。
⑤ 即海𧏾,贝子也。《本草纲目》四六《介》二《贝子》："海𧏾,……古者货币为宝龟,用为交易,以二为朋,今云南用之,呼为海𧏾。"
⑥ 日本南北朝时代南朝长庆天皇年号,1375—1381年,天授元年,即1375年。

弘和①二年,明主遣其臣路谦,赐察度币帛。路谦归国,奏三王争雄,兵战不息,民不聊生之状。

三年,察度遣其臣亚兰匏于明国,呈书、贡方物。山南王兼察度亦遣其臣师惹等入贡。明主赐兼察度镀金银印及币帛七十二匹。是岁,明主命内使梁民赍诏,谕察度息兵,其文曰:

> 王居沧海之中,崇山环海为国,事大之礼,不行亦何患哉。王能体天育民,行事大之礼。自朕即位,十有六年,岁遣人朝贡。朕嘉王至诚,命尚佩监谦报王诚礼。何期王复遣使来谢。今令内使监丞梁民,同前奉御路谦赍符,赐王镀金银印一。近使者归言,琉球三王互争,废农伤民,朕甚悯焉。《诗》曰:"畏天之威,于时保之。"王其罢战息民,务修尔德。则国用永安矣。

并谕山南王、山北王,其文曰:

> 上帝好生,寰宇之内,生民众矣。天恐生民互相残害,特生聪明者主之。迩者琉球国王察度坚事大之诚,遣使来报;而山南兼察度亦遣人随使者入觐,鉴其至诚,深可嘉尚!近使者自海中归,言琉球三王互争,废弃农业,伤残人命;朕闻之,不胜悯怜!今遣使谕,二王能体朕意,息兵养民,以绵国祚,则天佑之,不然,悔无及矣!

三王从命,相互媾和,各发使往谢。明主赐三使衣币。是岁,明主改流求为琉球。分封冲绳诸岛于三王,总称琉球国。(以上源自琉球史、《明史》)

《传信录》曰:虽书如琉球,而乡居土人,不称琉球,自称其地为屋其惹。

《潜确类书》②曰:琉球自汉魏至唐宋,不与中国相通,元诏谕而不从,至吾太祖高皇帝时始朝贡。

> 按:冲绳诸岛自古隶属我国,中古屡赐禄位,泛称南岛或鬼界,其事载于史乘,历历在目。其后源为朝徇琉球,平族遁大岛。为朝及平族流窜逋

---

① 日本南北朝时代南朝长庆天皇、后龟山天皇(1350?—1424)年号,1381—1384年,弘和二年,即1382年;后龟山天皇,日本第99代天皇,1383—1392年在位。

② 或云为明人陈仁锡(参阅前注)所作。民国学人孟森著《清朝前纪·女真纪第一》曰:"陈仁锡《潜确类书》,其未经清世抽毁之旧本,于第十四卷四夷门,收黄道周《博物典汇》第九卷后建夷考"云云。

逃之余,务晦其踪迹,与内陆绝消息。子孙臣民遵循其意,遂至不通朝贡。于是始应朱明之谕,受其册封。

元中①元年,察度遣其臣阿不耶等朝贡明国。先是,内地僧赖重法印②来,于那霸波之上建寺,称为护国寺(年月不详)。察度定此庙为祈愿寺。是岁八月,赖重圆寂。

五年,察度遣其臣甚摸结致等往明国贡马,贺明主诞辰。明主托使者以所获元主次子佗你奴往居琉球。

七年,宫古、八重山始朝贡中山。先是,中山王所遣入明国之使船,漂流至宫古岛。岛人感于中山善尽事大之礼,至是其酋长乃率属官来贡。中山自是始强。是岁,山北王怕尼芝没,子珉立。

九年,察度遣从子日孜每,其臣阔八马、塞官③子仁悦慈入明国国子监就学,是为琉人就学西土之始也。琉球人才孤耶等二十八人,于阿兰埠采硫磺,遇风暴,漂流至惠州海丰,语言不通,以为日本人,送至京师。贡使奏称,琉球人也。明主厚遇之,送还。赐琉球闽人善操舟者十八姓,以充朝贡之译使,且便其往来。始习音乐,制礼法,文教日开。

  按:明主赐琉球之人,洪武、永乐二次各十八姓,合三十六姓,至万历中,仅存七姓。

本年,山南王承察度遣从子三五郎亹,寨官子麻奢理、诚志鲁,入明国国子监学书。明主赐衣冠、靴袜。琉人着明服始于此。自宫古、八重山来贡,察度渐生骄奢之心,筑高楼,以为游观场。尝曰:"予若居此楼,必无加害者。"当夜,蛇咬王左手,手肿烂而断,自是病发。

---

① 日本南北朝时代南朝后龟山天皇年号,1384—1392年,元中元年,即1384年。
② 赖重(生年不详—1384年),日本南北朝时代真言宗僧人,琉球波上山护国寺开山祖师;法印,即法印大和尚,乃日本之僧官,位属僧正。
③ 原文如此,当为"寨官"之误。寨官,日本グスク时代大型グスク之城主,日语中时或作"城"解,然实不同。日本之世界遗产名录中,グスク以片假名形式单列,冲绳本岛及其周边岛屿中之グスク遗址计有420所。グスク之兴衰,日本学界有歧见,一般以为产生于11—12世纪,消亡于15世纪上半叶—16世纪。

应永①二年十月,察度卒(时年七十五岁)。察度之时,本部间切人健坚大亲于海滨获良马,会明人漂至该岛,恳请携马归国,献于明主,明主以此为坐骑。

三年,世子武宁立,名曰中之真物。武宁耽于酒色,宴遊无度。以父之讣告知明国。秋,山北王珉没。次年,子樊安知立。

五年,明主赐武宁冠带。先是,武宁请冠带,明主命礼部图其制,示之。贡使亚兰匏等频请,至此赐之。并赐诸臣冠服。是岁,山南王承察度没。明年,弟汪应祖立。(以上源自琉球史)

十年七月,琉球船漂至武藏国六浦。船中有音乐声。是岁,明主朱隶②即位,遣使昭告即位。武宁遣从子三五郎亹贡方物,贺即位,始告察度之讣。(源自国史、琉球史)

十一年正月,明主遣行人时中赙祭③察度,封武宁为中山王。诏曰:

> 圣王之治,协和万邦。继承之道,率由常典。故琉球国中山王察度,受命皇考太祖高皇帝,作屏东藩,克修臣节。暨朕即位,率先归诚。今既殁,尔武宁乃其世子,特封尔为琉球国中山王,以承厥世。惟俭以修身,敬以养德,忠以事上,仁以抚下,克循兹道,作镇海邦,永延世祚。钦哉。

自察度王通明国,每年遣使贡方物,至武宁始受册封,自是成例。建天使馆于那霸东村。是岁,暹罗船航至琉球,洋中遇大风,漂到福建。明主谕礼部尚书李至刚曰:"二国通好,番邦之美事,舟若坏,修理之;人乏食,给之粟,使归国。"当此之时,与朝鲜、瓜哇国等往来通好,建公馆于那霸街中,名曰亲见世。又于那霸港中小岛设公仓,储藏贸易物品,名曰御物城(年月不详,姑揭于此)。武宁荒淫无度,国政衰,人心背。佐敷按司卒巴志率兵来攻,无防者,武宁举城降。明年,武宁遁逃,不知所终。(源自琉球史、《明史》)

十二年,思绍立,名曰君志真物,本佐敷按司。绍之父为鲛川大主,其先不详。思绍为人,温厚俭朴。子巴志英毅有武略,思绍知其有统御之才,让职,退

---

① 日本后小松天皇(1377—1433 年)、称光天皇(1401—1428 年)年号,1394—1427 年,应永二年,即 1395 年;后小松天皇,日本第 100 代天皇,1382—1412 年在位;称光天皇,日本第 101 代天皇,1412—1428 年在位。

② 明成祖朱棣(1360—1424 年),1402—1424 年在位,年号永乐。

③ 谓赠送财物以祭祀死者也。

而养老。至此巴志起兵讨中山，逐武宁，奉父思绍，立之。

十三年，思绍遣使明国，贡方物，告以武宁之丧，请册封。

十四年，明主发册使，封思绍为琉球国中山王。

十七年，思绍发使明国，入贡，着摸都古等三人入国子监学书。

十八年，思绍遣使明国，贡马及方物，疏言："长史王茂，辅翼有年，请升为国相，兼长史事。长史程复，先王察度时即辅政，勤勉不懈四十余年，今岁八十一，请致仕，望许之。"报可。辅君王，变旧俗，遵明制，二人居功多。

二十年，思绍及山南王汪应祖遣使明国，贡马及方物。明主赐二王钞及永乐钱。是岁，留学生摸都古等乞归省。明主曰："远人来学，美事也；思亲欲归，亦人情也。"厚赐物，给传驿，赐留学生冬夏衣。

二十一年，达勃期（应祖之兄）弑山南王汪应祖。各寨官合兵诛勃期，立应祖之长子他鲁每。

二十三年，思绍发使明国，谢前使之罪。先是，所遣使臣犯法被诛，明主谕曰："比者王之使臣直佳鲁等来京师，朕特优遇之。及还，至福建，擅夺海舶，暴杀官军，殴伤中使，夺其衣物。直佳鲁首罪，已刑以大辟。其余阿勃马结制等六十七人，与之同恶，罪亦当死，眷王忠诚，赦之，遣归。自今遣使，宜加谨戒，毋犯朝宪。"是岁，思绍灭山北。山北王攀安知淫虐，有勇力。有名平原者，以勇力获宠，士卒颇骁勇。自受明国册封以来，矜肆益长，欲灭中山，窃调兵马。羽地按司、名护按司等降中山，以山北王调军马相告。思绍命世子巴志讨之。巴志率诸按司前至寒汀那港。攀安知与平原协力防御。巴志督兵攻城，飞箭如雨而至，不可进攻。浦添按司大呼曰："此忠臣殉国之日也！"鼓勇挺进，诸军争先，而城固难拔，乃退兵罢战。相持既久，巴志谓众人曰："安知无道，虽有千军，实非心服。其将平原，有勇无谋，为人贪婪，当以计破之。"遂召羽地按司，问其地势。按司曰："此城四面险塞，而西南隅最险，吾意其必自恃险要，疏于防备。"巴志大喜，选轻捷者，赍币帛，乘夜自西南隅缒入城，逢平原，赠以币帛，谕以利害，约平原为内应。明日，平原说安知曰："久不出战，敌必以我为怯。若臣与王轮番出战，敌必败也。"安知从之，命平原居守，自率兵开城门，冲杀敌军。巴志见南兵出，乃分军前往城之西南隅，亲自迎战敌军。安知进兵奋战，巴志佯败而走，安知趁胜追击，时城中火起，烟焰冲天，安知仓皇麾兵还城，平原提刀叱曰："汝无道，今将斩汝降中山也。"安知大怒，与之格斗，遂斩平原，北兵则趁隙而入。城中有灵石，安知以为神石，常礼拜之。及众叛，知事不可为，乃叱灵石曰："予今将死，汝岂可独生！"挥剑砍石，石裂为两段，遂自刎而死。自今归仁按司为山北王，历怕尼芝、珉，至攀安知而亡，凡四世九十四年。（以上源自琉球史）

二十七年，思绍遣使者佳期、巴那都，通事梁复等至暹罗国，修通交之礼。是岁，明主遣使本朝。（源自国史、琉球史）

二十八年，思绍卒。

二十九年，世子巴志立，名曰势治高真物，躯干短小，长不盈五尺，深沉有武略。幼年游于与那原，令良冶造剑，锻炼三年而成。一日，巴志携此剑舟行，有鳄鱼来，舟几覆，巴志按剑而立，鳄鱼畏而去。会外国商船载铁块来，泊于与那原港。商人求其剑，巴志即与之。商人悦，赠铁块以谢之。巴志乃颁之于百姓，令造农器，百姓悦服。岁二十一，父思绍谓巴志曰："玉城不德，国家分裂，生民苦于涂炭久矣。今见诸按司，皆碌碌，无有怀大志者。汝气度非凡，当发大志，汝其代吾为按司，拯民于水火。"巴志慨然承诺，代父为佐敷按司。与民同饥寒，共劳苦，贮粮食，练兵马。大里按司闻之，会群臣曰："诸按司无足惧者。惟佐敷按司之子巴志，勇武绝伦，非常人。今闻其代父为按司，而吾与巴志不睦，若巴志起兵，必先攻吾。为之奈何？"言未毕，喊声震耳，大里按司大惊，着人来见，而巴志身自督兵来攻，事出急遽，召兵不遑，竟为所掳。巴志并大里，势大振，乃召其将士而言曰："开辟以来，唯一王耳。如山南、山北者，皆伪王也。今中山王不德，废政众叛，先伐中山，建基础，然后平二山，安社稷，如何。"将士佥曰："可。"遂大举攻中山。武宁召兵，时诸按司皆不应。武宁防御无术，出城降。诸按司请立巴志，巴志固辞，奉父思绍为王，自辅翼之，至是继父为王。以怀机为相，摸都古为法司，着次子忠监居今归仁城，镇抚山北。

三十一年，建天妃庙于久米村。

正长①元年，创建国门，榜曰中山。

永享②元年，巴志灭山南。初，他鲁每骄侈淫虐，佞臣汇进。按司有不朝者，则发兵诛讨，诸按司恐惧，多有归中山者。他鲁每怒曰："贼奴与巴志同谋倡乱，非诛灭不可。"遂大集兵，山南骚然。巴志闻之，曰："此机不可失也。"自

---

① 日本称光天皇、后花园天皇（1419—1471 年）年号，1428—1429 年，正长元年，即1428 年；后花园天皇，日本第 102 代天皇，1428—1464 年在位。

② 日本后花园天皇年号，1429—1441 年，永享元年，即 1429 年。

督兵伐山南。山南之民，争赍粮食，夹路相迎。鲁每益怒，出战，大败而走，将入城，而城兵抗之，不得入，竟为捕获，后伏诛。自大里按司为山南王，历承察度、汪应祖，至他鲁每而亡，凡四世百余年。琉球分而为三百余年，至此复合而为一。（以上源自琉球史）

二年秋，巴志遣使明国，奏曰："琉球国分而为三者，百有余年，战争不息，人民苦于涂炭，臣巴志不堪忧愤，发兵灭山南山北，今归统一，伏愿从旧例，赐臣封爵。"明年，明主朱瞻基①以内官柴山为册使，封巴志为琉球国中山王，且赐书，略曰：

> 尔琉球国国分，人民陷涂炭百有余年。尔巴志举义兵，复致太平，是朕素意也。自今以后，慎终如始，永绥海邦，子孙保之。钦哉。故谕。

四年，明主以外国尽朝贡，独本邦不来，遣内官柴山于琉球，经巴志传其意于我邦。巴志遂发使至京师，贡方物，致明主谕文于将军足利义教②。十二月，义教遣使明国。柴山之在琉球也，捐资建千佛灵阁，立石勒文。

《经国大典》③曰：日本琉球等遣宣慰使，率通事迎送。以三品朝官任宣慰使。

七年，尚真遣长史梁求保、通事李敬等于明国，贡方物。礼部奏曰："今四裔使臣，动以百数，沿途疲于供给。请琉球使臣自今日起，许正副二十人入京。"报可。

八年，巴志遣通事梁德、使者仲步马结制等往爪哇国，行通交之礼。

十一年四月，巴志卒（时年六十八岁）。巴志在位十八年，大敷政教，兴文学，改定全国里程，记录广狭险易，设邮驿，传命令，人民安业，人称中兴之主。自洪武年间琉球应明主诏谕，朝贡不时，是岁，明主朱祁镇④下令，每年两艘，每船百人，多不过一百五十人，始于福建南台外置番使馆，今福建琉球馆是也。

《世谱》曰：舜天王源姓，自英祖至思绍，皆无姓氏，巴志在位中，明帝赐尚姓，故追称父王曰尚思绍。

---

① 即明宣宗（1398—1435 年），1425—1435 年在位，年号宣德。
② 足利义教（1394—1441 年），室町幕府第 6 代将军，1428—1441 年在位。
③ 朝鲜李氏王朝法典，1485 年正式颁行。
④ 朱祁镇（1427—1474 年），明英宗，1435—1449，1457—1464 年两登大宝，年号正统、天顺。

十二年,第二子尚忠立,初称忠监。初,父尚巴志以北山险隘,与首里隔绝,易生变,遣尚忠镇抚之。自是,常以子弟监守。(以上源自国史、琉球史、《明史》)

嘉吉①元年,足利义教赏岛津忠国诛叛人义照(义照,义满子,僧人也,名尊宥,谋反,事泄,匿于日向之福岛)之功,加赐琉球国。

> 按:延元以降,南北分统,海内骚然。岛津氏亦军务剧扰,抚遐陬②之不遑,于是琉球遂称臣外国,略有我诸岛,乃至反为朱明促我来聘。义教以琉球赏忠国(之功),盖欲以岛津氏遥制之,复往昔情状也。

是岁,尚忠遣通事沈志良、使者阿普斯吉等,赍瓷器类至爪哇,买胡椒、苏木等,至东影山下,遇风折桅,入港修船,归国。

文安③元年十月,尚忠卒(时年五十六岁)。尚忠王英明仁慈,国人爱戴之。

二年,世子尚思达立,怀机为国相如故。以马权都为法司。是岁,琉球商船漂至明国广东省香山港被获,戍卒欲托事戮之,既而得免。

宝德④元年十月,思达卒(时年四十二岁),无子。

二年,叔父尚金福立,名君志,巴志第六子,以忠达⑤遗命为王,怀机为相如故。(以上源自琉球史)

三年七月,尚金福遣使京师,呈书幕府,贡方物。九月,足利义政颁其币物于诸臣,献一千贯文于朝廷。

> 按:《通航一览》⑥曰:太田笔记载应永二十二年十一月二十五日将军足利义量赠琉球王回信。见其文中记有进物等事。《室町纪略》《分鹤年代纪》等,载永享十一年、文安五年入贡事,《公私杂翰》载将军义教返简事。《康富纪》宝德三年八月十三日之下引某人言曰:琉球商船去月末抵摄津国兵库,守护细川、右京大夫胜元遣人撰取其商物,付其价款,然前此

---

① 日本后花园天皇年号,1441—1445年,嘉吉元年,即1441年。
② 边远一隅也,《宋书·谢灵运传》:"内匡寰表,外清遐陬。"
③ 日本后花园天皇年号,1444—1449年,文安元年,即1444年。
④ 日本后花园天皇年号,1449—1452年,宝德元年,即1449年。
⑤ 原文如此,或为"思达"之误。
⑥ 日本江户时代大学头林复斋奉幕府之命所撰日本对外关系史料集,载永禄九年至文政八年(1566—1825年)间事,凡350卷,书成于1853年左右。

多年之价款四五千贯,则未补偿,又扣留商物。岛人申述其困苦,公方因遣奉行①三人前去究明其情,京兆不返还扣押之物,则奉行不得返京。《斋藤亲基日记》②记载:六月二十八日,琉球人进京,时值天皇在位第六年。号称长史者,于正殿庭前三拜,设席于庭中。此等均宝德以前之事。据《斋藤亲基日记》所记"时值天皇在位第六年",《康富记》所载"前此多年"可知,曾屡次朝贡并于兵库贸易。

金福尊信神道。是岁,命国相怀机筑堤于那霸港口,起安里桥,至伊边嘉麻桥。怀机上言曰:"此提突出海中,甚难建筑,然不日即竣工,盖神佛相助也。"因请建天照大神祠,于那霸若桥町村建长寿寺。(源自国史、琉球史)

享德③二年四月,金福卒(时年五十六岁),其弟布里与世子志鲁争立,互发兵攻击,两军混杀,布里、志鲁两伤俱死。此役满城起火,府库罹兵火,明国所赐镀金银印亦熔坏。(源自琉球史)

三年,尚泰久立,名那之志与茂,尚巴志第七子也,以诸官之议继国统。泰久遣使明国,请册封,且告布里之乱,请赐镀金银印。明主朱祁钲④命礼部与之。(源自琉球史、《明史》)

康正⑤二年,始铸天尊庙大钟。先是,本朝僧侣芥隐(名承琥,平安时代人)来说佛法,泰久深信之,优待之。是岁,建广严、普门、天龙三寺。着芥隐轮住三寺,身亲受教,国人自是崇佛重僧。又于真和志间切之安里村建八幡宫,于西原间切之米吉山建熊野权现祠。

长禄⑥二年,尚泰以大城、夏居数等为将,讨胜连按司阿摩和利,诛之。初,阿摩和利,骄傲不逊,窃怀篡夺之心。中城按司护佐丸(名曰毛国鼎),为人忠诚,有胆气,知阿摩和利有异志,常整兵马以备变。由是,护佐丸常整兵马,

---

① 平安时代至江户时代中授予武家之官职名称,本意为执行上级命令,后衍生为执行者。
② 室町幕府时期官员斋藤亲基所撰日记,记载足利义政(1436—1490年)时期政务、军事、朝幕关系、社会事件及灾害等。
③ 日本后花园天皇年号,1452—1455年,享德二年,即1453年。
④ 原文如此,当为"朱祁钰"之误,即明代宗,1449—1457年在位年号景泰;日皇享德三年,当中土明景泰四年,即1454年。
⑤ 日本后花园天皇年号,1455—1457年,康正二年,即1456年。
⑥ 日本后花园天皇年号,1457—1461年,长禄二年,即1458年。

以备拒御之用。阿麻和利为之不发，密抵首里而告泰久曰："护佐丸谋叛，宜及其未发而诛之。"泰久曰："护佐丸忠诚之人也，岂谋不轨乎？"阿摩和利百方进谗，泰久遂遣人侦中城，果有整兵之状。泰久大惊，命阿摩和利讨之。阿摩和利乘晓攻中城。护佐丸欲陈事实，上达无路，遂携妻子至先茔，叹曰："吾何罪而至此？天神地祇，鉴吾赤心。"将士欲拒战，护佐丸曰："王命不可违！"先杀妻子，自刃而死，臣属多有自杀者。乳母负护佐丸之幼子窃出城，隐于国吉村。地头查方山悯护佐丸之冤死，精心抚育之。后泰久迎之，使之继承护佐丸家业。而阿摩和利自是更无所忌惮，益谋调兵攻中山。阿摩和利妻为泰久之妹，其从者有名夏居数者，勇武绝伦，人称夜叉大城，知其反，密告阿摩和利妻，其妻惊曰："汝善为我谋之。"居数乘夜负阿摩和利妻至首里告变。泰久即传令集兵。阿摩和利知事泄，举兵攻首里城，会招募之兵集，以之迎战阿摩和利。阿摩和利战败，走胜连。泰久以居数为将，督兵追击阿摩和利。阿摩和利闭城固守。居数数挑战，阿摩和利启城门出战，中山前军披靡，将欲退，居数怒，奋战甚力，二弟居忠、居勇亦殊死战，阿摩和利麾兵入城。居数蒙妇人衣，密踰墙入城。阿摩和利立阶上，居数进斩其首，大呼曰："已得贼头矣。"敌兵畏服乞降，胜连尽平。泰久赏居数功，特授紫冠位，以贼之衣锦绮罗与之，后为越来间切地头职，称越来亲方。

三年，以金丸为锁之侧①。

宽正②元年六月，泰久卒（时年四十六岁）。

二年，泰久王第三子尚德立，名曰八幡之按司。以王察度为法司。尚德刚愎自用，不纳人言。是岁，鬼界岛叛。尚德遣将讨伐之，未克。

六年，尚德以弟尚武、长史蔡璟为使，贺明主朱见深③即位。使臣留闽，学历法，琉球历之作始于此。

文正④元年二月，尚德亲率海船五十艘，兵卒二千余人，讨鬼界岛，平之，另立酋长而还。是岁，建大宝殿于天界岛。

冲绳志　卷三　终

---

① 琉球国掌管文教、外交等事务之官厅，亦指该厅长官。
② 日本后花园天皇、后土御门天皇（1442—1500年）年号，1461—1466年，宽正元年，即1461年；后土御门天皇，日本第103代天皇，1464—1500年在位。
③ 朱见深（1447—1487年），即明宪宗，年号成化，1465—1487年在位。
④ 日本后土御门天皇年号，1466—1467年，宽正元年，即1461年

冲绳志　卷四

事迹志　中
史传部

应仁元年,派遣尚德之使节前往朝鲜,赠送鹦鹉孔雀等。朝鲜王李琛托使者赠送方册藏经,尚德大喜,作为护国之宝钟爱有加,不离左右。自尚德攻克鬼界岛后,暴行日甚。

文明①元年,尚德卒(时年二十九岁)。法司以嗣子幼冲不穿国服为由,将其杀死。因此诸官商议,推戴以前之锁之侧尚圆。(以上源自琉球史)

二年,尚圆立,名思德金,号金丸,伊平屋岛首见村人,义本之胤。另有传说,伊平屋有高山,人称天孙山,据说尚圆为天孙氏之后裔,父亲尚稷,为当地里主②。尚圆出生时,足底有一痣,其色如金,泊村人称大安,消息传遍整个地区。人人相传说,此儿日后必定显贵。金丸二十岁时,父母双亡,弟宣戚甫五岁。金丸家贫,只得务农。天不作美,遇上干旱,田水干枯。然唯独金丸家田中有水。村里有人合谋要偷其田中之水,还欲杀之。金丸惧怕,携妻带弟,远逃国头③藏匿起来。之后投奔越来王子尚泰久。泰久信任金丸,推荐给王尚思达。思达封其为筑登之④。

享德元年,其升为筑登之亲云上,泰久即王位后,又升为内阁地头。其管辖地区得到很好治理。

长禄三年,其调至锁之侧。尚德即位后,放辟邪侈,略无忌惮。御锁侧官金丸,极言屡谏:为人君时,应以德修身,以仁养民。而今,毁坏王法,滥杀无辜,非为君之道。望痛改前非。然尚德不听,愈发放纵。金丸屡次进谏,不被采纳,只得辞职,隐居内间⑤。

尚德卒。嗣子幼樨继位。国人不欲奉其为国君,弑之于真玉城中。群臣决议,迎尚圆。尚圆力辞不从,逃往海滨。群臣随其至海滨固请。尚圆不得已,应允其请,至首里,即王位。以武实为法司,摒除虐政,推举逸才,随器授

---

① 日本战国时代后土御门天皇年号,1469—1487年。
② 琉球国的行政职务,即地区领主、头人。
③ 即国头岛,位于冲绳本岛东北方。
④ 琉球王国的阶位,没有领地,属下级士族,最高只能升为亲云上。
⑤ 今日本冲绳县浦添市。

职,远近服从。是年,岛津忠国卒。此前,忠国即已衰老,虽常立志航琉球,至殁终无果。(源自《萨藩古记录》、琉球史)

三年,泉州界浦之船擅自通航琉球。为此岛津立久五代派遣友平赴京师陈言。足利义政遂赐符与立久,禁止他国船只来往于琉球,且谕之,使其来访。

四年正月,立久遣使者前往琉球,劝其来朝,且授符与尚圆,凡未持我诸船之符者,均禁止入港,并赠太刀。

二月,尚圆遣金刚寺、报恩寺住持僧侣及里主等访问萨摩,立久召见,设宴招待,厚礼待之。是年,遣法司武实、正议大夫程鹏前往明国,谢册封之恩。武实等还。在福建,其随从杀当地土人劫财,遂向明礼部奏言:琉球每年入贡,故生奸弊,请准予两年一贡。明主从之。

五年六月,尚圆遣长庆院住持僧侣前往萨摩,并致书国老,赠太刀谢恩。且曰:船符及聘使二事,谨听尊命。

八年七月,尚圆卒(时年六十二岁),百姓哀号,如丧考妣。尚圆欲遣使贺足利义尚继统,未果。(以上源自国史、《萨藩古记录》、琉球史、《明史》)

九年春,尚宣威立,名曰西之世主,尚圆之弟。世子尚真年幼,十一岁。法司相议,立宣威。宣威恭俭朴有德行,禅于尚真,在位仅六个月即退隐越来。

七月,尚真立,童名於义也嘉茂慧。

八月,尚宣威卒(时年四十八岁)。

十一年,尚真遣法司马治世等前往明国,谢册封之恩,且请每年朝贡,未许。(以上源自琉球史)

十二年二月,布施下野守奉幕府之命,遣其臣安田某前往萨摩下檄,催促中山王朝贡。檄文略曰:宜以谕王令照先例,速发贡船,勿后,使回。岛津忠昌遣人随安田前往琉球。

十三年,尚真派遣天王寺住持僧侣及谢那大屋子访萨摩,祝贺藩王忠隆袭封。(以上源自《萨藩古记录》)

十七年,明主下令,朝贡之随从人员减半。

长亨二年,明主朱佑樘即位。次年,尚真遣法司麻勃都等前往明国,祝贺明主即位,并呈言:本国来贡之人员,仅许十五人赴京,物多人少,恐致疏失,且本国贡船所到之处,地方官粮仅供一百五十人食用,望增加口粮。明主命来京许增五人,口粮增二十人。(以上源自琉球史、《明史》)

明应元年,尚真创建寺庙于首里之当藏村,称圆觉寺,安置祖先灵牌。

三年，建寺于泊村，称崇元寺。安置舜天王之后的历代灵牌。

九年，尚真发兵征讨八重山岛，并平之。

此前，八重山每岁入贡，酋长赤峰，心变谋反，断绝贡船，并攻宫古岛。时宫古岛之酋长仲宗根前来告急。尚真以大里为将，以仲宗根为向导，前往讨伐。大里等率战船四十艘，诛赤峰，安抚岛民，并立新酋长后返回。赤峰之恶在岛内风传，无从者，只有一称狮子嘉者，为赤峰守节而死。尚真隆重祭奠之，并优待其子。首次于宫古、八重山设置头职，从首里轮流派遣驻当地官员。

文龟元年，建王陵于首里之金城村，移葬先王尚圆。（以上源自琉球史）

二年，尚真遣使前往萨摩修聘礼，赠朝鲜版大藏经。藩主忠昌命僧侣桂菴等诵读之。（源自《萨藩古记录》）

桂菴记此事，其中有琉球为萨摩附庸之语。

是年，于城门外凿地建池，其中建辨财天女堂。

三年，尚真遣其臣吴诗等往满剌加国①，收买贡物，船漂流至明国广东，上岸者一百五十二人为巡卒捕获。广东守臣以闻。明主命送吴诗等至福建，给粮赡养，候本国贡使归之。

永正②三年，明主朱厚照即位，尚真遣王舅亚嘉尼施、长史蔡宾等贡马及方物，并表贺登基，附奏乞每岁一贡，明主许之。

五年初，造丹墀石栏及龙柱。

六年，造金银铜簪，定上下等级。

八年，假父阿擢莘没。最初，尚真之生父尚圆命卜者，为其算卦，卜曰：某日，以出城南行始逢者为假父，乃福寿无疆。尚圆从其言，命左右抱世子南行，恰逢阿擢莘，遂携其归城，以为假父。尚真即位后，即颁其士籍，赐家宅，几经升迁，终至紫金官。擢莘屡次乞请归故里，不许。至死，尚真厚葬之。是年，于冕之岳园、比屋武岳建筑石垣石门。（以上源自琉球史）

十三年，备中连岛之人三宅国秀欲袭击琉球，率兵舰十二艘，于三月二十八日抵萨摩之坊之津，候风潮。藩王忠治闻之大怒曰：琉球自古为吾之属国，彼为何者？遂告知幕府，乞请讨伐国秀。将军义植许之。六月，忠治遂发兵舰

---

① 14 至 16 世纪马来亚封建王国，位于今马六甲州。
② 日本后柏原天皇(1424—1526 年)年号，1504—1520 年。后柏原天皇，日本第代天皇，1500—1526 年在位。

至坊之津。各舰堆满柴禾,顺风纵火,并乘势进攻。国秀大败,其党皆死。是年夏,尚真遣天王寺住持僧侣及谢那大屋子访问萨摩,祝贺藩王忠治之袭封。是年冬,尚真又派建善寺僧侣西殿等访问萨摩。

十五年,尚真遣僧侣天三等前往萨摩,呈书表、贡方物与藩主。忠治厚待之,并亲抵其舍慰劳。九月,忠治遣使前往琉球,递复书。

大永①元年三月,三司官赠书信与萨摩之国老种子岛武藏。(以上源自《萨藩古记录》)

二年,明主朱厚熜即位。尚真遣王舅鲁加尼等赴明国祝贺明主即位。明主命礼部参照旧例,定二年一贡。是年,本朝僧侣日秀抵琉球,亲自作弥陀、药师、观音三座佛像,置于护国寺中。

五年,大内义兴细川高国等欲与明国互市,遣僧侣宋设、宋素卿等共谋其事。宋设等骚扰福州。明主通过尚真送书与足利义晴,请求捕贼。(以上源自国史、琉球史、《明史》)

六年,尚真派遣天龙寺僧侣皇华等赴萨摩拜访。十二月,尚真卒(时年六十二岁)。尚真天资聪颖,才智兼备,善继父业,国中大治。旧制分地、分封按司至各所,由是各据城池,互相争伐,兵乱不息。尚真改制定度,诸按司皆居首里,遥领其地,岁遣监督官一员,巡行各地治之,由此国内始平安无事。此前,王卒,受宠之侍臣皆殉死,而尚真禁之,以为永制。嫡子尚维衡,系尚真得意之子,欲立之,未果。

七年,第五子尚清立,初称天续按司。(源自琉球史)

享禄三年,足利义晴托尚清致书明国,对使臣暴行表示道歉,请更换勘合金印,并请恢复交通。明主遣左给事中陈侃等,赍书来琉球,通过尚清,传给义晴,要求斩首骚扰福建者。(源自国史、《萨藩古记录》、琉球史)

天文六年,尚清发兵讨伐大岛,杀与湾大亲。与湾大亲为大岛酋长之一,正直尽职,惟善是务,而同僚酋长皆奸佞,并与与湾大亲不睦。其借故进谗,诬与湾大亲存谋反之意。尚清大怒,遣兵讨伐之。大亲不敢反抗,仰天叹息,自缢而死。

十一年,明国漳州人陈贵前来互市,适与潮阳船人争利,互相残杀,并有因此而丧命者。长史蔡廷美尽没收其货,押解护送陈贵至明国。其不以实告。

---

① 日本战国时代后柏原天皇、后奈良天皇年号,1512—1527年。

明国巡按御史徐宗鲁审得实情。明主以其系朝贡之国,免廷美罪,下令放还,并禁止互市,且曰:后若不法,即绝其朝贡。此后,明之商船终于不复来。

十三年,筑首里城东南壁,城壁高五丈,长一百五十丈,城门揭继世二字。(以上源自琉球史、《明史》)

十四年初,平行盛等逃往坛之浦,藏匿于大岛。本邦船均惧怕经过该岛近海。此后,来往船只若遭风暴而覆没者,相传为平族作祟所致。是年,七岛之郡司等,请尚清慰籍其神灵。尚清遂派人新建庙宇,并手书庙名,谓新立王殿。春秋祭祀。(源自《萨藩古记录》、琉球史)

十六年,建大美殿。

二十三年,筑二炮台于那霸港口。

> 按:是年,我边民侵扰明国江浙,盖防备之。

弘治①元年六月,尚清卒(时年五十九岁)。尚清王染疾危甚,召法司毛龙吟、和为美、葛可昌,曰:"孤命将尽,汝等辅助世子,以保国家平安。"言讫而毙。为美、可昌谓群臣曰:"世子尚元为人柔弱,难以为君。惟四子尚鉴英明,宜立为王。"群臣无人言可否。毛龙吟曰:"世子乃正妃之所生,立长绍世,乃古今之常道。况我等已奉遗命,若违遗命,吾必自杀,以告地下之先王。"毛龙吟声色俱厉,二人畏惧无言。遂议定。尚清刚迈英毅,励勤政事,多有改革。尚清之时,伊江岛每夜放奇光,遣人前去探查,获一古镜,遂召老僧侣问之。对曰:此乃天照大神垂迹。其即于岛中建祠,供奉古镜,委派老僧侣看护。其寺名曰照大山。

二年,世子尚元立。初称日始按司添。是年,我边民侵扰明国之江浙,败入琉球,尚元歼灭之。(以上源自琉球史)

永禄二年,尚元遣正议大夫蔡廷会赴明国陈疏,时廷会具言:海中风涛莫测,海寇不时出没,恐使者有他虑,获罪上国。请如正德中封占城故事,赍回诏册,不烦天朝遣使。明主不听。

是年,法司和为美、葛可昌有罪被流放。和为美流放于久米岛,葛可昌流放于伊比屋。

此前,萨、隅、日三国大乱。岛津贵久与父忠良谋划消除国难,抚绥人民。尚元闻之,遂遣天界寺僧侣登叔及与那城之良仲去萨摩,贡黄金五十两、真南

---

① 日本战国时代后奈良天皇年号,1555—1557年。

蛮香五十斤、红丝白丝各五十斤、线织物和白布各五十匹、砂糖绿醋之类五十种。贵久召使者宴之,并与之诸多财物,且答赠尚元。宫古岛人洋中遭遇风暴,船破漂至萨摩之加世田。忠良命人修理其船,送漂人归。

三年,尚元遣建善寺僧侣月泉赴萨摩贡方物,谢抚恤漂流人之恩。

备中连岛之人今冈民部大辅诠三宅国秀,因未大功告竣,愤而发舟师,欲袭琉球。贵久闻之,遂遣伊地知周防村田某赴琉球,报知三司官。(年月不详,因系贵久之时,姑且载此)

十二年,尚元遣天龙寺住持僧侣前往萨摩贡方物。(以上源自《萨藩古记录》、琉球史)

元龟元年正月,岛津义久遣广济寺僧侣雪岑前往琉球赠答书,并附父贵久之翰。(源自《萨藩古记录》)

二年,征讨大岛。与湾大亲被诬自缢后,其同僚等谋反,绝贡不朝。由是,尚元亲率兵船五十艘征大岛,平之。此后,遣那霸人轮流驻扎。尚元滞留大岛时,患疾危甚,法司马顺德祈神,请代王死。是年,顺德卒,尚元哀惜之,命厚葬,并封其子为按司。(源自琉球史)

三年四月,尚元卒(时年四十五岁)。尚元遵依本邦风俗,百事皆模仿。于是,久米村林某于村中建天满宫。

天正①元年,第二子尚永立,童名仁耶添。按司雪岑之使来时,尚永服丧未终。受其书,有人向导,使其从小门入。致回翰后,大门出。且三司官等未抵馆慰问,颇改旧典。雪岑恚而返(雪岑出使之时,当元龟元年。年月不合,盖不再出使)。

二年,义久遣使者,谴责其倨傲。三司官等曰:寡君正处先王之丧,简略待遇之礼,且未差人详细陈述其情由。

三年三月,尚永遣天界寺之住持僧侣以及金乃大屋子,前往萨摩贡方物,贺义久袭封,且对前年之不敬表以歉意。国老相议,谴责使者,累月使者服罪。四月十四日,拜见藩主获准。相见之时,待遇甚厚。遣随从跟其后,巡览城下各所。

五年,丰后国主大友宗麟,为义久出谋,遣人赴琉球。

六年六月,尚永遣天界寺之僧侣修翁及妙严寺之住持僧侣等,前往萨摩贡方物。(以上源自《萨藩古记录》、琉球史)

---

① 日本安土桃山时代正亲町、后阳成天皇年号,1573—1593 年。

七年,明主朱翊钧遣其臣崇业等前往琉球,行册封之礼。崇业等还,向明主启奏曰:日本在琉球建新馆,有兵卒百余人带刀剑往来,国人甚畏惧。是年,改首里门易榜,曰:守礼之邦。(源自琉球史,参见明清人诸书)

八年,尚永遣普门寺之住持僧侣等,前往萨摩贡方物。

十三年,尚永闻萨摩封境扩展,既已并六国。四月,其命天王寺之僧侣祖庭等作为使者,前往萨摩,呈贺书、贡方物。三司官、大里亲方、国头亲方、那吴亲方致书国老。七月,义久致回翰,托祖庭回复尚永。

十六年,正值关白丰臣秀吉统一海内,群雄皆服从。岛津义弘进京师谒见丰臣秀吉。秀吉命义弘诏谕琉球。于是,义弘遣大慈寺之僧侣龙云带致尚永之手书,让其速来京师访问。尚永诺之。十一月,尚永卒(时年三十岁)。

十七年,浦添王子尚宁立。初称日贺末按司,尚懿之子。尚真王之子尚维衡,不合父意而被废黜,栖隐于郊野。尚维衡生尚弘业,尚弘业生尚懿,尚懿生尚宁。尚永亡而无后,群臣相议,迎尚宁,推尚宏为国相、马世荣为法司。七月,尚宁遣使者赴京师朝拜丰臣秀吉。八月,以天王寺之僧侣桃庵为正使,安谷屋亲云上为副使,携书翰及方物来萨摩。二十四日,义弘率正副使,从城府出发,九月下旬抵达京师,陪同琉球使去聚乐第。秀吉召见琉使,差人读表文。其文曰:

承闻,日本六十余洲,拜望下尘,归服幕下。加之,高丽南蛮,又偃威风,吾远岛浅陋小国,虽难及一礼,岛津义久公使、大慈寺西院和尚蒙仰之条差上。天龙寺桃庵和尚,明朝之涂物,当国之土宜,录于别搘,为遂一礼也。惶恐不宣。

秀吉大喜,设宴使臣,赐物有差,复又留使臣于大阪,命义弘优待之。

按:此次为岛津氏首次率琉球使节朝拜幕府。

十八年二月,秀吉授复书于正使桃庵。其文曰:

玉章披阅,再三薰读,如同殿阁而听芳言。抑本朝六十余州之中,不遗寸地尺土悉归掌握也。项日,又有游观博知之志,故欲弘政化于异域者,素愿也。兹先得贵国之使节远方奇物,而颇以观悦矣。凡物以远至为珍,以罕见为奇者,夫是之谓乎。自今以往,其地难隔。千里深执交义,则以异邦作四海一家之情者也。自是当国方物,聊投赠之,目录备于别纸。

余蕴分付。天龙寺东堂之口实也，不宣。

十九年，秀吉发兵征韩。龟井兹矩向秀吉请求讨伐琉球，并欲占为己有。义久、义弘闻之，依托细川幽斋、石田三成，陈言琉球附属萨摩之由来，此事遂得以终止。此时，有名为原田孙七郎者，屡次去琉球互市，熟知琉球地理，亦为秀吉之近臣。其曰：若前往琉球告知征明之事，彼必定来访。秀吉听信此言，遂于九月作书授予原田。其略曰：

夫我邦百有余年，群国争雄，予也降诞。以有可治天下之奇端，不历十年而域中悉，一统也。由是，三韩琉球，远邦异域，款塞来享。今也欲征大明国，盖非吾所为，天所授也。宜候出师期，明春谒肥前辕门。若愆期，必遣水军悉鏖岛民。（丰臣谱中云：遂得回报。）

又，令义久曰：琉球为萨摩所属，速征其兵，用于征明之役。若有迟滞，则不能遣兵讨伐。义久命老臣相议。老臣等议曰：琉球位于僻远南海，不讲俗武。与其征其兵，不如赋其食粮。议定禀报。秀吉听之，以义久为使节，派往琉球，传告其旨。限次年二月，将兵赋运抵肥前。尚宁大惊，遣其臣郑迵前往明国，告知有变。此时，有名为陈甲之明商在琉球，听闻其事后返回，将此事告知福建巡抚赵参鲁。此时，江左之人许议俊、朱均旺住萨摩，从医业，听变遂报告福建守臣。秀吉大怒，欲煮二人。德川家康进谏曰：闻变通本国，人之至情，不为罪。秀吉乃止。是年，尚宁遣建善寺僧侣大龟及茂留里大屋子前往萨摩贡方物。秀吉屡次遣使赴萨摩，敦促琉球入朝送兵赋且怪其拖延。十二月，义久命其臣新纳久饶，赍秀吉檄文前去谕尚宁。

文禄元年正月，秀吉责琉球纳兵赋迟缓，命义久催之。是年，法司马世荣致仕，而马良弼继任法司。

二年，尚宁王命天王寺僧侣菊隐及麻文仁亲方，送粮食赴萨摩。冬，尚宁遣法司郑礼名护亲方等前往明国，贡方物，请册封。是年，明主遣使来本朝议和。秀吉班师征韩。仍发九州之兵戍朝鲜。故萨摩促琉球送粮草。十二月，义久遣成就院住持僧侣前往琉球，赠尚宁书翰及物品，赏其送粮草之忠，并告诫其续送。

三年，尚宁修回翰附使僧侣。其文略曰：

征弊邑赋虽偏募国，穷岛之疲民，无计偿出，使僧所审知也。只顾悯察以加恩优，邻好益修，永奉聘贡，佳贶忻纳。不腆贡物，聊具别楮。炤谅甚幸。

义久将其报之秀吉。秀吉命义久查检琉球全岛。于是，义久遣兴国寺之住持僧侣及伊地知重房前往琉球全面查检。

四年，重房等返回。此时，义久正在京师。重房至京师，委托石田三成禀报秀吉。

是年，尚宁遣其臣于霸前往明国，乞请册封。福建抚臣许孚远，启禀明主曰：日本兵焰未息，赍敕至福建，先面领来使，或遣武将跟随来使前往传旨，可否。明主曰：世子之请待表，然后议之。

庆长二年，造石桥于首里城下，名曰太平桥。

三年八月，秀吉卒。十二月，义弘及世子忠恒等，从朝鲜收兵回国。（以上源自国史、《萨藩古记录》、琉球史）

四年，尚宁遣法司郑礼等前往明国贡方物，乞请册封。礼部议曰：海氛甚盛未息，不可遣人，可取来该国王舅法司之官印和世子之奏本进行册封。明主曰：彼屡次请册封，可选廉勇武官一人前往行典礼。

五年，尚宁又遣其臣蔡奎等前往明国，贡方物、乞请册封。明主许之。

六年，明主命兵科给事中洪胆祖为正使，行人王士祯为副使前往琉球。尚宁遣法司郑迥等前往明国，请以文臣册封。洪胆祖以母忧为由归，兵科右给事中夏子阳继遣矣。巡按方元彦、巡臣徐学聚曰：滨海多事，宜遣武将。夏子阳等曰：属国言不可爽，乞坚成命，以慰远人。然此议一直未决。（以上参见琉球史、《明史》、清人诸书）

七年，尚宁遣王舅毛继祖等前往明国贡方物，贺太子册立，兼乞请册使速来。是年，琉球商船遇风漂至澳洲。德川家康以其为萨摩属国为由，命沿道诸驿提供夫马，护送至萨摩。次年春，藩王命人送其至琉球。

八年，琉球船漂至肥前之平户，船破损。藩主松浦法印用其他船送其至萨摩。起先，秀吉促向琉球征收征韩兵赋，督责甚严。义久遣新纳久饶反复说谕，促其奉命。尚宁等疑为萨摩之暴令，因此稍失奉承之意。正值此时，政权归属德川氏，诸侯服从之。义久召见琉球报恩寺某僧侣，亲谕今日之形势。僧侣返报尚宁，速去朝拜德川。尚宁不从。是年，内地僧侣袋中与琉球报恩寺某僧侣同船赴琉球，弘扬净土宗派。袋中滞留三年，著《神道记》。

九年二月，义久又遣使递送手谕予尚宁，历数其罪，且谕曰："速发聘使朝骏河。若恃险不从，吾将立即发兵舰来。"此时，有一名为牛助春者，那霸人氏，曾是纹船胁笔者。此人来鹿儿岛,又至大阪,秀吉召见。其因头大,自取其冠而冠之。其前年漂流至平户,松浦法印知其名而优待之,且送至萨摩。忠恒召见助春曰:"我欲讨伐琉球,以尔为向导。"助春曰:"引导他人讨伐故国,助春至死不为。"忠恒强迫之,助春不听,作书给萨摩兵将,并报告琉球。忠恒嘉其忠诚,免其罪,使其返国。此前,关原之役时,浮田秀家奔萨摩,家臣来集者颇多。秀家对忠恒请曰:听闻琉球长期不入贡,愿赐余伐此国,夺取之,永作臣属。忠恒笑以对。秀家与其家臣密谋,暗地发船前往,遭遇风暴,船毁而未能抵达。秀家自叹命薄而无奈终止。九月,尚宁命中村亲云上为使节,前往萨摩访问。(以上源自国史、《萨藩古记录》、琉球史)

十年,明主遣正使右给事中夏子阳、副使行人王士贞,六月一日抵那霸,行册使之礼,封尚宁为琉球国中山王,并赐皮办服等。自此,尚宁依赖明国愈益而疏远我国。七月,岛津忠恒与义久、义弘相议,遣其臣本田亲贞前往骏河,请求由本多正信、本多正纯和山口直友讨伐琉球。八月,正信等将此事告知家康。家康通过直友传旨曰:再遣使劝其来访,若彼仍不从,然后相议征讨。

是年,首次以天界寺定庙所。郑迵法司谗翁寄松,尚宁贬寄松为庶人。久米村总管野国得蕃薯种后,从闽州返回。仪间亲方真常乞求其种,学栽培之法,且试种此薯,数年知其利,遂广谕国民,栽植此薯。自此,虽有灾荒之年,不再出现饿死者。蕃薯本为吕宋岛之产物,岛人禁止其种外流。明国晋安人名为陈振龙者,从业贸易,长期滞留吕宋。振龙给予土人以利,得其种还。时值万历二十二年。自此,支那始植蕃薯。六七十年之后,萨摩国山川邑之农利右卫门至琉球,得蕃薯数茎而归,于国中试种,远近争相求之。遂于国中用藤蔓繁衍。

宝永二年,利右卫门卒,乡人称其墓为唐薯殿,春秋祭祀。

十一年六月十七日,岛津忠恒进伏见城,谒见德川家康。家康给与偏名,赐予披刀。自此,称家久。家久请曰:"琉球自祖宗以来,每岁入贡,然近年断绝使聘,屡次谕其也不来,乞请征讨之。"家康许之。(《通航一览》:本书所言此事,宽永岛津家久①谱,九月朔日,是日赐松平之称号。据查贞享松平大隅守书上及岛津家谱,赐名为六月十七日,赐号为元和②三年九月朔日。此后,赐

---

① 岛津家久(1576—1638),即岛津忠恒,日本安土桃山时代武将、外样大名,初代萨摩藩藩主。

② 日本江户时代后水尾天皇年号,1615—1624年。

家久父子之所之书及执政等之书牍,均署名为羽柴或岛津。宽永谱盖误)

是年,尚宁任郑迵为法司,又遣王舅毛凤仪及正议大夫阮国前往明国,谢册封恩,且附奏:洪武,永乐间,赐闽人三十六姓。知书者,授大夫长史;习海者,授通事、总管。今世久人湮,文字音语,海路更针,常至违错,乞依往例,更赐数人。尚宁又遣崇元寺住持僧侣及宜谟里主,前往萨摩贺家久之袭封。家久乃遣其臣岛原宗安,劝谕三司官发聘使来骏河,祝贺德川氏执政。此前,明国商船不来我邦近三十年。自此,德川氏通过琉球告明国,请沿袭旧例通商船,开互市。法司郑迵皆拒绝不从。郑迵称谢那亲方,闽人三十六姓之一,是都通事郑禄之第二子。永禄年间,其入学明国国子监留学,归国后任法司,大小政事皆谢那决定。义弘又命僧侣文之修书谕尚宁曰:若仍不听,将起师问其罪。其书曰:

> 贵国之去我萨州者二百余里,其西岛东屿之相近者,仅不过三十余里。以故时时有聘问聘礼,以修其邻好者,其例旧矣。就中我宗子之嗣而立,则画青雀黄龙于其舟。以使紫其衣者黄其巾者二人为其遣使。篚厥玄黄来,而结髻于右鬟之上者,奏众乐于庭际。盖致嗣子之贺仪也。今也遗崇元寺长老,宜谟里主戴其方物来,以贺我家久之嗣而立,又攀旧例也。我令寄言于国君,勿以我之言厌之。日本六十余州,有源氏一将军,以不猛之威发其号令,尺土无不献其方物者,一民无不归其幕下者。是故东西诸侯,莫不有朝觐之礼。我今虽去麂府之任,每岁使亲族之在左右者行以致其聘礼。况家久为国之宗主,岂不述年年之职乎。贵国亦致聘礼于我将军者,岂复在人之后哉。先是我以此事告于三司官者数矣,未闻有其聘礼。是亦非三司官懒于内者乎。今岁不聘,明年亦懒者,欲不危而可得乎哉。且复贵国之地,邻于中华。中华与日本,不通商舶者,三十余年于今矣。我将军忧之之余,欲使家久与贵国相谈,而年年来商舶于贵国,而大明与日本商贾,通货财之有无若然,则匪翅富于吾邦。贵国亦人人其富润屋,而民亦歌于市抃于野,岂复非太平之象哉。我将军之志在兹矣。是故家久使小官二人告知于三司官,三司官不可。将军若有问之,则家久可如之何哉。是我凤夜念兹,而不措者也。古者善计国计家者,况复小之事大者,岂为之背于其理哉。其存焉与其亡焉,共在国君之举而已。伏乞图之。

初,征韩之役,萨摩课琉球兵一万五千人。根据萨摩之议,改课琉球七千五百人,以十月口粮罢兵役,而仅输送其半。藩王命督促之。谢那池城诸亲方,因七岛夥长之由,假银与藩,补其不足,年年听从夥长输送粮米,乞请以此消却,许之。其后经年不输送粮米至今,遣夥长督责。郑迵曰:"既已输送,应复偿者无。"夥长曰:"吾辈之船未夕一夕未载米。"郑迵大怒,械击夥长,随后放还。夥长报闻萨摩。此时,家久正在伏见,命其臣岛津忠长等造战舰,于次年之秋,作为大将讨伐大岛。此时,幕府建筑骏府城,课列侯工役费。十一月下命,以琉球有事,特免萨摩之课役。(以上源自国史、《萨藩古记录》、琉球史、《明史》、明清人诸书、《南浦文集》)

十二年,明主许闽人阮国、毛国鼎二人入琉球臣籍。尚宁应请。(源自琉球史)

十三年九月,家久经幕府许可,征兵欲征琉球。首先,遣大慈寺僧龙云、广济寺僧雪芩,以及岛原宗安等前往谕旨,速入贡骏河。郑迵又固拒不听。辱骂使僧等。使僧大怒,由那霸出发,将船系中之岛,飞报具状。龙云制琉球地图并递送之。

十四年二月,义久、义弘、家久议决征讨琉球之事,并制定军律十三章,以桦山久高为大将,平田增宗为副将,兵总共三千余人、战舰百余艘,以七岛之舟子小松吉兵卫等为先导,于二十一日,前军由鹿儿岛出发。义弘、家久送行,至中山港。义弘密谕久高曰:那霸港防御必严,应出其不意,由他港进入。久高应诺。三月四日,由山川出发,七日抵大岛。久高进入津代港,增宗进入西间切。酉长笠利,分屯兵防战。诸军放铳进攻。岛民惊曰棍端发火,遂遁逃林间藏匿。那霸人奉命任职,治理大岛诸郡者,称那霸大屋子。于此,大屋子畏惧乞降。许之。乃分兵讨伐德之岛。岛民抵抗战斗,萨兵放铳狙击,打死三百余人。残兵恐惧,皆降。二十一日,进军至永良部岛。岛民迎之,投降。二十三日,琉球之船经过洋中,义集院久元追之未及。二十四日,久高等以舟师向那霸港推进。先,遣七岛之小舟六七艘,侦察其动静。果然,港口设铁锁,警备严密。见萨兵来临,一起放铳。久高考虑,难以快速攻破,遂于二十五日转舵,驶向运天港。尚宁遣其弟具志头王子,以及浦添名护二按司郑迵、西来院住持僧等,前往军门乞降。久高以其信伪难测不听,越发整兵,水陆并进。二十七日,增宗等进攻今归仁城。城兵望风遁走。四月一日,久高由运天港登陆。岛民畏惧,恃山岳险峻设防埋伏。遂放火烧山,由陆路进军。郑迵坚守久米村,抵抗战斗,萨兵克之。郑迵向首里遁走。小松助四郎追击并拘捕之。水陆将士进入那霸。三日,进军首里城,并欲围城。郑迥之党埋伏路旁,等待萨兵路过横击之。萨兵大怒,奋战并歼灭之。此战萨兵亦死伤众多。四日,三司官联署乞降。久高许之。尚宁及夫人出城,居住名护按司之宅。五日,久高等进入首里城,遣人点检簿书财货,俘获尚宁及具志头按司、三司官等,并下令禁止劫掠,以安国民之心。十三日,班兵那霸。起兵以来四十余日,尽平琉球。久高等相议,留本田亲政、浦地某镇戍其地(驻留奉行始于此)。尚宁谓毛凤朝等曰:"闻积善之家有余庆,积不善之家有余殃。今余庆已尽,余殃迫及孤身,故欲离国远赴扶桑。已至之后,孤身托付谁。"声泪俱下,左右唏嘘,仰见者无。凤朝跪答曰:"鸟兽尚且知恩,何况人乎。臣等叨受爵禄,养父母、育妻儿,皆仰仗君恩。愿随王驾,远赴彼地,尽臣职份。"尚宁悦。同月,山口直友受幕府之命,送书信与家久及义弘。谕旨:直至琉球平定,未及参觐。五月五日,久高等因俘获尚宁而离开那霸,于二十四日抵达萨摩山川港。久高留人护卫尚宁等。二十五日,凯旋返回鹿儿岛。二十六日,家久遣使者,向骏河及江户报捷。六月十七日,尚宁等来鹿儿岛,面见义弘、义久及家久,叩首谢罪。家久等以温言慰藉之,并屡开餐宴,安慰其情。七月五日,将军秀忠赐家久、义久、义弘手书。七日,前将军家康赐家久手书,令其管辖琉球,并分别回书信与本多正信、本多正纯、山口直友。其书曰:

萨摩少将阁下:

指遣至琉球兵船,不移时日及一战,讨捕彼党数多,不仅国王,连并三司官以下均投降。因不日可渡海至于其地,特此急报。此战诚以史无前例之役,尤应告知本多佐渡守。谨言。

庆长十四年七月五日
秀忠　印

岛津修理入道阁下:

此番派兵船入琉球,讨平彼党者甚众,更有国王投降,三司以下近日登岸(指来鹿儿岛谢罪),此诚稀有之伟业,宜将详情告予本多佐渡守知晓。

庆长十四年七月五日
秀忠　印

羽柴兵库入道阁下：

此番遣众入琉球，旬日之间讨平敌众，其国王请降，近日登岸其国，此诚无双之功业，可一并转知本多佐渡守。

庆长十四年七月五日
秀忠　印

萨摩少将阁下：

琉球之役得此迅速平定，深感功勋之卓著，宜将彼国之政事，皆委托于汝。

庆长十四年七月七日
家康　印

羽柴陆奥守阁下：

本次差遣人员至琉球，遵您旨意迅速缉捕国王及三司官以下所有人员，并押解至贵处，特此急报此事。因深感此事前所未有，特写此信。诚无论远岛之事如何悉听遵命。在下洁仪皆一粗人，大庆之事不过如此。具体详情，山口骏河守将遣使者送达并详细报告，在此省略。恐惶谨言。

特此报告

庆长十四年七月九日
本多佐渡守
正信　印

羽柴陆奥守阁下：

贵信已拜读，琉球之战，因根据情况调兵遣将，迅速征服大岛与申岛。特别是彼岛之全民出战，然前赴申岛人员，仍然取得胜利，且讨捕彼岛二三百人。任务重而不能援助情况有变之彼岛，尽管如此，琉球国王在其居住之岛被擒。虽国王被带往彼地，还是杀数百人并讨捕、包围国王之居城。对不断来降之兵，皆根据情况处置。因国王下城，人们向四面八方逃散，但皆被缉拿归案。如前所述，国王及三司官，另外还有戴头盔者，皆被抓捕归来，将很快押解其归朝。为此，遣使者紧急向您报告。正如纸面所

二、冲绳地方文献　239

述,家康将军听此捷报更加高兴。战斗虽甚为残酷,不过,敬请放心。琉球岛的确很远,又是在异国展开的史无前例之战斗,其战功不浅,想必您一定满意。琉球之事为遵命从之,执行将军颁发之手书之命,外闻与实情不过如此。彼地情况已紧急报告,当然,尤其是该地领地之交接,全无问题。所有之事均已相应安排,敬请放心。不过,如您所说,绝不可有存丝毫疏忽,任何事物都追而可得。恐惶谨言。

特此报告

庆长十四年七月十三日
本多上野介
正纯　印

岛津龙伯阁下：

贵信已拜读,在下调兵遣将前往琉球,今已迅速结束所有战事,琉球国王、三司官及戴头盔者,均悉数缉拿,将很快押解其归朝。为此,遣使者紧急向陆奥守殿下报告。详情正如纸面所述,家康将军听此捷报更加高兴。琉球之事为遵羽柴陆奥守殿下之命从之,执行的是将军颁发之手书之命,于琉球全境展开战斗,敬请放心。琉球之战事已按您的旨意全部结束,立下所有战功,想必您一定满意。

当然,尤其是该地领地之交接,全无问题。所有之事均已相应安排,敬请放心。绝不存丝毫疏忽。恐惶谨言。

特此报告

庆长十四年七月十三日
本多上野介
正纯　印

萨摩少将阁下：

琉球战事已结束,并遣使者上报,即前往江户骏府。静候回信以听候归国之事宜安排。琉球战事结束,将军感慨万分,立即去参拜神社。为此,我等也从上州①被叫去,荣幸地一起去。详情由使者通报,本信不一

---

① 日本古代地方行政区,即上野国别称。

一详述。恐惶谨言。

庆长十四年七月二十七日
山口骏河守
直友　印

萨摩少将殿下：

九月，义弘及家久遣国老町田久幸去骏河及江户，呈物品及谢恩。十二月家康命秀忠赐书翰与义弘、义久。其书曰：前回接到内书①之急报称，迅速征服了琉球。且来音特青贝二十四孝之床屏风并缎子送到，感到非常之尊贵。本多佐渡守尤为突出也。

庆长十四年极月十五日
秀忠　印

羽柴兵库入道殿下：

前次接到琉球战事已定之急报内书，且送来太刀一腰、马一匹并缎子十卷，深感欣慰。委细本多佐渡守可述也。

庆长十四年极月十五日
秀忠　印

萨摩少将殿下：

得悉琉球被占领之情，且送亡者衣被之事亦完，特别是音信佛桑、茉莉花并硫磺千金、唐屏风、繻珍五卷到来，不胜欣喜。

庆长十四年十二月二十六日
家康　黑印

岛津兵库入道殿下：

因音信缎子十段、象牙并南蛮铁炮到来而不胜欣喜。

庆长十四年十二月二十六日
家康　印

---

① 主君直接发出之文书。

是年，家久遣其臣上井里兼、阿朵某前往琉球，检测土地、规正经界。（以上源自《通航一览》、《萨藩古记录》、琉球史）

按：有人云：新井白石在古之南岛，首次恢复旧域。即指此事。

十五年三月，里兼等返回，呈上检测土地账本，乃以大岛、德之岛、喜界冲、永良部、舆论之五岛，为萨摩所直辖；定琉球所管之地为八万八千零八十六石。课草高①一石租米为九升二合。五月十六日，家久、尚宁及具志头等，离开鹿儿岛前往大阪，六月十九日抵达大阪，观者如潮，堵塞道路。其逗留数日后，行舟。八月六日，家久抵达骏河，八日谒见前将军家康，呈太刀一口、白银千枚、太平布五十端、缎子五十卷，以谢赐琉球之恩。十日，尚宁至。十六日，家久带尚宁谒见前将军家康。尚宁呈太刀一口、白银千枚、缎子百卷、罗纱十间、太平布二百匹、芭蕉布百卷。家康赏赐二人。十八日，家康设散乐餐宴二人。常陆介（赖宣）、鹤千代（赖房）二公子亲身起舞。二十日，家久、尚宁离开骏府。具志头按司罹疾未能离开，遂没，葬于清见寺（法名求王院殿大洋尚公大居士）。二十五日，家久、尚宁抵达江户。将军秀忠让尚宁居住芝之真福寺。二十六日，秀忠遣使去萨摩宅邸，慰劳家久，赐其精米一千苞。二十八日，家久、尚宁去牙城谒见秀忠。尚宁呈太刀一口、白银千枚、缎子百卷、虎皮十张、太平布二百匹、芭蕉布百卷；家久呈太刀一口、白银千枚、缎子百卷、虎皮十张、红线百斤，谢赐琉球之恩。秀忠赏赐二人。九月三日，秀忠召见家久、尚宁，赐宴，且慰谕尚宁曰：琉球王一脉相承，至今未立他姓，要尽速归国，祭祀祖先。尚宁大喜。七日，招待家久，亲自为其点茶②并餐宴之。十二日，家久、尚宁前去参牙③。十六日，秀忠又设宴，给家久、尚宁归国之假，并赐家久太刀一口、马一匹，且赐樱田宅邸一处（十二日后，见《通航一览》。本书注曰：世俗称此宅为装束屋敷。琉使来朝之时，几乎都从芝之萨宅邸来此，换装束后去参牙。由此得名）。二十日，家久率尚宁离开江户，取道木曾，过京师而返回萨摩。先前，家久带尚宁赴骏府江户之时，幕府事先对沿途诸藩下令，待遇须同等于韩人来朝之时。故各处供张④，颇为优厚（先前至以后内容，见《通航一览》）。

---

① 草高即领地内农产品收获总量。
② 古代沏茶方法之一种。
③ 参牙疑为赞牙之误。赞牙，古代一种娱乐活动。
④ 陈设和供宴会用的帷帐、用具、饮食等。

是年，家久遣其臣鹿岛国重毛利元亲等前往先岛（有称宫古、八重山二岛为先岛一说，见地理部）检点土地；遣黑葛原某、宇田某镇抚大岛。琉球有识之士相议，遣王舅毛凤仪、长史金应魁去明国，告之国变之事，并欲通过福建巡抚陈子贞，乞请延缓朝贡。子贞向明主报告此事。（源自国史、《萨藩古记录》、琉球史）

十六年四月，家久遣其臣相良赖重、有马重纯赴德之岛，镇抚其地且制定租税之法。本田亲政等驻留琉球，督促贡使。是月，麻文仁亲方等出访萨摩。国相尚宏卒，由西来院住持僧侣菊隐任加判役①。法司向里端致仕②，由毛凤仪任法司。此前，幕府命家久，以琉球立本邦与明国中间，而通信互市。五月，山口直友奉幕府之旨，遣人赴萨摩，探询尚宁之消息，且督促尚宁向明国传我邦之意。九月，萨摩老臣等奉家久之命，制定《掟十五条》，授与尚宁及三司官。

其一曰：不告藩不可与明国相通。其二曰：虽为有旧功者，若无职务，不可授予食禄。其三曰：不可授禄与婢。其四曰：不可私自隶人。其五曰：不可多建寺庙。其六曰：无藩符不许互市。其七曰：琉球人亡者，不可入我邦籍。其八曰：不可违背贡纳定规。其九曰：三司官身居要枢之职，专权宠，不可私自出纳。其十曰：不可沉迷私利而买卖奴婢。其十一曰：发生争论不可杀伤。其十二曰：农商定税以外，不可肆意征收。有不得已情况，必事先禀告。其十三曰：不可纵容商船通他邦。其十四曰：斗升用京判，不得私制。其十五曰：不可沉溺博弈，非法乱纪。应谨遵守上述十五条，违者必惩。

尚宁及三司官，各呈誓约书三章。尚宁之誓约书第一章曰：琉球自古附庸萨摩，君公之承袭，航纹船庆吊，贡方物。丰太阁之时，定隶属萨摩，并输送徭役与萨摩。南溟之遐陬亦悉数输送。不能忽忘旧章，坐而愆其期，引发祸阶。由是，接受问罪之师，臣主不辞谢惊骇之罪，流离间关，擒栖归邦，如在笼中孤鸟，已绝归情，岂欲图生还。今君公仁恕，悯亡国之主臣，乃垂恩宠，不仅准许归故国，还分割诸多岛屿，永管领之，在造之恩，没齿不忘。永世隶属萨摩，惟命是从，岂敢有二。其第二章曰：今所呈之书，裁取副本，传与子孙，世世永不遗忘。其第三章曰：凡所授之规定，逐条遵守，不敢违反。若有辜负，神明惩之。

---

① 为执行君主旨意，代为盖章捺印之重臣。
② 即辞职。

三司官等誓约书第一章曰：琉球自古附庸萨摩，事事适宜，应循旧章。近年，疏阔而负不庭之罪，招来问罪之兵，主臣就擒，固无生还之路。所幸君公怜悯我王流离，赦我再还故国。尤许其管领数岛，臣等亦因得以回家乡。此皆君公所赐，此鸿恩永无忘却之日，永世隶属萨摩，惟命是从。第二章曰：若我王不应之，臣等既已呈誓书，岂敢从王，不负盟。第三章曰：今所呈之书，裁取副本，传与子孙，世世永不遗忘。如负兹盟，神明极惩之。

胜连按司与三司官皆连署，唯独郑迵不服。乃诛之，遂以毛凤朝为法司。九月二十七日，尚宁等离开鹿儿岛，归国。十二月，尚宁遣使者赴骏河及江户贡方物，并谢前日之优待之恩。尚宁刚在鹿儿岛住下，家久、义弘即奉幕府之旨，促其送书与明国福建之军门。家久命僧文之修草书，授尚宁。尚宁不得已而诺之。其书文曰：

琉球国王尚宁，上书大明国福建军门老大人阁下恭审。小邦去日本萨摩州者仅三百余里。以故，三百年来，以时献不腆方物修其邻好。顷有不肖酋夫，缓其贡期。是故，萨摩州进兵于小邦。小邦荒墟者，诚天之所命，而我亦以无芭桑之戒也。不幸而为其俘囚，在萨摩州者三年矣。州君家久公，外好武勇，内怀慈悯，待我以贵客之礼。礼遇之厚者三年一心，加之送还我与小邦，于是吾民之歌于市抃于野者，兹非幸欤。州君寄言于我。其之言曰：夫邦国在四方也。有金玉者，或不足乎锦绣；有粟米者，或不足乎器皿，若有余而不散，不足而无聚。民用不足，而其货亦腐，惟坐而待腐，不如通其有无，各得其所矣。日本非无金玉器皿，其土宜质素，而不及于中华之文质彬彬。是故，使我参谋于两国。一，以使日本商船许以容之大明边地。二，以使大明商船来我小邦，交相贸易。三，以一遣使年年通其货之有无者，匪翅富两国人民，大明亦无为倭寇严备兵卫矣。三者若无许之，令日本西海道九国数万之军进寇于大明，大明数十州之邻于日本者，必有近忧矣。是皆日本大树将军之意，而州君所以欲通两国之志者也。伏冀军门老大人，于斯三者许一于此。我小邦大沐大明之德化，且遂日本之夙志，是亦天朝恤远字小之仁心也。若然则永守藩职，无生二心。遐方向化之念，世不忘也。伏楮伸鄙忱，仰祈尊炤。不宣。（源自国史、《萨藩古记录》《南浦文集》）

十七年三月，尚宁遣圆觉寺僧□翁出访萨摩。胜连按司、大里按司与□翁同去充当人质(府下之驻在自此始)。秋,依幕府之命,送十二岁至十九岁之女子去江户。是年,尚宁遣其臣柏时年、陈华等赴明国贡方物,禀告兵乱之颠末,并送付托之书信与福建军门,且曰:王已释放归国,因此得以修贡职。浙江总兵杨崇业奏报倭情曰:

> 日本以劲兵三千人入琉球国,执中山王,迁其宗器,宜敕海上,严加训练。

福建巡抚可继嗣奏曰:

> 福建巡抚可继嗣奏,琉球国使柏寿、陈华等,执本国咨本言,王已归国,特遣修贡使。臣窃见琉球列在藩属,固已有年,但尔来奄奄不振,被拘日本,即令纵归,其不足为国明矣。况在人股掌之上,保无阴阳其间。且今来船方抵海壖,突然登陆,又闻已入泉境,忽尔扬帆出海,去来倏忽,迹大可疑。今又非入贡年分,据云以归国报闻。海外辽绝,归与不归,谁则知之。使此情果真,而贡之入境有常礼,何以不服盘验,不先报知,而突入会城?贡之尚方有常物,何以突增日本物于硫磺、马、布之外?贡之赍进有常额,何以人伴多至百余名?此其情态,已非平日恭顺之意,况又有倭为之驱哉。但彼所执有辞,不应骤阻,以启疑贰之心。宜留正使及人伴数名,候题请处分,余众量给廪食,遣本国。非常贡之物,一并给付带回,始足以壮天朝之威,正天朝之体。

明主给礼部下议,其议如抚臣之言,乃向福建之布政使移咨琉球之情况。布政使议曰:

> 琉球新经残破,财匮人乏,何必间关远来?还当厚自缮聚,候十年之后物力稍完,然后复修贡职,未为晚也。

于是,遂定十年一贡为例。(参见《萨藩古记录》、琉球史、《明史》、《中山传信录》等)

十八年正月,尚宁遣名护按司赴萨摩,报曰:改百事前弊,促藩制统一,且请求遣使去明国通互市之事。义弘复书与名护,嘉奖尚宁忠顺,遣使向骏河及江户申报。六月,家久应尚宁之请,遣医师二名去琉球。

十九年,马良弼致仕,续法司毛继祖而任其职。二月,国头按司来萨摩,代胜连按司、大里按司为质。(以上源自《萨藩古记录》、琉球史)

元和元年五月,大阪兵起。家久应关东之命,率兵由城府出发。国头按司请随行。许之。国头按司临时易容改名,改称国头左马助,列入部伍。尚宁闻大阪之役,秋,遣丰见城亲方赴萨摩访问。此时,萨兵已平大阪,遂途中返回。家久应丰见城之请,遣伊地知某去琉球。教书翰簿册之法。(源自《萨藩古记录》)

二年二月,尚丰立,无嗣子兼任国相。起初,家久、义弘听闻尚宁无子,未定嗣王,而有觊觎者,恐生变而屡次赠书翰,促其尽早从宗族中选定继嗣。由是,家久命僧文之作书,送至尚宁。其书曰:

今春贺词,千祥万吉。如示谕,京畿干戈出于不意,无几而东西太平,上下欢抃。珍重珍重。我少将家久公,遣使于贵国,择定嗣王。嗣王分定者,国家长久之计也。自古嗣王不定则国有觊觎者。若然则其忧在衽席之间矣。早使亲族之有才者,嗣其禄位,则妄巧之徒,岂有乱国者乎。伏愿择师传之知古今者,置之嗣王左右,教以成败,示以节俭。古云:爱子教以义方。忠孝恭俭,义方之谓。若嗣王能解义方之理,能致忠孝于太上,能行恭俭于国家,又能知成败于未然之时,与我萨府府君,永不失亲睦之心,岂非贵国太平之基乎。太上储王,同能知之。所赠之赤毡二斤,蕉布十端,酒甕一个。拜而受之,不胜感荷。不宣。

五月,尚宁遣通事蔡廛前往明国,告曰:迩闻日本造战舰五百艘,欲胁取鸡笼山,恐其驰突中国,为害闽海。故特奏报。(源自琉球史)

按:《明史》所曰万历四十四年,日本谋划欲取鸡笼山。其地名台湾,密通福建。尚宁遣使以闻,诏至海上,命其警备。三大考曰:倭收鸡笼、淡水,欲侵闽广。尚宁受通互市之命,盖声言者。

六月,明国商船来萨摩之坊津,自此而后,年年来港。

按:支那商船来坊津贸易者如旧,故称其港为唐凑。近岁,来航偶绝,至今复来。此后,幕府定制,除肥前平户港外,禁止与外船交易。然,仍有秘密来者。于是,家久命僧文之,修札子数通,通知明国商船,勿犯国禁。其书载于《南浦文集》、《外蕃通书》等。

三年,开始制陶。征韩之役,萨摩掳韩人四十余名,将其置于萨摩之伊集院。因其人以窑陶为业,于是,法司请萨摩迎韩人,以传习制陶之事,遂成名

产。(以上源自《萨藩古记录》)

五年,制八卷冠,以色定等级。

六年九月,尚宁卒(时年五十七岁)。

七年,尚丰立,而后向萨摩禀请继统,得许可。然,以后立为定例。尚丰童名思五郎金,尚元王第三子尚久之四子也,以尚盛为国相。秋,尚丰遣法司毛凤仪、正议大夫蔡坚赴明国贡方物,并告尚宁王之讣,且请册封。初,琉球国难之后,奉明国之命而十年一贡,此后又具奏乞二年一贡,恢复旧例。明国礼部官议曰:琉球国休养未久,暂定五年一贡,待行册封礼后再议。明主从之。凤仪客死明国,向鹤龄继任法司。(源自琉球史)

九年,遣进贡使赴明国,仪间亲方、麻平衡家人随使船抵闽州,习制糖之法。家人得其法,遂普及全国。琉球之地,虽自古盛产甘蔗,然实际制糖自此始。(源自琉球史)

宽永元年八月,萨摩之老臣传藩主之令与尚丰曰:从今而后,官秩刑法,王可自行制定之。勿称邦名,勿用邦服。

三年闰四月,家久东觐。此行,携琉球之乐童子大里里之子、江州里之子等十余名,于江户城奏乐。前将军秀忠、将军家光听之。八月,家久随家光赴京师朝拜,乐童子于御前奏乐。后,水尾天皇下敕诏加贺,赐乐童子杉原十帖、白银三枚。(以上源自国史、《萨藩古记录》、琉球史)

乐器:

鼓、新心、唢呐、三金、三板、两班、金锣、铜锣、管、横笛、弓子、二弦、三弦、四弦、长弦、琵琶、胡琴。

> 按:《通航一览》曰:乐曲是汉土,也有国乐,与唐以来传入日本之乐曲相异,听来若后世之乐。三弦合歌而弹,始于此国,鼓弓也是此国制造。《琉球国志略》、《南岛志》、《大岛笔记》、《琉球谈中村氏笔记》、《落德杂谈一言集》、《温藏秘策》等,均有记载。

四年初,正月朔及十五日,法司一员率其属官三百名参拜社寺,祈祷国家平安。自此而后,成为恒例。(源自琉球史)

五年,此前琉球向萨摩纳税,年有负欠。岛津氏悉数免之,并命将授之所之租税簿交回。三月,尚丰遣金武王子尚盛送之。家久命官吏订正其误谬。尚盛得茶种而归,植于金武间切。然其土地不适种植。是年初,创建南殿,于那霸西村建萨摩驻留官厅。

六年,家久修手书赠尚丰,定其管地之租额(八万三千零八十六余石,减少五千余石)。

八年九月,家久以难支国用阙耗为由,命其臣伊地知心悦蓄发改名,装扮琉球人,带银两与琉球使同入明国福州,为商法(御系荷自此始。萨摩每年将内地之物品托付通航清国之琉球人,运至福州发卖,并购买布帛类物品。此称为御系荷)。

九年夏,心悦由福州归。六月,明主朱由检任户科左给事杜三策为册封使,遣往琉球,封尚丰为琉球国中山王。初,萨摩征服琉球时,将海路所经之五岛收入囊中,且为直辖。然依照旧例,那霸大役掌其贡,因仍生弊,逋租岁多。十月,家久遣府域士有马纯定前往大岛;遣水乡士某前往德之岛,并令二人代官驻扎各地。纯定兼管喜界岛。二人涤除旧弊,恕其会计。岛民亦服从。是月,尚丰遣王舅鹤岭等赴明国,谢册封之恩,并请恢复贡使之旧例,明主许之。由此,二年一贡之旧例得以恢复。是年,置横目(督察官吏)六员于那霸。萨人伊地知心悦、益丸道雪、谷村助左卫门,琉球人仪间亲方、金城佐边宝任此职。

十年,此前,于那霸之波之上山安置权现之像,是年失火,堂宇灰烬。天愿筑登之亲云上前往萨摩,请再安置权现之像。天愿在萨摩随藩士佐藤某习神道,得秘法而归,并传习于七社之祝部。自此以后,神道盛行。(以上源自《萨藩古记录》、琉球史、《明史》)

十一年,家久呈琉球租税簿与幕府(十二万三千七百石余,萨摩直辖之五岛租额也计算在内)。夏,尚丰以左敷王子为贺庆正使、金武王子为谢恩正使,来朝祝贺将军家光继统,且谢袭封之恩。此时,家光在京师二条城接受拜贺。八月,家光授手书与家久。其书曰:

萨摩中纳言殿下:
萨摩大隅及日向国诸县郡都,合六十万五千石。此外,琉球国十二万三千七百石,事全可有领知之状如件。

宽永十一年八月四日
家光 印

按:将称为朱印高之萨摩、琉球之租额计算在内由此始。

是年,驻留鹿儿岛的津波古亲云上,向藩老臣伊势贞昌学习书翰上申之法，悉得其法，于次年归。

十二年，根据萨摩之议，除朱印高外，增琉球之租额七千七百九十八石余（总计九万零八百八十四石余）。

十三年，岛津光久遣人赴琉球，查检国内之教法。切志丹宗门改由此始。是年，鞑靼将国号改为清。

十五年八月，传说鞑靼将袭琉球，于是，光久遣其臣伊东佑昌、平田宗弘、猪俣则康赴琉球，窥其动静。创建里主馆厅于那霸之东村。

十六年春，尚丰呈誓书与光久（嗣后国王袭封必呈誓书）。夏，南蛮人漂流至八重山，掠一女而去。建世子之居宅于首里，称之为中城殿。（以上源自《萨藩古记录》、琉球史、《三朝实录》）

十七年五月，尚丰卒（时年五十一岁）。尚丰之世，定王子、按司及诸官之朝服。

十八年，第三子尚贤立，童名思松金。尚盛仍任国相如故。

十九年，改定物奉行以下之官禄。

二十年，向国器任马加美为法司。（以上源自琉球史）

冲绳志　卷四　终

冲绳志　卷五

事迹志　下
史传部

正保①元年，此前，将军家光世子降生，尚贤以金武王子为贺庆正使，遣其赴江户，另以国头王子为谢恩正使，赴谢袭封之恩，岛津光久率两使者参拜日光山。秋，尚贤遣正议大夫金应元等赴明国贡方物，告尚丰之讣并乞请册封。此时，明国大乱，四方兵起、海贼横行。应元等滞留福州未能返。是年，满清陷燕京，清主福临即皇帝之位，改元顺治。

二年，明皇族朱由崧据福建，即帝位，改元弘光，称福王。福王遣福州之左卫指挥花煜诏谕琉球。尚贤遣其臣毛大用等奉表赴贺即位。次年，清擒获福王。

---

① 日本江户时代后光明天皇年号，1645—1648 年。

三年,明皇族朱聿钊①于福建即帝位,改元隆武,派指挥闽邦基赍函召其来。尚贤遣王舅毛泰久等上表贺即位。此时,清将贝勒傅讬已陷福建。于是,毛泰久及金应元等审时度势,见傅讬,终相随入北京,表国王投诚之意,并乞请册封。礼部奏言:前朝敕印未缴还,不应授封,请遣通事谢必振赴谕旨。清主许之,遣谢必振随琉使赴琉球。是年,光久闻明国大乱,向幕府请求处理琉球与明国交通之事。松平信纲、阿部忠秋、阿部重次联署传命曰:二国之交通如故,任其所为。(以上源自国史、《萨藩古记录》、琉球史、《三朝实录》等)

四年九月,尚贤卒(时年二十三岁),无子。此前,琉球无烽火,贡船及外国船进入属岛之港口,须发舟报告。至尚贤时,各地设烽火,并规定贡船归来时,如来二艘,发烽火二处;如来一艘,发烽火一处,并以此为例。是年,光久命其臣伊地知重治、远矢良珍率兵赴卫戍八重山岛,以防备外寇。

庆安元年,尚质立,童名思德金,为尚丰王第四子、尚贤之同母弟兄。是年,光久禀告幕府,罢八重山之戍。

二年,此前,有六十一名琉球人滞留明国,其间遇流贼,死二十八人,病故二十三人。六月,清主命福州军门,留下副通事等五人,送返照屋牧志等五人,船漂流至萨摩山川。七月,藩主令护送其至长崎,又因遇风无法抵达,而再返山川,乃随即送还之。九月,尚质以具志川王子为正使,遣其赴江户谢袭封之恩。具志川参拜日光山。是月,尚质遣其臣周国盛等,赴清国贡方物,且乞请册封。会通事谢必振,带清主之敕书及赐物来,尚质受之。其归,遣正议大夫梁翰护送。梁翰、周国盛与谢必振同入北京。冬,伊地知重治、远矢良珍自八重山还。是年,明国皇族鲁王于舟山遣人赴琉球修好,且通过琉球赠函于本邦,借用兵器,尚质未允。

三年,尚质忧无国史,命国相尚盛(金武王子)、法司马加美(大里亲方)等,择博古者以和文②编修国史,名曰《中山世鉴》。是年,明国之遗臣郑彩,据厦门赠书与琉球,欲通过琉球人乞求日本,送致武器火药等。

四年,清主命通事谢必振及琉使周国监携敕书来,宣谕尚质,令其缴还前朝之敕印。(以上参见《萨藩古记录》、琉球史、《三朝实录》等)

承应元年,向国用任法司。

---

① 原文如此,应为朱聿键。
② 即日文。

二年九月,尚质以国头王子为正使,贺家纲继位将军;以岛津光久为琉使,参拜日光山。

是年,尚质遣王舅马宗毅、正议大夫蔡祚阶赴清国,缴还前朝敕印、贡方物,并贺福临即位。(以上参见《萨藩古记录》、琉球史、《传信录》等)

三年,任尚享为国相,任马逢熙、向成文为法司。夏,尚质遣使赴清国贡方物,且乞请册封。清主赐尚质蟒缎六匹、蓝缎二匹、闪缎二匹、棉二匹、绸四匹、罗四匹、纱四匹。是年,清主命兵科爱惜喇库哈番张学礼为册封正使、行人司行人王垓为副使,遣赴琉球。学礼等至福建,修造舟船。因海氛未靖,还京待命。是年,因有丧者,而吊唁者来,故禁设宴。另,由他村移住首里、那霸、久米村、泊村者,禁止入籍。(源自琉球史、《三朝实录》)

明历元年七月,萨人药丸某使役江户藩邸,途径长崎,闻清主遣使赴琉球,遂报告本府。国老议之,曰:琉球世代为我属国,今因鞑靼,改其制度、变其衣冠,不啻萨摩之耻辱,亦大失本朝之大体,遂派人报江户邸。光久亲自与阁老酒井忠胜商议,遣岛津久茂请松平信纲,阁老谕曰:今不绝之,必生后患。应让琉球听命清主,其他由萨摩守处置。九月,光久遣其臣高崎能乘、本田亲武赴琉球谕此旨。(源自《萨藩古记录》)

二年春,尚质遣使赴萨摩告曰:清主欲舣船遣使臣于弊邑,难保其不变,请备不虞。因两使未达而有此请求。初,琉球用明钱币,后自铸钱,名曰鸠目。其制作轻薄,千钱不足一捧,其数渐减至此。复铸。(源自《萨藩古记录》)

万治二年,此前,有名曰国吉者,随贡使至清国学习编织浮织①,同年归。国内编织浮织始于此。(源自琉球史)

三年四月,尚质遣世子尚贞出访萨摩。尚贞滞留岁余,藩主厚待之。九月,首里城失火,尚质移居大美殿。

宽文②二年,清主玄烨即位,改元康熙。

三年,因海防稍靖,清主以张学礼、王垓为册封正副使,遣琉球。六月,使船抵那霸,封尚质为琉球国中山王。其敕曰:

  皇帝敕谕琉球国世子尚质。尔国慕恩向化遣使入贡,世祖章皇帝嘉乃抒诚,特颁恩赉,命正使兵科副理官张学礼、副使行人司行人王垓赍捧

---

① 凸花纹之纺织品。
② 日本江户时代后西、灵元天皇年号,1661—1672 年。

敕印,封尔为琉球国中山王。乃海道未通,滞闽多年,致尔使人物故甚多。及学礼等奉制回京日,又不将前情奏明,该地方督抚诸臣亦不行奏请,迨朕屡旨诘问,方悉此情。朕念尔国倾心修贡,宜加优恤,乃使臣及地方各官,逗留迟误,岂朕柔远之意。今已将正副使、督抚等官分别处治。特颁恩赉,仍遣正使张学礼、副使王垓,令其自赎前罪,暂还原职,速送使人归国。一应敕封事宜,仍照世祖章皇帝前旨行。朕恐尔国未悉朕意,故再降敕谕,俾尔闻知。尔其益殚厥诚,毋替朕命。诏曰:帝王祇德应治协于上下,灵承于天地,则薄海通道,罔不率俾为藩屏臣。朕懋缵鸿绪,奄有中夏,声教所绥,无间遐迩。虽炎方荒略,亦不忍遗。故遣使招徕,欲俾仁风暨于海澨。尔琉球国,粤在南徼,乃世子尚质,达时识势,祇奉明纶。即令王舅马宗毅等,献方物,禀正朔,抒诚进表,缴上旧诏敕印。朕甚嘉之。故特遣正使兵科副理官张学礼、副使行人司行人王垓,赍捧诏印,往封为琉球国中山王,仍赐以文币等物。尔国官僚及尔氓庶,尚其辅乃王,钦乃候度,协摅乃尽,守乃忠诚,慎又厥职,以凝休祉,绵于奕世。故兹诏示,咸使闻知。

仍赐镀金银印一颗,其他皆如前朝之旧例,且令曰:二年一贡,进贡人员不可超一百五十人,限正副使两名及十五名随从入京。光久闻册封使来,九月,遣其臣桂忠保广濑某视察其状。十一月十四日,册封使离开那霸。十二月,尚质遣王舅向国用等,赴清国谢册封之恩。是年,大里王子向弘毅出使萨摩。弘毅捐资建水云庵于琉球馆内。(以上参见《萨藩古记录》、琉球史、《三朝实录》、《传信录》等)

四年,鸟岛地大震,房屋倾覆,死者众多。尚质遣人赈给米粟,每人五合。

五年,任毛泰永为法司。三月,地大震。是年,诸间切规定夫卒课役制度。此前,人民充课役,不分老幼,按其体力强弱使役。至此,定自十五岁到五十岁者为正丁。

六年,向象贤尚享任国相。法司向国用有罪被诛,毛国栋继任法司。此前,正月三日、七月十四日,国王亲自参拜祖庙,行香奠。正五九月,择吉日参拜诸社。迄今,如王故,其子弟代行参拜,以此为例。开始允许士族子弟使用银簪。宫古岛无医师,病亡者众多。尚质召二岛民学医术。是年,割今归仁,于本部设间切;割越来,于美里设间切。(以上源自琉球史)

七年,开始于五节及岁末,遣使赴鹿儿岛藩驻守官邸行贺仪。此前,如有驻守官员来,让若里之子①驻任,供其使役。值此,择那霸士族之少年一人任侍直,称侧用闻。另,择士族二人办理馆内诸事,称假屋守别当。是年,制定丧服制度。又令各郡之士民学习文笔、算法。(源自《萨藩古记录》、琉球史)

八年,尚质遣其臣杨春技,赴清国学历法。宽正六年,蔡璟入闽州学历法。其法虽传历久远,然推步稍差,故有此令。十一月,尚质卒(时年四十岁)。尚质恭俭修德,克守基业。尚享、尚象贤相寻国相,辅翼尚质,施行政教,振兴农业,国内始大兴。

九年,世子尚贞立,童名思五郎金。此前,正殿建筑至此尚未完工,即于大美殿行即位大礼。向象贤为相如故。始设高奉行,四月朔日起着夏衣;十月朔日起着冬服。

十年,任毛国珍为法司。(以上源自琉球史)

十一年,宫殿落成。二月,尚贞移至正殿。秋,尚贞以金武王子为正使,以越来亲方为副使,赴江户谢袭封之恩。是年,分割中城、浦添、北谷,于宜野湾设间切。(源自《萨藩古记录》、琉球史)

十二年,尚贞遣贡使赴清国,以那霸人张沂为北京大笔者。使船从那霸出发,然洋中遇贼船。沂令船员:"汝等须努力,勿怯懦偷生。"此时,贼船已放炮攻来,沂指挥船员全力防战,从早至晚,贼知不能克,遂驾船返回。沂恐再来,持长刀立于船首。贼放枪,子弹贯穿其腰,船员扶之入舱内。沂神色自若,问曰:"贼船退否?"船员答曰:"已去。"沂喜,对同僚曰:"为公事而死,乃臣下之职责,吾无憾。"遂详细托付后事而亡。是年,于久米村建孔子庙,春秋行释奠之礼。祭日,遣法司一员为祭主,置于辻中岛之二村,隶属那霸。起初,村设于海滨沮洳之处,且无房舍。尚贞下令开拓之,为旅客开设妓馆。人民争住而无遗地。(源自琉球史)

延宝元年,设大宜味、小禄、久志、恩纳四间切。任向象贤、向宏毅、毛国瑞等数人为地头。此前,明之遗臣郑经据台湾。琉球向清国朝贡,其船经台湾时,郑经派兵夺琉球之船,掳其人货。琉球诉于萨藩。岛津光久禀告幕府。其后,台湾船来长崎,长崎奉行诘责其船长,令其缴赎银三百贯目②。幕府将赎银赐于琉球。九月,尚贞因之谢恩萨摩,向幕府献太平布百匹、芭蕉布五十端、

① 琉球国之官职之一,为八品红帽官。
② 日本重量单位,一贯目约为3.75公斤。

细布十匹、缩布十匹、砚屏一对、八重山煎海鼠一箱。郑经闻赎银一事,大怒。奥州相马之渔船漂流至台湾,郑经严加保护,并派人跟随送返。幕府善其厚谊,赠其银两,并托人请求送还琉球人。

二年,台湾将领杨英致书长崎奉行曰:

> 日本与本国通好,彼是如同一家,与琉球不同。日国之民,即如吾民,飓风至此,自应送回,岂有受谢之理,可将原银送还。其琉球贡房船在房地,孰辨为琉球之船。琉球并无一船来通、一书来说,而兴词投告,以致日国稽留我银,有伤邻谊,过自在彼。倘琉球有来说,本藩亦不靳发还。敬将原银二千两付官商察未译,请为转启。上将军。

三年,任向美材为法司。(以上源自国史、《萨藩古记录》、琉球史)

四年,明之遗臣靖南王耿精忠,派游击将军陈应昌招谕琉球。尚贞未应。是年,在与那城设间切。

六年冬,尚贞遣耳目官陆承恩等赴清国,欲请增一船以便贡使往来。清主许之。接贡船于此开始。(以上源自琉球史)

七年正月二日,尚贞与世子参拜孔庙,行香奠,并以此为定例。

八年三月,大雷震,有死者。(源自琉球史)

天和二年,尚贞以名护按司为正使、恩纳亲方为副使,祝贺将军纲吉继统。是年,首里人宫城筑登之赴萨摩学制蜡烛之法归来,于各地种栌树以制蜡烛。尚贞命其为主取①。(源自国史、《萨藩古记录》、琉球史)

三年,清主以翰林院检讨汪楫为正使,以内阁中书舍人林麟焻为副使赴琉球,册封尚贞为琉球国中山王。清主亲书"中山世土"四字赠之。应尚贞之请,从此正使必从翰林院择用。(参见琉球史、《三朝实录》等)

贞亨元年,始设寺社奉行。

二年,于朔望拜贺时,百官戴冠。

三年,于首里城之中门设报时钟。(以上源自琉球史)

元禄元年,任向熙为国相,任毛国瑞为法司。尚贞派耳目官毛起龙等,向清国进贡,并乞请增加贡船定员人数、免关税。清主许之,增五十人,定员二百人,并免除接贡船贸易税。(参见琉球史、《琉球国史略》等)

---

① 职称名,指技艺高超之人。

二年，尚弘才取代向熙任国相。始设书院奉行。

四年，尚巴志祭祀尚圆之神主。此前，以舜天、英祖、察度、尚质四王有功德于人民，备礼特祭之。至此加王。王族始用尚姓，以朝之字为偏名。（源自琉球史）

五年六月，尚贞遣其孙尚益（世子尚纯之子）出访萨摩，尚益滞留十余月，至次年十月还。（源自《萨藩古记录》）

六年，任马廷骏为法司。定王子按司之冠。开始于宫古岛、八重山岛设大目差、大笔者、胁目差、胁笔者各一员，从当地人中择任。（源自琉球史）

七年十一月，尚贞派北谷按司赴萨摩，请求铸钱，未允。萨藩下令，禁止将宝永通宝输往清国。（源自《萨藩古记录》）

十二年二月，尚贞追尊其始祖尚圆之父尚稷并称其为王，供奉于圆觉寺。于伊江岛始设东掟、西掟之职，参照诸间切之南风掟、西掟之职。

十四年，尚贞命东风平王子尚弘德等，用汉字校正《中山世鉴》，改名曰《中山世谱》。是年，尚贞参拜识名社、观音堂、办财天堂，祈求国土平安。自此而后，每年正月、五月、九月，择吉日参拜三地祈福。（以上源自琉球史）

十五年八月，岛津纲贵向幕府呈琉球地图六幅。（源自《萨藩古记录》）

宝永二年，尚纲续国相，尚弘才为国相。

三年，宫古岛地大震，有死者。十二月，世子尚纯卒（时年四十七岁）。

六年，狂风拔树毁屋。七次岁饥，民众食树皮，饿死者众多。岛津吉贵赠银，赈恤饥民。七月，尚贞卒（时年六十五岁）。十一月，首里城失火，延及仓库。尚贞之时，那霸人关忠勇赴萨摩学抄纸法，归来后，在诸村植楮树。大岭筑登之入清国习制墨之法。自此而后，琉球始制纸墨。

七年，嫡孙尚益立，童名思五郎金。尚纲任国相如故。始造用意藏。因去岁首里城遭火灾，吉贵赠木材一万九千五百根。秋，尚益任美里王子为贺庆正使，赴江户庆贺将军家宣继统；任丰见城王子为谢恩使，谢袭封之恩。（以上源自国史、《萨藩古记录》、琉球史）

正德[①]元年，定具志头亲方蔡温为世子之师兼近习职。

二年二月，宫殿建成。任尚祐为国相，任翁自道为法司。七月，尚益卒（时年三十五岁，未赶上清国之册封而故）。

---

① 日本江户时代中御门天皇年号，1711—1716年。

三年,世子尚敬立,童名思五郎金。始将法司之职一分为三,一曰天曹典礼法司,一曰地曹司农法司,一曰人曹司元法司,各专掌一职。(以上源自琉球史)

四年,尚敬任与那城王子为正使,任知念亲方为副使,遣其庆贺将军家继继统;任金武王子为正使,任胜连亲方为副使,谢袭封之恩。幕府命岛津吉贵勘察琉球开国以来之沿革、官职、服制、土地、物产等。琉使呈上具录。名护亲方程顺则在使节成员中,屡与源君美物茂卿面晤,讨论文事。

享保元年,任毛应凤为法司。

三年,尚敬任越来王子为正使,任西平亲方为副使,庆贺将军吉宗继统。是年,首里建圣庙,释典仪式与久米村同。

七年,任尚彻为国相,任向龙翼为法司。

八年,任毛承诏为法司。

十二年,萨藩议决,增琉球之石高三千三百四十六石余,以加征税额。是年,尚敬择吉日参拜园比屋武岳、冕之岳,为百官祈福。百官亦于二岳为国王祈福。自此而后,形成定例。(以上源自国史、《萨藩古记录》、琉球史)

十三年,任蔡温为法司兼师如故。此前,每年岁末,召集真言僧人于城中西殿诵经三昼夜,以此祈国家平安。国王于第二日亲临西殿。自此,此法废除。开始于护国寺修建佛名会。(源自琉球史)

十四年,岛津继丰娶已故将军纲贵之养女。尚敬呈贺函与幕府及萨藩。

十五年,尚敬遣恩纳王子赴萨摩恭贺大婚。幕府赐物与尚敬及恩纳王子。(以上源自《萨藩古记录》)

十六年,此前,国产陶器多不精巧,真境名亲云上赴萨摩获制陶秘笈而归。尚敬命其在湧田建陶窑,令真境名掌管之。自此以后,琉球之陶器终名闻天下。

十七年,任向俭德为法司。尚敬命法司、蔡温等制定教条颁布全国。

元文元年,此前,贡使赍孟宗竹自福建归,栽植国王之园中。是年五月,尚敬赠萨藩数根,藩主移植于矶之别馆。自此而后,本邦始栽孟宗竹。(以上源自《萨藩古记录》、琉球史)

延享三年,祝部允许宫童插银簪、着袜。设置权祝部,给俸禄。(源自琉球史)

宽延元年,尚敬任具志川王子为正使,任与那原亲方为副使,祝贺将军家

重继统。(源自国史、《萨藩古记录》)

三年,任毛恭俭为法司。

宝历①元年十月,尚敬卒(时年五十二岁)。尚敬修德勤政,国民服从。(以上源自琉球史)

二年,次子尚穆立,童名思五郎金。蔡温辞官还乡。任向杰为法司。秋,尚穆任今归仁王子为正使,任小波亲方为副使,赴江户谢袭封之恩。

五年,任尚宣谟为国相,任毛文和、马宣哲为法司。

十年,任毛元翼为法司。

明和元年,尚穆任读谷山王子为正使,任涌川亲方为副使,致贺将军家治继统。(以上源自国史、《萨藩古记录》、琉球史)

二年,任向邦鼎为法司。

七年,任马国器为法司。

八年,尚和续尚宣谟为国相。(以上源自琉球史)

安永二年,尚穆遣世子尚哲出访萨摩。次年春,尚哲还。

天明②二年,任向天廸为法司。

六年,尚穆命向天廸、马克义等,编辑褒赏条例及刑法书,颁布全国。

八年八月,世子尚哲卒。(以上源自琉球史)

宽政二年,尚穆任宜野湾王子为正使,任幸地亲方为副使,致贺将军家齐继位。(源自国史、《萨藩古记录》)

六年,任尚图为国相。四月,尚穆卒(时年六十六岁)。尚穆敦厚纯良,贤能于位,社稷奠安。

七年,孙尚温立,童名思五郎金。(以上源自琉球史)

八年,尚温任大宜见王子为正使,任安村亲方为副使,赴江户谢袭封之恩。(源自国史、《萨藩古记录》)

十年,任尚周为国相,任马文瑞、毛国栋为法司。

享和③元年,于首里城之北始设学校,称之国学校;于三平等地及首里各村建乡校,以教导子弟。

---

① 日本江户时代桃园、后樱町天皇年号,1751—1763年。
② 日本江户时代中御门天皇年号,1711—1716年。
③ 日本江户时代光格天皇年号,1801—1803年。

二年七月,尚温卒(时年十九岁)。

三年,世子尚成立,名曰思德金。十二月,尚成卒(时年三岁)。

文化①元年,尚灏立,童名思次郎金,尚哲之第四子。任尚大烈为国相,任向文龙、毛光国为法司。(以上源自琉球史)

三年,尚灏任读谷山王子为正使、任小禄亲方为副使,赴江户谢袭封之恩。(源自《萨藩古记录》、琉球史)

八年,任马应昌为法司。

十二年,任向承训为法司。

十四年,任尚容为法司。

文政②九年,任毛执功为法司。(以上源自琉球史)

十一年,任马德懋为法司。是年,尚灏禅让世子(据《萨藩古记录》,旧例国王之承继须至卒后,将之报于清国。《中山世谱》、《球阳》等书,因以申报清国为主,故未记载禅让之事)。是年,世子尚育立,童名思德金。

天保③二年,任尚楷为国相。

三年,尚育任丰见城王子为正使,任泽岻亲方为副使,赴江户谢袭封之恩。

五年五月,尚灏卒(时年四十八岁)。

六年,任尚元鲁为国相。(以上源自琉球史)

十三年,任浦添王子为正使,任座喜味亲方为副使,贺将军家庆继统。(源自《萨藩古记录》、琉球史)

弘化④元年三月,咈兰哂国⑤船始来,乞请那霸互市,遂以海中小国无可供交易之物而坚拒之。咈船留一咈人传教士、一清国人而去。将其安置于真和志间切天久村圣现寺。

三年四月,咈船复来,留一传教士,载先前滞留之二人而去。是月,英吉利国⑥船来,乞求互市未允,留英人医师伯德令夫妇及一子一女、清国一人而去。将其安置于那霸若狭町村之护国寺。其后,德令妻又生一女。七月,咈船又

---

① 日本江户时代光格、仁孝天皇年号,1804—1818 年。
② 日本江户时代仁孝天皇年号,1818—1830 年。
③ 日本江户时代仁孝天皇年号,1830—1844 年。
④ 日本江户时代仁孝、孝明天皇年号,1844—1847 年。
⑤ 即法国。
⑥ 即英国。

来,留一人而去。

四年,任毛恒德为法司。九月,尚育卒(时年三十五岁)。

嘉永元年,世子尚泰立,童名思次郎金。任尚惇为国相,任毛增光、章鸿勋为法司。六月,一咈人病故。七月,咈船来,一咈人乘船离去。

三年,尚泰任玉川王子为正使,任野村亲方为副使,遣其赴江户谢袭封之恩。

四年,始传种痘之法。渡嘉敷亲云上出使萨藩,得种痘之法而归。尚泰择医令其传授之。

六年,任向统绩为法司。六月,北亚米利加合众国①之舰队司令佩里来,乞请互市未允。经数次谈判终交换条约。其条约曰:

一,此后,合众国人民到琉球,须要以礼厚待,和睦相交。其国人要求买物,虽官虽民亦能以所有之物而卖之,官员无得设例阻禁百姓,凡一支一收须要两边公平相换。

二,合众国船或到琉球各港内,须要供给其薪、水,而亦公道价格支之。至若该船欲买什物,则宜于那霸而买。

三,合众国船倘或被风飓,漂坏船于琉球或琉球之属洲,俱要地方官遣人救命救货至岸,保护相安。俟该国船到,以人货附还之。而难人之费用几何,亦能向该国船取还于琉球。

四,合众国人民上岸,俱要任从其游行各处,毋得遣差追随之、窥探之。但或闯入人家,或妨妇女,或强买物件,又别有不法之事,则宜地方官拿缚该人,不可打之。然后往报船主,自能执责。

五,于泊村以一地为亚国之坟所。倘或埋葬则宜保护,毋毁坏其坟。

六,要琉球国政府常养知水路者,以为引水之用。使其探望海外,倘有外国船将入那霸港,须以好小舟出于沙滩之外,迎引其船入港,使知安稳之处而泊船。该船主应以洋银五圆而谢引水之人。倘或出港,亦要引出沙滩外,亦谢洋银五圆。

七,此后,有船到琉球港,须要地方官供给薪、水。每一千斤薪,价钱三千六百文;每一千斤水,工价六百文。凡以中大之琵琶桶六个,即载水

---

① 即美国。

千斤。

　　合众国全权钦差大臣,兼水师提督佩里,以洋书、汉书立字(琉球国中山府总理大臣尚宏勋、布政大臣马良才)应遵执据。

纪年一千八百五十四年七月十一日
咸丰四年六月十七日立于那霸公馆

英人伯德令其妻儿四人与一清人乘佩里所率舰船离去,伯德令仍驻留。安政元年正月,英船来,留下其国人冒耳敦夫妇及其子离去。将其安置于护国寺。六月,英船又来,载伯德令离去。十月,咈兰哂国水师提督干尔杏①来,并交换条约。其条约曰:

　　大咈兰哂国与大琉球国,前请和约章程,未蒙允诺,今暂互停止,待后再议。今大咈兰哂国与大琉球国两国大臣,酌议合约章程。在那霸地方官衙门,大咈兰哂国皇上钦使全权大臣兼理各国通商事务总领、水师兵船提督军门干尔杏,会同大琉球国藩王钦命中山府(布政大夫马良才、总理大臣尚景保、布政大夫翁德祐)酌议合约章程,各款开列于后:

　　一,嗣后,凡咈兰哂人到琉球各处地方,两国民人均须友谊和睦,当思咈兰哂皇上民人,更宜格外友睦。凡咈兰哂人买食物等项,或交地方官代买,或与琉球民人自买,琉球地方官不必设立法度禁其勿卖,其价须要公平交易,须与本国人无异。

　　二,凡咈兰哂大臣与琉球大臣屡议买赁地屋船等,琉球大臣固执不允。今两国大臣安议准与借用。如后咈兰哂人要用或地或屋或船,邮告知琉球地方官,该地方官即去安办,借与咈兰哂人需用。如地屋船咈兰哂人不合意,该地方官可同咈兰哂人听其顺便,择换合意之处。不论暂住久用,均听其自便。倘琉球官员不肯更换借地屋船等,咈兰哂人势必要琉球妥赁合意之处需用,勿得推委。其咈兰哂人存放煤炭之地屋,要近泊村埠头左右,或借或赁与咈兰哂国。如贮煤炭之地,或造房屋数间,或高或大保存煤炭,亦听其顺便建造。至咈兰哂人所住房屋地船,琉球官均宜随时护卫,勿得欺凌。

　　三,凡咈兰哂船进琉球各处港口,要用各色木料、淡水等项,其价公

---

① 即尼古拉斯·弗朗西斯·格冉。

平,不得高抬。如用别样物件,在那霸地方官代买。

四,凡咈兰哂船,倘在琉球附近地方,遭烂伤损等情,该地方官速令军民人等救护船上之人,援救破船,并搬运货物。该地方官宜设法安等居住。俟有咈兰哂船到,送回咈兰哂国。该地方官所雇之人,工、食,向船主取领。

五,凡咈兰哂人到琉球各处地方游行,与人间谈常事,地方官切勿禁止,并立通事人暗地通知,随伴同行,一切禁止。或有咈兰哂人强买物件,别有不法之徒,地方官遣人报知船主,听其自行严责。

六,凡咈兰哂人在泊村埋葬之坟,地方官时常保护,无得毁坏其坟。

七,凡咈兰哂船驶到琉球,想进那霸,必须备好快船一只、能识港口水道人一名,速至口外,以便引领进口。船主给付工食,洋银五圆。后欲扬帆,亦要引领出口,不得阻止留难。船主亦给付工食洋银五圆,无得增减。

八,凡咈兰哂船进琉球那霸港口,如要用各色木料,每一千斤给付钱叁千六百文;要用淡水,每一千斤给付钱六百文。系琉球地方官代买。

九,凡咈兰哂兵船、商船到琉球各处停泊,遇有水手人等上岸,散游逃亡,船主告知地方官,该地方官实力查拿,解送船主,勿得隐匿。倘有琉球人役负罪逃入咈兰哂人居住屋内或咈兰哂船内躲避,地方官亦告知咈兰哂住屋之人或告船主,查明罪由,亦即拘送琉球地方官办罪,彼此不得庇匿。

十,凡咈兰哂人,倘有不法匪徒,在琉球地方与琉球匪徒相互争斗,殴伤致毙,系琉球人,由琉球官严拿审明,照琉球国例治罪;系咈兰哂人,由咈兰哂船主拘拿审明,照咈兰哂例治罪。倘船不在,后来船主亦可代办此事,不得浑办,以伤和好。

十一,凡咈兰哂船到琉球,或有遭危,宜加意保护。凡船中绳索物件,所带货财、行李衣服等项搬运上岸之时,无论在何地方,琉球官员宜饬差守护安排。咈兰哂国与琉球国,两国民人俱永远共相和睦,勿伤和好。

以上十一款章程,未曾妥议者尚多。倘后琉球国与别国议通商、贸易、卖地、留人等情,未经此议分晰者,均照别国议款增加。琉球官勿得妄言此款无议。

咸丰五年乙卯十月十五日立于那霸公馆。
尚景保、马良才、翁德祐两国四位大臣,面同亲笔,书名画押盖印,各执一纸存照。

二年正月,咈船来,留三传教士、一清国人于圣现寺。三月,咈船又来,请求于久米村之松尾营建房屋,将二传教士、一清国人迁移至此,载传教士一人而去。

三年,任马克承、向汝砺为法司。

五年六月,荷兰国之钦差全权加白良[①]来交换条约,其条约曰:

荷兰国王与琉球国总理大臣欲坚定两国永远和好。是以荷兰国王,特派钦差全权巴里官火船主用克而伊而翁加白良,与琉球国全权总理大臣尚凤仪、布政大夫翁德裕,各将所奉之上谕,议定各条,陈列于下:

一,嗣后琉球国总理大臣、布政官与荷兰国王及两国民人,均永远和好,无论何人,在何地方,皆全护保佑身家。从今以后,其国人要求买物,虽官虽民,亦能以所有之物而卖之,官员无得设例阻禁百姓,凡一支一收,须要两边公平相换。荷兰国船或到琉球各港内,须供给其薪、水,而亦公道价钱支之。至若该船欲买什物,则宜于那霸而买。

二,荷兰国船,倘或被风飓漂坏船于琉球或琉球之属洲,俱要地方官遣人救命、救货至岸,保护相安。俟该国船到,以人货附还之。而难人之费用几何,亦能向该国船取还于琉球。

三,荷兰国人民上岸,俱要任从其游行各处,毋得遣差追随之、窥探之。但或闯入人家或强买物件,又别有不法之事,则宜地方官拿缚该人,不可打之,然后往报船主,自能执责。

四,于泊村以一地为荷兰国之坟所。倘或埋葬,则宜保护,毋毁坏其坟。

五,要琉球国政府常养善知水路者,以为引水之用。使其探望海外,倘有外国船将入那霸港,须以好小舟出于沙滩之外,迎引其船入港,使知安稳之处而泊船。该船主应以工钱七千二百文而谢引水之人。倘或出港,亦要引出沙滩外,亦谢工钱七千二百文。

六,此后有船到琉球,须要地方官供给薪、水。薪每一千斤价钱三千六百文,水每一千斤工价六百文。凡以中大之琵琶桶六个,即载水千斤,

---

① 即卡佩莱尔。

所输之银或纹银或洋银。

七,将来所定者,荷兰商人一如厚爱之国无异,悉照遵行。倘日后别国有得徵减省税饷之处,荷兰人亦一体徵减。

以上各条,均关和议要约,应俟琉球总理大臣、布政大夫、荷兰国王,用硃笔批准。限以两年即相交,俾两国分执一册以昭信守。但另缮二册,先由琉球总理大臣、荷兰钦奉全权公使大臣各为君上定事,盖用关防印信,各执一册为据。俾即日按照和约开载之条施行妥办无碍。要至章程者。

天主降生一千八百五十九年七月初六日(以兰书、汉书立字,应遵执据)。

咸丰九年己未六月初七日于那霸公馆钤盖关防

万延元年,任尚允让为国相。

文久①二年,任向有恒为法司。八月,唎船来,其滞留人员尽载去。外国船初来,萨摩藩主岛津齐兴遣藩吏数十人轮番驻扎,以士族二人扮为琉人,应接时必参与其座探侦实情。另发兵士于大岛,以备非常之变,至幕府与各国缔结条约始解严。

明治元年,开始传授种牛痘之法。(以上源自《萨藩古记录》、琉球史)

四年,此前,幕府奉还政权,王政复古,百度维新。至此,废藩置县。琉球始脱离萨摩藩所辖,隶属鹿儿岛县管辖。

五年九月,尚泰任伊江王子为正使,任宜野湾亲方为副使,赴东京入朝,贺天皇陛下亲政。政府以外务省掌管使命之事。十四日,天皇于内廷召见使臣,使臣等奉呈国王尚泰之上表。其文曰:

皇上登极以来,乾纲始张,庶政一新,黎庶沐浴皇恩而欢欣鼓舞。尚泰于南陬伏闻盛事,不胜欢抃。今遣正使尚健、副使向有恒、赞议官向维新,谨修朝贺之礼,并呈贡方物。伏请奏闻。

明治五年②壬申七月十九日琉球尚泰谨奏

呈皇后宫:

---

① 日本江户时代孝明天皇年号,1861—1863年。
② 1872年。

恭惟皇后位正中宫，德配至尊，为天下母仪。四海日进文明之域，黎庶安居乐业。尚泰于海陬伏闻盛事，不胜欢抃。今遣正使尚健、副使向有恒、赞议官向维新，谨修庆贺之礼，并呈贡方物。伏请奏闻。

明治五年壬申七月十九日琉球尚泰谨奏

下诏以琉球为藩，封尚泰为藩王，位列华族。外务卿宣读册封诏书，并授于正使尚健。诏书曰：

朕膺上天之景命，绍万世一系之帝祚，奄有四海，君临八荒。今琉球近在南服，气类相同，言文无殊，世世附庸萨摩。而尔尚泰，能致勤诚，宜予显爵，著升为琉球藩王，叙列华族。咨尔尚泰，其任藩屏之重，立于众庶之上，切体朕意，永辅皇室。钦哉。

明治五年壬申九月十四日

使臣代尚泰拜受诏命，上书曰：

臣健等谨白。臣等奉寡君之命入天朝进贡。今封寡君为藩王且班列华族，圣恩重渥，不胜惶恐之至。健等代为拜受诏命。

明治五年壬申九月十四日
正使尚健
副使向有恒
赞议官向维新

尚泰献上物品如下：

唐笔三箱、唐墨一箱、唐砚二方、唐画二卷（刘招年、赵仲穆）、绀地缟细上布十端、绀缟细上布十端、细缟十端、白大纶子五根、绉绸（红、白）十卷、金入龙纹纯子一根、金入龙纹纱一根、烧酒十壶。

进贡皇后宫：

绀地缟细上布五端、绀缟细上布五端、白大纶子五根、纱绫（红、白）十卷、绉绸（红、白）十卷、金入龙纹纯子一根、金入龙纹纱一根、烧酒五壶。

赐赍尚泰之物品：

大和锦五卷、游猎铳三支、鞍蹬一具。

赐尚泰夫人之物品：

大和锦五卷、七宝烧大花瓶一对、新制纸敷物三片。

皇后宫赐赏尚泰之物品：

金地织天鹅绒五卷、博多织三卷、西洋敷物三卷。

皇后赐尚泰夫人之物品：

天鹅绒五卷、西洋敷物三卷。

使臣亦献上各种方物。赐使臣及随同人员物品，各有不同。十八日，三使臣觐见皇太后、皇后宫，献物，受赐物，各有不同。是日，于吹上苑中泷见茶亭设和歌会，三使臣位列末座。

天皇及皇后赐使臣御制宸笔。二十日，赐尚泰金银纸币三万圆。二十八日下令，琉球与米①、咈、荷三国所交换之条约，为政府之条约，应归外务省管理。是日，外务省遣四官吏驻琉球藩。二十九日，定尚泰为准一等官，赐其府下饭田町府邸一处。十月二日，使臣离开府下回藩，与驻琉球官吏同船抵琉球。

六年，任尚健为国相。四月二十五日，尚泰之谢恩书至，外务省上奏之。其书曰：

> 谨白。不久前，尚泰遣正使尚健、副使向有恒、赞议官向维新入贡，未料承赐藩王、华族并一等官之显爵。天恩至渥，不胜惶恐之至。具此表疏，谨修谢恩之礼。伏请奏闻。
>
> 明治六年②三月二十八日琉球藩王尚泰谨奏

> 谨白。不久前，尚泰遣正使尚健、副使向有恒、赞议官向维新入贡，未料承赐数种贵重物品、重金，以及东京府下宅邸等，亦赐予寡妾珍品。尚健等亦拜见天颜，随从人员亦承蒙宠惠。天恩至渥，不胜惶恐之至。具此表疏，谨修谢恩之礼。伏请奏闻。
>
> 明治六年三月二十八日琉球藩王尚泰谨奏

致皇后宫：

> 谨白。尚泰之前遣正使尚健、副使向有恒、赞议官向维新向皇后献贡。尚泰及寡妾受赐数种贵重物品，且尚健等亦拜见圣颜并承蒙宠惠，不

---

① 即美国。

② 1873年。

胜惶恐之至。具此表疏,谨修谢恩之礼。伏请上奏。

明治六年三月二十八日琉球藩王尚泰谨奏

尚泰遣其臣与那原亲方及五名属吏、二十名随从,驻府下藩邸,五月二十八日抵东京。此为驻在东京之始。

七年七月十三日,琉球藩隶属内务省。

世系部

天孙氏(二十五纪姓名未传。)

第一

舜天(源为朝之子。文治三年立,嘉祯三年卒。)

第二

舜马顺熙(舜天之子。历仁元年立,宝治二年卒。)

第三

义本(舜马顺熙之子。建长元年立,正元元年让位。)

从舜天至义本让位之年,为三世七十三年。

第四

英祖(天孙氏之裔。惠祖之子,文应元年立,正安元年卒。)

第五

大成(英祖之子。正安二年立,延庆元年卒。)

第六

英慈(大成之子。延庆二年立,正和二年卒。)

第七

玉成(英慈之子。正和三年立,延元元年卒。)

第八

西威(玉成之子。延元二年立,正平五年卒。嗣子年幼,群臣相议,废之,迎立浦添按司察度。)

从英祖至西威,为五世九十年。

第九

察度(浦添人奥间大亲之子。其前事不明。正平十年立,应永二年卒。)

第十

武宁(察度之子。应永三年立,十二年尚巴志逐之。)

从察度至武宁,为二世五十六年。

第十一

尚思绍（鲛川大主之子。其前事不详。应永十二年立，二十八年卒。）

第十二

尚巴志（思绍之子。应永二十九年立，永享十一年卒。）

第十三

尚忠（巴志之子。永享十二年立，文安元年卒。）

第十四

尚思达（尚忠之子。嘉吉三年立，宝德元年卒。）

第十五

尚金福（巴志之第六子。宝德二年立，享德二年卒。）

第十六

尚泰久（金福之子。享德三年立，宽正元年卒。）

第十七

尚德（泰久之子。宽正二年立，文明元年卒。国人不服其世子幼冲而弑之，迎立前之锁之侧尚圆。）

从尚思绍至尚德，为七世六十五年。

第十八

尚圆（尚稷之子。据称，尚稷为舜天之孙义本之后裔，或传为天孙氏之后，为现藩王尚泰始祖。文明二年立，八年卒。）

第十九

尚宣威（尚圆之弟。文明九年立，同年让位，次年卒。）

第二十

尚真（尚圆之子。文明九年立，大永六年卒。）

第二十一

尚清（尚真之子。大永七年立，弘治元年卒。）

第二十二

尚元（尚清之子。弘治二年立，元龟三年卒。）

第二十三

尚永（尚元之子。天正元年立，十六年卒。）

第二十四

尚宁（尚真第二子尚懿之子。天正十七年立，元和六年卒。）

第二十五

尚丰(尚永之弟尚久之子。元和七年立,宽永十七年卒。)

第二十六

尚贤(尚丰之子。宽永十八年立,正保四年卒。)

第二十七

尚质(尚丰之第二子。庆安元年立,宽文八年卒。)

第二十八

尚贞(尚质之子。宽文九年立,宝永六年卒。)

第二十九

尚益(尚贞之嫡孙。宝永七年立,正德二年卒。)

第三十

尚敬(尚益之子。正德三年立,宝历元年卒。)

第三十一

尚穆(尚敬之子。宝历二年立,宽政①六年卒。)

第三十二

尚温(尚穆之嫡孙。宽政七年立,享和二年卒。)

第三十三

尚成(尚温之子。享和三年立,同年卒。)

第三十四

尚灏(尚穆之世子尚哲之第四子。文化元年立,文政十一年让位。)

第三十五

尚育(尚灏之子。文政十二年立,弘化四年卒。)

第三十六

尚泰(尚育之子。嘉永元年立,明治五年被册封为藩王。)

第三十七

世子尚典

人物部

护佐丸毛国鼎,康正、长禄年间人,中城按司,为人忠勇,有气节。胜连按司阿摩和利密谋反叛,护佐丸侦知,集兵以备不测。阿摩和利为之不能发,反

---

① 日本江户时代光格天皇年号,1789—1801年。

向泰久王诬告护佐丸。泰久命阿摩和利讨伐护佐丸。护佐丸欲诉冤情未达。以君命为重而一箭未敢放,杀妻儿后自刎身亡。

越来亲方夏居数,康正、长禄年间人,勇武无比,人见之称其夜叉大城。胜连按司阿摩和利之妻为泰久王之女,居数为其仆臣。在连胜,居数得知阿摩和利谋反,趁夜背负阿摩和利之妻返首里。阿摩和利果然谋反。泰久提拔居数为将,命其讨伐阿摩和利。居数率兵攻打胜连城,奋战甚力。其弟居忠、居勇亦殊死奋战。居数裹妇人之衣,潜入城中斩阿摩和利,大呼已得贼首,城兵畏服皆降,胜连尽平。

新城亲方毛龙唫,弘治、永禄年间人。尚元立王,众臣生异议,人心纷纭,呈朝不保夕之势。龙唫岿然不动,以身报国家,故得无变。迄今人赞其忠勇。

具志川王子尚亨,承德、明历年间人,敏慧绝伦,身无阙行,博学多识,相人如神,辨识贤愚,预言之处,后必如其言,乃为世人称圣人。摄政之时,有罪者临斩,死前问狱吏曰:圣人尚公亦知此事耶?吏曰:知之。其人曰:如此我则无憾。由此可见尚亨处事之公平。

羽地王子尚象贤,万治、宽文年间人,自幼颖悟,异于常人。七八岁时,见者已知其非常人。长大成人,博通经传,修身齐家。任摄政,改制度,张政纲,所用之人,各称其职。纲目并举,发展农务,开发菜蔬,财用充足,教化大兴。象贤二三岁时,尚亨睹之,曰:"此儿器宇非凡,后必继余,秉政柄,奏治功。"果然如此。

名护亲方程顺则,宝永、正德年间人,出生于久米村,自幼有志于道,讲程朱之学,擅长诗文及书法。礼节律己,忠诚待人,德容温然,望知君子也。程顺则为国竭力,公事鞅掌,无所不至。曾游历清国,交诸名家。宝永七年,加入贺庆使列至江户,面晤源君美、物茂卿等。茂卿力驳程朱,顺则默然离别,临别曰:"君定成圣人,其议论远在程朱之上。"茂卿答曰:"未有此能。"曾著《六论衍义》,于清国刻印并传至本邦。将军吉宗深喜该书,命室直清译为邦语,发放民间。琉球之后,学皆以顺则为宗,政教一体,皆基其遗范。其道德熏陶人之深,古今如一日。官厚待其家,子孙在门阀之班。

具志头亲方蔡温,正德、享保年间人,亦出生于久米村,与程顺则同年,年辈稍晚。自少慧悟灵妙,豁达有器度。笃信程朱之学,涉猎古今之书史,被选拔任三司官。洗涤旧弊,改定制度,布文教,兴农政。其治理山林,秩然有序,从此材木充盈。其治理川渎,井然有法,自此水利大兴,民得其便。至今仍遵其遗制。

与那原亲方马国器,天明、宽政间人,任三司官。令誉盎然,有君子之称。

虽无赫赫之功,然时人爱戴不已。

知念亲方东邦鼎,文政、天保年间人,博学而名誉,笃实而谨行,修家秩然有方,时为士夫之模范。

浦添王子尚元鲁,文政、天保年间人,仪表俊美,器度宏远,德容温润,延贤礼士,见者无不心服。能诗文擅和歌。香川景树阅其东觐咏草,大为赏之。一首富士山,尤为传唱词林。

丰平亲方马执宏,弘化、嘉永年间人,有学识,擅诗文能书法。淡泊名利,有泰然自得、卓尔不群之气象,为近世人物之巨擘。

源河亲方梁必达,嘉永、安政年间人,有德行,其时受人敬重。玉色金心,相见即知其为君子,亦擅诗文。

以上讲德行,下述话技艺。

城间里之子钦可,赐号自了,文禄、庆长年间人,擅书画,精妙入神,深受鉴赏家珍爱,视若拱璧,秘不示人。时人视为顾虎头、王右丞之再生。

座间味亲云上段氏,宝永、正德年间人,画技精妙,时人比作赵雪松。

砂边亲方曾历,正德、享保年间人,擅诗文,为琉球第一诗人。

祝岭亲方蔡文溥,亦正德、享保年间人,擅诗文。同时,凑川亲方舌氏擅书法。

宜寿次亲云上郑孝德、嘉味田亲云上杨文凤,同为天明、宽正年间人,擅诗文能书法。同时,武岛亲方蔡世昌亦擅诗文。

我谢亲云上毛世辉,享和、文化年间人,擅诗文能书画。人们珍爱其手迹,得之甚难。高良亲方毛氏亦擅书法。

古波藏亲方郑嘉训,文化、文政年间人,出生于久米村。自幼好书,终身从事之,曾宦游清国习书法,清人大为欣赏。其用笔颇为遒劲,有米芾之风,为近世书法家之魁。

恩河亲方毛邦俊、新城亲方毛邦正,同为文政、天保年间人,擅诗文。邦正兼擅书法。同时,小槗川亲方向元瑚擅绘画,德行闻名。

湖城亲方郑元伟为嘉训之次子,弘化、嘉永年间人,擅诗文,最长于书法,与父齐名,风格稍异。天性淳朴、亲和,接人待物,观者心醉。屡游清国,书法远近驰名。清国人士钦慕其字其人,相赠缟带,争与之结交。

佐渡山里之子亲云上毛氏,嘉永、安政年间人,擅绘画。

冲绳志 卷五 终

冲绳志附录

那霸寓舍集咏(十五首)

明治八年六月,贞馨于内务省为官,奉朝廷之命赴琉球,寓那霸港。连日无雨,火云绕屋,汗流浃背。贞馨入此地,前后凡四次,故略知其土地风俗。官暇历寻诸胜,与土人游处,务就凉处。夜则启窗户,引风消热。以文墨慰旅况,得七律十五首。会冲绳志成,因附录于卷末,以代跋文。

四次奉命入琉球,那霸湾头卜小楼。
落日浴波炎气涌,危峰当拦火云浮。
星槎聊报桑蓬志,蕙帐任他猿鹤优。
梦破深宵耿难寐,蛮歌一曲动羁愁。

瓦屋雕楹官吏居,竹扉茆户野人庐。
圣朝新发敷恩使,藩主应裁奉诏书。
公事多闲耽翰墨,夜谈有约摘秋蔬。
怀柔更待十年久,要使仁风蒙里闾。

海岛营生真可怜,满冈铁树备荒年。①
街头争拾丝毫利,②石罅犹开尺寸田。③
葛布蕉衫人影接,④芦汀荻渚橹声连。
从来僻地无它货,仕用只看宽永钱。⑤

火雾笼林昼掩门,出游日日待黄昏。
羊肠忽转郊村路,鴃舌难通儿女言。

---

① 岛中无河水可灌溉,三四年间,必有风旱之灾。故碎确之地,植苏铁以备凶荒。其法碎树心,以水曝之,和番薯若砂糖而食之。——原注。
② 商贾皆妇女,朝夕营营收细利。——原注。
③ 全岛地少,海畔山头无不耕之地。——原注。
④ 土人卑贱者,四时着葛布蕉衣。——原注。
⑤ 阖藩无金银货,又无纸币,唯有宽永小铜钱而已。——原注。

污水萦回连市井,怪岩巉崿压田园。
腥风一阵拂颜去,榕树荫中屠老豚。

眼中风物异东州,正是蜻蛉洲尽头。
全岛人家三千户,各村蕉树几千畴。①
鸢鸦无影中山地,鸿雁不宾南海秋。②
一望宛为仓库看,坟茔累累满郊邱。③

蔗圃芋畦数十程,林风吹满葛衣轻。
苍松高表舜天庙,④粉壁遥连首里城。⑤
草木四时抽绿叶,田家六月获黄秔。
欲探奇胜供诗料,峻阪崎岖不易行。

暴风卷海怒涛奔,瘴气横空日色昏。
新社邮船来泊港,⑥前明遗族别成村。⑦
桄榔椰子连沙径,龙眼荔枝傍石垣。⑧
良节佳辰追旧俗,诗联均贴各家门。⑨

侨居看作读书堂,不厌蛛丝缠屋房。
蛇过草蹊犹有迹,瘴来林日欲无光。
闲游遣兴诗将画,小酌调羹豚于羊。

---

① 农家每户植芭蕉,以制蕉布。——原注。
② 琉球地,鸢鸦不栖,鸿雁不来。——原注。
③ 坟墓异制,一家有一坟茔,士族方十二间,平民方六间,为制垒石造之,藏骨其内。——原注。
④ 舜天,源为朝子,文治中为岛主,庙在泊村。——原注。
⑤ 首里,藩王居城。——原注。
⑥ 明治七年,来邮便会社蒸汽舶一只,隔月往来那霸港。——原注。
⑦ 洪武、永乐二次,明主与闽人各十八姓于琉球,其子孙蔓延为千余家,邻那霸为一村落,即久米村是也。——原注。
⑧ 家家垒石为垣。——原注。
⑨ 家家门柱书诗联于朱纸贴之,每逢祝日必新之。——原注。

四壁萧条人定后,微风吹送夜来香。①

枕头昨夜雨织织,稍觉朝来凉味添。
木笔荫深遮赤日,②佛桑花折吐红炎。③
扫庭童去虮堆砌,争奕人归鸟闯檐。
此际襟怀清若水,南轩移榻对书签。

海风淅淅撼蒹葭,早已胡枝着一花。
湘簟命童煎雀舌,建盆灌水护兰芽。④
丛间虫语先秋响,市上人声入夜哗。⑤
近日绝无家信到,故园松菊定如何。

前浦新潮涨后湾,依依桥影俯潺湲。
云开林岳层层出,日落渔舟个个还。
事有是非人自判,境无喧寂意俱闲。
忽看海面金鳞闪,恩纳峰头月一环。⑥

高低迂路傍廻塘,十里蔗田夕日苍。
山势蜿蜒临海立,溪流屈曲汇村长。
冬耕夏耨农民苦,朝贩暮沽商贾忙。
独怪士人无一事,悠悠杯酒送年光。⑦

满目荒凉秋气加,水禽呼友立平沙。

---

① 夜来香,萝蔓类,绿树木而花。——原注。
② 木笔,一名梯梧,高数丈,仲夏花色深红,形如笔头。《传信录》曰:五月木笔书空者。——原注。
③ 佛桑,一名扶桑,花深红如火。——原注。
④ 购报岁兰数种,手亲栽培。——原注。
⑤ 大泽门外日日闻,行市络绎人如织。——原注。
⑥ 恩纳峰,琉球五岳之一,在恩峰切。——原注。
⑦ 农民男女勉耕作,士商有男逸女劳之弊。而士族之男无常务,多饮酒歌舞消岁月。——原注。

阿檀叶动潮通浦，①椰子树高风碍家。
客地光阴付杯酒，乡园消息卜灯花。
云程沓渺三千里，北斗斜悬帝阙赊。

两两三三刳木舟，②渔人携网截江流。
霞残曲浦帆樯立，浪拍长天岛屿浮。
钟磬声传山寺晚，芦花影乱水村秋。
去乡千里寒暄异，九月中旬未着裘。

单身揩杖水之涯，几度褰衣渡碧漪。
露滴桂兰花绽树，③风斜龙眼颗垂枝。
阎藩习俗今初熟，各地烟岚未尽知。
虫意鸟情收实况，欲追坡老岭南诗。

大捌盘翁曰：写该岛风俗人情，细大弗遗。诗亦笔力纵横，足以达其意。看做琉球小志，谁曰不然。

小野湖山曰：不着议论，不用典故，叙实境实事，成此，十有五律，其才力不可及也。

木原老谷曰：写风土景物处，宛如读坡老岭南什。况奇事异闻，并见叠出，使人如身涉其境，何等巧手。

冈振衣曰：恒庵奉使南海，有此十五律，万口喧传，声价加重。不复使徐葆光、王梦楼辈擅美于坛坫也。

龟谷省轩曰：首首串穿，脉络相通，有呼应有起伏，宛然一篇大文章。

后序

冲绳志何以作？志琉球也。何不曰琉球而曰冲绳？从土人所称也。土人

---

① 阿檀，草名，植水淡海畔，防潮水浸犯。外，其叶制席或绳。——原注
② 刳大木为舟，渔人皆用之，支那南海，盖亦有之。刘禹锡诗云：刳木尤看（应为疑——编者注）太古船。——原注。
③ 桂兰，木名，花似桂而小。——原注。

何称冲绳？冲绳邦语也，本土之名也。琉球汉字也，汉人之所名也。冲绳自通汉土，受其封爵，服其衣冠，髻簪髭须，尽拟汉装，而独其称国名，用邦语者何也？语言文字，同我邦俗，故国土之名称，举皆邦语也。观乎国土名称之用邦语，而其为我种类，为我版图也审矣。世之说琉球者曰：源为朝航海，而子孙始王。岛津氏出师，而朝贡乃通。殊不知彼以天孙氏为开国祖，实为我皇孙。为朝特承其余烈而已。南岛朝贡，见于古昔简荣者，比比不绝。岛津氏特举其废典而已。乃至土人，则其惑亦甚矣。自以天孙序世系，而不问其种族同异；自以冲绳冒国名，而不察其语言所由，反欲与殊方异族之汉人昵比，抑又何心哉？试把此书观之，汉人之来通，果在何代？受彼封爵，服彼衣冠，果在何时乎。其未与彼通之前，所属何国？所服何服？而语言文字之传至今者，果类何国乎。语言文字与衣冠封爵，孰旧孰新焉。古虽无藩名，而其国藩属也；古虽无族称，而其王华胄也。则今之建为外藩，班为华族者，为复古乎？为创制乎？呜呼！本土之人读此书，其内向归本之心，得不油然生乎哉？而内地人读之，其恤同类字藩属之心，得不蔼然兴乎哉？名曰冲绳志者，不独从其本称，并以系内外人之心云尔。此则恒庵氏著撰之本旨也夫。

明治十年丁丑九月
成斋重野安绎撰（印）
玉山岩城厚书（印）

［伊地知贞馨著，重野安绎校：《冲绳志》（一名琉球志），有恒斋藏版，明治十年三月二十二日。］

（罗文文、翟意安　译　罗萃萃　校）

2. 冲绳志略

一名琉球志略

伊地知贞馨著

序

冲绳志何以作？志琉球也。何不曰琉球而曰冲绳？从土人所称也。土人何称冲绳？了了邦语也，本土之名也，琉球汉字也，汉人之所名也。冲绳自通汉土，更重封爵，服其衣冠。髻簪髭须，尽拟汉装。而独其称国名、用邦语者何也？语言文字，同我邦俗，故土之名称，举以和语也。观乎国土名称之用和语，而重为我礼数，为我版图也审矣。世之说琉球者曰，源为朝航海，而子孙妃王，岛津氏出师，而朝贡乃通。殊不知彼以天孙氏为开国祖，实为我皇孙。为朝特幸甚□□而已。南岛朝贡，见于古昔曾荣者，比比不绝，岛津氏特举其废典而已。乃至土人，则其惑亦甚矣。自以天孙序世系，而不□□种族同类，自以冲绳谓国名，而不察其语言所由，反欲与殊方异族之汉人昵比，抑又何心哉？试把此书观之，汉人之来通，果在何代？受彼封爵，服彼衣冠，果在何时乎？重来与彼通之前，何属何国，所服何服，而语言文字之传至今者，果朝何国乎？语言文字与衣冠封爵，孰虑孰新焉？古虽无藩名，而其国藩属也。古虽无族称，而其王华胄也。则今之建为外藩，班为华族者，为复古乎？为创制乎？呜呼，本土之人读此书，其内向归本之心，得不油然生乎哉？而内地人读之，其恤同类宗藩属之心，得不蔼然兴乎哉？名曰冲绳志者，不独从此本称，并以系内外人之心云尔。此则恒斋氏著撰之本旨也夫。

明治十年丁丑九月
成斋重野安绎撰（印）
莲高大沼让书

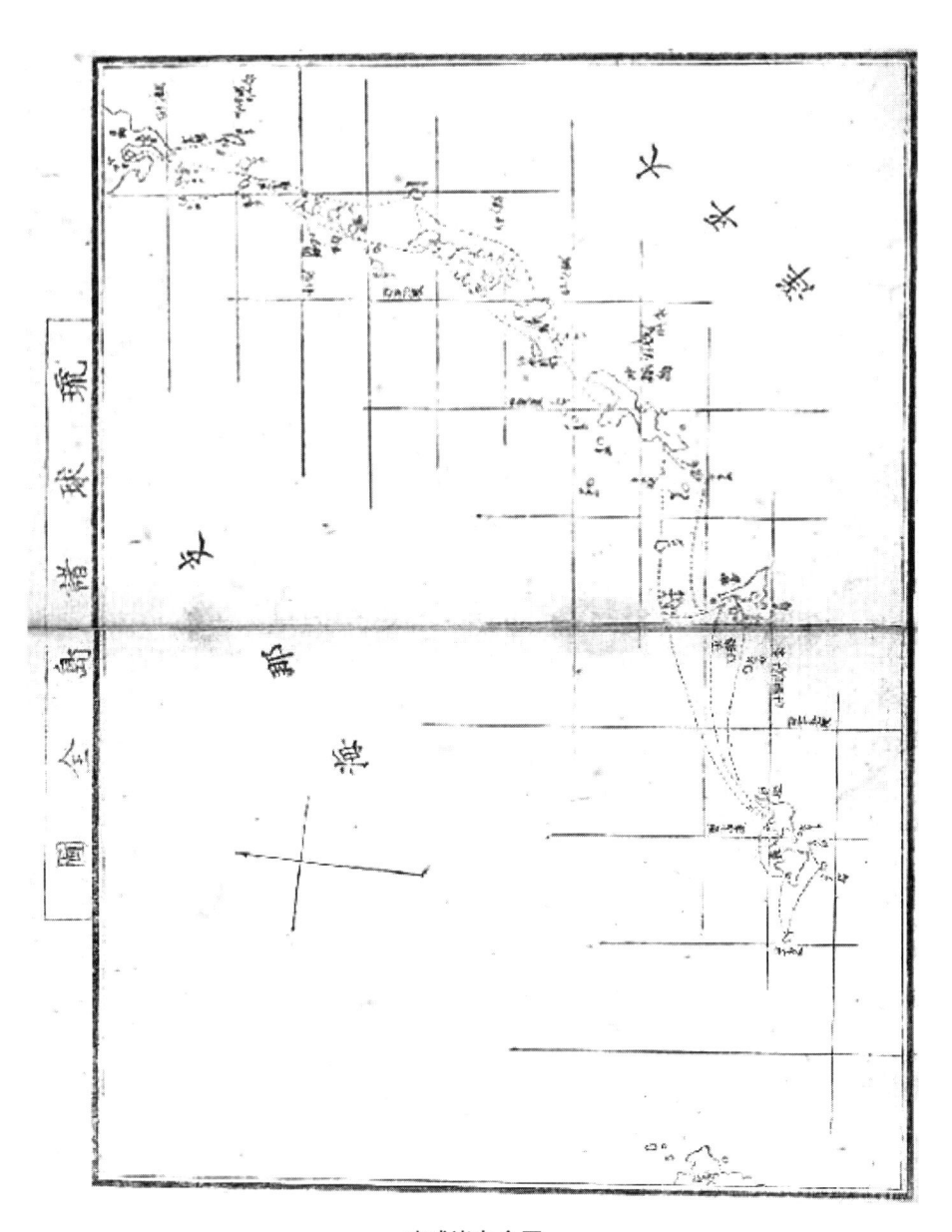

琉球诸岛全图

冲绳志略

　　琉球国，上记作二波限国，《续日本纪》作阿儿奈波岛，僧空海《性灵集》作留求，宇志大约言之《今昔物语》作琉球。流求二字，始见于《汉书》《隋书》，唐柳子厚作流求，《新唐书》作流鬼，《宋史》依《隋书》作流求，《元史》作瑠求，《世法录》作流虬。然土人自古以来即通称为冲绳。其邦人称海中为冲。其地东西狭而南北长，如绳索浮于海上，以此称冲绳也。琉球诸岛，在西海道萨摩南部海中，北纬二十四度至二十八度四十分，东经一百二十二度五十分至一百三十二度十分之间。其西与清国之福建泉州相对，西南接台湾岛，东西连接太平海①。自大隅之多襩、掖玖、萨摩之口，永良部七岛，转喜界、大岛，与德之岛永良部、舆论、冲绳绵亘起伏，地脉相连，大小凡三十七岛，而冲绳为其首府所在，藩王居于此。距萨摩国凡二百五十里，周长四百十四里十五町有余，南北三十五里有余，东西宽处十里，狭处不足一里。山脉起于东北，蜿蜒至于西南。其地划而为三，曰岛尻，曰中头，曰国头。

　　首里、泊村、那霸、久米村四所属中头，而非间切之属。首里乃藩王所居之城，分西平、南风平、真和志平三区。久米村乃明洪武永乐年间，明主两度赐姓之闽人三十六姓子孙之居所，其于那霸境内别设一村而居焉。

　　岛尻所属间切凡十四，曰真和志、小禄、丰见城、高岭、真壁、麻文仁、具志头、玉城、知念（属久高岛）、佐敷、大里、南风原、喜屋武、东风平，凡九百五十三村。中头所属间切十一，曰浦添、北谷、读谷山、西原、宜野湾、越来、美里、中城、胜连、与那城（属喜伊计岛）、具志川，凡九百三十四村。国头所属间切九，曰恩纳、名护、羽地、本部、今归仁、大宜味、金武、久志、国头，凡九百三十四村。

　　含附属岛屿在内，计有港口二十八。在冲绳，运天港乃其中最大者。然以隔绝首里，鲜有船舶停靠。船舶辐辏之地则在那霸港，港外多礁石，出入不便。港内如湖泊，周回二里余，水极浅，潮落之际仅港中一水路可通航。港中有山，名奥之，古松落落，风致可爱。转而向西，港口如斗柄然，直指海面，大船泊焉。西风起，则解缆往避罗间岛。其繁华区域分布于方十町、西町、东町、若狭町、久茂地，房屋栉比，立锥无地。

---

① 即太平洋。

那霸图

泊港乃地接那霸之海湾，其间有卤场，称泻原。岛内无高山巨峰，有山名者五，曰八重头岳，在岛尻，曰辨岳，在中头，曰佳楚，曰恩纳，曰名荻，在国头，人称五岳。佳楚、恩纳二山稍高。河川九，曰国场，曰安里，曰真嘉，曰安谢，曰天愿，曰势理客，曰茂吕奇，曰安渡，曰羽地。天愿川长五千九百四十间，宽四五间至七八间。余者长约九百间至四千间，实为沟渠也。

首里城为藩王居城①，其地属中头，距那霸五十町。铲高山以为城，拥砺石而为郭，其方圆九町。中央高处，正殿位焉。殿阁二层，南北八楹，座东朝西，结构尽拟明制。书院之燕室②则用我制。有门十一，曰欢会，曰久庆，曰经世，此外门也；曰瑞泉，曰漏刻，曰广福，曰奉神，曰左腋，曰右腋，曰淑顺，曰美福，此内门也。瑞泉门外有小池，中有一石龙，口吐清泉，王府日常饮用此水。城之四方，王子、按司、士族之府邸，高低布列。城府境内，东为辨岳，南有金城

---

① 藩王居住之城堡。
② 休息室。

矼①，西有观音堂，北有平良矼。遥望之，则城墙粉白，出没掩映于高林密树之间。中城之城属中城间切，其地在首里东北约三里余。城中有官廨，称番所。长禄年间，中城按司获佐丸居此城，至今小内②及外郭犹存。其地临东海，目之所及，一望无际，可坐观日月出没于波涛之间。

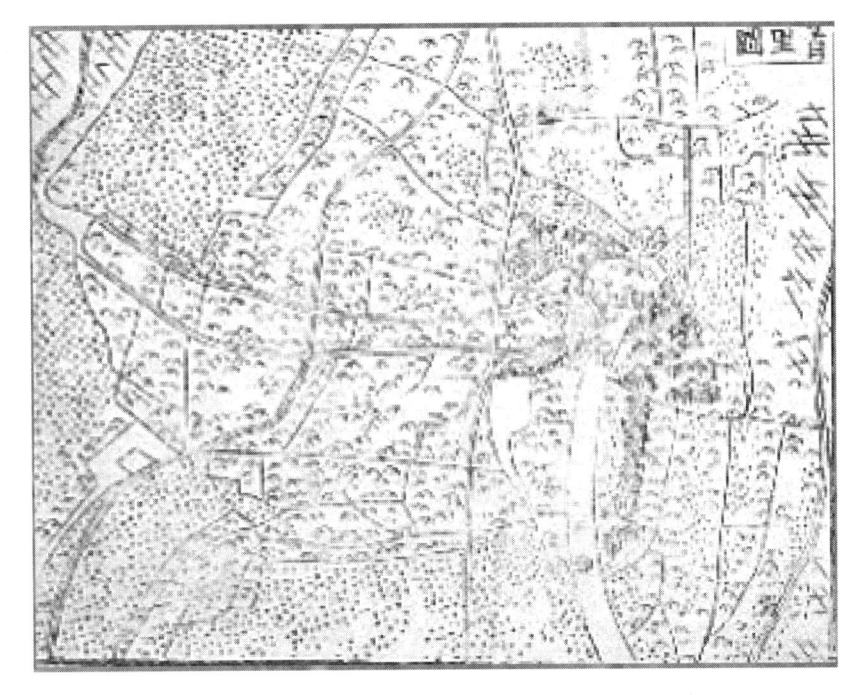

首里图

内务省公馆位于那霸西村，本省出差官吏居此馆。那霸港口有迎恩庭，为迎接清国册封使臣之所。东村有天使馆，为册封使留宿之所也。

有神社九，曰识名宫，在真和志间切之识名村；曰末吉宫，在西原间切末吉村；曰八幡宫，在真和志间切安里村；曰天久宫，在真和志间切天久村；曰波之上宫，在那霸若狄町村；曰冲之宫，在那霸西村；曰普天间宫，在宜野湾间切普天间村；曰天妃宫，别为上下二宫，俱在久米村。明嘉靖年间，册使郭汝霖等于此立祠，册使及远航清国之高僧，尤尊信之。

有佛寺四十三。泊村有崇元寺，安置舜天王以下历代灵牌。首里当藏村

---

① 桥。
② 指内城。

有圆觉寺,安置尚圆王以下位牌。首里金城村有天王寺,安置先妃位牌。同村又有天界寺,安置藩王子女幼冲者位牌。同村并有玉陵,安葬历代王妃之遗骸。

户口数,合属岛计二万七千一百六十四户,内华族一户,士族五千三百七十户,平民二万一千七百九十三户,人口十六万七千零六十七人,内华族、士族五万九千八百二十人,平民十万七千二百四十人。

水田旱地合计一万一千八百三十七町,内水田三千四百零八町,旱田八千四百三十九町,年收米谷九万四千二百三十余石,内冲绳岛七万五千四百三十四石余,属岛一万九千零九十六石余。此外,永良部、舆论、喜界、德之岛、大岛五岛收获之米谷为三万二千八百二十八石,合计十二万七千零五十八石。上述数据乃计入鹿儿岛藩领地内之米谷。

官林地计一亿四千一百三十一万七千六百坪。

物产有米、大小麦、粟、大豆、青豆、蚕豆、豌豆、扁豆、玉米、黍子、油菜籽、芝麻、盐、红糖、甘薯、铁树、蓼蓝、苎麻、郁金、蚕丝、棉花、烟草、菜籽油、麻油、桐油、柴油、屋良部油、山茶油、红花、芭蕉丝、木炭、柴火。米凡三万二千石,大小麦五千石,粟五千石,大豆二千四百石,红糖五百万斤,甘薯一亿三千五百万斤,郁金三万三千斤。铁树遍植于山头海滨不毛之地,以备凶荒。其法为碎其树心,以水渍之,滤之,制为粉,置之稀粥中,或与甘薯混合制作丸子等。蓼蓝枝叶肥大,与内地所产不同,四时茂生,土人常取其枝叶而插植之,另为播种。苎麻枝干约五尺,时时培养,六十日一刈取,一年六获。八九年后其根分生,则又另行播种矣。

鸟兽有牛、马、野羊、猪、野猪、鹿、猫、狗、鸭子、小鸟、野鸡、鸡、鹰隼、海鸥、鹭鸶等,鸿雁不来,不见仙鹤,首里那霸近郊,鸢鸦不栖。山原①唯见小鸦。虫类则有蝇、蝎虎、蜥蜴、蚿②、蛇、饭匙倩等。饭匙倩者,蛇蝎之属,大者长五六尺,色黑,全身有斑点,头大而平圆,春暖而出,秋凉而蛰,居于草根或树上,以其尾卷草木,抬首袭击行人,毒气发自齿间,瞬间置人于死地,其得不死者,亦多沦为废人。有号称金饭匙倩者,形小而最多毒气,触者必死。大岛、德之岛上此害殊甚,永良部、喜界二岛亦产之。鳞介有鲤、鲋、鳗、鳖、鲶、泥鳅、白鱼、鲷、文鳐鱼、鲈、鲚、海鳐鱼、鲭鳅、梭鱼、红鱼、鲸、海马、永良部鳅、海鼠、海胆、

---

① 位于今冲绳本岛名护市以北地区。
② 即千足虫,学名马陆。

乌贼、虾、龙虾、章鱼、鲻、金鱼、松鱼、鲣鱼、鳒鱼、沙丁鱼、比目鱼、玳瑁、蟹、蛤、樱蛤、白贝、厚贝、夜光蝶螺、砗磲贝、蓟螺、白尻。

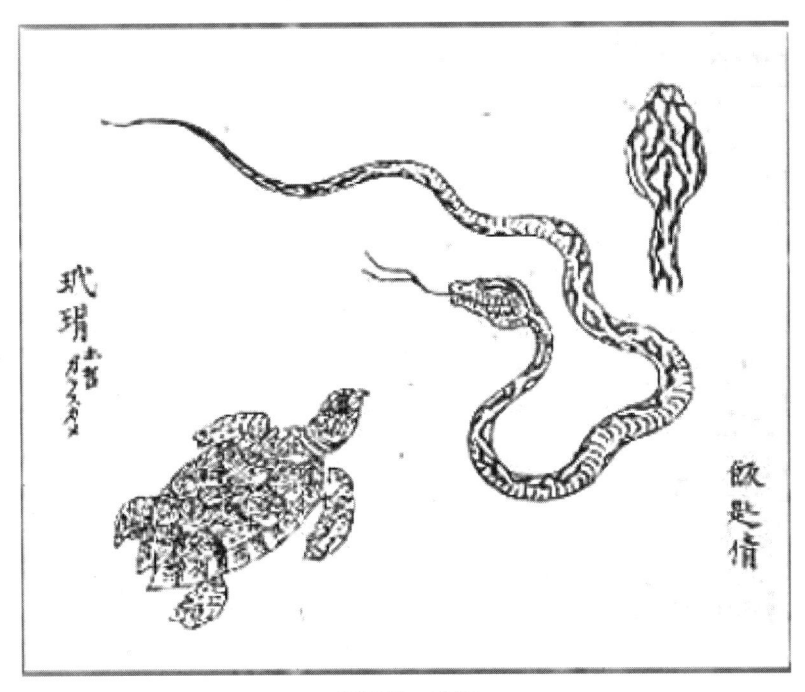

饭匙倩　玳瑁

树木有松、桧、杉、樟、栎、橡树、柏、桑、茶、樱、梅、椰、红木、乌木、棕榈、槟榔、桄榔、榕之属。榕树随处可见，曲卷交结，干中生根，一木蔓延数亩，炎天可荫蔽数百余人。又有福木、旌节花、福满木、梯梧、布久吕木、屋良部、石竹、木兰、木芙蓉、桂兰、瑞圣、佛桑、黄蝴蝶、孔雀花、杜鹃花、月橘、黄栌、蒲葵、凿子木、蔷薇、龙骨木、南天竹、扁柏、仙柏。

竹有毛竹、矢竹、虎斑竹、金竹、唐金竹、观音竹。草本花有芭蕉、米蕉、万年青、美人蕉、青春花、钗子股、名护兰、入面兰、仙人掌、宫人草、望江南、日日草、午时花、菓子萩、春秋菊、菊、脚线、杜鹃花、金钱花、宝相花、野蔷薇、莲、水仙、夜来香、葵、燕子花、葛蒲、百合、鸡冠花、雁来红、阿且、石菊。

蔬菜有落花生、防风、萝卜、胡萝卜（俗称黄大根）、牛蒡、山药、芋头、茨菇、芜菁、莲藕、姜、蒜、葱、韭、薤、冬葱、玉蕈、菠菜、白菜、麦蕈、蕹菜、寒山菜、叹冬、藜、蕨、味噌菜、青瓜、丝瓜、苦瓜、冬瓜、南瓜、西瓜、矮刀豆、茄子、瓢箪、甜椒、百合根、甘露儿、耳割、独活芽、蘘荷芽、竹笋、芹菜、野蜀葵、莴苣、蓼、兰粟、黄瓜。

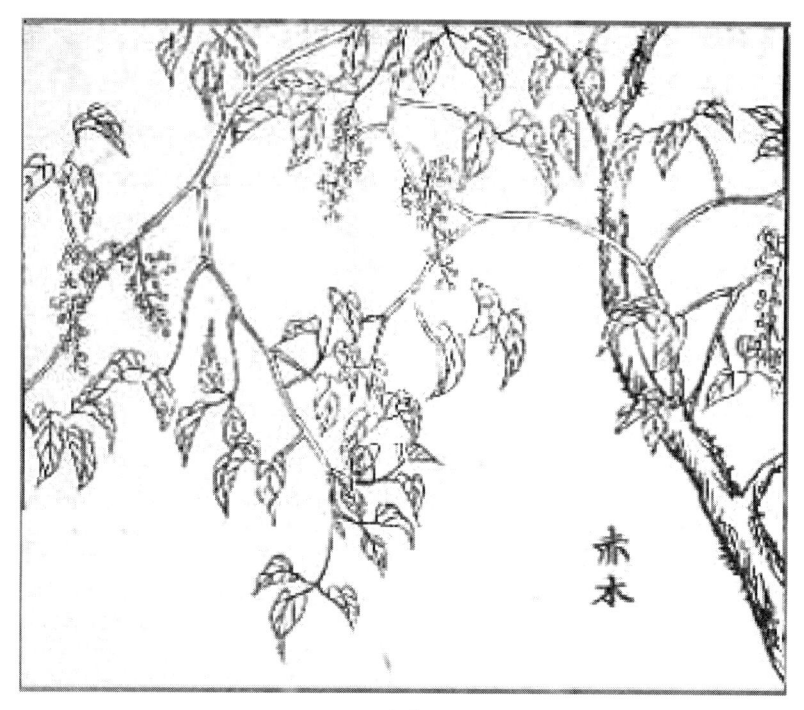

赤木

榕树

果木有荔枝、龙眼、橄榄、柿、桃、杨梅、石榴、番石榴、香橙、金桔、蜜柑、枇杷、蒲桃、芭蕉。

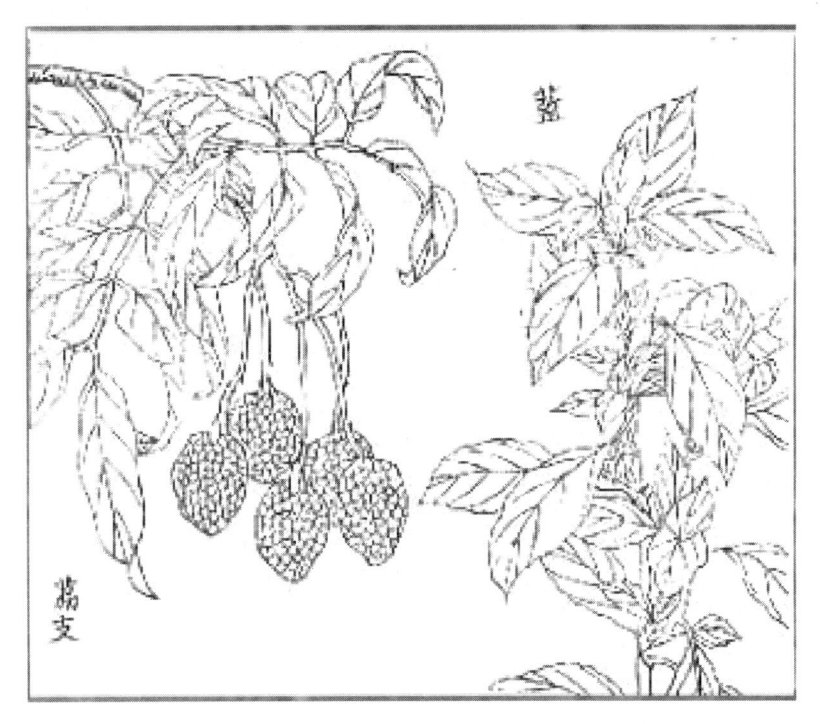

荔枝

药用植物有知母、桑白皮、天门冬、香栀子、小茴香、绵柏叶、天南星、青高叶、百部、干姜、桔梗、忍冬、紫苏、车前子、丹参、茨米、麦楝子、胡椒、土茯苓、草豆蔻、海人草。

海草有青苔、鹿角菜、刺松藻、海萝、角叉菜、白菜等，其种类虽多，而数量则较少。稍多而足供出口者，仅海人草、鹿角菜而已。

矿物有硫磺、砚石、磨刀石、煤炭等，无金、银、铜、铁之类，或虽见矿穴，然土俗忌采掘。

人造之物有蓝底条纹细麻布、白底条纹细麻布、细条纹布、上等麻布、中等麻布、下等麻布、太平布、三叶布、洞织布、缬子布、久米缟、芭蕉布、小禄[①]布，布帛之输出，以此等为最。又有漆器、草席、棕榈绳、红黑桃椰绳、瓷器、泡盛、

---

① 位于今冲绳县那霸市。

密林酒、苏打水烧酒、甘薯烧酒、醋、酱油、酱、咸猪肉、蜜饯等。

输出之物有红糖、细麻布、细条纹布、小禄布、久米缟、太平布、草席、瓷器、泡盛、咸猪肉、漆器、桄榔绳、鹧鸪菜、鹿角菜、永良部鳅、花生、盆栽苏铁。

输入之物有大米、大豆、酒、油、蜡、鲣鱼干、烟草、纸张、鱼翅、干藻、干鲍、海参、海带、桑面、缫棉、黑棉线、麻苎、真冈棉花、小间物①、鬓发油、笔墨、砚台、铜、铁、锡、锅、釜板之类。

其地质十分之三为砂质粘土，十分之五为红土，十分之二为沙地。由于气候燠热，作物四时繁生，甘薯两载五收，杭稻一年再收，然以水泽乏少，鲜见再种之地。

全岛大石嶙峋，平地鲜少。海滨多暗礁，随潮水涨落而出没隐显，处处泛起白浪。

土地狭长，而以河水灌溉土田者少，多仰给雨水。

气候温燠，盛夏热甚，以华氏寒暑表温度计之，达九十六七度，虽昼夜有温差，极寒之时亦不低于五十七八度，然多海风，民不堪其扰。四时均需设蚊帐。草木苍郁，秋冬不枯，雪霜绝迹，七八年间，仅见风雨尔。又一月桃樱盛开，可插稻秧。

冲绳以文教敷治化，全无兵备。民不带寸铁，以礼让代兵刃，严制度以御下，行以柔制刚之策。

农民之治，基于所谓"不可使由之"之意。各间切衙门设读法，以其谕告书为教条，集中部民，以伦理之条目、民间俚语，恳切教戒其大意，使其明了各自之职分。

学校之数，首里十八，那霸四，久米村三，泊村一，宫古岛二，石垣岛二。各校皆倡程朱学派，讲孔孟之道。首里、久米村有孔庙。王子以下士族子弟，十七八岁以上者入国学校，学则略备。门阀及士族子弟十七八岁以下者入平等学校。士族、平民子弟六七岁以上者入村学校。久米村兼学邦训汉音，及长则专司交际清国及通译事宜。

文字用伊吕波等平假名四十八字。官府及民间牒簿书札，悉同于内地。门阀子弟及久米村人学清国书法，官吏则学所谓御家流者。

妇人从事纺织，无知字者。

---

① 妇女用的零星杂物。

买卖布帛诸品者皆女子,不知算法,结绳为符,数万贯之钱,即时算了,锱铢不差。惯于使用积年小铜钱,遽施以金银诸币,势有不便。

至于衣服冠带、舆马屦履之类,按各人等级,各有制度。命令通达,上下无敢逾制者。人情温顺简朴,固守旧规,不欲以新易旧。性坚忍耐久,无一蹶不振之固陋。

虽有下等之农人,弊衣徒跣,起居于矮屋土房,虽难免于野蛮之风,然勤勉于农事,曾无劳苦之色。从山头至海滨,悉数开垦,耕耘栽培,无有遗漏。又官宪设令,俾每户蓄养猪羊三四头,蓄其粪汁以培养田圃,其数有阙者,则令出赎金。士商男逸而女劳,妇人善歌舞者少,男子则无贵贱,无不从事于歌舞。

其俗好乘马,农人亦善驰马,各间切皆有马埒。每年三四月间,必集会群马,驱驰娱乐,称为马寄。马埒非徒戏马,盖当地田地多仰给于天水,收获不便,故将刈取之稻禾置于埒中曝晒。又秋收之后,各村男女集会埒中,比较一年中农务之勤惰、收成之多寡,定甲乙等次,得甲者受赏,最下者受罚。夫妇相爱,虽平民亦稀有再嫁者。

士族女子,除亲戚外不妄见人,途中相逢,以伞掩面而过。至有鹿儿岛官吏供职冲绳,寓民宅三年而未见其家中妇女者。

妇人至十六七岁则黥①手背,初仅施于指甲,二十岁以上则手甲悉。大岛、德之岛、喜界岛亦同。

宫古、八重山之妇人,着黑色窄袖衣服,以蔽膝②束腰,有折痕。好乘马,其风俗略似西洋妇人。

葬礼异于内地。人死,置尸于陶器中,藏于墓地石室内三年,而后洗其尸,置遗骨于别器,复藏于坟茔中。故墓地有定制,士族方十二间,农商方六间,周围垒以石块,遥望似仓库。极贫者售卖墓地,其墓地价有达百元者。

人死,亲友相吊,通宵恸哭,至墓地亦然。

其言语,今日虽如一种方言,细细追究之,实则多为本朝方言之转讹。藩人中知悉本朝掌故者,谅亦知之。试分拆之,则十分之六为日本之古语,十分之三为方言,十分之一来自支那,尤以宫古岛、八重山岛之古语居多。

好宴乐,善饮火酒。火酒有数种,泡盛尤盛行,和以开水而饮之,名曰汤

---

① 即刺字。
② 古代下体之衣,遮盖大腿至膝部。

坟墓之图

酎。妇人自古以来禁饮酒,终成习俗,虽苦劝亦不把杯。

四民皆以杂谷及甘薯为主食,食稻米者少,以肉食为尚。首里、那霸之市,每朝屠猪各百余头,牛十二头,以猪油熬菜蔬,以备早晚之馔供。

高门望族居住首里,士族则散居首里、那霸、泊村、久米村等地。

房屋园池,大异内地,偶有习支那风格者。各家之门及厅室旁两柱,书对联于朱纸而贴之,其句略"同逢尧舜世　共乐太平春"之类云云。

以多飓风,屋舍周围垒石为垣。屋宇低矮,柱础大,楼阁极少。入其室必坐,其中绝无椅子、案桌等物。虽娼家妓院,四周必垒石为垣,与士商之家无异。

爵位有王子、按司、亲方、亲云上、里之子亲云上、筑登之亲云上、里之子、若里之子、筑登之、筑登之座敷、仁屋,仁屋以下为平民。

官职中,摄政、三司官为奏任官。摄政准四等,三司官准三等,其任免以藩王奏闻而宣下之。又有物奉行、锁之侧、双纸库理、泊地头、平等之侧,以上为要冲之官职。平等掌刑罚处置、诉讼裁决。那霸有里主、御物城。诸间切设地头、夫地头、首里大屋子、大掟、南风掟、西掟、掟等。宫古岛、八重山岛设在番笔者、头、首里大屋子、与人、大目差、大笔者、胁目差、胁笔者、目差。东京藩邸有亲方一人，附属数名，每年轮替赴任。逢新年、纪元、天长三节，值班长官进宫晋谒天皇，进奉藩王之贺表。物奉行所之属吏，每年交替值班，办理纳贡事宜及庶务。物奉行所属吏轮番驻守鹿儿岛，办备藩用诸物。

贡品为贡米八千二百石，每年以等值货款交纳至东京租税局。

属岛三十五

久米岛，《日本书纪》作玖美，明人称姑米，位于那霸以西四十八里处，方圆六里二十町，分具志川、中里二间切，有村庄十九。物产有杂谷、甘薯、牛、马、鸡、猪、䌷、缟、久米䌷。

庆良间岛，明人称鸡笼屿，位于那霸以西七里处，方圆三里有余，有村庄二（属前庆间岛，方圆二十五町）。物产有杂谷、甘薯、鸡、猪、海鱼、蚕丝。

西庆良间岛，明人称马齿山，连接庆良间岛，分为五岛，曰座间味，方圆一里二十二町；曰阿嘉，方圆一里十八町；曰计吕间，方圆二十余町；曰屋嘉比，方圆一里有余；曰古和，方圆一里有余。物产有杂谷、甘薯、鸡、猪、海鱼。

渡名喜岛，位于那霸以西二十六里处，方圆一里六町，有村庄一。物产有杂谷、甘薯、鸡、猪、海鱼。

伊江岛，明人称移山岙，位于今归仁西北三里处，方圆四里七町，有村庄三。物产有五谷、牛、马、羊、鸡、猪、砂糖、蚕丝。

伊是明岛，位于伊江岛以西六里处，方圆二里十八町，有村庄二。物产有杂谷、甘薯、牛、马、羊、鸡、猪。

伊平屋岛，明人称叶壁山，位于今归仁西北十里有余处，方圆四里二十六町，有村庄七。物产有杂谷、甘薯、牛、马、羊、鸡、猪。

鸟岛，位于伊平屋岛西北五十四里处，方圆一里有余，岛中产硫磺。以上诸岛近冲绳。

宫古岛，位于那霸西南九十三里处，方圆十一里，分为狩俣、平良、下地、才口力。其土地肥沃，人口稠密，茅屋参差，男耕女织，辛勤劳作。无高山巨岳，居民苦无薪炭。又无津港，运输贡品之船舶系于涨水海滨，风浪作时，每每有倾覆之虞。物产有杂谷、甘薯、蓝底条纹细麻布、太平布、上等麻布、中等麻布、下等麻布、棉布、芭蕉布、草席、苏打水烧酒、甘薯烧酒、牛、马、羊、猪、鸡、海鱼、

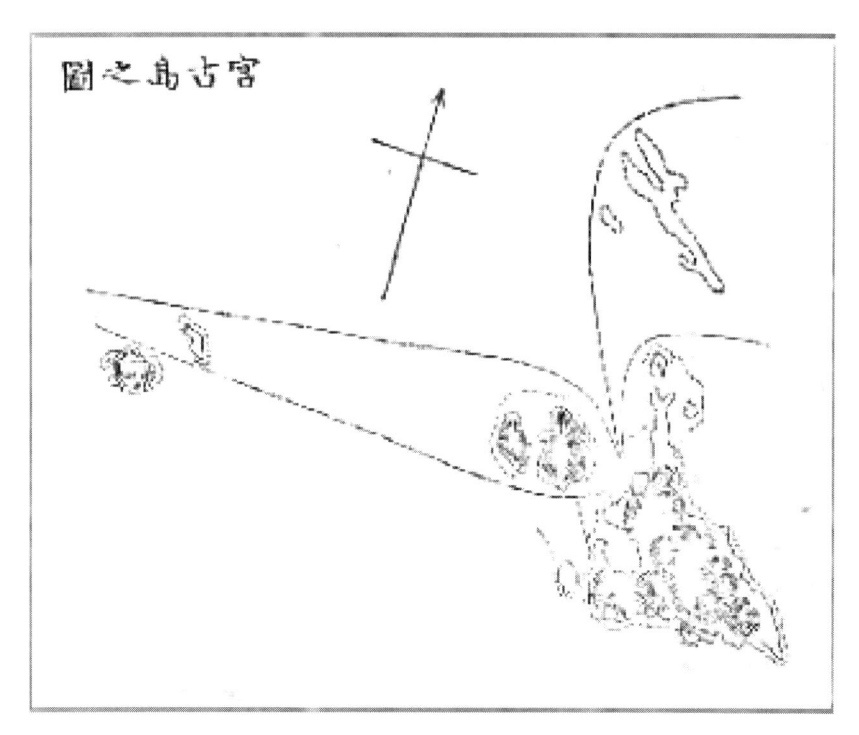

宫古岛之图

玳瑁、螺贝等。

平良岛,方圆四里二十町。余来间岛,方圆一里。大神岛,方圆三十町。池间岛,方圆一里八町。水纳岛,方圆一里。惠良部岛,方圆四里二十町。下地岛,方圆一里二十町。多良间岛,方圆四里。以上八岛环列宫古岛,故总称九岛为宫古岛。明人称麻姑山,有村庄三十八。自那霸往宫古岛,稍偏北方向有暗礁,南北长五里,东西宽一里二十町,潮水常趋东,称八重千濑。

石垣岛,《续日本纪》作信觉,位于那霸西南一百四十里处,方圆十六里十七町,分为石垣、大滨、宫良、河平四间切。

小滨岛,方圆三里。武富岛,方圆一里三十町。波照间岛,方圆三里二十町,位于石垣岛以南七里处,为琉球之南界。小滨以下三岛属石垣岛。入表岛,位于石垣西南十里处,方圆十五里,分为入表、古见二间切。

鸠间岛,方圆二十二町。黑岛,方圆二里二十町。上离岛,方圆一里十町。下离岛,方圆二十七町。与那国岛,方圆五里十町,位于入表岛西南四十八里处,为琉球之西南界,距台湾二十里,据传夜间时见火光。鸠间以下五岛属入表岛。以上十岛，总称八重山岛。明人称太平山，计有村庄四十九。琉球人称宫古、八重山二岛为先岛，其峰峦秀拔，人烟稀少，气候乍暖还寒，朝暮变化。石垣之河平，入表之古见、外离等有良港，可泊大船数艘。外离港内有煤矿。物产有杂谷、甘薯、牛、马、羊、猪、鸡、白底条纹细麻布、太平布、上等麻布、中等麻布、下等麻布、棉布、芭蕉布、草席、甘薯烧酒、密淋酒、桑材、黑柿树、入表兰、大叶兰、玳瑁、刺松藻、海马、螺贝。

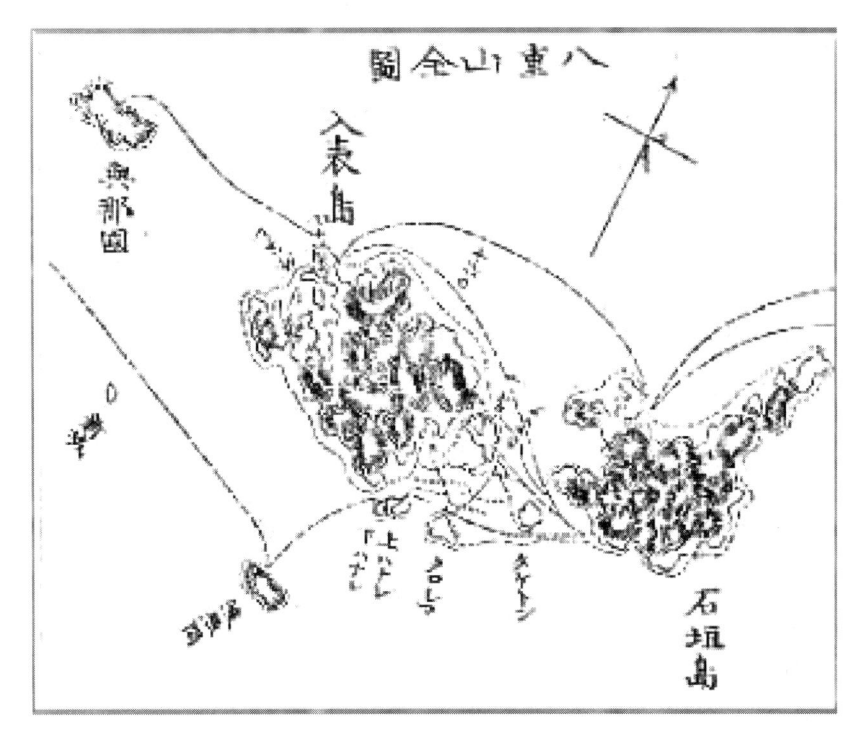

八重山岛全图

以上二十八岛为琉球藩所辖。

舆论岛，明人称繇奴岛，在运天港东北二十里有余，距冲绳岛之国头仅二十七里，方圆三里十八町，有村庄七。年产杂谷、甘薯、花生、牛、马、鸡、猪、棉布、砂糖凡三十万斤。

冲永良部岛，位于舆论以北十八里处，方圆十里十八町，分为大城、时德、喜美留三间切，有村庄十九。年产杂谷、甘薯、花生、牛、马、羊、鸡、猪、棉布、芭蕉布、草席、砂糖凡一百五十万斤。

德之岛，位于冲永良部以北十八里处，方圆十七里有余，分为龟津、喜志、

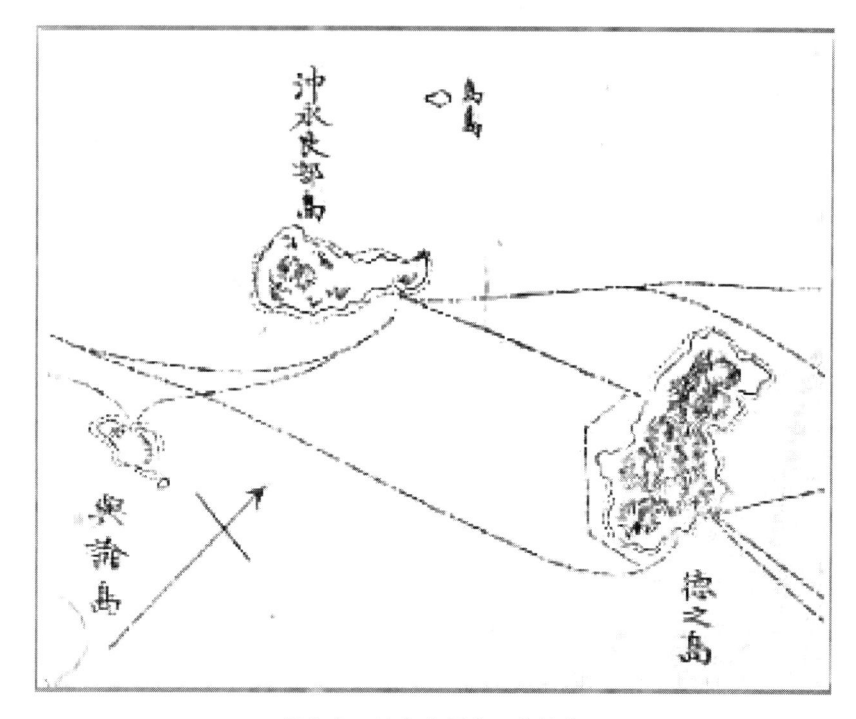

德之岛　冲永良部岛　舆论岛

伊仙、兼久、冈前、井之川六间切，有村庄四十六。其山岳崔嵬，横亘南北，无良港，秋德一港，稍可泊船。年产五谷、甘薯、牛、马、羊、鸡、猪、绅缟、棉布、芭蕉布、草席、砂糖凡三百五十万斤。

舆路岛，位于大岛之南，方圆三里三十町。与其相对之宇计岛，方圆四里九町。舆路、宇计之北有垣路岛，方圆十五里，此三岛属大岛，乃其南界。

大岛，《文献通考》称琉球之北山，《世法录》称小琉球，位于德之岛东北十八里处，方圆五十九里十八町。今舆路岛以下四岛总称大岛，分名濑、笠利、古见、住用、大和滨、濑名、烧内、龙乡、赤木名、渡连、实久、西、东十三间切，名濑为治所，有村庄一百零六。有大熊、龙乡、烧内、古见、住用等埠头，各可停泊船舶数十艘。住用有铜矿。岛上重峦叠嶂，树木苍郁，鲜平地。年产杂谷、甘薯、花生、牛、马、羊、鸡、猪、绅缟、棉布、芭蕉布、草席、砂糖凡八百万斤。

从大岛之名濑北行九十里至披久岛，其间为七岛洋，海潮常东向而落，奔溃汹涌，似大河之逆流，《元史》所谓"落漈"、"水驱下而不回者"是也。

喜界岛，位于大岛以东七里处，方圆七里有余。分为伊砂、志户桶、西目、东、荒木田、湾六间切,有村庄十八。地平坦,无山林,至以干牛粪干马粪代薪炭。物产与大岛同,产砂糖,凡二百万斤。草帘之产,砂糖之品味,南岛中无出其右者。

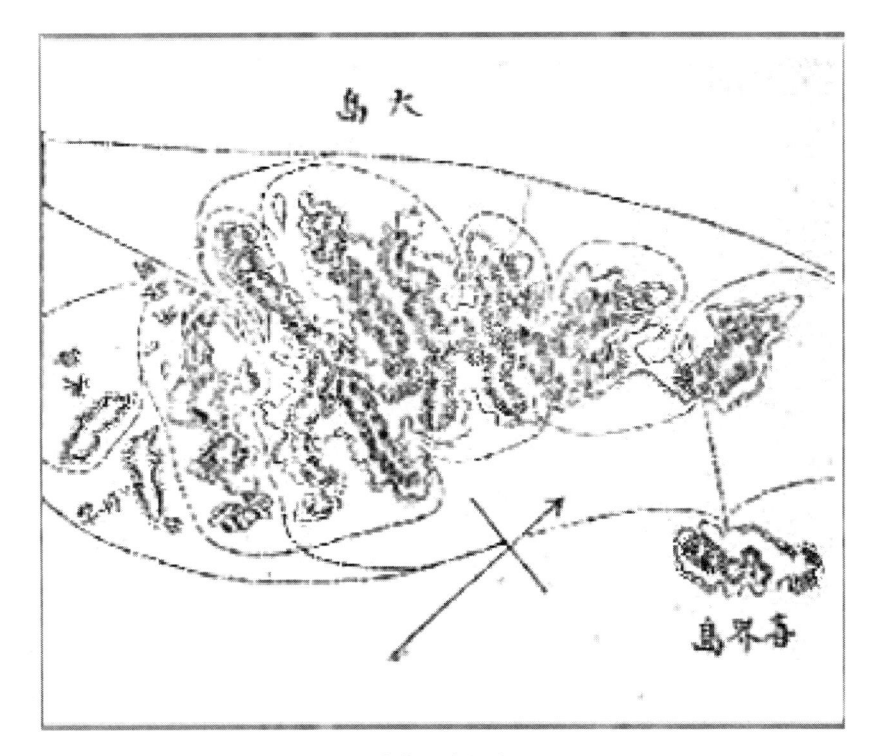

大岛　喜界岛

以上八岛,初属琉球,庆长十五年归萨藩所辖,现今属鹿儿岛管辖。

略史

国初有一男一女生大荒之中,男名志仁礼久,女名阿摩美姑。其运土石,植草木而成森林,以防海浪,其坚如山岳。人物繁殖,经数世,有一人出,分群类,定民居,称天帝子。天帝子生三男二女,长男称天孙氏,国君之始也;次男,按司之始也;三男,百姓之始也。

天孙氏统治之时,推古天皇十八年,隋主杨广遣武贲郎将陈陵、朝请大夫张镇诏谕流求,不从。陵等进兵都府,焚宫室,掳男女数千人而还。

二十四年,掖玖人来朝贡献。此南岛朝贡我朝之始也。掖玖即琉球。尔后朝贡不绝。永万年间,源为朝自伊豆之大岛发船,至流求,娶大里按司之妹,生一男,居数年,留妻子而还大岛。

天孙氏二十五世,德薄政衰,诸按司叛,权臣利勇弑其君自立,天孙氏之统绝焉。

文治三年,源为朝之子尊敦诛逆臣利勇,立为流求王,是为舜天王。尊敦之即王位也,励精图治,变国俗,教文字,政纲大举。是岁,岛津忠久为南岛地头。

嘉祯三年,舜天卒。

历仁元年,世子舜马顺熙立。

宝治二年,顺熙卒。

建长元年,世子义本立,五年,以英祖为摄政。

正元元年,义本观人心归英祖,乃逊位归隐北山。英祖,天孙氏之裔,惠祖之子也。始筑坟墓,建佛寺,西北诸岛属焉。

正应四年,元祖忽必烈命海船万户杨祥、福建人吴志斗等赍诏书来诏谕,不应。遂争斗,死者三人,祥等不能达命而还。

永仁元年,元主铁木耳命福建省都镇抚张浩、新军万户张进诏谕流求,不从,浩等擒生口一百三十人而还。

正安元年,英祖卒。二年,世子大成立。

延庆元年,大成卒。二年,二子英慈立。

正和二年,英慈卒。三年,四子玉城立。玉城不德,耽于酒色,专事田猎,政纲废弛。大里按司兼察度,略有岛尻间切,称山南王。今归仁按司怕尼芝,占有国头间切,称山北王。流求分而为三,玉城仅有中头间切,称中山王。

延元元年,玉城卒。二年,世子西威立。

正平四年,西威卒。诸按司相议废嗣子而迎浦添按司察度。五年,察度立,名大真物,浦添间切谢那村人。尊乃父为奥间大亲。

文中元年,明主朱元璋命行人杨载赍诏书来谕,察度受其书。明年,遣弟泰期使明国,奉表贡方物,受明之封爵,始用琉球二字。此琉球通支那之始也。

应永二年,察度卒。三年,世子武宁立。武宁荒淫无度,国政日衰,人心背之。十一年,佐敷按司巴志率兵来攻,武宁举城降。十二年,思绍立,名君志真物。巴志本佐敷按司,称乃父为鲛川大主。二十三年,思绍灭山北。二十八年,思绍卒。二十九年,世子巴志立。

永享元年,巴志灭山南。琉球三分一百十六年,至此复合为一。

永享十一年，巴志卒。十二年，二子尚忠立。

嘉吉元年，足利义满赏岛津忠国诛叛人义照之功，加封琉球国。

文安元年，尚忠卒，二年，世子尚思达立。

宝德元年，思达卒。二年，叔父尚金福立。三年七月，尚金福遣使入京师，呈书幕府，贡方物。九月，足利义政以其贡物赐诸臣，而以一千贯钱进献朝廷。

享德二年，金福卒。三年，第七子尚泰久立。

宽正元年，泰久卒。二年，第三子尚德立。

文明元年，尚德卒，嗣子幼冲，国人不服，遂杀之，诸官乃相议推戴前锁之侧尚圆。二年，尚圆立，名思德金，号金丸，伊平岛首见村人，尚稷之子，义本之胤，今藩王之始祖也。八年，尚圆卒。九年，弟尚宣威立，至六月，禅位于尚圆之子尚真，隐于越来城。七月，尚真立。大永六年，尚真卒。七年，第五子尚清立。

弘治元年，尚清卒。二年，世子尚元立。三年，尚元卒。

天正元年，二子尚永立。十三年，尚永卒，无子。十七年，族子浦添王子尚宁立。七月，尚宁遣使赴京师朝觐丰臣秀吉。初，琉球年年遣使萨藩，通音问，贡方物，习之久矣。至此则绝贡使。藩主岛津义久遣使责之，不听。

庆长九年，岛津氏又遣使，赠尚宁王手翰，数其罪，谕其速发聘使，至骏河谒前将军德川家康，不应。十一年，岛津忠恒诣伏见城，谒家康，请征琉球，家康许之。十三年，岛津家久得幕府允可，征琉球。先遣人劝其速入贡，三司官等固拒之，不听。十四年二月，义久、义弘、家久决议征讨。以桦山久高为大将，平田增宗为副将，兵凡三千余人，战舰百余艘，于三月四日发萨摩之山川港，七日至大岛，岛民拒战，击破之。平德之岛，定永良部岛，舟师进，至于那霸港，有警备，乃返航，向运天港，尚宁乞降，不听。整兵，水陆并进，久高自运天港上岸，进兵，围首里城。三司官等连署乞降，久高许之，着人检点簿书财货，俘尚宁及三司官等，下令禁劫掠，国民安堵，遂班兵那霸。兵兴四十余日，琉球尽平，乃以本田亲政，留戍某蒲地。五月，久高等以尚宁及所俘获发那霸，于二十四日抵山川港。六月，尚宁等至鹿儿岛，面见义久、义弘、家久，叩头谢罪。家久等屡设飨宴抚慰之。七月，前将军家康手书赠家久，俾管领琉球国。十五年五月，家久令尚宁等发鹿儿岛，八月抵骏河，谒家康。是月，家久、尚宁至于江户，谒秀忠于牙城。九月，发江户，归萨摩。是月，课租税，割大岛、德之岛、喜界、冲永良部、舆论五岛归萨摩直辖。十六年，家久设条约十五条，付与尚宁及三司官，尚宁等各呈誓书三章。九月，尚宁等归琉球。尚宁无子，以族子尚丰为嗣。

元和六年，尚宁卒。七年，尚丰立。

宽永三年，东觐家久。此行携琉球之乐童子十余名，奏乐江户城，后遂以之为定例。八月，从家久、家光朝京师，于后水尾天皇御前奏乐。十一年夏，尚丰发正副使，贺将军家光之继统，并谢袭封之恩。自此，值国王之嗣立，将军之继统，皆遣正副使至江户。十七年，尚丰卒。十八年，弟尚贤立。

正保四年，尚贤卒。

庆安元年，尚质立。

宽文二年，清主玄烨即位，改元康熙。三年，清主以张学礼、王垓为正副使出使琉球，封尚质为琉球国中山王。

宽文八年，尚质卒。九年，世子尚贞立。

宽永①六年，尚贞卒，子尚纯先没，七年，立嫡孙尚益。

正德二年，尚益卒。

三年，世子尚敬立。

宝历元年，尚敬卒。二年，二子尚穆立。

天明八年，世子尚哲没。

宽政六年，尚穆卒。七年，孙尚温立。

享和二年，尚温卒。三年，世子尚成立。十二月，尚成卒。

文化元年，尚灏立。

文政十一年，尚灏让位于世子。是岁，世子尚育立。

天保五年，尚灏卒。

弘化元年三月，法兰西国船始来那霸，乞互市，以海中小国，无有需交易之物品，固执弗听。法人乃留牧师一人、清国一人而去。三年四月，复来。是月，英吉利国船来，乞互市，弗听，留数人而去。七月，法船复来。四年，尚育卒。

嘉永元年，世子尚泰立。七月，法船来。六年六月，北亚米利加水师提督佩里来，乞互市，弗听。谈判数次，遂交换条约。

安政元年正月，英船来。六月，再来。十月，法兰西国水师提督干尔杏来，交换条约。二年正月，法船来。三月，又来。五年六月，荷兰国钦差全权加白

---

① 原文如此，疑为延宝之误。

良来,交换条约。

　　文久二年八月,法船来,尽载其所留民人而去。初外国船来,萨摩藩主岛津齐兴遣藩吏数十名,轮番驻守,又发兵大岛,以备非常之变,及幕府与各国缔结条约,始撤之。

　　明治四年①,废藩置县令下,以琉球国属鹿儿岛县管辖。五年九月,尚泰以伊江王子为正使,宜野湾亲方为副使,入东京朝觐,贺天皇陛下亲政。乃以外务省掌使命事。十四日,天皇于内廷召见使臣,使臣等奉上国王尚泰之上表,天皇诏以琉球为藩,封尚泰为藩王,列华族。外务卿宣读册封诏书,授予正使尚健,代使臣及尚泰拜受诏命。是月二十八日,命下,其与美国、法国、荷兰三国所交换条约当为政府之条约,由外务省管理。二十九日,以藩王为准一等官,赐宅邸,在府下饭田町。十月二日,使臣发府下,还藩国。六年四月,尚泰谢恩书至,外务省奏之。尚泰遣官吏数名至藩邸,五月抵东京。此其东京轮值之端绪也。七年七月十三日,以琉球藩隶内务省。

[伊地知贞馨著:《冲绳志略》(一名琉球志略),
有恒斋藏版,明治十一年五月七日。]

(翟意安　译)

---

① 1871年。

3. 南岛纪事外篇（乾之卷）

西村捨三　著

南岛纪事外篇序

后藤子恭，著南岛纪事，记琉球国开国以来至废藩置县历代沿革。西村君顺卿，又纂述彼土形势风俗故事遗闻，间附绘图，题曰南岛纪事外篇，不□列诸著述也。然吾观其所记，闻见所及，命笔直书，不事修饰，曲尽事理，且人之以为琐屑而不经意者，一经驱使，则姿态横生，物情悉露。譬诸顾恺之图裴楷像，颊上加三毛，观者觉神明殊胜焉。盖君素谙彼风土，故其言凿凿有据，非同夫影□之谈。而其尤所斤斤者在研究故实。夫冲绳悬绝海南，在昔往来稀少，职才之志，辀轩之录，稀有流传。乃今日海运大开，通航频繁，人只知今而不知古。惟其不知古，是以其于风气变迁，习俗污隆之故，多不能得其要领。斯编引古谈今，使读者有所考，信是作者深言所存也。余少在乡里时，遇所谓琉球馆者，每喜就乡人问其土俗风习，忽忽二十余年。今读外篇，如逢故人而话旧事，其快何如耶。然当时其人所不能道，而余之不及闻者，于斯篇也数数有之。贤者识大，不贤者识小，岂得不瞠若也乎。

明治十九年五月
萨摩小牧昌业撰（印）

南岛纪事外篇目录

乾之卷

一、太古以来逐岛逐浦[①]往来冲绳之事

二、冲绳划分之事

三、镇西八郎[②]渡琉偶遇之事

---

① "浦"，即海湾。
② 源为朝，别名镇西八郎（1139—1170），日本平安时代末期著名武将。

四、冲绳属岛一统及诸岛形势之事

五、内地人过去漂泊至冲绳诸岛之事

六、琉球国应明朝诏谕时之情事

七、前明时代东洋各国往来频繁之事

八、忠功余报之事

九、庆长之役后萨摩之处分宽严得宜之事

坤之卷

一、三文珠附蔡温独故事

二、英、法、美渡来景况之事

三、冲绳人口租金物产之事　附农民概况

四、衣食住日用风俗之事　附尾类事

五、士林风习贸易概况　附文书体裁事

六、历代革命及尚氏始终之事

目录终

南岛纪事外篇(乾之卷)

淡海　西村捨三著

太古以来逐岛逐浦往来冲绳之事

　　釜山山翠映对马,马岛晴空望壹崎。对马中分,其西南之连山与筑紫地方①如目睫之相接也。即云日韩之间一衣带水,相距仅百余里。虽在远古之际,航海不便,亦有一叶之孤舟,逐岛逐浦而行,往来海峡之间,遂使我邦之外交,最初为朝鲜。盖彼此之岛影,成为孤舟之海标,因其易见也。琉球诸岛之萨隅,亦为同一道理。初经大隅群岛、屋久之前后,经土噶喇群岛即七岛,过奄美群岛即大岛五岛,抵冲绳群岛。诸岛连接,项背相望,远者二十里左右,近者五六里。所谓孤舟往来,逐岛逐浦而行,地形使然也。他则绝海远洋,二三百里间不见岛影。在往支那之海路未通,航海舟楫之利未开时,遑论大和之于琉

---

① 今日本福冈县一带。

球,抑如上古以来逐岛逐浦往来如琉球之南裔①诸州,自推古②以来朝贡上国(进贡方物赤木),每据本国分限,就民生日用百般事物,无论细大,均习自上国,而后内地王政日衰,继以武家骚乱等因,怀柔之远略遂废。是时也,(为琉球置办日用百物计,俾与九州南裔往来)而表向③之朝贡已绝。近古岛津氏勃兴,其于琉球,亦惟羁縻之耳。天孙氏时代,其国内三分,曰国头,曰中头,曰岛尻,以首里为王城,以那霸为要港。间切有如浦添、大里等。首里、那霸乃我之音训④,中头、岛尻、浦添、大里乃我之和训。日用言语则十之八九为我古训转讹而成,且官府亦有文字记载(如《球阳》)。相应之制度亦完备,且与我无异。就中该国日常欠缺之物如铜钱(其国内无此矿物)、炊具、农具等金属物,自古以来即仰给于内地。其旧按司穿用之甲胄,其制如大名,盖由内地制造也。著名猛将毛国鼎亦着凤翅形甲胄,舞大长刀。其后人曾于丰见城某处展示之于吾侪,足证毛氏之古武器诚不虚也。且观其组跃⑤(内地之乱舞⑥也),古代按司之平服,如披一火事头巾⑦(所谓布甲也),棉带⑧横系一刀,又拟战阵模样,着凤翅形甲胄,携重籐之弓,横大刀,着毛靴,如义经⑨之公忠体国,非如关云长、燕人张飞之亚。推及于其余凡百事物情状,举凡民生起因,邦国成立等,以

---

① 指南方边境地区。晋代陆机《赠顾交趾公贞》诗:"发迹翼藩后,改授抚南裔。"《晋书·苻坚载记下》:"吾将躬先启行,薄伐南裔,於诸卿意何如?"

② 日本第33代天皇,即推古天皇(554—628年),593—628年在位。

③ 江户城由本丸、二之丸、三之丸及西丸构成,本丸包括本丸御殿及天守阁。而本丸御殿中又分表向、中奥、大奥三区。表向乃将军面见外臣之地。

④ 日语汉字读法有音读和训读,音读系保留汉字初传入日本时之汉语发音,有古音、汉音、新汉音、唐音、宋音等,音读在很大程度上保留了中古汉语读音的特征,如唐代中古时期的长安音、古汉语的入声。这些古汉语的特征,在今日通用的现代标准汉语中皆已丢失。与此相对,若使用该汉字之日本固有同义语汇的读音,则称为训读。音训者,用日语汉字音及意义。和训者,用日语汉字之训读音及意义。

⑤ 组跃,即组踊,琉球国之音乐舞蹈剧,初为18世纪初琉球王府款待中国册封使宴席上的古典音乐舞蹈剧,有台词、音乐、舞蹈,时任踊奉行(册封或国王年忌之际临时设置值职务,负责监督典礼之进行,有按司奉行、亲方奉行各一,亲云上奉行三)玉城朝薰结合中日之古典戏曲,发明琉球独立之音乐剧。

⑥ 日本古时节会之际献于宫廷之歌舞。

⑦ 江户时代火灾现场灭火士民之服饰。

⑧ 绗成圆筒形中间放入棉花之带子,此处当指腰带。

⑨ 源义经(1159—1189),日本镰仓幕府首任征夷大将军,源赖朝同父异母弟,著名武将,是日本人所爱戴的传统英雄。

今征古，其为我之属邦，一目了然。

据《延喜式》载，太宰府辖南岛，贡方物赤木。又《南岛志》云，琉球产赤木，其性坚致，紫红色，有白理，现冲绳县下各地产植此木，于国头地区之杣山（内地树木之山林也）备用地块周围栽种之，以为防风林木（常为"绿树"）。有粗至八九尺乃至一丈者，可作菜种油压榨器、制糖车、捣米臼、镗床等，乃极为有用之木材。《南岛志》所谓其性坚缎，紫红色云云，如图可知。

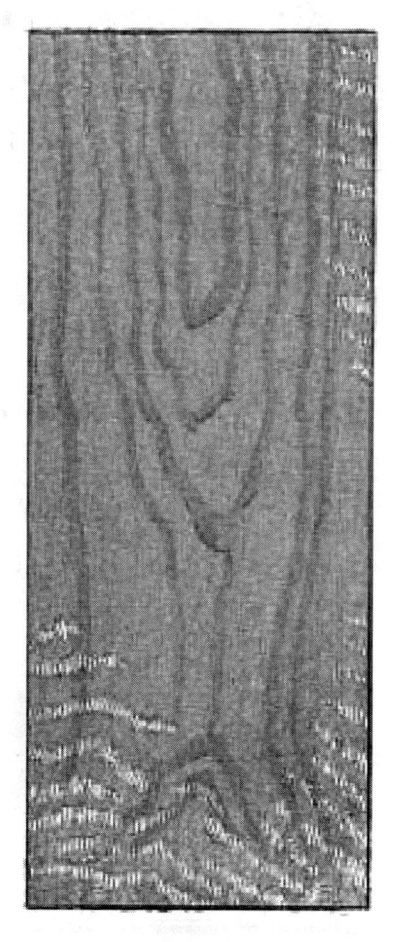

赤木板目

赤木之图

羽地王子向象贤仕置书事

王子向象贤，通和汉之学，当时受王命著《中山世鉴》之识者也。其人言行，今犹为冲绳士人尊为龟鉴。其遗书即《羽地王子仕置书》曰：

> 一年两祭礼，三征其民，东四间切百姓不及申其疲矣。岛尻八间切，浦添、中城、北谷、越来、美里、胜连、具志川、读谷山，八间切百姓之疲不胜计矣，且王室用物，亦失之过度。君子当以节用爱人为己任。为主君者，当常思民之疾苦，墨守旧规，非仁政也。知念、久高之祭典，非开辟以来即有之，乃近人创制者也。其章法简约，令人叹服。

> 上述祭典乃旧规也。一代（主君）至少一祭，然即便祭祀，亦理所应当。此后移至知念、久高之神城，可敬可佩。诸佛源于大国，受人顶礼膜拜。窃以为此国人，其礼仪无疑皆来自日本。时至末世，天地山川，五行五伦，鸟兽草木之名，皆与我国相同。虽语言有所相违，盖因与上国隔断久远也。其五谷时常被携带至日本，作祭祀之用。由此可知，此非冲绳之异类。

冲绳划分之事

冲绳划分之事，远在天孙氏时代即已施行，如称为国头者，称为中头者，称为岛尻者，犹如内地之五畿七道，又如越前、越中、越后者。其称某间切者，犹称某国或某郡也（以汉名称为三省三十余县）。其地势，东北部之国头犹头部，西南部之岛尻犹足部，与其名称颇吻合。且其形势殆有类似于内地者。国头部分国头、大宜味、久志三间切，犹如奥羽。羽根地名分护本部、金武、恩纳等，犹如关八州①、甲信、越后也。中头各间切，犹如箱根以南五畿内诸州也。岛尻犹如山阴、山阳也。然其山野景况，乃至于田圃开发情形，与内地东西部景况颇类似，也可称为内地百分之一之雏形也。内地五畿七道之划分，天武②以来千有余年沿袭不变。而冲绳地方之区划，则自天孙氏时代以来大见其变更。其一地之主宰旧时称按司者，王政时代每以按察使国司等名之，上行下效，此后一地之领主亦称为亲方或地头，其间切官吏，则称之为地头代，一村之长称之为掟，意谓一村之成规，此又不待言也。区划及官制等邦国之要旨大体如上

---

① 日本江户时代上野、下野、常陆、上总、下总、安房、武藏、相模之统称。
② 日本天武天皇，673—686 年在位。

冲绳县本岛略图

所云。其他如各间切衙门,有部内吏员集会执事之公所。各间切中占地最善者大抵广三百坪以上至五百坪左右。其房屋有百坪左右(以乡村之瓦屋为衙门),兼作官吏出差及巡视地方时之旅馆,故而其中亦有相应设施,现下半数为小学校代用。四周石墙环绕,古木葱郁,门前为间切所有之宽阔马场,老松如盖细草如毡,颇得形胜之妙。其制如宫古、八重山二岛,一层为粗制而宽敞之楼门,如内地小大名之营房。

镇西八郎渡琉偶遇之事

八郎雄霸十八镇西,此人乃盖世之豪杰,其在九州之时已知晓萨南琉球情状。其远略未展,辄为大岛之谪客,长日无聊,乃作八丈岛等近处岛屿之首次巡视,遂因风势之便,渡来琉球。自伊豆大岛至琉球,五百里左右,径直顺风而下,渡航十日前后乃至。海路之上,远窜忧愤之余,八郎一帆顺风,一飞渡琉,自不待言。而本岛之人,虽明里已绝对日朝贡,而对身为其原先之主家兼本家之大和人仍保有崇敬之情,况八郎乃人皇之后裔(《中山传信录》,以及《世谱》、《球阳》等一切史书均以此列诸卷首,视为本国无上之荣光),堂堂伟丈夫,英气逼人,携利兵强弓而登陆,岛人不敢以漂流人待之,耸然慑服,直视之为天神耳,自东自西,渴仰甘从,终与大里按司之妹通而生舜天。此后,八郎落魄寄留之遗孤,弱冠举义兵,诛除国贼利勇,一举成为冲绳开国始祖,岂非其英雄本色使然乎?毕竟冲绳太古以来即属我版图之内也。世俗之见以义经鞑靼行之,巡视朝比奈岛,比类八郎在琉球情状,甚可叹也。

或云舜天王虽号称琉球中兴之君,史册唯载天孙氏之世二十五代一万七千八百年,非可以历数推之者,征之人事,亦属罕见。盖吾国之神代,与支那唐虞以前同,谓为洪荒之世,故称舜天为冲绳开国第一世也,讫于今日,大抵相当。现崇元寺①先王庙之神主亦以舜天为中心太祖,尔后三十六世依次序列左右昭穆,太古以来天孙氏等情状一切置之。

---

① 日本临济宗寺庙,位于今冲绳县那霸市,始建于1527年。

崇元寺先王庙神主昭穆图

穆一	义本		昭一	舜马顺熙
穆二	大成		昭二	英祖
穆三	玉城		昭三	英慈
穆四	察度		昭四	西威
穆五	思绍		昭五	武宁
穆六	尚忠		昭六	尚巴志
穆七	尚金福		昭七	尚思达
穆八	尚德		昭八	尚泰久
穆九	尚真	舜天	昭九	尚圆
穆十	尚元		昭十	宣威
穆十一	尚宁		昭十一	尚清
穆十二	尚贤		昭十二	尚永
穆十三	尚质		昭十三	尚丰
穆十四	尚纯		昭十四	尚贞
穆十五	尚敬		昭十五	尚益
穆十六	尚温		昭十六	尚穆
穆十七	尚灏		昭十七	尚成
			昭十八	尚育

《中山世谱》拔抄[《中山世谱》,享保年间(清雍正年)三司官蔡温奉命编辑者,尚敬王作序,琉球第一正史也]。

舜天王

姓源,神号尊敦(童名不传),宋乾道二年(南宋乾道二年①)丙戌降诞,父镇西八郎为朝公,母大里按司妹(名号不传),妃(不传),世子舜马顺熙。

附纪

舜天王之父为朝公,生得身长七尺,眼如秋星,武勇出众,最善于射,乃日本人皇五十六世清和天皇后胤,六条判官为义公第八子也。宋绍兴二十六年

---

① 1166年。

丙子(和朝保元元年),日本神武天皇七十四世鸟羽院与太子崇德院失和构怨,各招兵战,时为朝公住于镇西,投崇德院,以助其战,寡不胜众,大败被擒,诸将受诛,公见流于伊豆大岛。宋乾道元年乙酉,公驾舟以游,暴风遽起,舟人惊恐,公仰天曰:"运命在天,余何忧焉?"不数日,漂至一处海岸,因名其地曰运天,即今山北运天江,乃公之所飘至也。公上岸,遍行国中而游,国人见其武勇,尊之慕之。公通于大里按司妹而生一男云云(中略)①。儿名尊敦,荏苒间,尊敦稍长,居动异常,气量出众。宋淳熙七年庚子,尊敦年十五岁,才德兼备,国人尊之,推为浦添按司,境内大治。正会天孙氏二十五纪之裔德微政衰,有一权臣利勇,深受君恩,弱年任近侍,壮年专掌国政,从己者赏之,逆己者罪之,权威尤盛,国人畏之如虎。一日入内殿,乘隙弑君,自立称国君。时尊敦岁二十二,英雄无比,倡义起兵,四方应之如响云云(中略)②。利勇无力可施,遂杀妻子自刎而死,国人大喜,皆推尊敦以就大位。

《球阳》拔抄:
舜天王
神号尊敦。

附纪
舜天王之父为朝公,生得身长七尺,眼如秋星,武勇出众最善于射,日本人皇五十六世清和天皇后胤,六条判官为义公第八子也(以下与《世谱》大同小异)。

《中山传信录》拔抄:
舜天
宋淳熙十四年③丁未,舜天即位。
舜天,日本人皇后胤,(大里)按司朝公男子也云云。

---

① 原文如此。
② 原文如此。
③ 南宋孝宗赵昚年号(1174—1189年),淳熙十四年,即1187年。

冲绳属岛一统并诸岛形势之事

宫古岛事迹显于察度之时,大岛之事见于英祖之际。其如大岛,虽自太古以来即有往来,而归属冲绳本岛则在文永年间。宫古则直至明洪武年间仍与冲绳本岛重洋悬隔,相互不知所在。阅宫古岛旧史,其国骚乱,某酋长尝祈之天神而叹曰:苟得大国支配,必能免此祸患矣。漂至琉地,是亦一小乾坤之事大主义,终归中山王所属,中山亦因之而益强。由是观之,琉球三十六岛之一统,实乃历五百年方克至此。此间本岛三山纷争,南部八重山梗命,北部喜界大岛难制,其归于一统同风,非在中兴之尚圆王时代,实在尚真王时代四百年以还之时(永正年间全国班冠簪之时也)。前此风俗政教出于细微。今则按之地图,琉球三十六岛东北起于大岛喜界,西南终于八重山与那国,其间小大数十岛屿,连接于二百四十五里间,中途久米、宫古间凡五六十里,斗绝①渺望,不见些微之岛影(此其所以归属琉地之迟也),然八重山之宫古岛,久米以东之大岛各岛屿,项背相望,所谓可逐岛逐浦以相往来之地势也。冲绳诸岛,形同本部,以大岛诸岛为右翼,以宫古诸岛为左翼。而自大岛至萨隅地方屋久岛,海中六七十里余,河边七岛散在其间,各岛四周多悬崖峭壁,系舟不便。且有《元史》所谓"趋下而不回"之落漈水,海潮汹涌。往古船体脆弱,至此来往艰险,唯有奋勇向前。近世往来于萨摩琉球之船舶,多有罹难于此洋之中者,盖因近古人民迫于本邦骚乱,六番流经此荒洋,入于南荒炎徼②之地而有以致之也。近古岛津氏勃兴,其于琉球,亦惟羁縻之耳。且此时之琉球本岛,恰处于三十六岛中部。自古以来,该国孤悬海上,国主行政教,布风俗,海邦辽绝,航道不便,俨然自成桃源。吾侪循例以为萨摩与琉球间、七岛洋中倘有一港口可便于舟船之出入,则琉球之名早绝迹于世间矣,是亦荒洋激潮中,南北方呈现对立假相之根源也。

《宫古岛旧史拔萃》(可证明至明洪武年间,冲绳、宫古两地相互知悉对方之所在):

尝闻大明洪武年间,与那霸头丰见爷为当地尊长之时,民俗奸险而不

---

① 斗绝,孤悬之意。《后汉书·窦融传》:"河西斗绝在羌胡中,不同心戮力,则不能自守。"

② 南方炎热之边区。唐白居易《遇微之于峡中》诗:"君还秦地辞炎徼,我向忠州入瘴烟。"

向乎善,常好兵,屡戕害人命矣。丰见爷熟思焉,地方偏小而不知有上下之分矣,且好胜而不恐法律矣。是其所以相仇而相害也欤?倘使归顺于大国而蒙德伲者,民自得所也。尤怀悬望有年也,幸其比,海不扬波,有祥云见东北乎,暗识视圣主之出世,于是沙坛筑于白川滨,竖竿坛上,曳竿头五色之绪乎。

祷天祝曰:"愿者持教大国之方位,导我使到贵土,通达赤心之情,救民之苦患乎。"祈愿七昼夜也,终愿之晓天,明星之下,有岛影幽见,又竿头之绪足靡艮之方①,丰见爷大悦曰:"祈愿成就也。"乃舣舟望艮之方出帆乎,诸神拥护,顺风如意,翌日到于中山也。然言语殊不通,只以手为摸样,而讼心中之事耳。中山王(御讳)察度深爱怜之,赐于寓居泊村,抚育三年,而言语渐通乎(此寓所之古迹即今在泊村□氏伊波亲云上居敷之后也。有井名丰见爷川,从来当地之人到于中山时,必参诣此井矣。可惜顷年为照屋筑登之亲云上请地埋井,而今访之,无迹形也)。圣上甚嘉其忠诚,赐褒赏也。丰见爷着锦归乡,光前辉后,荣昌何事如之矣。自是土民服王化,修礼仪,劝农业,习俗日新而为太平之境地也。原与八重山岛有唇齿之好,因故洪武二十三年庚午,导彼岛之尊长相共捧方物朝见中山矣云云。

《忠导氏家谱》云:
仲宗根丰见亲玄雅号德岩
童名空广
天顺年间生
尚圆王世代
成化年间朝见中山奉
命为宫古岛之主长有古传也

---

① 后天八卦,艮之方位在东北。

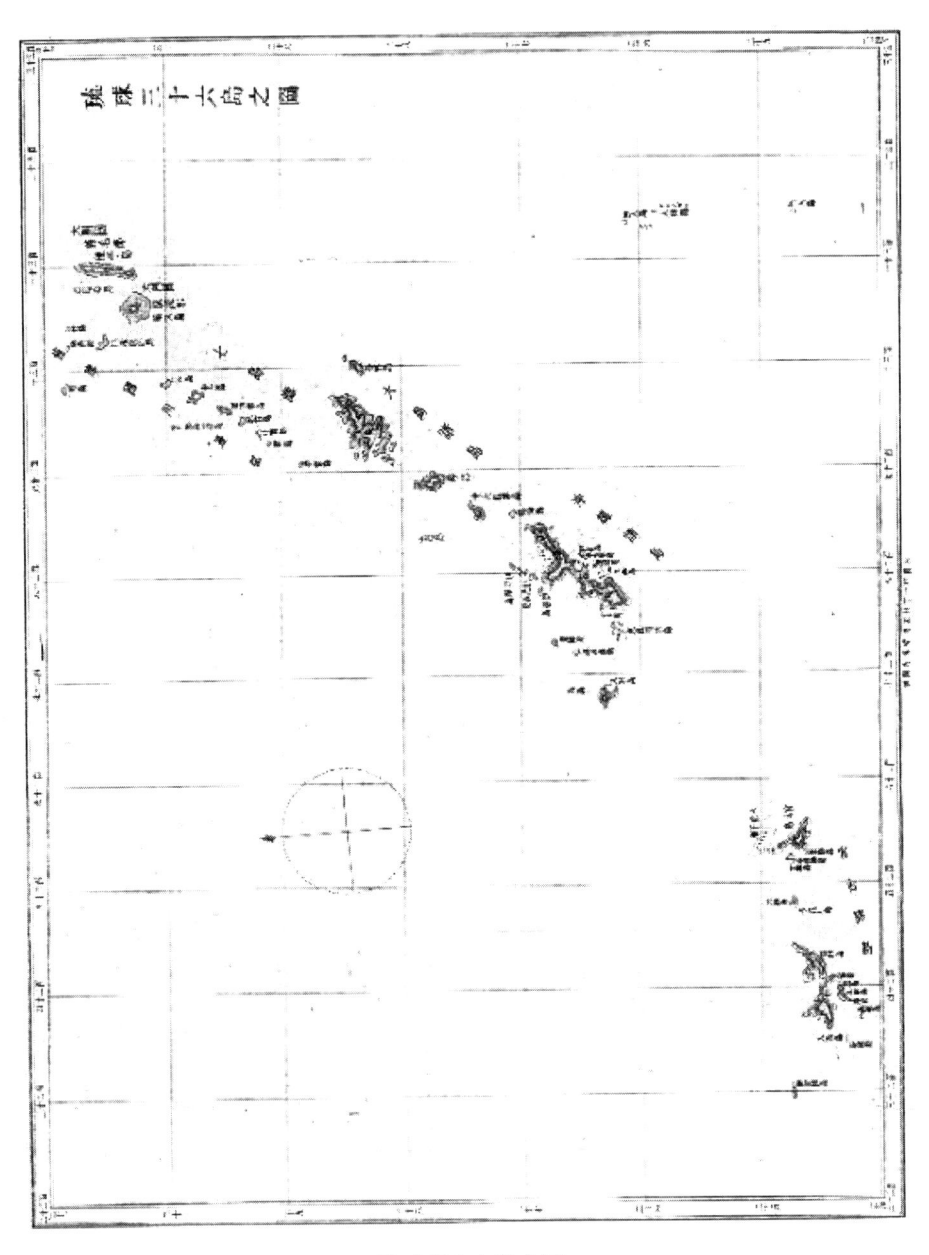

琉球三十六岛之图

尚真王世代

弘治年间,当地俗犹不向善,而好兵争胜,戕害人命。玄雅熟思之,沃土之民多为放恣者,是谷米饶足而无恒产之所致也,不如讼于主国,敛赋税,供年贡,使民服勤劳而归仁化也。于是请命乃置役人于诸村,令定每丁赋数矣,自是民俗向仁,不懈农业,能修礼仪,为太平之民也。(以下略)①

内地人过去漂泊至冲绳诸岛之事

源为朝,保元之流人也。平行盛②等,寿永③之逃亡者也,或游琉球而其遗孤王其地,或三分大岛而领有其地。其事迹之显明,可列举漂泊至于该岛之其他内地人(以资佐证)。盖经由大岛以南冲绳本岛,至于久米、宫古、八重山、与那国,二百四五十里间,岛屿散布,航行于我西南海面上者,如遭遇东北或北面之暴风雨,其势必漂泊至于琉球诸岛。故宫古旧史中,不知该岛及琉球本岛之所在。倭人所谓"又隔台湾东岸二三十里有与那国,有自称平氏子孙者十七家,废藩置县后曾面谒巡视官吏,其为本邦子民也,名分判然,众皆欣悦。由是观之,在先岛诸岛交往琉球前,业已有我邦人士漂流至彼,传授种种技艺,尤其刀剑之类,可为其证据。而先岛二岛在交往琉球之前一称宫古,一称八重山,皆为纯粹之和训,殊为雅驯,岛名如此,何况其他哉。抑如朝鲜,山则长白,江则鸭绿,或呼为白云台,或呼为青石洞,就中汉阳、汉江之地名,延安、开城之府名,实乃斟酌现今之汉名而袭用之也。岂止朝鲜,安南等亦类此也,毕竟两国均与支那南北相接,自箕子、赵佗以来二三千年间,百事师事支那。"炳焉如冲绳则反是,太古以来即逐岛逐浦以交往内地,天孙氏以来一切师事大和,至显明也,观者以为如何?

与那国岛乃冲绳县西南极远之地,距八重山之内入表岛二十里,距台湾东海岸二十里(距鸡笼④八十海里),乃国家西南之国界也。去岁佛清战争⑤之际,船舰时时出入此地,乃支那军舰为避风及取水而舶来也。此岛周遭仅五里余,有村落三,户三百二十九,人口一千七百五十一人,贡物米粟计三百二十八石余,上白布九十八匹。有牛五百二十一头,马百三十三头,土地肥沃,民风淳

---

① 原文如此。
② 日本平安时代末期平家之武将,平清盛之次子及平基盛之长子。
③ 日本安德天皇与后鸟羽天皇年号,1182—1185 年。
④ 鸡笼,即今台湾基隆。
⑤ 即 1883 至 1885 年爆发之中法战争。

朴,诚富饶之岛屿也。居民中自称大和人种者十七户。姓岛中名锅者宗家也,旧藩中授筑登位阶(正九位)之家族也。方言中追尊为始祖,持古剑曲玉者,则众口一词之牛若①、辩庆②,盖漂泊至此岛牛若、辩庆子孙,亦即平门残徒之误也。冲绳地方方言之所谓尊长、酋长,本岛概称为亲方,大岛则称大亲,宫古岛则称丰见亲。与那国地方,称始祖为爷,视吾主领为父亲也,此称呼乃纯粹之和训。又与那国岛之祈雨节,老幼皆击鼓呐喊,呼唤(雨神),是亦师事大和之明显佐证也。

又,对于岛上偏远孤弱之土地所有者,则自旧藩中岛吏之位尊望重者,或八重山士族中选派贤者,认定其为人抑压侵渔之事实,或有为登岛之那霸商人欺骗,投告无门,多年来饮恨抱辛。废藩置县后,县官时常巡视,今八重山官署之支署亦已建成,相当之官吏常川值守,民众所受保护出乎其意料之外,众皆悦服。又此地多瘴疠之气,年年夏秋之交,疟疾肆虐,而历来之治疗措施殊难周到,置县后医师来回巡视,药石奏效,今岛人之信奉西洋医术,敬若神明矣。且请设立公立小学,堪称皇化及于蕞尔,孤岛亦逢开明之春也。

《宫古岛旧史拔萃》(往古大和人渡岛之佐证):

系数大按司之从弟西铭飞鸟爷勇武之名,世所盛传,按司大人,亦一方之羽翼。不意飞鸟爷竟为石原城之思千代按司父子所图,为其所征讨,系数大按司闻之,心中愤懑,欲有以报之。当地风俗,丰年以丰礼招待宾客,赏神酒,寓意五谷丰登。系数大按司因延请思千代按司父子,而该父子于征讨飞鸟爷之后,亦惧系数大按司怨己,不意丰礼之宴,系数大按司竟殷勤相邀,实为意外之喜。宴会之际,系数大按司殷勤接待,劝进神酒,二人大醉而归,途中遇伏,为人所射杀。而起目籍大人则为天下无双之勇士,如何讨灭之,系数大按司亦为之烦恼。或曰,以力相争,徒损人力耳,起目籍大人至今无妻女,正当以美人计伐之。按司闻之,曰:"彼智勇兼备,寻常之人难以与谋。吾女幸地目娥,容颜美丽,享誉(郡国),以之为饵钓之可也。"乃设箭道,五十步设土山,设箭靶十四,射手依次发七矢,全中靶心者可为按司之婿。年青射手闻之,多集于箭道,共较武艺。起目籍大人闻之,亦欲炫其技。一日,来至射场,拟发矢,系数大按司早作安排,乃

---

① 牛若,即源义经。
② 辩庆,即牛若之家臣。

故作恰巧经过之状,为之礼。起目蔑大人辞退,曰:"猝尔参与,多有冒犯,改日当馨香沐浴而来。"按司握其手曰:"今日幸为黄道吉日,当先贺成婚之礼。"固请之,起目蔑大人亦不推辞。城中人皆云起目蔑大人射箭第一,因获为按司大人之婿。幸地目娥自隙中窥之,见起目蔑大人容颜俊美,威风拂面,应对如流,诚佳偶也,不禁芳心暗许。按司以角皿①斟神酒,口作贺词,手打节拍,殷勤招待起目蔑。按司近前,扣起目蔑大人双手,劝之尽饮,间不容发之际,身旁一剑飞起,起目蔑大人之首级倏尔不见,其所持之津②之酒具亦坠地粉碎,其人即刻身死矣。飞剑之人,原亦倭人,至今不知其死所。幸地目娥心中不平,曰图谋起目蔑大人,而以我为饵,此何事也?彼真心待我,方尽其术,射中箭靶,吾应请其谅解。倭客亦常云,于起目蔑大人有遗恨,盖其不欲席间加害,伤及无辜,尝进谏于按司大人也(以下略)③。

琉球国应明朝诏谕时情事

冲绳为我南岛之一部,其朝贡之事迹,诸岛之建碑等王政整修之痕迹炳然可见。况源八郎之男舜天王其人,乃冲绳开国第一主。地理、风俗人情、历史之联系不可分离,其归属我版图之内,乃无可置辩之事实也。隋元两朝渡海攻我,冲绳亦未从乱。然我中古武门骚乱之时代,内地王纲解纽,名实紊乱,疏于朝贡之催促,值此之际,朱明勃兴,建都于金陵,距我咫尺。琉球虽非对岸近地,然太祖惯于夸耀内外勘定,乃诏谕琉球。中山王察度应之。察乎当时东洋国情,我邦遭逢开国以来之暗世,甲起乙毙,四分五裂,自顾之不暇,遑论南裔遐方之去留矣。支那则反是,明初之盛世,千岁一时,自谓主宰寰宇,君临八纮,远略怀柔,无所不至,况区区之琉球哉。又琉球自玉城以来(正和年间),一国三分而鼎立,察度王以雄豪之资,崛起民间,一举成为中山之王,遂乘机奋起而应大国之诏谕,以此自重于山南山北二国,可谓一时之政略欤。而僻居海外之小邦,初次朝聘庞大之中国,眼迷魂飞,犹旧幕时代美浓山中俸禄千石许,轮值宿卫之乡下武士,自深山幽谷中,去至大垣之类繁华邻藩,通谒名护屋之德

---

① 方形酒具。
② 今日本神奈川市镰仓县。
③ 原文如此。

川公,惊见自清州至热田,连檐三四里,五重天主金之鳙铧①。且朝聘者收支并不相抵,中国唯满足于其好奇之心。朝贡谢恩之名目,实令朝聘者如免资而得出入宝山。中国且下赐岛人以难得之奇珍异品,诚幸运之至也。故此琉球始终不预告主家本家而与他国往来。尚宁王宠用偏信明朝国子监生郑迵,为此后招致庆长之奇祸张本②。足见纵使本邦处乱世之中,疏于怀柔,此亦全然其发展过程中不经意而起之插曲耳。

前明时代东洋各国往来频繁之事

前明盛时,朝鲜、安南、暹罗、吕宋等支那左近之东洋各国,奉行事大主义,对华朝贡不绝。各国使臣行商等,彼此相会,探究往来水路,东洋各国交往大兴(我国亦寻求前明之堪合印,各处通商)。此时之琉人,亦通商各地。那霸江中有名为字奥山之小岛,其中有御物城古迹,恰如长崎出岛上身为外国人居留通商大本营之阿兰馆。据云某日,因朝鲜人所谓高丽青瓷廉价售卖于琉球,致琉进出口失衡,琉球严禁购入青瓷,韩客怒将所藏陶瓷器系数捣毁。迄今该地海底依然充盈青瓷之残骸,此亦一奇事也。是皆前明一统隆盛之际,其属国亦频繁往来琉球之佐证也。当知琉球自古以来与安南、朝鲜等国通商,而迄乎元中年间(明洪武年间)之察度王时代仍处蒙昧时代,尚不知晓近在眼前之宫古岛。岛影难觅,遑论交往,而借前明盛时各国朝会之余势,东洋交通频仍之际会,琉球亦初得以往来于四方。

忠功余报之事

古往今来琉球著名舞蹈名曰鹤龟者,其第一幕所谓忠臣藏者,实尚泰久王时代中城按司护佐丸,汉名毛国鼎者冤死仇打之一段。其子孙繁荣蔓延,今球阳名门凡有向、毛、马、翁四氏,有禄世袭之华士之族,大略出此四门。向氏乃旧藩王家之支裔,按司之家(王族)今尚有二十八户。次之则以毛氏为盛,就中毛氏之嫡系子孙,今冲绳县顾问、八等③出仕丰见城盛纲,毛国鼎十六世孙也,

---

① 鳙,即干鱼;铧,即矛。
② 庆长十四年(1609年),日本萨摩岛津氏犯琉球,掳尚宁王,杀郑迵,1611年,琉球与萨摩藩签署《掟十五条》,承认琉球乃萨摩藩属国,琉球自此为中日(萨摩藩)两属。1613年,尚宁王被迫将奄美诸岛割让于萨摩藩。
③ 日本明治时代官阶,由上至下有亲任官(卿)、敕任官(大辅、少辅)、奏任官(少丞、六等出仕、七等出仕、大录、八等出仕、权大录、九等出仕、中录、十等出仕、权中录、十一等出仕、少录、十二等出仕、权少录、十三等出仕、十四等出仕、十五等出仕)。

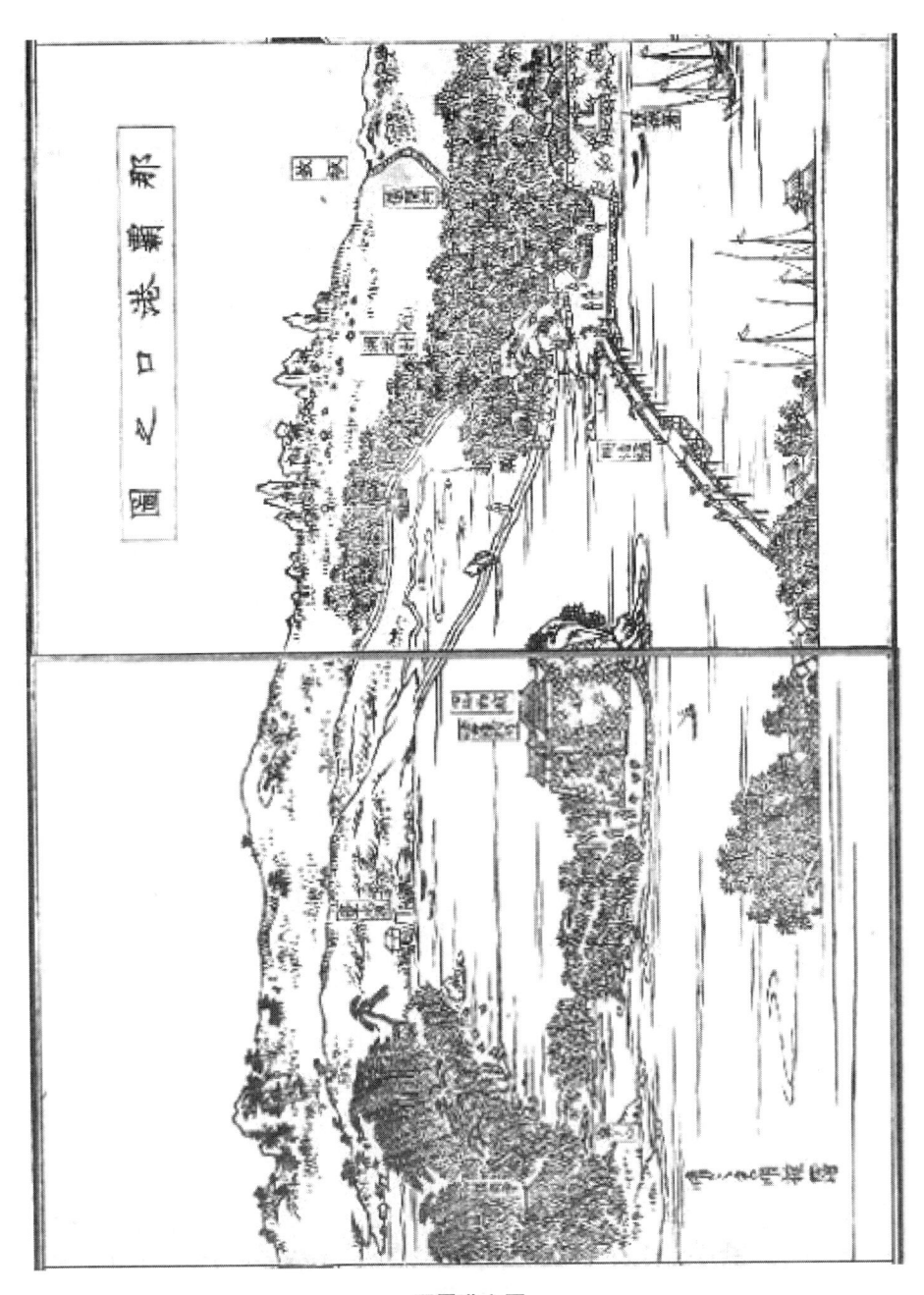

那霸港之图

本支宗族甚盛,历代多有为王舅、法司①者。今一人者,大岛与湾之大亲(酋长)而马氏之始祖也,因同辈之谗言而自缢,其子孙与那原良杰为旧藩之三司官,今则为尚家之家令②,此家先祖以来九世为三司官。小邦而九世三公,亦一门之荣也。毛国鼎、与湾大亲皆琉球民望所寄,其所居城亦国之要害,坚固逾常(其故墟中城今尚俨然伫立,乃首里相亚之名城),士马精强,冠绝全国。二人皆琉球所属一大岛之酋长,据其所存立之北部大岛而自立,良非难事,而二氏者皆严守君臣之分,重名义,不放一矢一石,从容就死,堪称古代人臣之龟鉴。天鉴非虚,两家子孙繁盛逾常,大益名教。他如宫古岛酋长仲曾根某氏者,尚真王时代,往事鞅掌③,氏奉命征讨八重山与那国,有殊勋,且治理宫古,颇有堪为后世借鉴者。以此,其子孙贤者必为头职即酋长,不肖者亦得为仲宗根村与人(户长)。步武先祖,相互扶持,永世一系,带世袭之姿,报祖先之余功,旧惯若此,海隅小邦,忠臣烈士,斯亦奇矣。旧王家尚氏,宽以临下,以殊典遇忠臣之家,维持世道人心以久长。呜呼!琉球四百年十八世,久王偏邦,亦非偶然也。

庆长之役后萨摩之处分宽严得宜之事

庆长之役,自琉军一败,国王退居首里,至萨摩参候,江户往来等情态,尔时泉州来琉之茶坊主喜安氏,始终居于尚宁王一侧,不离不弃。该氏有《喜安日记》,文不雅驯,然自表象之记录,正便于探知内情。虽正史有载,而尚宁王究竟如何偏信三司官郑迵而误国耶?按其时,此人青年渡明,受教国子监,归国任三司官,掌中枢,专君宠。然毕竟生于田舍,性刚愎,又求学于京城,更形不逊,惯于夸耀大国大都之风习,所谓"蜀中无大将,廖化作先锋"是也。想必其于平民出身之关白秀吉悍然侵犯朝鲜,且与大国敌对,以为实无法无天,不可饶恕也,况于毫无关系之琉球国课以兵粮赋税,诚荒谬至极,加之与大明朝廷敌对,若助之,恰如助邻攻主,非理之宜也,故而冲冠一怒,力主拒之。按之当时情形,人皆惧其威权,无敢冲撞者。德川将军一统之后,准丰臣氏旧例,着

---

① 法司,即三司官,琉球国最高执法机构,凡三人,由出身首里且非王族之贵族中选举产生,第二尚氏王朝(1469—1879年)期间,翁氏、马氏、毛氏池城家及毛氏丰见城家四家三司官辈出,时与向氏并称"五大姓""五大名门"。
② 皇室、贵族之总管、管家。
③ 谓执事纷扰繁忙也。

南島雜話　忘録

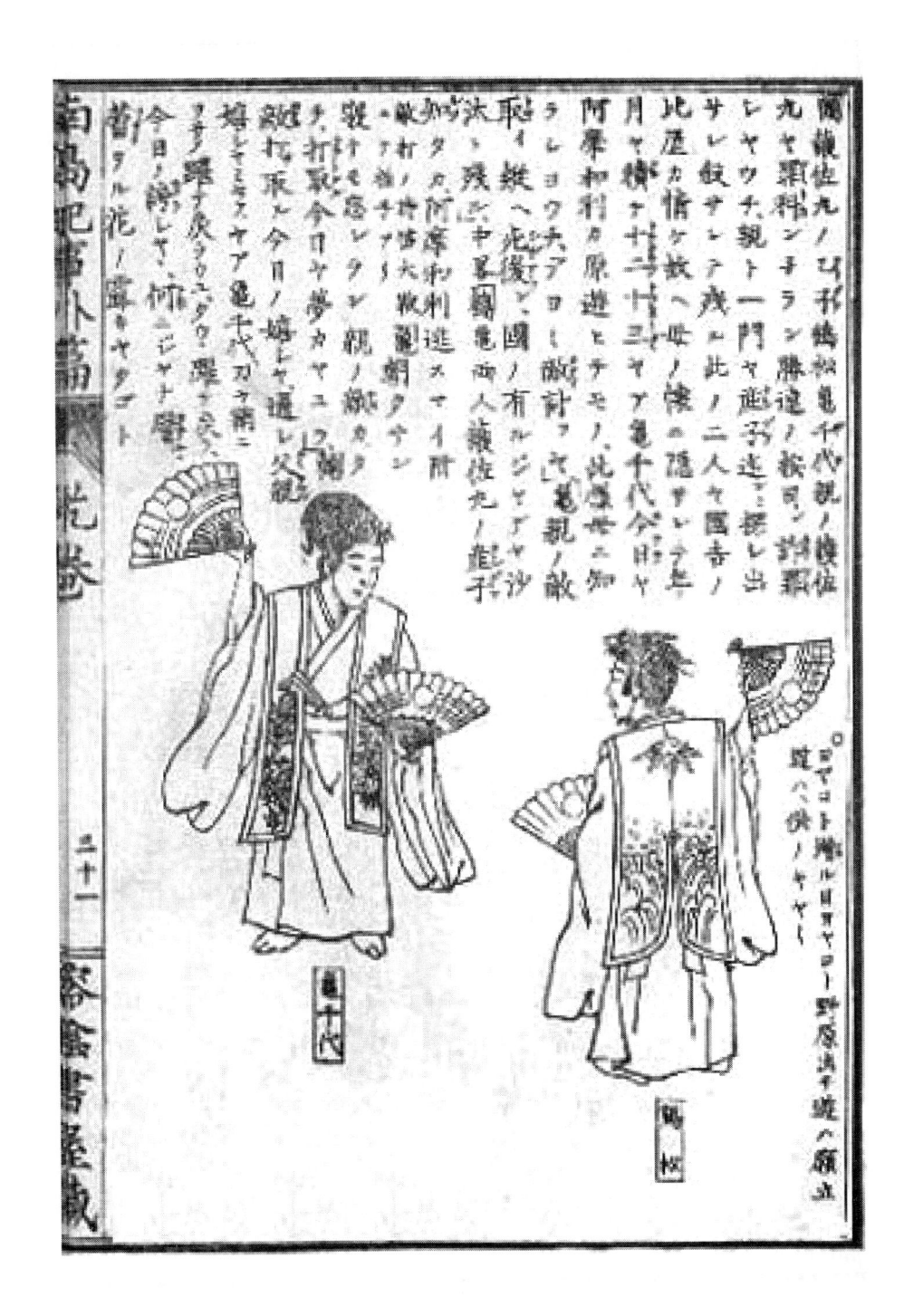

國機佐丸ノ子形鶴松亀千代親ノ機佐
丸々顕朴ランチラン勝連ノ按司ニ謝罪
シヤウチ親ト一門ヶ武子達ニ捉レ出
サレ敗サレテ残ニ此ノ二人ヲ國吾ノ
此處力情ヶ故ヘ母ノ懐ニ隱サレテ先
月ヶ續ナ廿二十三ノ丁ア亀千代今日ヤ
阿摩和利ヶ原遊ヒテ中。比處世ニ如
ラレヨウチヤ、アロト亀千代世ノ
恥ト弑ヘ尼後と中島圖亀両人襁褓ノ如
タ、阿摩和利述スマイ時　沙子
　敵ノ椴打チ打チ大戰闘鯛クシ
　擲ナモ感レクシ親ノ戰カ
　打取今日ヶ嬉ヤユラ蘭
　誕ヒ承ヶ今日ヶ夢カユラ
　鶴レテミスケアヶ亀千代ヶ道シ父親
　嬉ヤ灸ウ　カ
　？ナ昭ヲウヘンジャク？　澤ナラ
　今日ノ鯖ヲシハ、快ニジャナ
　薔アル花ノ露キヤタコト

◯ソデモト鞘ルヿ日ツヤヨー野原洪千喉八願志
窪ヘ供ノヤヽー

亀千代

鶴松

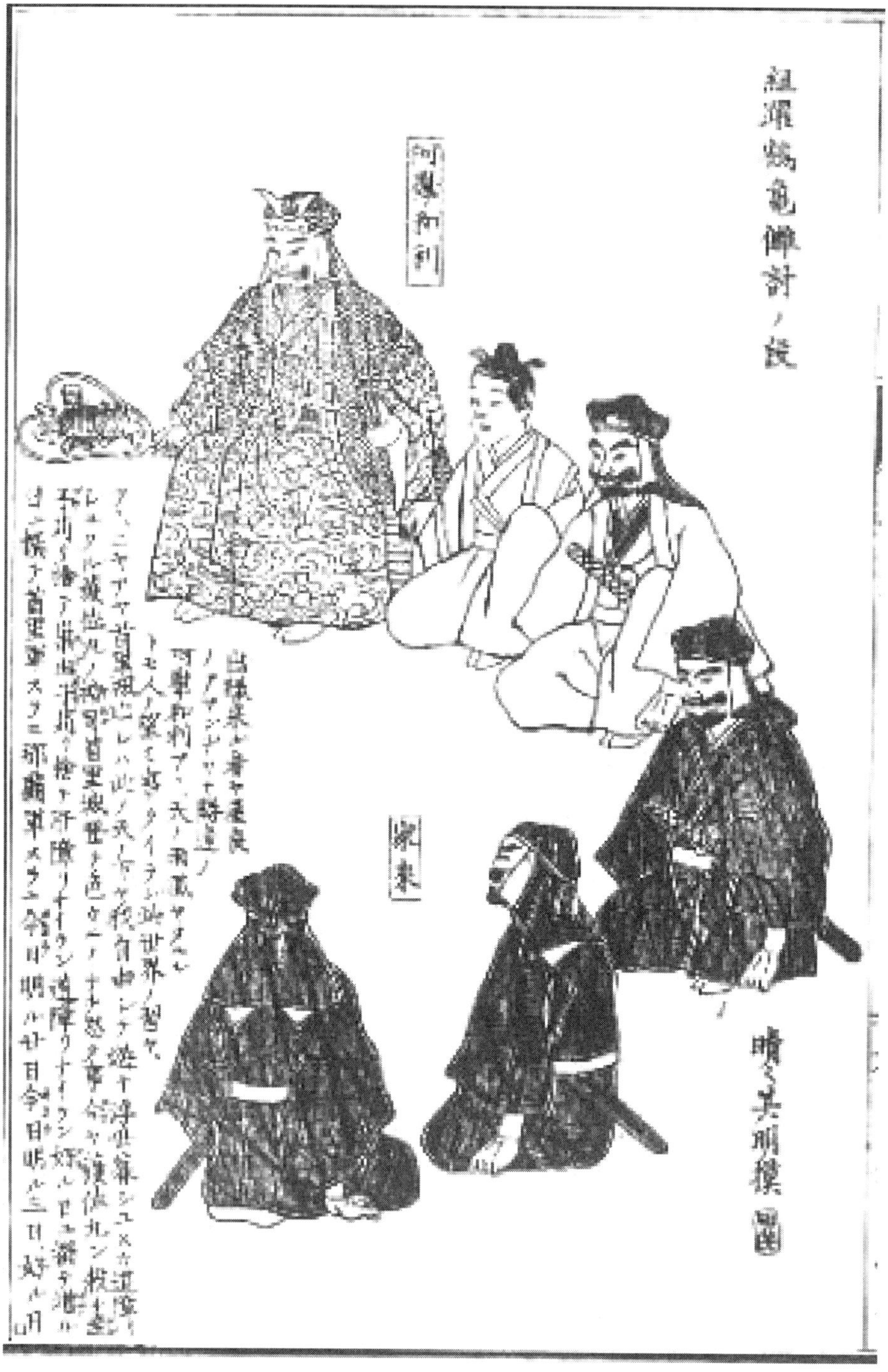

萨州①促其觐见,亦毫不在意。其意自诩梦日入怀而生,并吞六十余州,攻下大明之秀吉关白,十载间亦身死而国败。此次将军也罢,德川也罢,其结果亦不出此。萨摩藩百般劝解其聘问秀吉,终无动于衷,于助伐朝鲜,亦始终不予理会,昧于眼前之利益,计不及远,小国琉球,究为小国。且以有大明为后盾,若有缓急,大明终当以朝鲜遇之,施以援手。此等乡愚之见,乃风靡于琉球。然则大明与琉球、朝鲜,关系有浅深。一则地势上自燕京至朝鲜国境鸭绿江一百余里。和兵侵入其近畿地区,其形势之迫切,譬如敌国攻取房总,饮马利根川而直逼我东京也,其得以至此者,盖因明末之式微也。而如琉球者,于海路未畅之时代,仅一代一次之册封,亦须册封使犯千万之艰难而前往,加以明末倾颓,寻常例规之往来亦托辞海氛不靖而拒之,岂有凌万里之波涛,艨艟蔽海而救援琉球之理乎?而彼时本邦坐拥纪元以来未曾有之武力,萨摩武士精兵三千,尤勇猛绝伦,逐岛逐浦进攻琉球,谈笑间已下全琉。其可哀叹者,琉球乃偏信不通时势之一介书生,不量力,不知时,宜其败也。而萨摩藩于所擒获尚宁王之处置,放归前后,不缓不急,宽猛兼济,堪称得其宜矣。宁王以被俘之身,原意生还无望,云海沉沉,旅路垂泪。及其抵萨摩,家老迎于山川,优礼备至,言真而意切,遂至新殿,奉为上宾,三日一小宴,五日一大宴,侑以歌舞,品茗叙怀,百计接待,曲尽其意。乃大感泣,安堵如初,后乃跟随家久②前往江户谢罪,时枢府正斟酌如何处置琉球之事,然自萨摩返国以来,风言不断,或曰琉球全境将沦为萨摩领地,国王等归国无期,且流放边鄙也。君臣至此,泫然欲涕,而首里之何等落魄,不问可知,唯余悲泣耳。不意中枢定谳,除大岛五岛归岛津氏直辖外,其余诸岛仍返还国王,此外须进献相应之年贡。证之以誓文三章,布于法令十五条。随从当路之琉官,亦皆郑重盟誓。原意以为国灭矣,至此皆喜出望外,如枯木之逢春也。又宁王在麕中,始于琉球诸岛捡地,审核的实,小大无遗,是擒虬龙而纵之,俾令归于自由也。至若亲方郑迥,悍然抵抗之巨魁也,乱世中名高一时。其初抵萨摩,藩中以其游行示众,士民蚁聚。其人身长六尺,肤色黝黑,目如流星,泰然自若,始终不改男儿本色。枢府终以其为误国之祸源,判定即日问斩。琉球之事,几经波折,终能尘埃落定。尔后岛津

---

① 即萨摩藩。
② 即岛津家久。

氏乃效法目代①之制,于那霸置在藩奉行,多方监督。其法一言以蔽之,则为简而严,非徒本国之利益是计也。以其取舍轻重得宜,故二百年间,琉球虽为日本管下之附属国,其地位实不啻于大家族之另立门户者。琉球即以萨摩为母国(又称萨摩为大和,称江户为大和),以主家之典章制度郑重裁决凡百事务。如在藩奉行者,以其身为岛津公之目代,其威权埒国王。举凡世代轮替、日常交际,皆殷勤临之。王子、太子、摄政、三司官等时时过访,国王亦时或光临。又大和船舶入港之际,则有使节告以母国之喜讯,或派驻琉球官员之家宅无恙等情。遂于别业款待使节,又构木台,侑以爬龙舟②、拔河等日式娱乐。其或有病恙者,则祷之佛祖,祈求平安。有离世者,则国王等撰祭文、致香奠,作诸般吉凶情事,事大之精神,尽矣至矣! 下为佐证岛津家殷勤应对琉球事务之记录,检出自旧时记载,读者由是可类推当时情境。

(下略)

[西村捨三著:《南岛纪事外篇》(乾之卷),榕阴书屋藏版。]

(翟意安 译 于磊 校)

---

① 日本古代官名,即地方长官"国守"之代理。
② 即赛龙舟。

4. 琉球处置提纲
明治四年至明治十二年

绪言

此书依伊藤内务卿之命而作，专门用以揭示维新以来处置琉球之相关重要事宜。

其与琉球事务相关官署未来可参考者，举其全文，其他如该藩之请愿书、外派官员之答辩书等，则揭大旨而略全文。欲详其全貌者，当自求其原书。

关于台湾之处置，其中所揭示大久保大使与清政府谈判之大略，指证征蕃之役盖因琉球人民之被难。

关于书中各种簿书之收集，虽不免甲详而乙略，其概貌备焉。

明治十二年十二月
内务一等属　远藤连
内务二等属　后藤敬臣

琉球处置提纲
明治四年至明治十二年

据明治四年七月十四日所公布之全国普行废藩置县令，琉球属鹿儿岛县管辖。

明治五年正月，鹿儿岛县之县官派遣奈良原幸五郎、伊地知贞馨两员前往琉球，着令琉球官员于该地政事进行顺应时势之必要改革。琉官即奉命谨遵。

以前琉球欠岛津氏债务五万元，值此改革之际，鹿儿岛县特捐弃之，以充救恤琉球士民之资。

此前（明治四年十一月中旬），琉球属岛宫古岛民六十六人，漂流至台湾蕃地，其中五十四人为生番[①]劫杀，仅十二人得以全命，搭乘由清国福州至琉球

[①]　日本对台湾土著人之称谓。

之船舶返国。

奈良原、伊地知二人领受琉球永不违背此次改革命令之声明承诺书,于七月十一日赴琉球,十四日抵鹿儿岛。二人将此事首尾及八重山岛民于台湾蕃地遇难之事具状上报县厅。

是月二十七日,琉球使臣一行抵鹿儿岛。

是日,鹿儿岛县参事大山纲良令伊地知贞馨上京,具状上表八重山岛人民台湾蕃地被难始末,乞借政府军备,兴问罪之师,以征蕃地,殄群凶,扬皇威于海外(此为上述征蕃之始末)。

同年八月十九日,太政官致函外务省曰:

> 今有琉球使者摄政三司官三名及随从二十七八人来朝,又有鹿儿岛县随行官员前来,望省妥为接洽,特此致函。
>
> 壬申八月十九日
> 太政官

太政官就接待琉使礼仪之事咨询外务省,外务省以为琉球历来为本邦属国,无须以域外使节之礼待之。唯其乃维新后首度来朝之庆贺使,当优遇之。朝廷评议,从之,以外务省总其事。外务省为接待琉使,此前拟定以爱宕下毛利从五位之宅邸为旅馆。九月二日,正使伊江王子,副使宜野湾亲方,赞议官喜屋武亲云上等,随从鹿儿岛县权参事椎原与右卫门抵京,外务省官员在旅馆迎接。

是月十二日,铁道揭幕式。

天皇亲临,三使臣列于麝香间祗华族①之后,候副车。是日,各国公使等祗候天皇,而接待内外有别,三使臣入内部之列,与侍臣无异。

是月十四日,三使臣朝参,允许属员内山里亲云上以下十九人参加拜礼仪式。三使臣拜谒,呈琉球国主尚泰上表及贡品目录于式部助,式部助读其表文,其文曰:

> 恭惟
> 皇上登极以来,乾纲始张,庶政一新,黎庶浴皇恩,欢欣鼓舞。尚泰伏

---

① 日本明治维新初期,为奖励维新有功之华族及日本天皇亲任之高官,设置所谓"麝香间祗候"之荣衔,无职制、俸给,宫中席次准敕任官。

在南服，恭闻盛事，欢忭无限。今遣正使尚健、副使向有恒、赞议官向维新，谨修朝贺之礼，并贡方物，伏乞奏闻。

明治五年壬申七月十九日
琉球尚泰谨奏

次则读呈皇后之书，其文曰：

恭惟

皇后德正中宫之位，配至尊，母仪天下，四海日进文明之域，黎庶乐生安业。尚泰伏在海隅，恭闻盛事，不胜欢忭。今遣正使尚健、副使向有恒、赞议官向维新，谨修庆贺之礼，并贡方物，伏乞奏闻。

明治五年壬申七月十九日
琉球尚泰谨奏

次奏目录。

贡献目录

献主上

唐笔[①]	二箱
唐墨	一箱
唐砚	二方
唐画手卷	二　刘松年　赵仲穆
蓝底绢质细麻布	十端
蓝底细麻布	十端
素绫	五卷
绸缎	十卷　红　白
织金龙纹缎	一卷
织金龙纹纱	一卷
青贝料纸砚箱	一个
烧酒	十壶

上述物品，由尚泰谨献。

---

① 中国产毛笔。

献皇后宫

蓝底绢质细麻布	五端
蓝底细麻布	五端
素绫	五卷
绸缎	十卷 红 白
织金龙纹缎子	一卷
织金龙纹纱	一卷
烧酒	五壶

上述物品,由尚泰谨献。

此时敕语曰:

  琉球之附属萨摩久矣,值此维新之际,上表并贡方物,忠诚无二,朕嘉纳之。

次则由式部助宣读三使臣所献贡品目录。

献主上

蓝底细麻布	五端
蓝色细麻布	五端
丝绸	五端
圆金	一份
烧酒	五壶

上述物品,由正使伊江王子谨献。

献主上

蓝底细麻布	三端
蓝色细麻布	三端
丝绸	三端
片金	一份
烧酒	三壶

上述物品,由副使宜野湾亲方谨献。

献主上

蓝底细麻布	二端
蓝色细麻布	二端
丝绸	二端
烧酒	二壶

上述物品，由赞议官喜屋武亲云上谨献。

此时天皇向使臣颁敕语曰：

汝等入朝，能奉汝主之意而不失，贡本土方物，朕深嘉纳之。

次乃取主上册封之诏书，授之外务卿，外务卿读毕，传之正使。

大日本国玺（印）

朕膺上天之景命，绍万世一系之帝祚，奄有四海，君临八荒。今琉球近在南服，气类相同，官文无殊，世代为萨摩附庸。而尔尚泰，能致勤致诚，宜予显爵，升为琉球藩王，叙列华族。咨尔尚泰，其重任藩王，立众庶之上，切体朕意，永辅皇室。钦哉！

天皇御玺（印）

明治五年壬申九月十四日

三使臣代尚泰谨奉圣旨：

臣健等谨白，臣奉寡君之命，入贡天朝。圣恩奉寡君为藩王，且班列华族。圣恩重渥，不胜惶戚之至。臣健等代辱拜诏命。

明治五年壬申九月十四日

正使　尚健

副使　向有恒

赞议官　向维新

次则由式部助宣读赏赐藩王及王妃物品之目录，并赐下之。

赐予琉球藩王者

大和锦	五卷
游猎铳	三挺

鞍镫	一具

赐予琉球藩王夫人者

大和锦	五卷
七宝烧大花瓶	一双
新制纸敷物	三枚

皇后宫赐物目录：
赐予琉球藩王者

织金天鹅绒	二卷
博多丝织品	三卷
西洋敷物	三卷

赐予琉球藩王夫人者

天鹅绒	五卷
西洋地毯	

三使臣拜受之。式部助乃延请三使臣至传达所，授予三使臣赐物。

赐物目录：
赐予正使伊江王子者

大和锦	三卷
天鹅绒	三卷
白细缅	一匹
七宝烧小椭圆盆	二个
松岛莳绘文几砚台	一组
新货币	二百圆

赐予副使宜野湾亲云上者

大和锦	三卷
白细缅	二匹

红绢	五匹
七宝烧器皿	二枚
莳绘花线	一筒
新货币	一百五十圆

赐予赞议官喜屋武亲云上者

大和锦	二卷
红绢	五卷
红白节丝	二卷
莳绘纸砚台	一组
七宝烧钵	二枚
新货币	一百圆

此外,随从者恩赏有差,三使臣拜恩而退。

同月二十日,为便于琉球藩内金融流通,赐琉球货币三万元,有旨如下:

琉球藩王尚泰:

为藩内金融流通之便,今特赐汝货币三万元。

壬申九月二十日

太政官

同月二十二日,赐三使臣乌帽子①直乘。是日乃天长节,三使臣着恩赐之装束朝参,以殊典列席华族,获赐宴。

同月二十四日,三使臣趋谒宫内省,乞暇归国,蒙赐藩王衣冠。三使臣亦蒙赐物有差。

同月二十七日,外务省命该省六等出仕伊地知贞馨供职琉球藩。

同月二十八日,令近年来琉球藩与各国所缔结条约及此后与外国交际相关事务转由外务省管辖。令旨如下:

---

① 日本平安时代至近代和服着装中之黑色礼帽,为上层公卿之服饰,平安后普及民间,镰仓时代后以帽越高者地位越尊。

琉球藩王尚泰：

近年来琉球藩与各国所缔结条约及此后与外国交际相关事务，着由外务省管辖。

壬申九月二十八日
太政官

同日，并下达以下命令：

琉球藩王尚泰：

自今日起，一等官之任免着候旨定夺。

壬申九月二十八日

同月二十九日，有旨如下，赐东京邸宅一所：

琉球藩王尚泰：

赐东京府下饭田町枥木坂邸宅一所。

壬申九月二十九日
太政官

同年十月，美国公使照会我外务省，略云今者有旨促琉球岛主辞爵而就尊位，俾其列于日本帝国与旧诸侯同格之华族。琉球已为日本帝国之一部分，然先前美利坚合众国与琉球国所缔结之规约，贵政府将维持乎？外务卿答曰，我政府将维持之（往来文书备具始末）。

十月二日，三使臣从东京出发。

同月十三日，供职于琉球藩之伊地知贞馨与出差琉球之户籍寮，七等出仕根本茂树，以及租税寮之官员等从东京出发，会晤在鹿儿岛之琉球使节。伊地知贞馨乃传达一直供职鹿儿岛之琉球官员应撤回之命令：

致琉球藩：

该藩迄今奉命供职鹿儿岛县之官员，当撤回以供将来之藩用。为节约原来琉球馆开支，其官员以藏屋敷等明目改任，负责日用物品管理，以下官两三名当值。如此其藩也不致难以处置。以此申告。

壬申十一月十日
外务省

并向在鹿儿岛县的琉球使节传达旨令：

历来琉球藩向鹿儿岛县缴纳贡租，今后则上缴大藏省。

于时历年作为租税上缴鹿儿岛县之大米及砂糖转由在藩供职者处置。

壬申十一月二十一日

户籍寮七等出仕　根本茂树

外务省六等出仕　伊地知贞馨

致琉球藩

慎重起见，并以仕于鹿儿岛县及其藩在勤之□崎助七将本文书传达申告。

十六年三月三日，伊地知贞馨等与使臣共抵琉球，使臣转达敕书于藩王尚泰。尚泰托伊地知贞馨复命，上谢恩之表三通。其文曰：

谨白。尚泰向者遣正使尚健、副使向有恒、赞议官向维新入贡，不图蒙赐藩王，列于华族并一等官之显爵。天恩至渥，不胜惶恐之至。爰具表疏，谨修礼谢恩，伏请奏闻。

明治六年三月二十八日

琉球藩王尚泰谨奏

谨白。尚泰向者遣正使尚健、副使向有恒、赞议官向维新入贡，不图蒙下赐数种重品及巨款，又及东京府下邸宅等。寡妾亦蒙赐珍品。且尚健等得拜见天颜，以至于随从者亦蒙宠惠，委屈奉承。天恩至渥，不胜惶恐之至。爰具表疏，谨修礼谢恩，伏请奏闻。

明治六年三月二十八

琉球藩王尚泰谨奏

谨白。尚泰向者遣正使尚健、副使向有恒、赞议官向维新献贡于皇后，辱蒙下赐尚泰及寡妾数种重品。且尚健等得拜见天颜，蒙宠惠，委屈奉承，不胜惶恐之至。爰具表疏，谨修礼谢恩，伏请奏闻。

明治六年三月二十八日

琉球藩王尚泰谨奏

是月，有旨令琉球之属岛久米、宫古、石垣、入表、与那国五岛竖国旗：海中之孤岛,无分明之境界,有外国掠夺之忧。现赐付国旗大中黑旗七面,于日出至日落间悬挂至久米、宫古、石垣、入表、与那国五岛之厅。此旗乃新作而成,今后如有破损,可以藩费修补。

是月,有旨令琉球亲方一人轮值琉球藩在东京邸宅:

> 致琉球藩
> 本年当由亲方一人值守东京赐宅。
>
> 明治六年三月十二日
> 外务省

是日,外务省函送《新律纲领》①于琉球藩:

> 琉球藩
> 刑典改订完毕,颁下施行。现将其律书两部交付(琉球藩)。刑官依前项条文调查,死罪以上须请示司法省量刑处置。
>
> 明治六年三月十二日
> 外务省

同年七月三司官浦添亲方、赞议官大宜咏亲云上上京,呈书请愿如下:

> 谨白。本藩于处置清国人漂泊(至本岛)事宜,依旧例请示藩厅然后施行。兹遣使者三司官向居谦、赞议官向嘉勋,谨具表疏,由三司官等详禀其事首尾。圣思无迟,恳请特垂优免。伏乞奏闻。
>
> 明治六年五月十八日
> 琉球藩王尚泰谨奏

三司官呈书外务省如下:

> 去岁外国人漂泊至本藩属岛八重山,军舰"大阪"号时正于本岛测量,乃引渡至当地。当值之官员以交际外国人事务向由外务省管辖,乃将相关接待、出使事宜付与该省。本藩照旧例逐次申告,然向无采纳者。想五月外国人送抵鹿儿岛之际,必恐惧至极,然本藩自古以来亦隶属支那,凡有支那人漂来之事,支那皇帝有令,俾予照料并送返福州。本藩至此,遂令予以照料。又以木船破损,归帆难调,拟以发往支那之进贡接贡船抑或

---

① 日本于明治三年(1870年)所定之刑法典。

租赁之船舶将其遣返支那。且历来琉人漂至支那者,亦例由当地官员照料并送福州琉球馆以遣返。近来两地民人互相漂泊至对方境域之事屡有发生,既有成例,当值之官员于支那人漂泊至此之事乃作如上处置,并无违令之事。本藩地属不毛,孤悬海外,以皇国全境及支那所行为便,自古以来即以两国为父母之国,藩内一同尊仰,代代相传。于支那国亦不拘旧例,多有往来,然究以与皇国交往为最。藩王奉公勤仕,举藩深愿罢现所申请事宜①,愿俯察之。其于如何处置支那人及本藩民人漂泊至对方国境事宜,遣返之地点,当值官员之应对,本藩之任务等,照旧例处置之方,即请示下。就前项藩王之请,以使者三司官浦添亲方、赞议官大宜味亲云上请述,候请明示。另,浦添、大宜味申述时所请示之内容亦恳请为之周旋。

癸酉②五月十八日
琉球藩三司官　川平亲方
琉球藩三司官　宜野湾亲方
琉球藩摄政　伊江王子

外务省
公启

外务省经请示太政官,于琉球藩王及三司官之申请,特指令如下:

清国人漂来如何处置事宜,可随时向本省当值官员提出书面申请,遣返人员事宜可依旧例。

朝鲜人以外之外国人不在此限。

明治六年九月十八日
外务省(印)

琉球全国处置略定,外务大臣递交琉官书面文书如下:

一、藩王阁下此年以特命蒙册封,永为藩屏,其废藩置县者,非为其对抗朝廷,肆行暴虐,致庶民离散,固有所自也。

---

① 即处置漂流民之事。
② 1873年。

二、藩王教育（国民），向来周到，致刑措数十年。其不辱任职，实足褒美。其益爱护庶民，永行弗替。

三、历年来该藩与各国所缔结各条约之原文若被提及，日后（皇国）决不令该藩为难或无所作为。

四、法国、美国、荷兰之外未与该藩缔结条约，而与朝廷缔结条约之诸国，其有船舶渡来该藩者，得遵循本省派出官员之指令，准照该藩与法美荷各国所缔结之条约优遇之。

以上之件由外务卿副岛种臣知照。

明治六年九月十日
外务六等出仕伊地知贞馨签字画押
外务大臣花房义质　签字画押
伊江王子
宜野湾亲方
川平亲方

八月七日赐琉球藩（铜质）琉球藩印一枚。

十七年四月五日，敕令委任陆军中将西乡从道为蕃地事务都督，处理蕃地事务。同月九日，西乡都督以蕃地事务率兵从东京出发，五月二十二日抵达台湾岛生番地区。偶有蕃人狙击我军，死伤数人。于是西乡都督乃进击牡丹社，毙其元凶。十八社之酋长乃来降我。剿抚之事，于理并无不当，然清政府生异议。于是政府更以参议兼内务卿大久保利通为全权办理大臣出使清国（本年八月六日从长崎出发），务期会同清国大臣议决此事。大久保大臣与清国大臣谈判数次，俾清政府承认我之讨伐生蕃乃义举，决赔偿我政府难民抚恤银十万两，费银四十万两，并互换条约。大久保大臣于十一月二十七日回京。西乡都督于十二月二十七日凯旋复命（详见处蕃趣旨书）。

同年七月，命琉球藩隶属内务省管理，有旨如下：

致琉球藩
该藩事务自今日起由内务省管理，特此通达。

明治七年七月十二日
太政大臣

同月，并向该藩下发通知如下：

致琉球藩

　　本通知主旨乃为本年第六十五号之通知，都督西乡从道渡蕃地后，剿抚得所，多望军门而降伏，即今全蕃殆平。现正搜索曩者劫杀该藩人民之凶徒。都督并率兵于其地祭祀横死蕃地同族之遗体，俾其了无挂念。航海船运之事可向长崎蕃地事务局申请办理。特以此旨相达。

　　　　　　　　　　　　　　　　　明治七年七月十七日
　　　　　　　　　　　　　　　　　　　　　　太政大臣

　　同年十一月，牡丹社酋长送出被劫杀于台湾之八重山岛人民髑髅四十四具，由任职鹿儿岛之琉官引渡回国。

　　十八年三月，大久保内务卿于内务省招待在京之琉官池城亲方、与那原亲方等，谕以征讨蕃地原由，与清政府谈判始末及赐予遇害难民抚恤米若干事宜，特旨赐该藩汽船一艘，又，为保护该藩人民，庙议于其地设镇台分营，睿虑深厚，该藩王宜速速上京谢恩。琉官等始辞行。藩王则称，身体抱恙，难以上京，又恩赐汽船、抚恤米及设置分营事，无由向清国辩说。训诫数次，至五月初旬，琉官等拜受汽船及抚恤米。藩王上京及设立分营事，告知返藩之藩王，王乃申述其难于拜受旨意之处。于是大久保内务卿于五月八日具陈前次训诫情状，不由分说，断然于该藩设置分营。又裁撤对清朝贡使及庆贺使等，庙议另着其呈报使节标准并行事之顺序。政府乃废其朝贡庆贺使并册封事，又废设于福州之琉球馆，并准藩王进京谢恩及派遣藩政改革官员。入手之顺序、缓急等仍在调查中（详见第一次琉球奉使始末）。

　　同年五月，内阁为禁止琉球藩朝贡清国及藩王轮替之际受册封等事计，特遣内务大臣松田道之出使琉球。松田大臣计事之轻重缓急，于六月十二日，携该藩官吏池城亲方及与那原亲方等从东京出发，共赴琉球，七月十日抵琉球。

　　是月十四日，松田大臣携同行之伊地知贞馨等共入首里城，致达书于藩王，藩王抱恙，其弟今归仁王子代理之。达书云：

　　　该藩旧例，从来隔年朝贡，遣使清国，或值清帝即位，则遣庆贺使，例规有之，着自今日起停止之。
　　　藩王轮替之际，历来受清国之册封，着自今日起停止之。
　　　上之所言，望细细体会，特以此旨相达。

　　　　　　　　　　　　　　　　　明治八年五月二十九日
　　　　　　　　　　　　　　　　　　　　　　太政大臣

致琉球藩

一、藩内普遍奉行明治年号,全年之礼仪尊奉布告所云。

二、为刑法律令之普遍实施,着令二三负责人调研。

三、为学务修学及通达时情计,可着少壮者十余人上京。

以上所言,望细细体会,特以此旨相达。

明治八年六月三日

太政大臣

琉球藩职制

藩王　　　　　　　　一等官

为敕任官。

大参事	一员	四等官
权大参事	一员	五等官
少参事	二员	六等官
权少参事	二员	七等官

以上为奏任官,以藩议择人上报,宣下之。

大属		八等
权大属		九等
中属		十等
权中属		十一等
少属		十二等
权少属		十三等
史生		十四等
藩掌		十五等

以上为判任官,以藩议由上届政府中检任。

一等以外,俸禄总由藩费中适量拨给。

松田大臣于前达书之外,另附说明书一通,说明不得不废止朝贡使、庆贺使及册封等事及使用明治年号之缘由。

八月五日,摄政伊江王子,三司官浦添亲方、富川亲方等就保护该藩而派遣分遣队事宜之达书(曩者大久保内务卿转交太政大臣致在东京之池城亲方书)及刑法调研、学务修学生员当上京事之达书,理当遵旨而行之事,提交书面文书并与松田大臣晤谈云,进贡使、朝贺使及接受(清国)册封事宜等,该藩历来视皇国及清国为父母,此乃国之根本也,今遽然停止之,不啻于绝亲子之情义。又年号之事,对皇国用皇历,对清国用清历,此该藩清国皇国两属而不得不如此之事也。又职制改革事,应国柄,从民心之旧规,历来如此。藩王及摄政、三司官等书再上,陈此旨。于是松田大臣作书逐条辨正之。赠藩王书略云,须遵奉分设分遣队及为实施刑法而进行调研及学务修学生员当上京事,于政府而言,当然应予指出。而所谓进贡使、庆贺使及接受册封等乃向来惯例云云,全因含糊不清之两属体制①,虽曩者我政府置之不问,然时势发展至今,其已成为发展之一大障碍。今皇政维新,万机亲裁,而纳入我版图内之藩地,沐我天皇陛下之恩泽,受我政府之保护,反受他国之牵制,事关国权,首当其冲,岂能宽假。去岁讨蕃之役,清政府以为义举,将应给予遇害难民之抚恤银两交予我政府,是其终究视琉球为我版图也审矣。如此,该藩实不必受其牵制,证迹历然,宜速速遵奉我政府达书,由此则应弃清历而用皇历,此又不言而喻者也。又职制改革之事,其主旨非在藩制之改革,而在于隶属藩制之职制也,以此,有此藩制有此职制也。国之政体,未有不从时势之沿革而变革者也,而永世墨守藩格者固非理之所宜。故宜速遵达书所言,进而再议藩吏遵奉之道(请愿书及辨正书详见第一次琉球奉使始末)。八月三十一日,三司官等再上藩王之请愿书于松田大臣,略曰该藩五百年前即已进贡支那,转投他邦,于理不合,加之征蕃之后,支那方面未见何等通报,去年秋季之进贡已照旧例进行。今断贡职,背数百年之恩意,为人为国之道皆废,是敝藩之奉皇国及支那为父母亦尽于此也。年号之事亦同此。又职制者,原应因时世之沿革而变革,不得永世墨守旧制。诚如阁下所云,敝藩之职制乃应国柄,从人望而定者也,政令贯彻民情而施行,原是惯例。松田大臣作辨正书驳斥之,其言曰,前者达书,非令人忘恩义而失信义也。比诸该藩于清国之信义,我政府则尚有数重大义不可动摇。该藩以义臣事清国,故隶属之。故该藩非徒忘却其恩义,政府之命令,其大义名分岂该藩之所谓失其为人为国之道乎?又征蕃后,清国于该藩无任何通报者,盖此乃彼我政府间已然决定之事,清国于理无须通报该藩。其受纳通贡者,乃去岁之贡品,是为两政府谈判前之事,与今日之事无关。其发送白诏

---

① 指琉球向中日两国朝贡,为两国之附属国。

红诏之事，清国之所为太过怪诞，我政府自当有相应之处置，揭示其深意。又职制改革之事，该藩虽有王号，然究非独立国家之君主，亦非附庸国之君主，而乃负藩屏之任之地方官长。然则藩之行政则藩王自任之，其余官吏自应任辅佐之责，负责具体事务。今视该藩体制，治权悉归摄政三司官，藩王袖手而已，惟保持体面。就中摄政之名尤不得当，是不得不改革者也。又此前之说明书及观摩复议事（辨正书及请愿书详见第一次琉球奉使始末），虽反复说明，藩王及官吏犹主前议，不停恳请，并决议于藩吏中择人上京，即刻请愿于政府，望政府听取该藩意见。松田大臣欲令所委任之官吏径直提出遵奉之书面文件，故姑听其请，着藩吏上京。

九月十一日，松田大臣携三司官池城亲方等委任官吏自琉球出发，于是月二十五日还京复命。池城亲方等即提交请愿书于政府，不听。然彼等犹请愿不止，遂滞留京城。至十一年冬，乃暗中修书各国公使乞援，欲申其意。

十一年十二月二十七日，政府下令派遣内务大书记官松田道之前往琉球。十二年一月六日，太政大臣作指示如下：

致内务大书记官松田道之
此次前往琉球藩，可依如下旨趣行事，不得有误。

一、抵达该藩后，以另纸转达指示于藩王，期于一周之内，俾其提交尊奉书，不得有一日延误。若其一周内未奉命提出遵奉书，可速回京。

二、接洽藩王之际，当详细陈述此次指示之旨趣，若不遵奉，当受严厉处分。

三、无论何等之请愿，绝不受理，其申请藩吏上京请愿者，可共决之。

四、此次事件，勿论事态如何发展，发生何种情形，均须恪守上述主旨以应答之，酌情处置。

十二年一月八日，松田大书记官从东京出发。此前（十一年十二月十七日）有命，裁撤琉球藩在京藩邸，驻留亲方等宜速返原本藩，富川亲方、与那原亲方等琉官遂搭乘此次便船离京返藩，于该月二十五日与松田大书记官共抵琉球。翌日，松田大书记官携供职琉球之木梨内务少书记官等共入首里城。交付指示书之际，值藩王尚泰有恙，以其弟今归仁王子代为拜命。

致琉球藩王尚泰

过去之明治八年五月二十九日，该藩派遣隔年朝贡使节至清国，清帝即位之际，派遣庆贺使，藩王轮替之际接受清国之册封等，已然下旨意禁止，该藩数请愿，至今未进呈遵奉书。又九年五月该藩设法官，审判事务悉皆由其负责，该藩亦以此请愿，至今未予遵奉。此等情事，不可等闲视之，其抗命事宜，当予以相当之处置，特以此旨督责之。

明治十二年一月六日

太政大臣

松田大书记官并作政府此次督责琉球藩原由之说明书，以为指示书之附件而送达该藩。

二月三日，具志头按司及三司官等代表藩王来内务省驻琉球办事处，面晤松田大书记官，提交藩王致太政大臣请愿书，略云该藩以朝贡庆贺清国及接受彼之册封等被禁止之事，及审判事务至今未得奉行事而蒙督责。然则上述事宜，虽多方恳请，于人情事理，行之实属不易。加之清国公使于东京查问敝藩使者，明告知以实情，则该公使即刻照会外务省，上述协议即难实施，即便遵奉，于清国亦不能置之不理，而必受其谴责。即便即刻进呈遵奉书，亦难以周全，协议签署后当如何遵奉云云。于是松田大书记官修书一封赠藩王，要云驻东京清国公使照会我外务省之事，原为我政府与清国政府间关系事宜，该藩与我政府受理之质询无任何关系，而乃以此为口实，甚不合情理。因认定该藩所行实为拒绝遵奉此次之指示书，故决定自今而后，大小藩吏，其欲于藩外旅行者，不问公私，均须获内务卿之许可。松田大书记官乃于翌日发琉球，于是月十四日抵京复命。于是，二月十八日，政府下达指示于内务省如下（其始末见诸第二次奉使琉球始末）。

致内务省

琉球藩处置事宜，该省可着手调研具体细则。特以此旨相达。

明治十二年二月十八日

太政大臣

伊藤内务卿据此指令草成琉球藩处置办法，呈太政大臣（处置方法详见第三次奉使琉球始末）。同年三月八日，政府再次下令派遣松田大书记官前往琉球。是月十一日，发布如下书面通知十一则：

致内务大书记官松田道之

此次奉命前往琉球藩,当依如下旨趣行事,特以此旨相达。

明治十二年三月十一日

太政大臣

一、以另纸向藩王及王子等展示敕谕书,交付指示书。

二、旧藩王应速速离开所居城堡,视便宜暂居别处,直至前往东京之时。城堡正式移交陆军之前,暂由兵营长官领有。

三、旧藩王向县令办理移交土地人民及官簿等手续。

四、下令并监督旧藩王区分土地、房屋、仓库、金谷、船舶等,以及其他之物和旧藩王私有之物而呈报之,着其调查租税、土木、秩禄等事务之处置方法,经与县令协商,具状上闻于内务卿。

然有不需待内务卿之指令而向县令移交者,不得延误。

五、细查旧藩之苛政,具状上闻于内务卿,而后即时改正,以获人心之归向。处置之际有可便宜行事而不至影响大局者,经与县令协商,当速施行,并上报内务卿。

六、处置之际可指挥旧藩王。

七、县治事宜,得参与县令事务,若事关县治之处置,得指挥县令。

八、若旧藩王及旧藩吏等拒绝此次处置,不撤离城堡,拒不办理移交土地、人民、官簿等,可将当事人交与警察部,予以拘捕,亦不为难之。若现反状,为凶暴,则谋之兵营,以武力介入。

九、土人惊慌骚动之际,当恳切劝谕之,或以其他适宜之方法力谋镇抚。若现反状,为凶暴,则交与警察部,予以拘捕。或谋之兵营,以武力介入,此时可适当处置。

十、旧藩王及王子请愿固辞居住东京等事,决不得许可之。若以诈伪图规避,拖延不决,则当拘捕之移送东京,然其因病而不果行时,则应一并具状上闻于政府,接受指令。

十一、入琉之际,虽藩王进呈尊奉书,决不可受纳之,当以命令形式行之。

十二、此命令之外有不得不临机处置之事时,得适当行事。

十三、以上种种事务完结,其余事宜转为县令之本职工作,速返京复命。

对内务省之敕谕书：

　　琉球之藩，旧服王化，实赖覆育之德。今乃怙恩挟嫌，不恭使命。此盖舟路辽远，见闻有限所致。朕一视同仁，不深究既往之罪，废该藩，移尚泰于东京府下，赐宅第，特以尚键、尚弼班列华族，俱赐籍东京府，有司其奉行无违。

明治十二年三月十一日（御玺）

　　致琉球藩
　　废止藩，设置冲绳县，特以此旨相达。
　　县治置于首里。

明治十二年三月十一日
太政大臣　三条实美

　　致琉球藩王尚泰
　　过去之明治八年五月二十九日并九年五月十七日之旨，而不恭使命，渐至于废藩置县，特以此旨相达。

明治十二年三月十一日
太政大臣　三条实美

　　致琉球藩
　　此次废除该藩，特命处置内务大书记官松田道之前往，凡事可依其指令行事，特以此旨相达。

明治十二年三月十一日
太政大臣　三条实美

　　致尚泰
　　自今起居住东京。

明治十二年三月十一日
太政官

致尚健

以特旨班列华族。

明治十二年三月十一日
太政官

致尚弼

以特旨班列华族。

明治十二年三月十一日
太政官

致尚健

自今起居住东京。

明治十二年三月十一日
太政官

致尚弼

自今起居住东京。

明治十二年三月十一日
太政官

致内务少书记官木梨精一郎

其暂代冲绳县令以处理事务。

明治十二年三月十一日
太政官

是月十二日,松田大书记官从东京出发,于二十五日抵达琉球,二十七日与任职琉球之木梨少书记官等共入首里城,逐次朗读前述之指示书,并交付于藩王之代理人今归仁王子。而指示书中关于尚泰居住东京之项,以松田大书记官有所顾虑,乃换为如下指示书而交付之(居住东京之指示书由该官返京复命之际上交于太政官)。

致尚泰

有御用可出京。

明治十二年三月十一日

太政官

是月二十八日，伊江、今归仁两王子外之旧藩吏等五十一人于那霸内务省办事处请愿，递交联署之请愿书于松田大书记官，现摘其要曰：虽拜承此前两度之指示书，未克尊奉，至有今日废藩置县处置之旨，其犹哀求，不胜惶恐。然该藩自开辟以来，即有君主之权，非内地之旧藩，且此前并非不遵奉指示，乃因处于与清国协议期间也，愿能展期，并望能以慈怀，免该藩之废藩置县。松田大书记官辩论曰：政府一旦议决，绝无推翻之理，以上申请，一仍其旧，形类儿戏，甚属不当。尤其该藩有君主之权，犹内地旧藩云云，甚属悖谬。夫有君主之权者，无人凌其上，始克称拥有天下，如该藩者，上须拥戴本邦之天皇陛下，岂得谓有君主之权？该藩虽有几分有限之权力，内地旧藩亦然，岂得谓异于内地旧藩？又谓与清国已有协议云云，此原为清政府与我政府间之关系事，非该藩所得而论也。然其谓在与清国协议期间望能展期，即不遵奉之谓也，岂亦以遵奉为非焉？因此退回请愿书（详情见第三次奉使琉球始末），于是月二十九日退还首里城，三十一日，将其交付兵营长官。

四月四日，有旨布告全国，废琉球藩，置冲绳县。五日，任命侍从锅岛直彬为冲绳县令。十二日，敕使侍从富小路敬直抵琉球，因睿虑慰劳尚泰，并遣送迎尚氏上京之官船"明治"号。松田大书记官即以此旨通告尚泰。十三日，敕使富小路敬直侍从携松田大书记官共临尚泰之病榻，敕使传达上意毕，径以如下文书交付于尚氏。

致华族尚泰

欣闻清吉，无任欣喜之至。此次废琉球藩而置冲绳县，特遣侍从正四位富小路敬直携旨前来慰劳，并许赴京觐见。

为航海安全计，派遣汽船"明治"号前来。船到之日，从速上京。

天机此段。

尔谨遵圣谕。

明治十二年四月八日

官内卿

松田大书记官行将告别那霸之羁旅而返京,更赠书尚泰,告知出发之日期为十八日,将乘坐奉命前来之"明治"号,与敕使一同上京。

是月十五日,今归仁王子外之旧官吏二十九名,至内务省琉球办事处,向敕使富小路敬直、处置官松田大书记官提出尚泰之请愿书,略云:微臣上京之事,敕谕之旨趣已然拜闻,理应惟命是从,然四五年来心疾缠身,恐难即刻上京,望能延期四五月。富小路以奉敕着与旧藩王同船东上,理无空手返京复命,弗许之。松田大书记官亦痛陈其不悖谬而却之(详见第三次奉使琉球始末)。翌日,首里、泊久米、那霸等士族代表一百零五名联署上请愿书于松田大书记官,略云:敕主病中,而东上延期之请愿未获准许,拜闻此旨,惊恸不堪,如今实难承受当下之航海,恳请如敕主所请,延期东上。松田大书记官以连日来因旧藩王上京之事屡次说谕旧官吏,而延期实难准许,乃数数亲晤旧藩王,视察其病况仪容,确认其如今乘船海上决不致有性命之忧,加之此次以特旨遣官船,以敕使迎接,非上京不可,因以此意说谕众士族,却其请(详见第三次奉使琉球始末)。同日,伊江、今归仁两王子外之旧官吏三十八名联署上书松田大书记官,略云:敕主东上延期之申请不获许可,犹恳请不止,不胜惶恐之至,而航海辽远,事关性命,望能延期九十日,以便疗养。松田大书记官答云,可延期相当时间,然延期九十日则实属不宜,弗听之。于是旧藩吏更请以中城王子(尚泰之嫡子尚典)为延期事上京,因演说之。松田大书记官有所虑,听其请,而却当日之请愿书(详见第三次奉使琉球始末)。

是月十八日,伊江、今归仁两王子外之旧藩吏等三十八名连署上书松田大书记官,略云:敕主东上,病中难于涉远洋而航海,且废藩之事,人心不安,不得不加以劝谕,加之事务交接等事,总须八十日之延期,敢请中城王子为此东上请愿。松田大书记官作书拒其所请答之,略云:八十日之延期难以准许,然三十日乃至四十日之延期或有可能,不如以中城王子上京谢恩,或于进京之时面见太政大臣,二者之中决定其一,进而提交书面文件进行陈述。翌日,中城、今归仁两王子,旧三司官等提交尚泰之书信于富小路敕使,略云:此次幸蒙敕谕着内敕使渡海慰劳,又蒙降旨得亲谒圣驾并遣官船来迎,睿虑如此,理应速速东上,以伺天机,然不幸罹重病,旅行不便,加之废藩之际,种种事务之交接手续等等,伏乞延期八十,特遣嫡子尚典东上奏闻。富小路敕使答词,略云:此次奉敕渡海而来,于理不得不携旧藩王返京,然今若强行携之返京,则事涉非常之处置,良非睿虑本意。敕使虽欲应承,然延期之愿,非敕使所能决,应径向政府请愿。富小路敕使并赠书尚泰,通报二十三日以中城王子乘"明治"号渡海,又因旧官吏之所请,酌情延期至二十五日(详见第三次奉使琉球始末)。

是月二十七日,中城王子尚典与敕使乘官船"明治"号从琉球出发(本应二十五日出航,遇大风雨,乃延期)。

五月二日,抵东京。翌日,即三日,尚典因尚泰延期东上事请愿于政府,政府弗听之。五月十八日,冲绳县令锅岛直彬及书记官以下赴任。同时,宫内省御用挂陆军少佐相良长发、五等侍医高阶经德等奉命探视尚泰之病情。时两大臣指令松田大书记官,略云:中城王子上典抵京之后,因尚泰延期东上事请愿于政府,政府弗听之。……云云。当日,松田大书记官随相良少佐、高阶侍医入中城邸,面晤尚泰。二使节陈探视之旨,高阶侍医诊视尚泰之病情,断定其病乃慢性之神经病,无碍于目下之旅行,适当运动反又益于病体。松田大书记官返自那霸,更遗书尚泰,曰政府未许可此次延期之申请,令其自明日(十九日)起一周内搭乘今日抵港之邮政船出发(此事详情见第三次奉使琉球始末)。

是月二十七日,旧藩王尚泰、宫内省御用挂相良少佐、高阶经德等共搭乘邮政船"东海"号东上,六月八日抵东京,入富士见町二丁目之宫内省御用邸(该邸后下赐于尚泰)。

六月十日,旧三司官将旧时政府交付之琉球藩印(铜印)交还政府。

是月十七日,赐旧藩王尚泰及嫡子尚典进宫谒见,赏赐如下:

尚泰
叙从三位
赐从三位尚泰麝香间祗候[①]。
令从三位尚泰居住东京。

尚典
叙从五位
令从五位尚典居住东京。

---

① 日本明治维新初期,为奖励维新有功之华族及天皇亲任之高官,设置"麝香间祗候"之荣衔,无职制、俸给,宫中席次准敕任官。

又，尚泰获宫内省赐予宅邸及马车等。当日，随从之按司、亲方等亦获谒见。

松田大书记官处置完琉球处置事宜，乃与县令锅岛直彬商议善后之策，并于六月十三日由当地出发，二十五日返京复命。

是年十月七日，有旨赐尚泰金禄公债证书。

从三位尚泰：

此次废藩置县，虽俸禄额可定，然禄制被废，特转为公债，赐汝金禄公债证书二十万元。

明治十二年十月七日

附录

庆长十四年，岛津家久奉将军德川家康之命，讨伐琉球王尚宁之不廷，擒尚宁及三司官等而归。庆长十六年，因德川将军之命，赦尚宁及三司官等归琉球，割故土给岛津氏。其时家久付与尚宁如下条文，其原书由旧琉球藩收藏，现由内务省保存。

备忘

一、琉球之法，虽如前述，已受日本影响，并派人数次令其彻底改之，俘国王渡海至日本，商议如何处置，渐渐被迫琉球脱离旧邦，甚为痛事，让其铭记在心，并送其回国，令其今后不可有背叛之意。

二、其国之法度，不可有危害日本之事宜。

三、国王统治领地不可超过其界限。今后，不可抗拒日本，令其臣服。

四、百姓连年贫困，当关心百姓贫困疾苦，不施加苛政，不使百姓辛苦。

五、每年赴明朝之船，因时节相违海路难以行船。今后选定商船若错过时节，渡明而返航者，剥夺其权利。

六、依旧规不按新规行事商船靠岸时责令改之，船员扣押，并上报。

七、朝廷派遣经由长崎的商船，从明、南洋返航，如遇逆风漂流时，可按条例尽快抵达日本者，可被送还琉球。如商船在当地破损，货物完整者，可被加以保护。

八、众王子以及三司百官，可作为人质送往朝廷。

九、竹木不可伐尽。

以上

庆长十八年季秋十五日

家久（印）

尚宁受此书，并申告以下誓书。其后尚氏及岛津氏子孙传继之际，必申告此萨琉同体之誓书，相延至尚泰王之世。誓书原件至今仍保存于岛津家。

敬白　天罚灵社起请文

琉球自古为萨州岛津氏之附庸，故太守让位之际，严舣船以奉祝焉，或时时以使者、使僧献弊邦之方物，其礼义终无怠矣。尤其太阁秀吉公时所定，相附萨州，勤修徭役贡物，此皆无疑义。但因国远不能相达，前项所立法度多有罪违，故球国因致问罪，王亦复寄身于贵国之中，如笼中之鸟而永止归乡之思。然蒙家久公哀怜，不仅遂归乡之志，复割诸岛以赐我履其地，如此厚恩何以奉谢哉。唯世世代代谨事萨州州君不存丝毫疏怠之意。

此灵社起请文当传至子孙，以示不忘厚恩之意。

所定法度素不可违乱。

前条，伪于有之者。

敬白　天罚灵社上卷起请文事

谨请散供，再拜再拜。夫惟年号庆长十六年辛亥岁，月并十二个月，日数者三百五十余日。选吉日良辰而致信心（中略）①深厚。蒙御罚，弓矢冥加。未尽佛事三宝，虽作祈愿，不可叶也。于后世者堕八寒阿鼻无间大地狱，到未来永劫不可有浮期者也。

仍灵社上卷起请文如件。

庆长十六年辛亥菊月

中山王　尚宁（印）　进上羽林家久公

同时，三司官则提出相同之下项誓书。近来三司官新任及岛津氏更主之际亦必提出同样誓书。其誓书原件现保存于岛津家。

---

① 原文如此。

敬白　天罚灵社起请文事

琉球自古为萨州之附庸,诸事须听命后处置。近年因职事怠慢而致问罪。自国主至王子及侍众皆被召至贵邦,并止归乡之思。后蒙家久公哀怜以归国,并赐授领国之行使权。实开喜悦之眉,而何以奉谢厚恩哉。唯世世代代谨事萨州之君而不存疏怠之意。

若球国之辈有忘前项之厚恩而图恶逆者,而国主虽与之同心,唯此起请文之连署者属萨州幕下,不可有丝毫随之附逆无道者。

传之子子孙孙,谨事萨州,不可有不忠之意。

上之旨,若于伪申上者。

敬白　天罚灵社上卷起请文事

谨请散供,再拜再拜。夫惟年号庆长十六年辛亥岁,月并十二个月,日数者三百五十余日。选吉日良辰而致信心(中略)①于后堕八寒阿鼻无间大地狱,到未来永劫不可有浮期者也。

仍灵社上卷起请文如件。

庆长十六年辛亥九月二十日

胜连(印)

江曾(印)

江洲(印)

丰美城(印)

池城(印)

云心(印)

御奉行中

岛津氏又下达下项条令书②与尚宁王,其文书原件自旧琉球藩接收,现保存于内务省。

掟

一、无萨摩藩之命令,当停止购入中国物品。

---

① 原文如此。
② 此即史上著名之萨摩支配"掟十五条"。

二、现无官职者不得执掌职务。

三、女性不得执掌职务。

四、个人不得以他人为奴。

五、各类寺院不得多建。

六、不许有不经萨州许可之商人。①

七、禁止琉球人渡日贸易。

八、年贡以外之贡物仅依照萨摩奉行所定者处理。

九、保留三司官,不得任用他人。

十、禁止强卖强买。

十一、禁止口角争执。

十二、町人百姓所定诸役外,如有下达无理非道之命令者,当至萨州鹿儿岛府报告。

十三、禁止从琉球遣商船至他国。

十四、禁止使用日本以外之量器。

十五、禁止赌博及邪僻行为。②

庆长十六年辛亥九月十九日

兵部少辅(印)

纪伊守(印)

胜兵卫尉(印)

权左卫门尉(印)

庆长十六年,岛津氏委派官吏至琉球,丈量土地③,所定石高如下(宽永年间增税之前一年,岛津氏取回文书原本,故今不存):

高八万三千八十四石九斗四升五合八夕六才。

宽永十二年八月增税后石高如下(该文书原本现存于内务省):

高九万八百八十三斛九斗一合二夕七才。

享保十二年六月再次增税后至今日之石高如下(该文书原本现存于内务省):

---

① 即禁止与不经萨摩藩许可的商人贸易。
② 原书中漏记此条,据《后编旧记杂录》卷六十六补全。
③ 即"庆长检地"。

高九万四千二百三十斛七斗九夕四才。

[《琉球处置提纲》(明治四年至明治十二年),日本琉球大学图书馆藏。]

(翟意安 译 于磊 校)

附　录

1. 日中领土争端的起源
——从历史档案看钓鱼岛问题

[日]村田忠禧　著

韦平和　等译

（前略）

第九章　验证日本政府的基本见解

外务省官方网站上登载一篇"关于尖阁诸岛的基本见解"（尖閣諸島について基本的見解），以下摘录其中与本书有关的部分。

尖阁诸岛在历史上始终都是日本领土的南西诸岛的一部分。原来，自一八八五年以来，日本政府通过冲绳县政府等途径多次对尖阁诸岛进行实地调查，慎重确认尖阁诸岛不仅为无人岛，而且也没有受到清朝统治的痕迹。在此基础上，于一八九五年一月十四日，由内阁会议（"阁议"）决定在岛上建立标桩，以正式编入我国领土之内。

此外，尖阁诸岛没有被包含在按照一八九五年五月生效的《下关条约（马关条约）》第二条规定由清朝割让给日本的台湾及澎湖诸岛当中。

(http://www.cn.emb-japan.go.jp/fpolicy/senkaku_2.html)

然而，上述日本政府的基本见解，是否经得起检验呢？请看以下具体分析。

是否为"南西群岛的一部分"？

首先，对于"尖阁诸岛在历史上始终都是日本领土的南西诸岛的一部分"

的说法，在岩波书店出版的《广辞苑》第六版有关"南西群岛"的释义如下。

（南西群岛）是指自九州南端至台湾东北端之间、呈弧状分布的若干岛屿的总称。该群岛分开了太平洋和东中国海。大致分为两个部分，北半部是由大隅群岛、吐噶喇群岛、奄美群岛组成的萨南群岛，而南半部则是由冲绳群岛、先岛群岛构成的琉球群岛。

小学馆出版的《大辞泉》(『大辞泉』)第2版有以下内容。

（南西群岛）是从九州南端延续到台湾之间分布的列岛的总称。由属于鹿儿岛县的大隅、吐噶喇、奄美和属于冲绳县的冲绳、先岛等各群岛组成，是划分太平洋和东中国海的分界线。

三省堂出版的《大辞林》(『大辞林』)第3版解释如下。

（南西群岛）是指从九州南端到台湾之间、呈弧状分布的岛屿。据此划分东中国海和太平洋。大致分为属于鹿儿岛的萨南群岛和属于冲绳县的琉球群岛。属亚热带海洋气候，夏季到秋季之间多有台风。

以上三种解释并无太大差异。因此，对"南西群岛"比较普遍的定义为，是从九州南端到台湾东北端之间、呈弧状分布的岛屿的总称，其中并不包含"尖阁列岛"。

株式会社日立ソリューションズ从平凡社购买版权后出版的《世界大百科事典》(『世界大百科事典』)第2版中，对南西群岛的定义与上述解释略有不同。

（南西群岛）是划分东中国海与太平洋的、呈弧形分布岛屿群的总称，由九州岛南部向西南方延伸至台湾东部近海，也被称为琉球弧。大体由两部分组成，一部分是与论岛以北、属于鹿儿岛的萨南群岛，另一部分是伊平屋岛以南、属于冲绳县的琉球群岛。萨南群岛自北向南包括大隅群岛（包括口之三岛）、吐噶喇群岛和奄美群岛，琉球群岛包括北部的冲绳群岛（包括大东群岛）和南部的先岛群岛（包括尖阁列岛）。

与其他辞书的观点不同之处在于，《世界大百科事典》认为琉球群岛是由位于北部的、包括大东群岛在内的冲绳群岛和位于南部的、包括尖阁列岛在内的先岛群岛构成。

如果认定南西群岛指的就是位于九州南端与台湾之间、呈弧状分布的岛屿群，那么从地形上便可以清楚地看到，该群岛并不包括大东群岛和尖阁列岛。

东京大学出版会出版的《日本的地形 7 九州·南西群岛》(『日本の地形 7 九州·南西諸島』)中,"南西群岛的地形划分"如下。

D 奄美·冲绳地带(大区分)
    D1 奄美群岛(中区分)
      D1－1 喜界岛(小区分)以下,一直到 D1－5 与论岛
    D2 冲绳群岛(中区分)
      D2－1 冲绳岛(小区分)以下,一直到 D2－6 久米岛
    D3 先岛群岛(中区分)
      D3－1 宫古岛(小区分)以下,一直到 D3－9 与那国岛
    D4 南西群岛周边大陆架(中区分)

E 吐噶喇群岛带(大区分)
    E1 吐噶喇群岛(中区分)
      E1－1 口永良群岛(小区分)以下,延续到 E1－9 硫磺岛

F 周边群岛(大区分)
    F1 尖阁群岛(中区分)
      F1－1 黄尾屿(小区分)F1－2 鱼钓岛
    F2 大东群岛(中区分)
      F2－1 北大东岛(小区分)F2－2 南大东岛 F2－3 冲大东岛

G 东中国海大陆架

根据以上划分可见,"尖阁列岛""大东群岛"是"南西群岛"的"周边群岛",并未出现《世界大百科事典》那样牵强的定义。

小学馆出版的《日本大百科全书》(『日本大百科全書』)中,关于"南西群岛"的记述介绍了更为有趣的事实(执笔者冢田公彦)。

    (南西群岛)(前半部分与其他辞书并无太大差异,在此省略)现在成为该群岛的正式名称,其实并没有什么历史意义,该名称原本主要是海上

保安厅水路部使用的称呼，1968年（昭和43年）经过协商确定下来。

可见，"南西群岛"这个名称本身不是来自历史传承，因此，"历史上始终都是日本领土的南西群岛的一部分"也并非准确的说法。

这里的"南西群岛"是地理概念，而不是"琉球国""冲绳县"等与疆域有关的概念，由此可以体会上述文字作者的良苦用心。众所周知，如果使用"琉球国时代以来"的说法，便无法做出在历史上琉球国一直以来便是日本领土之类的结论。更何况本书已经明确指出"尖阁列岛"并没有包含在琉球国的领土范围内。在江户幕府绘制的《琉球国绘图》中，也看不到类似"尖阁列岛"的岛屿，其原因就在于该岛不属于琉球国。琉球国后来成为琉球藩，并于1879年成为琉球县。在琉球的归属问题上，明治政府与清国持对立主张，双方就分割琉球的方案进行协商。当时的分割方案是将其分为两部分，一部分是由宫古、八重山构成的先岛，另一部分是冲绳本岛以北区域。由于"尖阁列岛"本来并不属于琉球国，所以不是分割的对象。由此可见，历史上"尖阁列岛"既不属于琉球国，也未被包含在日清战争之前的冲绳县。

唯一一次实地调查

"自1885年以来，日本政府通过冲绳县政府等途径多次对尖阁诸岛进行实地调查，慎重确认尖阁诸岛不仅为无人岛，而且也没有受到清朝统治的痕迹"的记述并非事实。

正如本书①已经明确指出的那样，1885年明治政府命令冲绳县政府进行实地调查并设置国家标志，但当时的冲绳县令西村舍三认为，这些无人岛"而与《中山传信录》记载之钓鱼台、黄尾屿、赤尾屿相同，无置疑之处也"（参见本书第152页），因此未同意对其进行与大东岛一样的实地调查并建立国家标志，只是乘坐来往于先岛群岛与那霸之间的"出云"号，在从那霸返航的途中经该岛进行了简单的实地调查。根据本书第159页提到的石泽兵吾的报告，"出云"号实际在鱼钓岛停留调查的时间是10月30日上午8时至下午2时，充其量只有6个小时的时间。之后，由于到达久场岛时已经接近日落，东北风强劲而放弃了"登陆"，仅仅"旁观"了一下。而到达久米赤岛时已是深夜，他们甚至连该岛的位置都未能确认。之前对大东岛进行调查时，分别在南大东岛（8月

---

① 指村田忠禧所著之《日本领土争端的起源——从历史档案看钓鱼岛问题》一书。下同。

29日)和北大东岛(8月31日)各用了一天时间,而且还设置了国家标志。相比而言,后面这次实地调查的态度便显得十分敷衍。

因此,所谓"多次进行实地调查"之说,完全是谎言。

丸冈莞尔知事及其继任的奈良原繁知事分别于1890年1月和1893年11月提交了《甲第1号关于无人岛、久场岛和鱼钓岛之请示》和《甲第111号在久场岛和鱼钓岛设置本县管辖标桩的呈报》。1894年4月当时的内务省县治局局长照会冲绳县方面,要求报告有关"该岛港湾的形状;有无物产和土地开发的可能;就以往的口头传说等证明属于我国的证据,以及与宫古岛、八重山等以往的关系"等信息(参见本书第181页内容)。

奈良原知事回复:"自明治18年派出县属警官等对该岛进行勘察以来,没有再进一步进行实地调查,难以提供确切信息。"可见,继前一次"出云"号进行实地调查之后,便再也没有对该区域实施过实地调查。而且该知事在回复中还补充说,"有关该岛的旧有文件以及属于我国的确切文字和传闻均不存在。自古以来,本县的渔夫时常从八重山岛航行至这两个岛屿从事捕鱼等活动"。

日本在与清国的战争中取得胜利后,1894年12月27日,内务省以"目前情况与当时不同"为由,将冲绳县提交的关于《在久场岛和鱼钓岛设置管辖标桩的呈报》作为提案提交内阁审议,同时也附文说明,"就鱼钓岛、久场岛的地理沿革等所进行的调查,但未取得关键信息"。

以上文件显示,其实,所谓的"多次进行实地调查"是不存在的。

另一方面,石泽兵吾曾在1885年10月30日鱼钓岛短暂登岛后报告说,见到了证明该岛与清国有关的物品:"上述诸岛散布于本邦与清国之间,所谓日本与支那之海上航线。故发现许多诸如废船等漂流物。下官等目击之物像是琉球船之船板、帆樯,或为竹木、海绵渔具(用竹制成之可漂流物)等。其中最令吾等感觉新奇者为长二间半许、宽四尺许之大舢板。其形状甚为奇异,未曾有所见闻。问之于'出云'号船员,答曰为支那驳船。"(参见本书168页)可见,所谓"慎重"认定"没有受到清朝统治的痕迹"的结论,有缺"慎重"精神。

井上馨外务卿在1885年10月21日给山县有朋内务卿的书信中说到"近日清国报纸风传我政府欲占台湾地区之清国所属岛屿云云,力求引起清政府之注意"(参见本书第165页)。由此可见,他已经觉察到日本设立国家标志一事可能会刺激清国方面。

山县有朋内务卿在1885年12月5日做出指示"设置国家标志须与清国

交涉，目前宜暂缓进行"（参见本书第 172 页），正是由于该区域与清国相关，因此才做出缓建国家标志的结论。

总之，综合以上事实可以知道，"慎重确认尖阁诸岛不仅为无人岛，而且也没有受到清朝统治的痕迹"为子虚乌有，事实上正是由于该地区与清国存在关系才必须慎重对待，因此，1885 年 12 月做出决定缓办该岛设置管辖标识一事。

是否办理了正式的归属手续？

有关"一八九五年一月十四日，由内阁会议决定在岛上建立标桩，以正式编入我国领土之内"的前后经过，请参见本书第 200 页内容。

这里需要探讨的问题是，内阁审议后批准冲绳政府在该地设置标志、并正式将其纳入领土范围，冲绳县政府是否执行了呢？

不仅国家，我们个人也一样，在获取土地时，首先要对希望获得的土地是否存在土地所有者进行调查，如果土地所有者存在，就必须与其进行交涉，支付必要的报酬以获得转让，并且需要对土地所有者进行变更登记。在该土地所有者不明确的情况下，就必须通过各种方式寻找所有者。比如，可以在一定期间内发布询问公告等。有时尽管十分努力地寻找，但该土地所有者依然不出现或者无法找到，只有在这种情况下该土地才会被当作无主的土地，这个人才能以该土地发现者的身份，办理拥有该土地的各种手续。在成为该土地所有者之后，他也必须对外公布拥有该土地的过程和依据等。否则，如果有人宣称是该土地真正的主人，那么他便无法证明自身拥有该土地的正当性。上述解释虽然显得十分不专业，但在国家领有新的领土时，以上规则也同样适用。

那么下面来看一下日本政府获取尖阁列岛的实际过程吧。

1894 年 12 月 27 日，内阁收到冲绳县提交的《在久场岛和鱼钓岛设置本县管辖标桩的呈报》，并且通过决议："近来，有人试图往位于冲绳县内八重山群岛西北称为久场岛和鱼钓岛的无人岛从事渔业等，因此要对之加以取缔。拟按县知事所报，准许此二岛归冲绳县管辖并设置标桩。关于此事，如无特别异议，将按请求方案处理。"是无人岛、有人在该地从事渔业、为对其活动加强管理、划归冲绳县管辖、为此设置标识等，难道这些便是正式的领有行为吗？

在日本这样的岛国，有大量无人岛存在。有人在那些岛上从事某些活动，并无不可思议之处。但是，无人并非等于无主，因此寻找无人岛所有者的环节不能省略。然而，1885 年日本对这些无人岛展开调查并计划设置国家标志，之所以最后放弃设置标识,其原因在于日本政府知道,该岛与清国有关。如果当时日本就这些无人岛的归属权没有向清国发出照会,并且收到其中不包含清国领土的回复,那么便不能占有这些无人岛。

明治29年(1896年)3月5日颁布的敕令第13号《关于冲绳县郡的规划》(沖縄県郡編制に関する件A0302020225300)将冲绳县划分为五个郡。

敕令第13号

第1条 除那霸、首里两区外,冲绳县划分为以下五郡。

岛尻郡　岛尻各间切、久米岛、庆良间各岛、渡名喜岛、栗国岛、伊平屋各岛、鸟岛以及大东岛

中头郡　中头各间切

国头郡　国头各间切及伊江岛

官古郡　官古群岛

八重山郡　八重山群岛

第2条　各郡边界及名称的变更事宜,由内务大臣决定。

附则

第3条　本文件的实施时间,由内务大臣决定。

该文件将大东岛划归岛尻郡,但对鱼钓岛、久场岛却未有任何提及,因此,不能说根据第13号敕令将上述两岛编入了八重山郡。被划归八重山郡的是八重山群岛,而八重山群岛中,并不包含鱼钓岛、久场岛。假设文件将这两岛划归八重山郡范围,那么就应该像大东岛被明确划归岛尻郡一样,也应该明确地将鱼钓岛、久场岛置于与八重山群岛并列的位置。也就是说,第13号敕令并没有将鱼钓岛、久场岛作为进行规划的对象。

与"普拉塔斯岛"比较

外务省条约局在昭和8年(1933年)制作了一份名为《国际法先例汇辑(2)岛屿先占》的机密文件,其中将普拉塔斯岛[①](东沙岛)(明治40—42年)事例收录在"新领土的发现及获取先例"(新領土の発見及取得に関する先例B04120002200)中。为了比较,下面对该文件进行分析。

一、明治34年(1901年),玉置某某向外务省提交申请,问询一个位

---

① 音译,日语为"プラタス岛"。

于北纬20度、东经116度的无人岛（普拉塔斯岛）的所属国家。帝国驻香港领事馆报告称，因该馆无法明确判断，于是向香港政厅进行了非正式问询后得到回复，英方认为该岛似不属于任何国家抑或已被列入支那版图，因此应向清国征求意见。

二、明治40年（1907年），西村某某及其他两人向内务省提交申请，要求将普拉塔斯岛并入台湾并且要求租借该岛。内务省向外务省提交照会，外务省回复称，该岛所属国尚未明确，并且鉴于已经被英国海军绘入调查地图，若帝国政府公然实施将其列入帝国版图的行为，恐怕会与英国政府之间发生某种冲突，因此可以让申请者事实上在该岛从事活动，待时机成熟时再纳入帝国领土版图范围。然而，由于支那政府得知该岛已被我国人占领，于当年10月计划向该岛派遣军舰，因此上述计划未能实现。当时洋务局海办遵从南京总督命令，向驻南京帝国领事馆出示了一份名为《中国沿海险要》的文件，力证该岛属于中国。但领事馆答复称，该文件只不过是英国文件的翻译而已，其内容不足以解决该岛问题。

明治41年（1908年）12月，外务省报告称，西泽继承了西村的权利，在该岛持续数年从事磷矿采矿和捕鱼业。

三、明治43年（1910年）3月，两广总督派遣军舰赴"普拉塔斯"岛调查情况，同月16日总督向驻广东帝国领事馆申明该岛属于支那，并且于17日发出相同内容的照会。

然而，国人占领"普拉塔斯"岛后，出现了一些关于驱逐支那渔民、毁坏太王庙的传闻，严重伤害了支那民心，有情报显示支那排日情绪将再次高涨。迫于情势，帝国外务大臣指示驻广东领事，帝国政府虽然认定该岛没有所属，但也并未认为该岛即为帝国领土。因此，对于支那根据确凿证据而主张拥有该岛为其所属，我方应承认其权利。但是，事实上却任由该岛至今为无所属状态。帝国臣民出于善意在该岛创办事业并且投入巨额资金，其利益也必须得到保护。该总督指出：（一）支那沿海及太平洋区域不存在未确定归属的岛屿；（二）即便"普拉塔斯"岛不属于支那，也应为英国领有；（三）多年前该岛上就已建有支那所属的太王庙。基于这些理由，支那主张该岛归属其，并且督促帝国政府命令西泽某某撤除其所经营事业。对于上述主张，帝国领事回复称日本将采取相应处置措施，同时也提出不同意见，特别是对于要求的最后一点，认为（西泽某某）并不触犯日本法律,而且也没有人违反日支两国间的条约,因此,不能将履行了正当手续、经营正当事业的人驱逐出该岛。23 日,该领事将与上述电报相同内容的公文送至支那总督。

[在此有关事件发展的过程恕不赘述。10 月 11 日,广东领事与两广总督就"有关普拉塔斯岛事业交付事宜的处理方案"(プラタス岛引渡に関する取極)共同签署了文件]

一、清国收购西泽在"普拉塔斯"岛上经营的事业,价格为广东银元 16 万元。

二、西泽向清政府缴纳渔船、庙宇及税金等各款项,总额为广东银元 3 万元。

三、在西泽按照其经营目录向清国派遣官员履行交付之后,半个月内,清国向日本驻广东领事支付购买其事业的款项。

鉴于岛上庙宇遭到破坏、渔民受到迫害等事实不明的传闻,为安抚清国民心并为照顾总府脸面,同意支付对渔船、庙宇的赔偿金及税金。

同年,即明治 42 年(1911 年)11 月 19 日,作为帝国交付派遣官员的领事助理堀与支那派遣官员就岛上事宜交割完毕,广东总督于 12 月 2 日向西泽支付 13 万元。

总之,对于该岛归属的问题,虽然支那方面最初提出以该岛为支那所有为前提的善后措施,但帝国方面始终坚持,若支那方面不保护岛上日本人利益,日方则不会放弃不承认支那对该岛拥有领土权利的立场,双方在此条件之下达成处理协议。虽然此内容在上文提到的文件中未见明确记载,但帝国政府最终默认了支那对该岛所拥有的领土权利。(第 73—77 页)

上述引用文字略显冗长,但从文中可以看到,明治政府在处理与清国之间的领土问题上,1895 年与 1909 年的态度有着很大差异。1909 年处理普拉塔斯岛问题时,日本方面首先希望确认是否与英国有关联,因此采用非公开的方式向香港政厅问询。当英国方面明确回复称应向清国问询,于是日本才开始与主张拥有主权的清国进行交涉,最终,日本方面放弃了占领普拉塔斯岛的打算。虽然在外务省记录中对该事件处理过程的记录不甚完整,但依然可以看到,广东省潮州渔民发起的反日风潮对事件的解决发挥了重要作用。可以参考阅读平冈昭利所著《信天翁与日本帝国的扩大》(第 221 页之后),该文也记述了上述情况,但其中将"潮州"误作"湖州",略显遗憾。

明治政府实际上明知鱼钓岛等无人岛与清国有关,因此,就其归属问题自然应该首先向清国发出照会。但是,之所以在此环节上有所懈怠,原因在于日本政府知道,一旦发出照会,清国必然会做出这些岛屿是中国领土的回复。

同意冲绳县在该岛设置标识只是日本内阁做出的决议,并不能说是已经完成了领有该区域的正当手续。冲绳县虽然接受了内阁决议,但实际上并没有设置标识。另外,一个国家在获取新的领土时,有义务对内、对外进行相关公示。但是,无论我们如何查阅当时的《官报》,都未能发现与该事件有关的公示文字。看来,日本政府不仅对清国采取了秘而不宣的手法,对本国民众也没有进行明确说明。明治政府在与清国的战争获胜后,便开始集中精力确保"战果"——获取台湾,与此相比,如何处理那些小小的无人岛便显得无足轻重了。但是无论如何,在获取新领土的手续方面存在重大瑕疵,这一点毋庸置疑。

共同点:均为乘战胜之机占领

"尖阁诸岛没有被包含在按照一八九五年五月生效的《下关条约》(马关条约)第二条规定的由清朝割让给日本的台湾及澎湖诸岛当中"是对的。早在1894年12月时,日本政府首脑就已经制定了方针,从清国手中夺取台湾及澎湖列岛作为战果。日本为避免因自己的企图被其他列强获知而引起干涉和介入,于是将条约内容一直保密到签署的最后阶段。关于这个内容,在当时任日本外相的陆奥宗光所写的《蹇蹇录》中也有明确记述,本书的第八章详细地介绍了他所记述的内容。1885年12月,日本政府指示冲绳县缓建国家标志,其后,冲绳县方面提出重新审议的要求,但日本政府并未采纳该要求,而是将此事搁置起来。但是到了1894年12月,日本政府突然以"当时与现在的局势大有不同"为理由,重新启动内阁审议。同年12月4日,当时的内阁总理大臣伊藤博文在大本营提出"攻击威海卫、占领台湾"的方针,获得通过后采取了一系列相关措施,于是,该时期内接连发生了在鱼钓岛等无人岛屿设置标识,迫使清国割让台湾、澎湖列岛等一些列事件。

鱼钓岛是台湾的附属岛屿,并且包含在《下关条约》当中等,只是后来强加的解释而已。但是,趁战胜之机将该岛悄悄编入冲绳县的手段(其过程中存在诸多瑕疵),与将台湾、澎湖列岛编入大日本帝国版图的手段,二者之间差异何在呢?

综上所述,日本政府关于"对尖阁诸岛的基本见解"是无法经得起检验的谎言。

对于主张尖阁列岛是日本固有领土的日本政府而言,这是难以承认的、极其不利的事情。但是,公文告诉我们,这正是不容否定的事实。最为重要的是,承认事实,表示诚实。

[[日]村田忠禧:《日中领土争端的起源——从历史档案看钓鱼岛问题》,韦平和等译,社会科学文献出版社2013年版。]

2. 尖阁列岛探查记事

黑岩恒

明治三十三年五月,家住冲绳县那霸的古贺辰四郎渡海前往无人荒岛,大阪商船会社派遣了"永康"号轮船,理学士宫岛干之助随同前往。我受学校之命,也有幸参加了这次渡海探岛行动。同年五月三日自那霸港出发,往返历时十八天,于同月二十日结束探查后返回学校。其间,宫岛学士留在黄尾屿从事调查,其余的人则探查其他岛屿。本记事即我参与探查其他岛屿的记录,至于黄尾屿的详尽报告则有待他日面世,还望各位谅解。

明治三十三年七月　黑岩恒　于冲绳县师范学校

总　论

被称为尖阁列岛者,是我冲绳县与清国福州之间的系列小岛,北距八重山列岛的西表岛大约九十哩①,距离冲绳岛二百三十哩,距离福州也大致是这个数,距离台湾的基隆仅一百二十余哩。查帝国海军省出版的海图(明治三十年刊行),可知本列岛由钓鱼屿、尖头诸屿、黄尾屿三者组成,可谓沧海一粟。尽管如此,由于其位置上的关系,自古以来冲绳县人都知道它的存在,但是这个列岛迄今还没有统一的名称,为了地理学上的便利起见,我新起了"尖阁列岛"这一名称。本列岛从地势、地质上看,有必要一分为二,如下表所示。甲部分包括钓鱼屿和尖阁诸屿,乙部分是黄尾屿。前者主要由古代的水成岩构成,后者则全由火山岩构成。

尖阁列岛　(甲) 1. 钓鱼屿
　　　　　　　 2. 尖阁诸屿
　　　　　(乙) 3. 黄尾屿

---

① 1哩约等于1.609公里。

鱼钓屿

钓鱼屿一作钓鱼台,或称和平山,海图上所记载的 Hoa-pin-su 即该岛。其与冲绳之间还隔着久场岛。但在考察该岛探查史(冲绳人进行的探查)时可知,自古以来它都是以ヨコン之名而为冲绳人所知晓。在当时来说,称为久场岛者,指的是该岛东北方的黄尾屿。到了近年,不知何故,彼此互换了称谓,黄尾屿被称为ヨコン,而该岛则被称为久场岛。如今,我也不想一下子改过来。该岛的情况在我实地探查之前已经多少为世人所知,作为参考,这里先罗列一下已知的事实。

英国海军《水路志·支那海》第四卷记载:

Hoapinsu, the south-western island of an isolated group about 90 miles northward of the West end of Meiaco sima, is 1,180 feet high, with a steep cliff on the southern side of the summit, and a gradual slope on the eastern side. This island is barren and uninhabited; there are pools of fresh water, with fish in them, on the eastern slope.

《日本水路志》第二卷记载:

和平山岛(钓鱼屿)

在西表岛之北方凡八十八里。从该岛南侧最高处(一千一百八十一尺)向西北方呈断崖状。该岛有不绝之淡水,其由诸天然水池中有淡水鱼生长可知。诸池皆通海,水面有浮萍茂生。岛北面的位置为北纬二十五度四十七分七秒,东经一百二十三度三十分三十秒。该岛之地不足以支持六七人生存,故无人居之迹。

《琉球国志略》卷四记载:

琉球在海中,与浙闽地势东西相值,但平衍无山。船行海中,以山为准,福州往琉球,出五虎门,取鸡笼山、花瓶屿、彭家山、钓鱼台、黄尾屿、赤尾屿、姑米山、马齿山,收入那霸港。

冲绳县美里间切诘山方的笔者大城永保于明治十八年九月十四日向冲绳县厅提交的文书中说:

所谓鱼钓岛(Yokon)，位于久米岛与午未之间。岛长一里七八合①许，宽八九合许。距久米岛一百零七八里许。岛岭高耸，松木、樫木等树木繁茂，且山中有泉水流出。海滨可立足之处颇广，似有泊船宿所。据说昔日岛上各种鸟群皆飞至船上，毫不惧人，并捡食食物。尤其是鲛鲭，在潮涯时靠近抔船边，故以绳挂系鲛尾即可捕获。

冲绳县五等属石泽兵吾于明治十八年十一月四日提交的报告中说：

明治十八年十月二十九日下午四时，自西表岛船浮港出帆，针取西北进航。翌三十日午前四时，隔数海里见一物屹然耸立，此即鱼钓岛。八时乘小艇登其西岸，因坡峻而不能轻易成，沿岸又有巨岩大石纵横，且往往有海水随潮注入洼窟，致不能自由步行。遂渐自西南跋涉海滨走完全岛，岛之周长恐超三里。而岛内由巨岩构成，满面皆ヨバ树、阿旦、榕藤等，与大东岛一样。岛上覆盖着与冲绳本岛同种之杂草木，间有清溪自溪涧流出，水量不丰。因无平原，故乏耕地。海滨富有鱼类，但或因前述之地势故，目下不便经营农渔两业。然查其土石，稍稍类似入表群岛中离岛之组织，唯石层过大耳。依是思之，该石层或蕴含铁矿。倘真如是，诚不得不谓之宝岛也。该岛因散在于本邦与清国间，所谓日本通支那海之航路者是也。是故至今仍有各种漂流物留存，据下官等所目击者，即有貌似琉球船之船板帆樯，或竹木，或海绵渔具等。其中最为耳目一新者，为一长二间半许、宽四尺许之传马船漂流物，其形甚奇，实未曾见闻者，询之"出云"号之乘组员，告我乃支那之通船也。

岛地素无人迹，树木繁茂，无甚大木。野禽则有鸭鹰(貌似白鹭，与冲绳所见之鸭鹰同为飞来者)、莺鸥、目白鸠等，海禽以信天翁为最。此鸟群集于鱼钓岛之西南海滨至白沙稍沉之溪涧间，实以数万计，皆以沙子或草叶为巢，雌孵卵，雄则护之。此鸟本邦俗称"笨蛋鸟"，或"苦命鸟"，或"傻瓜鸟"。因其本栖于无人岛，故不曾畏人。下官等皆谓，若不畏人甚好，可生擒之，遂争先进至其后，握其颈即入手矣。太容易也。或两手拥之，或束翅缚足，更有右手三只左手二只洋洋得意者，亦有拾蛋者，皆忙得不亦

---

① 日本旧时长度单位，登山时将山麓至山顶的距离分为十份，其中一份作为一合，又称一合目。

乐乎。因其不飞走,即有入手数十只或数百卵后携之以供观览者。此鸟为海鸟中最大,体重约十斤,有臭气,据云肉可食用。查近书,知其系 Diomedea 属,英文称 Albatros。料想蝙蝠之大者,大东岛等均有栖息。但并无兽类。

共同运输会社"出云"号船长林鹤松递交给冲绳县的报告书(明治十八年十一月二日)中说:

> 本船初至鱼钓岛西岸,于沿岸三四处锚地开始不断铅测,发现其海底极深,且深浅不一,为四十至五十寻。在抛锚地可见鱼钓岛,该岛由一岛六礁构成,最大者为鱼钓岛,六礁在其西岸凡五六里内并列,礁脉水面下如相互联络一般。六礁中大者称 Pinnatukuru 礁,其形绝奇,呈圆锥形突向空中。该礁与岛间之海峡深十二三寻,可自由通航,唯潮流极速,恐非帆船能轻易通过之地。鱼钓岛之西北及西岸断崖屹立,其高一千一百八十尺,渐向其东岸倾下而去,望之呈直角三角形矗立水面。岛上极富清水,其东岸有清流。海路志载,其沿岸时见川鱼栖息,该岛位于那霸河口三重城以西七度、以南二百三十海里处。

钓鱼岛为列岛西南之大岛,周长共二里余。岛形东西长南北短,呈一外扭之椭圆形,略似海参。岛之地貌极为简单,最高处偏于南侧,故该方面为绝壁,不易攀登。尤其是其南岸以东断崖峭壁,如屏风一般,全无攀援之望。而岛之延长线上之分水高地,北侧地势渐倾入海,故今若沿附图中之 AB 线作一断面图,当略呈一直角三角形。

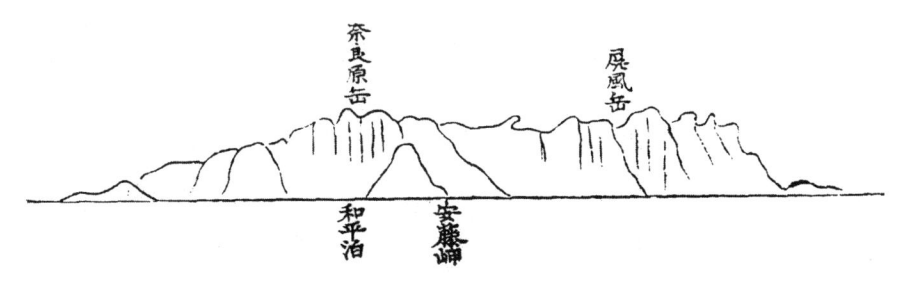

从钓鱼台锚地仰望岛地之图

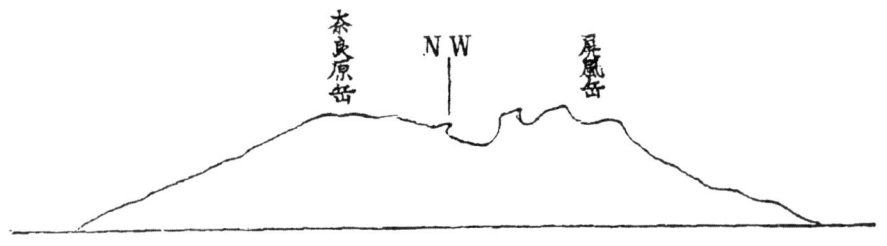

从六哩外之海上眺望钓鱼台

我将该岛的最高点命名为奈良原岳(这是我新设之名称,是以冲绳县知事奈良原繁男爵之名而设,以下以此名称谓较多),海拔一千一百八十一尺。从海上眺望时,原岳的南侧大半都是绝壁,岩层呈水平层叠之状,极为明显。最高处的粗砂岩参差矗立,如果马上攀登,其仿佛会立刻崩塌一般,呈现岌岌可危之状。岩缝中有低矮之树木,如果像猴子一样,要借助它们往上攀爬一点的话,感觉树根都会从岩缝中拔出来似的,危险至极。我在山巅抓住矮树的树干仅仅爬了三丈多就掉了下去,所幸无事。请日后想要登上此山之人多加注意。岩上多有兰科植物附生。

我将奈良原岳东方一带的至高点命名为屏风岳(新名称)。从海上眺望,断崖上无草木生长,岩层呈砖红色,非常美观。如上所述,因为整座岛的水全都集中在北岸,所以南岸连一条溪流都看不到,但是在向北的坡面上却有几条小溪流。该倾斜地面上的水流从东数起的话,分别为:

道安溪　以八重山岛司野村道安而命名。此溪流的中游有瀑布,接近该岛时,从海上就能看见。

大　溪　有东西两个源头,下游形成一个小水池。

小　溪　下游可见小水潭。

尾泷溪　下游消失在沙堆之中。

该岛的溪流有一个共同特点,就是没有一条是在下游一泻入海的,常常是中途就中断了。这是由于该岛平缓的海岸地带有珊瑚礁发育,其边缘最宽处达八十米,所以以小股水流的力量是无法冲垮它们的,于是就积成了小水池,然后从水池再满溢入海的比较多。这些小水池的边上多岩松。(以下部分下期续)

[《地学杂志》第十二辑第一百四十二卷,1900年10月15日。]

(雷国山　译)

3. 尖阁列岛探查记事（续）

黑岩恒

在地质上，鱼钓屿是以古火山岩、闪绿岩为基础，由上面层叠的砂岩构成。沿岸到处可见附生的珊瑚石灰岩。裸露的闪绿岩从闪绿角开始，沿着南侧发育，一会儿没了痕迹，一会儿又在安藤岬（由冲绳县师范学校校长安藤喜一郎的名字命名）露出地面来。从安藤岬往东直至东岬附近，沿岸处处都有闪绿岩露出。总之，这个闪绿岩不是各处单个喷出来的东西，而是一个延绵的整体，只是有的地方隐藏于水面之下，而有的地方被其他岩石遮蔽而已，才形成了现在这个样子。其中东岬附近裸露的闪绿岩，其角闪石的结晶极为美丽。

砂岩占该岛地质的九成，属于第三期，往北有十度至二十度的倾斜。在这一层的下部，可以见到厚度为二三寸的含碳层，和平泊以及道安溪附近见到的就是它。另外，砂岩的下部稍呈细粒状，但上部又变成了粗粒，可以见到磁铁矿一样的推移。屏风岳就是这样的例子。

此外，这里的砂岩尽管很坚实，但因为容易崩裂，所以每年从绝壁上有不少崩落下来的砂岩。屏风岳下的沿岸，房屋般大小的岩石无序地立着，而像和平泊那里的小房子，就是为今年三月从山顶坠落下来的岩块所毁，仅剩下一点点得以幸免。地震自然不必说，连绵下雨之后更加危险。将来移民之初，在这一带砌房子时必须注意。

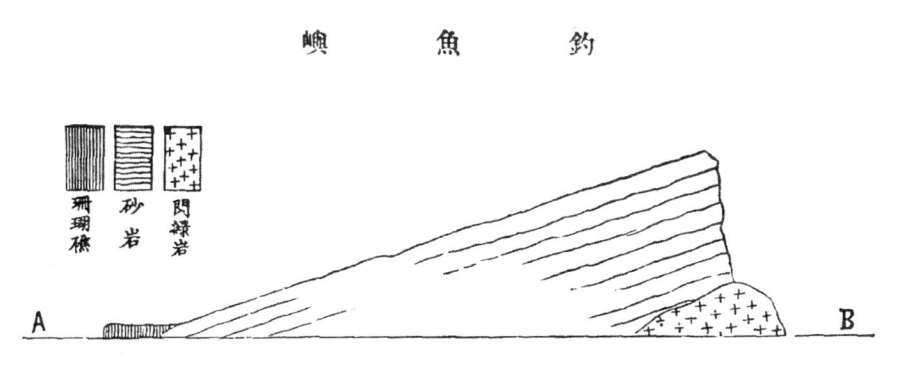

钓鱼屿

珊瑚礁是洪积时期的产物，其最发达者，在岛的东北岸，即从东岬到北岬之间的地带。这个地带宽八十米左右，形成一个平缓的边缘地带。最初我们登陆的地点位于岛的东北部道安溪的西面，轮船接近岸边后再进来，在水深十二三寻（位置稍佳）的位置抛的锚，时间为五月十二日下午四时。登陆者有古贺辰四郎、八重山岛司野村道安和我。因为船在当天傍晚就要再次去黄尾屿，所以他们两位只是暂时登陆。

我决心探查该岛，以向导一人（伊泽）、人夫三人组成了探险队。轮船将于两天后即十四日回来接我们，这是预先说好的。我很疑惑，面对这么大的一个荒岛，探险的日子却只有一天，我该采取什么样的策略呢？是采集植物还是考察地质，或是寻找动物？最后我认为，在这么有限的时间内，先考察地质再采集植物比较有利，首先绕着沿岸走一圈，考察地盘构造的大致情况，如果时间还比较宽裕，就沿着岛的东西、南北两条中心线步行考察。当时所带的物品有：碎矿锤、采集植物的器具，食物有大米、酱，寝具仅有一条毛毯。

首先我决定从西边绕岛一周，结束这项工作是在下午五时过后。如前所述，登陆地点附近是一片珊瑚礁，经常露出水面，其表面参差凹凸宛如针山，根本难以立足行走。该岛系八重山列岛与台湾之间的黑潮激烈冲刷之地，礁石上散乱着竹木等漂流物。信天翁的雏鸟也不罕见。北岬（新称）是高高的砂岩，延伸至大海之中，这样一来就将该岛北面的沿岸一分为二。在岬以东沿岸，平坦的珊瑚礁盘非常发达，岬以西却几乎没有礁盘，加之累累的大岩石密布于水洼之中，通行极为艰难。在岬以西，有少许砂岩层向北呈十度倾斜并逐渐消失在海中。它们如打磨石的表面一样，不时成为大浪冲刷的对象，所以寸草不生，我给它起名叫千叠岩。在土佐国龙串的海边岩石第三期砂岩中就有千叠岩，此地的景象与之十分相似。这或许也是第三期砂岩中共有的现象，不足为奇。岬以西至尾泷溪一带，能称之为水流者很少，到处都是清水自岩缝中滴出的景象。据说该海岸的山中有漂流者的白骨（据人夫所述）。日既西沉，暮色苍茫，无法悼念这些无缘的亡者，深感遗憾。

入夜后，向导伊泽坠崖，幸好无生命危险，实在是此行有老天保佑。晚上七时许到达尾泷谷。此地有一两座古贺搭建的小舍。屋顶和墙壁都是用蒲葵叶做成的，床用桄榔叶柄编好后铺在下面，上面再铺上蒲葵席。小舍原本只是为了冬天捕获信天翁而搭建的，作为欢迎探险队用的话已经足够了。我们在半夜突然造访这古岛的空屋，进来就发现蜘蛛网密布屋内，微臭扑鼻而来。想要点灯又没有油,想要烧饭又没有柴,只听见尾泷溪下游溪水潺潺的流水声,颇为惬意。匆匆派人夫去山里,在黑暗中捡拾柴禾,我也捡来漂到岸上的竹木,凑合着先对付了一顿晚饭。

至目前为止,我经过的这一带是水流最丰富的地方。虽然海图上记录了这里有淡水,但恐怕没有将这一带算进去吧。我像"永康"号那样,从道安溪下游取水。舰船要准备百米长的管子,在珊瑚礁上放下小艇,然后很容易汲取随处可见的池子中的清水。尾泷溪在海岸边形成了一道悬瀑,我用竹管将颇为清澈的水引来,充作小舍的用水。小舍前有白沙,主要是由珊瑚的碎片形成的。沙丘上繁茂的蔓荆与琉球列岛无异。这里的白沙不是直接与海水相连,另有带状的珊瑚礁围在沙带外面。石泽兵吾的报告书记载,"鱼钓岛的西南海滨,略有白沙吹沉"云云,就是指此处。除了此处,该岛别无沙滨。

据说到了冬季,这一带能看见信天翁。到十三日晨,我共生擒了三只信天翁。如此艰辛的旅行,而且一刻值千金,不是剥制信天翁的时候,于是我将信天翁的嘴巴、翅膀和脚捆住,让人夫背着继续出发了。

在西岬的险崖上,为了供人上下,临时架设了又长又大的上下两段梯子,梯子已经半腐了,极为危险。在靠近西岬的地方,才看见闪绿岩在海岸裸露出来,看厌了水成岩的眼睛颇感愉快,于是采集了数个标本放入囊中。此处形成了一个小岬,我将其称为"闪绿角"(新称)。岬内有一处小湾,断崖矗立,舟行不便,无法探访。角的东面亦有一栈道,有梯子相通。梯子下面的海滨为散落着闪绿石的险处。我们很快再次进入珊瑚石灰岩地带,到达和平泊(新称)。

和平泊是位于该岛南岸中央的一个小湾,安藤岬耸立在其左方,波浪平稳的时候,小湾可容一条传马船①出入,但小湾十分狭小,并非安全之地。轮船锚泊的海面距岸边二百米,水深十四五寻。

和平泊是我们的第二个临时住处,这里有三间小舍,结构稍佳。仰望苍穹,可见奈良原岳巍峨入云。随洋流而来的风十分湿润,风中的水气有时会粘附在鬓发上。沿着原岳的左边小溪(无水)攀登,可到达山顶。小舍的东面靠近大海,时有泉水涌出,但水的力度不大。("永康"号也汲取过这里的水,但水不太清澈。)

是夜八时许,无意间听到了汽笛声,似向本岛而来,因为不是轮船来接我

---

① 大船和岸边联络用的小船。

们的日子,所以颇感惊讶,还是决定先发一个信号。正要点燃烽火,才发现没有燃料,于是拆下窗扉的一部分点上火。这烽火意外奏效了,这是事后才知道的。过了一会儿有人发信号(玉城氏),才知道"永康"号是为了避风浪才航行到本岛背面的。和平泊在本岛属于不错的藻类采集场,于是我特意花了一个小时采集了十六种标本。

翌日,即十四日,撤离本岛的日子终于到了。我想去岛的东半部看看,于是匆忙准备了独木舟。大概是绕行和平泊西部的终点,其东面有突出的安藤岬、和兰弯的入弯处,这里都无法通行。安藤岬前部有一个由闪绿岩形成的大岩洞,潮来潮去时,洞口云雾缭绕,景象十分壮观,这里成为鱼钓岛的一处奇景。和兰弯至东岬沿岸一带,因屏风岳崩落下来的岩石阻挡了道路,行进十分困难,实在是比南岛有过之而无不及。东岬的珊瑚礁上有一间小舍,但因没有水溪,住在小舍就不得不利用积在礁石上的雨水。东岬的北边有一眼铁矿泉,泉水自砂岩的岩层间涌出。尽管泉水涌出量不少,可惜却白白注入了大海。我绕沿岸走了一圈后,从道安溪和大溪的中央,取横断路线,向奈良原岳的东方匆匆完成了该岛的探查。

尖阁诸屿

尖阁诸屿(Pinnacle group)是位于钓鱼屿以东的两个小岛和几个礁石的总称,距钓鱼屿最近距离仅三哩半,距黄尾屿十三哩。两个小岛中,位于东南方的称南小岛,位于西北方的称北小岛。冲绳人通称它们为シマグワー,大概是"小岛"的意思。南北两小岛之间有宽约二百米的水道,我称之为"矶菜海峡"(新称)。因为潮流经常向北奔流,故在峡间溯行不是一件容易的事。南小岛的西岸有伊泽泊(新称),虽可容纳一二条小船,但是港口受到黑潮冲击,浪高危险。探查的轮船停泊在两岛的背面,缆绳系在潮势平稳之地,该处水深五六寻。

尖阁诸屿的地质情况如何?我虽然没有全部调查,但是观察南北两小岛的主要部分,发现水路志里所记载的玄武岩是错误的,实际上是近古的砂岩。南小岛的西部,此砂岩向北倾斜四十度,由细密部和粗粒部交错层叠而成。北小岛的地层变位较之南小岛要小得多。从船上遥望,其北侧的三层岩(新称)几乎为水平层。珊瑚礁在南小岛的北岸较为发达,在北小岛只有一点点。伊泽泊的小舍后面有一个大岩洞,从那里的砂岩间滴出的水带有

附 录 367

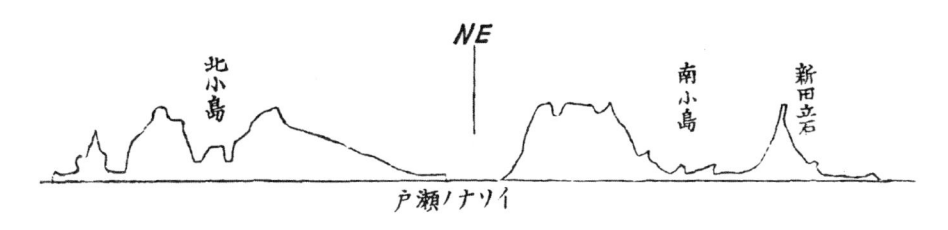

从海上眺望尖阁诸屿

北小岛的西北面

一股酸味。在北小岛的南侧,流淌着同样的水,并形成了小溪流,捧起来喝时发现酸味很重,难以入口。回来后就此事询问了化学专家,他说应该是含有过量盐酸,硫酸也处于反应之中的缘故。我只有将这些暂时记录下来,留待以后研究。

两小岛全由岩骨构成,草木极少,显花植物的数量不过二十种。《寰瀛水路志》所记载的在二三处岛顶生有长草,很明显指的应该是ノビエ。此草因为鸟粪多而非常繁茂,可以说其数量占据了该岛植物的大半。

"尖阁"或"尖头"这样的名称,是由于该岛处处都是突出岩石的缘故。其矗立于南小岛东部者最大,我将其命名为"新田立石"(源于我的上司教谕新田义尊的名字)。另外,北小岛西侧的三尊岩(新称)应该不负尖阁之名。据说该岛沿岸多有小岩洞,位于东岸者稍大,洞中有时可以见到赤尾热带鸟。据说南小岛的洞中多蛇,吃鸟蛋,但这两个岛我都没有时间前往。该岛与钓鱼屿之间的海面被水道岩(Channel rock)一分为二,东边的水道水路志里说"水深十二寻",西边的水道恐怕对大船的航行来说是很危险的。这次"永康"号由此水道中央稍靠近钓鱼屿一侧航行,所以船底稍微触到了暗礁。我为了纪念,将此礁石命名为"永康礁",将此水道命名为"佐藤水道"(据"永康"号船长佐藤和一的姓名而来)。

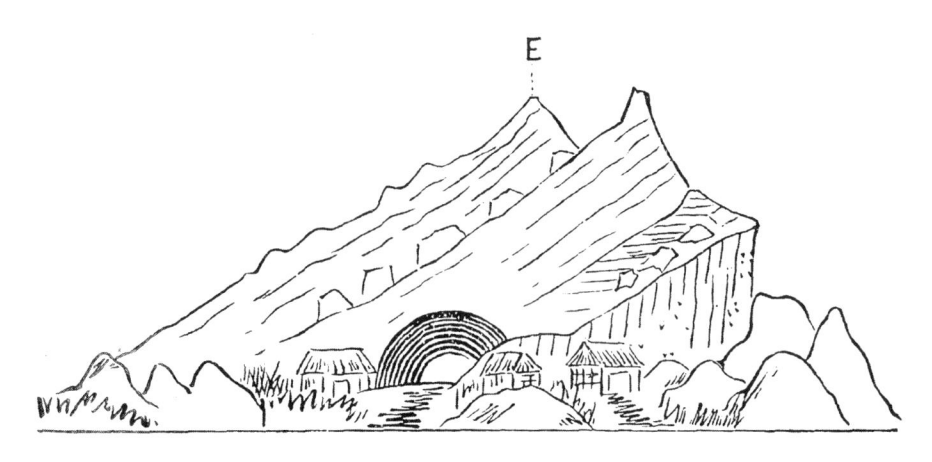

南小岛西岸伊泽泊之景

南小岛西岸伊泽泊外景

关于该岛,内外水路志的记载可作阅读本文的参考。
《日本水路志》第二卷记载:

> Pinnakuru 诸屿(尖头诸屿)
> 此诸屿以礁脉及百寻堆与 Hoapinsu 相连,其与水道岩之间存在水深十二寻的水道。此诸屿原本由一块坚实的鼠色柱石突起后分裂崩碎而来的几块尖岩,而这些尖岩看上去似乎一旦遭遇暴风或地震就会崩塌。

英国海军《水路志·支那海》第四卷记载:

> The Pinnacle group consists of flat rocks and needle-shaped pinnacles of gray basalt, on which grass is the only vegetation, standing on the reef, which has deep water on it in places, and extends 6 miles eastward and 4 miles northward from Hoapinsu. The islands of this group are frequented by great numbers of frigate birds, boobies and tern.

钓鱼屿及尖阁诸屿的生物界

来到这些岛屿,首先令人惊讶的是鸟类之多(鸟类之多是指数量多,而非种类多)。寒冷季节集群飞来的是信天翁属,有"傻瓜鸟"(Diomedea albatrog)及"黑脚傻瓜鸟"(D. urgripes)两类。此鸟在钓鱼屿上很多,聚集在东岬及尾泷谷附近,其数量多达数万只。尽管到了暖季它们多数飞走了,但也有少数滞留者。暖季最多的是黑背尖嘴(Sterna fulginosa)和黑尖嘴(Anousstolida),后者在方言中也称"矶纳"。我登岛时正是产卵季节,其群聚在南北两小岛上者当有数十万只。它们就是英语所称的 Tern 类,仅在尖阁诸屿上有,而在钓鱼、黄尾等各屿上都看不到。它们在空中飞翔时,完全给人以遮天蔽日的观感。《寰瀛水路志》中所谓"其鸣声几乎不闻"的记载完全是骗人的。如果偷闲登上北小岛的南角,就会看见几万只 Tern 一时惊飞离巢,发出"嘎嘎"的叫声,并在头顶上飞翔。我们在岩头蹲下休息,它们逐渐从空中落下来,聚集在我们周围,似乎全然不知同类之外还有别的怪物存在,让人不禁恍然自失,产生"我是鸟? 鸟是我?"的疑问。一旦接触到此情此景,人真是难以醒悟。这里"长尾鸟"(Sula lencongastra)也很多。它们常常与前面提到的鸟儿为伍,并产卵,方言中所谓的"向鸟",即此鸟。此外,钓鱼屿的东岬可以看到栖息的雀类。只听到山中有"火世鸟"的叫声,因为没有采集到标本,不敢轻易下结论说究竟是什么鸟。

另外,钓鱼屿上很多,而且令人十分烦恼的就是蚊子及一种苍蝇(似乎最近因为捕获信天翁的缘故,这种苍蝇多了起来。之所以这么说,是因为每年剥制后抛弃的信天翁尸体就有数万只)。苍蝇大军的来袭如同五月蝇高峰时似的,数万只苍蝇在耳边嗡嗡作响,白天连饭都吃不好(夜间也未见飞走)。我在吃饭前杀了鸟,并分块摆放在几处,苍蝇大军就向肉块飞去,我才稍得安宁。日后的登岛者要注意这一点。

在植物方面,还没有特别的物种,但是关于植物的分布,也不是毫无调查的价值。第一,作为该列岛共有,而又与其他琉球诸岛大不相同的,就是该列岛没有松树(不仅是冲绳松,而且连 Pinus 属都没有)和苏铁,阿旦树之类也很少。在植物带方面,该列岛与八重山列岛大不相同。下面我把在钓鱼屿及尖阁诸屿采集到的植物罗列出来,以供有志于本学科的人参考。

(以下为采集到的植物名录,略)

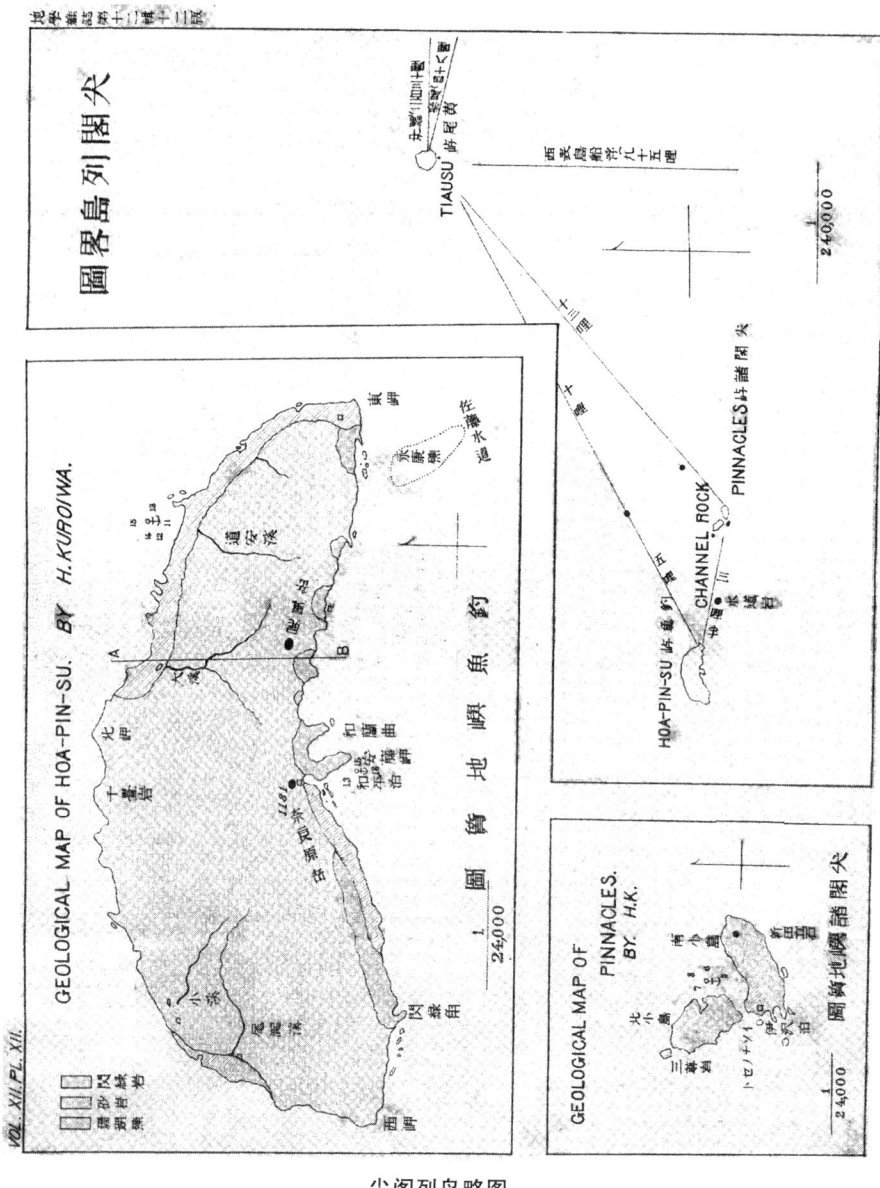

尖阁列岛略图

[《地学杂志》第十二辑第一百四十二卷，1900年10月15日。]

(雷国山　译)

索　引

A

安藤岬　363,365,366

B

八重山　2,4,5,10,13,26,27,36-39,42,45,47,48,52,58,60,61,63,76,78,80-82,85,89,91,92,99,101,105,115,116,122,127,129,135,136,138,152,162,163,168,169,183,185,188,199,217,227,242,248,249,253,254,285,287,289,303,306,307,309,310,314,320,328,331,350-353,358,362,364,369

北京　126,140,189-191,249,252

北小岛　61,67,79,84,90-92,96,97,99,100,112,114,115,117,138,139,366,367,369

比嘉健次　104,114

标桩　13,21,26,38,39,42-47,81,96-98,100-105,117,126,128,141,347,351,352

《波茨坦公告》　139

波照间岛　10,13,33,36,37,161,288

C

册封谢恩使　189

赤尾屿（赤尾岛、赤尾礁）　1,3,4,104,112,114,116,118,123,139,152,350,359

敕令第十三号　52,63,76

冲绳　1-5,7,8,10-31,33-36,38-59,61,76,77,80-82,90-95,99,102,118-124,126-136,138-141,143,144,147,152-154,159,171,177,180,187,196,200,207-209,214,216,217,224,225,248,269,270,273-275,277,280,283-285,287,289,295-297,299,301-303,306,309-312,337-339,341,347-353,356,358-363,366,369

《冲绳归还协定》　126

冲之北岩（冲之北礁）　99,116,117,119

冲之南岩（冲之南礁）　99,115-117,119

"出云"号　4,8,9,11,13,31,41,350,351,360,361

D

达彼得·A.D.奥古登　88

大城永保　1,3,9,359
大东岛　4,7-10,13,31-36,38,48,52,
　　59,77,349-351,353,360,361
大陆架　126,128,129,132-135,140,349
大正岛　98-100,104,112,118,139
"第三协荣"号　96-98
"第三住吉"号　96,97
东京　4,30,36,64,66,125,185,188,262,
　　264,265,287,295,317,326-328,
　　330-332,334-338,341,349

F

藩王　144,154,173,175,176,180,183-
　　186,188-191,195-197,226-228,
　　233,236,259,263-267,271,277,
　　278,280,286,287,293,295,312,323-
　　338,340,341
福建　152,186,189-191,213,215,218,
　　219,221,226-228,232,233,242-
　　245,248-250,255,277,292
福州　1,2,4,5,7,12-14,16,19,22,25,
　　36,51,61,80,152,208,228,247-
　　249,319,328,329,331,358,359

G

宫岛干之助　64,358
宫古(宫古岛)　4,5,8,10,13,39,48,49,
　　76-78,80,159-161,163,168,171,
　　183,185,188,191,199,217,227,230,
　　242,251,254,284,285,287-289,
　　303,306,307,309,310,312,314,319,
　　327,328,349-351,353
姑米山　359
古贺辰四郎(古贺)　50-53,59,60,84,
　　136-139,358,364
古贺善次　84,97
国标　3-5,7,12-22,25-29,35,38,40,
　　41,44,46,80

H

海军省　31,36,42,358
海军水路局　10
"海门"号　30,33-36
和平泊　363,365,366
和平山　42,62,78,79,359
黑潮　12,64,97,364,366
黑岩恒　64,358,363
花瓶屿　152,359
黄尾屿(黄尾岛)　1,3,4,61,62,67,78,
　　94,95,103,112,114,116,118,152,
　　349,350,358,359,364,366
桧垣直枝　31

J

基隆(鸡笼)　78,84,152,158,245,287,
　　309,358,359
尖阁列岛(尖阁诸岛、尖头诸屿)　50-53,
　　55,58-65,68,72,76,77,82,84-89,
　　95,102,106-109,111-115,117,119,
　　124-141,347-350,352,356-358,
　　363,368,370
鲣鸟　97,117,118
鲣鱼　57,65,66,72,73,137,139,281,284
井上馨　5-7,14,17,18,21,22,38,351
警告牌　87,108-110,112,114-124
久场岛　1-5,7-13,15-18,20,21,26-
　　29,32-34,36,38-47,62,64-66,78,
　　80,84,97-100,103,112,116,118,

索　引 **373**

135,137－139,350－353,359

久米赤岛　1－5,7－13,15－18,20,21,26－29,32－36,38,40,41,44,46,80,139,350

久米村　154,157,176,179,183,184,191,192,196,197,199,220,230,234,236,250,252,255,261,268,269,271,277,279,284,286

久米岛　2,48,80,155,158,168,169,229,287,349,353,360

《旧金山和约》(《旧金山和平条约》)　126,128,137,139,141

L

林鹤松　11,361

琉球　59,264,265,289,295,325－332,334－337,339,341,342,344,350

《琉球国志略》　246,359

《琉球新志》　3

琉球政府　82,86,88,89,108－110,112,113,122,125,127,129,132

陆奥宗光　38,43,44,356

鹿儿岛　54,145,149,152,167,177,178,185,191,198,205,234,236,237,241,243,247,251,262,280,285,287,291,293,295,319,320,326－328,331,345,348

M

美国(美利坚合众国)　36,54,85,88,108,113,126－129,131－136,140,141,143,258,264,295,326,330

美国民政府　82,87,88,108,109,112

美里间切　1,359

明治二十七、二十八年战役　52,54,56,63

末松谦澄　28

睦仁　48,49

N

那霸　2,12,31,35,36,48,50－53,55,60,61,77,78,84,115,148,152,154,157－159,161,168,170,171,173,175,176,179,183,184,191,196,198－200,212－215,217,218,223,229,230,233,234,236,237,247,248,250－252,254,257－262,270,271,277－280,283,284,286－288,293,294,298,303,306,310,312,313,318,339－341,350,353,358,359,361

奈良原繁　38,41,55,351,362

南小岛　61,67,78,79,82,84,85,96,97,99,100,108,112,114,115,117,139,366－368

内阁总理大臣　26,45,46,48,50,356

内务卿　4,5,7,13－21,23,43,80,319,330－332,335,336,351

内务省　22,28,29,36,39,41,42,129,175,265,270,279,295,330,331,335,337,339,340,342,344,345,351,354

鸟岛　48,159,168,251,287,353

P

蒲葵　97,98,106,117,281,364

Q

清帝　189,190,196,331,335

清国　1－7,9,12－16,19,22,25,36,39,42,51,60,61,80,126,128,137,141,

152,176,181,183,184,186,188,189,
191,192,196,198,247,249-254,
257,261,268,269,277,279,284,294,
319,328-331,333-335,339,350-
356,358,360

庆良间峡　12

R

日本　1-22,25-30,37,38,40-51,53,
62,67,68,73,76,79,84,113,125-
130,132-143,146,152,154,158,
161,167,173,178,179,181,183,185,
188,196,197,200,201,203-218,
220-225,227-231,233-235,239,
243-246,248-250,252-254,256,
257,262,267,277,285,287,288,296-
298,301,303-305,309,311,312,
318-320,323,325,326,328,341,
342,345-347,349-357,360

《日本水路志》　359,368

日比重明　52

日清战争　139,350

入表(入表岛)　8,9,161,163,288,289,
309,327,328,360

S

萨摩　1,2,144,152,154,188,205,206,
209,211,212,214,215,226-256,
262,263,277,293,295-297,306,
312,314,317,318,322,323,344,345

三条实美　19,22,23,337

三重城　12,361

森长义　4,8,11,23

山县有朋　4,5,7,13-15,17-19,21-23,
351

珊瑚礁　60,119,121,362,364-366

尚泰　223,225,258,262-267,293-295,
304,312,320-323,325-328,334,
335,337-343

石垣岛　2,10,27,37,52,60,80,98,161,
191,204,284,288

石垣港　82,84,96-98,100,107,115,116

石垣市　84,85,96-99,101,102,105,
107,117,127

石垣喜兴　96,105,107

石泽兵吾　3,10,13,24,350,351,360,365

首里　1,48,154,156,158,167,168,171-
173,176,179,181,182,184,185,191,
196-199,202,210,214,222,224,
229,231,233,236,237,248,250,253-
256,268,271,277-280,284,286,
287,293,298,314,317,331,334,337-
340,353

斯坦莱·S.卡蓬塔先生　109

松冈政保　108,109

セキビ岛　59,77

T

台湾　3,6,7,9,10,52,63,66,67,78,80,
82-85,87,90-95,105,107,108,
115-118,126,128-132,135,137-
141,152,154,163,245,252,253,277,
288,309,319,320,330,331,347,348,
351,354,356,358,364

太政大臣(太政官)　5,16,19,20,22,23,
39,42,50,53,80,320,325,326,329-
332,334-340

W

外务卿　5-7,14,16-21,43,80,263,295,323,326,330,351

外务省　3-7,13,15-18,20,21,26-29,36,38-44,46,81,125,137,140-142,144,262,264,295,320,325-329,335,347,353-355

丸冈莞尔　28,36,351

无人岛　1,2,4,5,7,9,12-20,22,25-28,30-32,34-36,38,42,45,47,58-63,77,80,81,96,126,128,135,136,138,139,141,195,347,350-354,356,360

X

西表岛　78,137,358-360

西村捨三　1,4,5,8,13-15,23,296,297,318

西南诸岛　8,126,128,140

《下关条约》　126,128,137,356

小笠原群岛　4

信天翁　9,54,67,118,138,355,360,364,365,369

"须摩"号　53,63,64,69

Y

奄美大岛　1,8,88,154,187,206,207,212,297,312,348,349

野村道安　76,362,364

野村靖　43-45

伊藤博文　22,46,48,356

英国　3,9,10,257,354,355,359,368

"永康"号　64,69,358,365-367

鱼钓岛(钓鱼屿、钓鱼台)　1-5,7-13,15-21,23,26-29,32-34,36,38-47,49,80,84,91,93,96-102,105,106,112,114-122,131,132,135-139,152,349-353,356,358-363,365-369

与那国岛　13,163,288,309,310,349

イキマ岛　59,77

Z

支那　9,60,80,143-145,194,199,234,245,273,285,286,292,297,303,309,311,312,328,329,333,351,354,355,360

支那海　359,360,368

中国　9,50,53,112,126-130,134,135,137-141,143,145,154,208,215,216,245,298,311,312,321,344,348,349,354,356

中华人民共和国　125-127,129,130,138-140

《中山传信录》　3-5,147,210,244,303,305,350

中山王　4,214,217-221,226,234,244,247,250,251,253,292,294,306,307,311,343

图书在版编目(CIP)数据

日本档案与文献 / 王卫星编. — 南京：南京大学出版社，2016.7

(钓鱼岛问题文献集 / 张生主编)

ISBN 978-7-305-17199-4

Ⅰ.①日… Ⅱ.①王… Ⅲ.①钓鱼岛问题-史料 Ⅳ.①D823

中国版本图书馆 CIP 数据核字(2016)第 146373 号

项目统筹　杨金荣　官欣欣
装帧设计　清　早
印制监督　郭　欣

出版发行　南京大学出版社
社　　址　南京市汉口路 22 号　　邮　编　210093
出 版 人　金鑫荣

丛 书 名　钓鱼岛问题文献集
主　　编　张　生
书　　名　日本档案与文献
编　　者　王卫星
责任编辑　马云超　李鸿敏

照　　排　南京南琳图文制作有限公司
印　　刷　南京爱德印刷有限公司
开　　本　718×1000　1/16　印张 25.25　字数 413 千
版　　次　2016 年 7 月第 1 版　2016 年 7 月第 1 次印刷
ISBN 978-7-305-17199-4
定　　价　128.00 元

网址：http://www.njupco.com
官方微博：http://weibo.com/njupco
官方微信号：njupress
销售咨询热线：(025) 83594756

* 版权所有，侵权必究
* 凡购买南大版图书，如有印装质量问题，请与所购
　图书销售部门联系调换

ISBN 978-7-305-17199-4

南京大学出版社
新 学 衡